HISTOIRE
DE LA
PHILOSOPHIE
CONTEMPORAINE

Supplément à

L'HISTOIRE GÉNÉRALE DE LA PHILOSOPHIE

PAR

P.-M. BRIN

PRÊTRE DE SAINT-SULPICE

PARIS

BERCHE ET TRALIN, ÉDITEURS

69, RUE DE RENNES, 69

1880

PROPRIÉTÉ ET TOUS DROITS RÉSERVÉS

HISTOIRE
DE LA PHILOSOPHIE
CONTEMPORAINE

HISTOIRE
DE LA
PHILOSOPHIE
CONTEMPORAINE

Supplément à
L'HISTOIRE GÉNÉRALE DE LA PHILOSOPHIE

PAR

P.-M. BRIN

PRÊTRE DE SAINT-SULPICE

PARIS
BERCHE ET TRALIN, ÉDITEURS
69, RUE DE RENNES, 69
1886
PROPRIÉTÉ ET TOUS DROITS RÉSERVÉS

HISTOIRE DE LA PHILOSOPHIE CONTEMPORAINE.

AVANT-PROPOS.

La philosophie contemporaine n'est point à proprement parler une philosophie nouvelle; il faut plutôt la regarder comme la troisième phase d'une révolution qui date déjà de plusieurs siècles. Nous y cherchons en vain cette fécondité merveilleuse et cette puissante originalité qui font la gloire des grandes écoles; partout le talent, sinon la médiocrité, remplace le génie; l'élégance et l'éclat de la forme l'emportent souvent sur la richesse et la profondeur de la pensée, l'esprit humain s'étiole au souffle de l'erreur et les forces intellectuelles se dépensent en des luttes, où une vanité puérile a ordinairement plus de part que l'amour sincère de la vérité.

Cette époque a plus d'un trait de ressemblance avec la dernière période de la philosophie grecque (1). Tous

(1) Voir l'*Histoire générale de la philosophie*, tome I, p. 129.

les systèmes les plus opposés se heurtent et s'entrechoquent ; toutes les opinions les plus contradictoires trouvent des défenseurs ardents et passionnés. Ceux-ci se perdent dans les rêveries de l'idéalisme ; ceux-là se confinent dans les limites étroites du monde visible et prétendent que les horizons de l'infini sont à jamais fermés à nos regards. Les uns proclament, non-seulement l'indépendance, mais le règne absolu de la raison, rejettent toute intervention divine dans les événements qui composent la trame de notre histoire, et n'admettent d'autre loi que celle de la force brutale ou du fait accompli (1). Les autres, désespérés à la vue de tant de ruines, cherchent un dernier refuge dans le doute et sapent par la base les fondements de la science et de la morale; tous, panthéistes, athées, matérialistes, méconnaissent les droits de la raison elle-même, et détruisent cet ordre naturel qu'ils essayent d'édifier sur les débris du christianisme (2). C'est le chaos universel.

Cependant il ne faut pas dépasser les bornes de la saine critique. Si c'est une flatterie « d'assimiler » notre époque aux siècles d'Aristote et de saint Thomas, c'est une injustice de la comparer à une « nuit ténébreuse, » et de lui refuser tout titre à notre admiration. De même que la lumière jaillit du choc des éléments ; ainsi la vérité se manifeste au milieu des luttes dont nous sommes témoins. D'une part, les faits démontrent

---

(1) *Syllabus*, I : Panthéisme, naturalisme et rationalisme absolu.

(2) « Relictâ autem projectâque christianâ religione, negato vero Deo et Christo ejus, prolapsa tandem est multorum mens in pantheismi, materialismi, atheismi barathrum, ut jam ipsam rationalem naturam, omnemque justi rectique normam negantes, ima humanæ societatis fundamenta diruere connitantur. » Concil. Vatic., *Constitutio dogmatica*.

avec évidence la supériorité de la philosophie chrétienne ; car après les tentatives d'Emmanuel Kant et de Victor Cousin, en présence de l'anarchie qui règne dans toutes les sphères et se propage à tous les degrés de l'ordre intellectuel, il faut être aveugle pour ne pas voir que la raison révoltée contre la foi ne peut ni résister aux séductions de l'erreur, ni se promettre un ascendant de longue durée. D'autre part, la critique sévère des opérations et des produits de l'intelligence, l'examen attentif des phénomènes psychologiques, les recherches minutieuses qui se poursuivent dans le domaine de l'histoire et l'étude approfondie du monde matériel amènent tous les jours des résultats ou des découvertes, qui doivent contribuer au progrès et au triomphe de la philosophie traditionnelle. De plus, il existe, au sein de l'Église catholique, un grand nombre de savants et de penseurs distingués qui opposent une digue au torrent des mauvaises doctrines, et consacrent leur talent à la défense des vérités les plus fondamentales de la métaphysique. On ne peut, sans une partialité choquante, leur refuser une place d'honneur dans l'histoire de la philosophie contemporaine.

Cette histoire qui embrasse, à peu près, l'espace d'un siècle, se divise en deux parties générales, dont l'une peut s'intituler, *la dernière phase de la révolution philosophique*, et l'autre, *la restauration de la philosophie chrétienne*.

Chose remarquable ! Cette double évolution de la pensée atteste non-seulement une opposition radicale dans les tendances de notre siècle : elle nous fournit en même temps la preuve évidente d'un fait très important que nous voudrions mettre en pleine lumière. Dans la crise violente que nous traversons et dont personne ne peut prévoir le terme, le rationalisme débute en Allemagne par une brillante campagne, et il s'implante en France sous la tutelle de l'autorité civile : il semble organisé pour soutenir les plus rudes assauts; dans l'église, au contraire, les premières tentatives sont infructueuses et de lamentables défections compromettent un instant l'union des intelligences et les intérêts de la vérité. Bientôt après, tout change d'aspect. L'idéalisme de Kant aboutit au panthéisme de Fichte, de Schelling et de Hegel; M. Cousin a la douleur de survivre à son école et le cri d'alarme des spiritualistes n'arrête pas l'envahissement du positivisme (1). Ce dernier lui-même ne peut plus se garantir contre l'indifférence générale (2). Mais pendant que les faux systèmes s'émiettent à l'infini ou se détruisent les uns les autres, les philosophes chrétiens unissent leurs forces et se groupent autour de deux grands papes, Pie IX et Léon XIII. D'un côté, c'est la décadence; de l'autre, le progrès. Si la restauration projetée par le souverain pontife a déjà produit d'heureux résultats, que n'est-on pas en droit d'espérer pour l'avenir : « Demum cunctæ humanæ disciplinæ spem incrementi præcipue, plurimumque sibi debent præsidium polliceri ab hâc, quæ Nobis est proposita, disciplinarum philosophicarum instauratione (3). »

---

(1) Cf. M. E. Caro, *Etudes morales sur le temps présent.*

(2) « La *Philosophie positive*, revue fondée par Littré et M. G. Wyrouboff, cesse sa publication. Les directeurs actuels de la revue, Ch. Robin et G. Wyrouboff, en tête du dernier numéro qui vient de paraître, déclarent qu'ils se retirent « devant l'*indifférence générale.* » *Rappel*, 1883.

(3) Léon XIII, Encyclique *Æterni Patris.*

PREMIÈRE PARTIE.

DERNIÈRE PHASE DE LA RÉVOLUTION PHILOSOPHIQUE.

Aperçu général.

L'anarchie intellectuelle, comme la révolution dans l'ordre social, représente avant tout l'absence d'unité. Chacun veut avoir son système ou sa nuance. Alors que partout le génie fait défaut, il n'est pas d'esprit médiocre qui ne vise à l'originalité. Il en est ainsi spécialement à notre époque, où le succès d'un livre dépend plus des circonstances que du talent, où la faveur tient souvent la place du mérite. Jamais on ne vit une telle profusion d'ouvrages et un tel conflit d'opinions. Nous pouvons cependant, au milieu de cette prodigieuse variété, saisir des traits généraux qui servent à la fois et à grouper les divers systèmes et à distinguer la nature de la philosophie contemporaine.

Trois abus également funestes caractérisent la phase intellectuelle dont nous allons suivre l'évolution : l'abus de la critique rationaliste dans le haut domaine de la spéculation ; l'abus de la méthode historique dans l'étude de la genèse, de la filiation et des rapports de toutes les grandes écoles ; l'abus de l'expérience dans la culture trop exclusive des sciences physiques et naturelles. Ainsi, au dogmatisme tempéré de Descartes succède le *criticisme* idéaliste et sceptique d'Emmanuel Kant ; l'éclectisme modéré de Leibnitz est remplacé par le *syncrétisme* de Victor Cousin ; le sensualisme mitigé de Bacon aboutit au *positivisme* d'Auguste Comte.

Les principaux rationalistes des âges précédents ne sont pas, du moins en général, les ennemis déclarés de la révélation ; souvent même ils y cherchent un refuge contre le scepticisme, après avoir compris la faiblesse de l'esprit humain. Au XIXᵉ siècle, l'attitude ordinaire du rationalisme est l'indifférence dédaigneuse, ou l'hostilité passionnée ; la raison est prise pour « l'unique règle du vrai et du faux, du bien et du mal, » et pour l'arbitre suprême des destinées de l'homme ; la religion divine elle-même avec ses mystères, ses dogmes et ses préceptes, est regardée comme « le résumé d'investigations purement philosophiques (1). »

Plusieurs historiens, à l'exemple de Tennemann, voient dans cette révolte orgueilleuse un signe évident « de progrès et de réforme, » une glorieuse conquête pour la liberté, la preuve d'un « amour ardent de l'humanité et de la justice sociale, » le gage certain d'un avenir où la science pourra satisfaire à toutes les exigences de notre nature et à toutes les aspirations de notre cœur (2). Ce sont autant d'assertions que les faits contredisent. La philosophie ne ressemble pas aux sciences expérimentales, elle est trop intimement liée à la théologie, pour qu'elle puisse se mouvoir dans sa sphère sans tenir compte de la révélation ; c'est pourquoi le rationalisme, essentiellement faux dans sa nature, conduit finalement à la décadence, et ni l'éclat du talent, ni le prestige de la fortune, ne sont assez efficaces pour le soustraire à la décomposition dont il renferme les éléments. Tel est le sort des trois écoles qui

---

(1) *Syllabus*, I : Panthéisme, naturalisme et rationalisme absolu : « Christianæ fidei mysteria (sunt) philosophicarum investigationum summa. »

(2) Tennemann, *Manuel de l'hist. de la philosophie*, t. II. — *Diction. des sciences philos.*

ont leurs principaux foyers, en Allemagne, en France et en Angleterre : le *criticisme*, l'*éclectisme* et le *positivisme*.

CHAPITRE PREMIER.

LE CRITICISME.

Nous aimons, dans notre vanité nationale, à placer Descartes au péristyle de la science moderne. Les Allemands, de leur côté, revendiquent l'honneur de posséder dans la personne d'Emmanuel Kant le chef de la philosophie contemporaine (1). C'est un fait que nous ne pouvons contester. Le professeur de Kœnigsberg est à la tête de l'école qui s'appelle « la nouvelle critique, » et les esprits atteints de la maladie du doute aiment à se dire ses disciples. Un historien le compare à « un écueil taillé à pointes de diamant dans le granit de la Baltique (2); » il représente plutôt la vague qui s'obstine à démolir le roc séculaire. Il ne sera pas sans intérêt d'étudier sa théorie

(1) Sur l'histoire de la philosophie contemporaine en Allemagne, on peut consulter : Gonzalez, *Historia de la filosofia*, t. III; Willm, *Hist. de la philos. allemande*; Hartmann, *La philos. allemande au XIXe siècle*; Kuno Fischer, *Hist. de la philos. allemande*; Ritter, *Essai sur la Philosophie allemande moderne*; Ch. L. Michelet, *Hist. des derniers syst. de la philos. moderne*; Chalybæus, *Développ. histor. de la philos. spéculative*; Tennemann; de Rémusat; Cousin; Ed. Zeller, *Hist. de la philos. allemande*; Barchou de Penhoën, *Hist. de la philos. allemande*; Stœckl; Haffner; Lange.

(2) Michelet, *Hist. des dern. syst. de la philos. moderne*.

et d'assister à la lutte qui s'engage entre ses partisans et ses adversaires.

I.

Emmanuel Kant.

La page d'histoire que nous essayons d'écrire, présente de graves difficultés. La vie de ce personnage que Michelet appelle « une bizarre et puissante créature, » les oppositions ou les « antinomies » de sa pensée, la forme arbitraire de son langage et les termes nouveaux dont il use à chaque page de ses volumineux écrits, les fausses interprétations de sa doctrine, et les théories nuageuses qui se sont répandues sous l'influence de son nom (1), tout contribue à multiplier les obstacles devant nos pas et à obscurcir notre marche. Il est utile, pour procéder avec méthode, de raconter les principales circonstances de sa vie et de rappeler le milieu où s'est écoulée sa longue existence, avant d'exposer son système et d'analyser ses ouvrages, en particulier la *Critique de la raison pure*, de la *Raison pratique* et du *Jugement*.

I. — Vie de Kant; ses ouvrages.

La vie d'Emmanuel Kant embrasse près de quatre-vingts ans, du 21 avril 1724 au 24 février 1804 (2). Elle se rattache dans l'ordre chronologique au siècle où fleurissent Lessing, Herder et Wolf, Hume, Condillac et

---

(1) Cf. Ueberweg, Michelet de Berlin, Fichte, Schelling, Hegel, etc.
(2) Sur la vie de Kant, on peut consulter : A. Saintes, *Vie de Kant*, 1844; Wasianski, *Emm. Kant;* Oachmann, *Emm. Kant;* Borowski, *Notice;* Rink, *Traits sur la vie de Kant;* Grohmann; Bouterwek; les historiens de la philosophie allemande cités plus haut; Barni, etc.

Rousseau. Toutefois, la grande renommée et l'influence décisive du professeur de Kœnigsberg datent seulement de l'année 1781, c'est-à-dire de l'apparition du grand ouvrage qui doit inaugurer l'ère de la philosophie contemporaine (1).

L'origine de Kant et ses premières années sont fort obscures. Il eut pour père un simple sellier, et, après avoir terminé le cours de ses études, il remplit les modestes fonctions de précepteur; ce fut seulement en 1770 qu'il obtint une chaire dans l'Université de sa ville natale. Il enseigna les diverses branches des connaissances humaines avec distinction, et mérita le titre de *beau professeur*. Nous n'aurions pas une juste idée de son caractère, si, à l'exemple de Michelet, nous ne voulions voir en lui qu'un « être tout abstrait, sans rapport humain, » qui sortait toujours « à la même heure, et, sans parler à personne, accomplissait pendant un nombre donné de minutes précisément le même tour, comme on voit, aux vieilles horloges des villes, l'homme de fer sortir, battre l'heure, et puis rentrer. » Il poussait, il est vrai, la régularité jusqu'à la bizarrerie; mais la société n'était point pour lui sans attraits. Il s'y faisait remarquer par la finesse, la bonhomie et la franchise. Il eut le malheur de ne jamais ouvrir les yeux à cette lumière divine qui répandit tant de clarté sur le génie de saint Thomas, et il ne sut pas estimer l'humilité chrétienne qui inspire la défiance de soi et le respect de l'autorité. Son rationalisme téméraire alarma les protestants, et la fortune, qui le visita dans la vieillesse, ne fut pas sans revers. Il put, grâce à de pénibles rétractations, échapper aux menaces

---

(1) La première édition de la *Critique de la raison pure* est datée du 29 mars 1781. La deuxième édition, publiée par l'auteur six ans plus tard, est modifiée sur plusieurs points.

du gouvernement; mais il ne parvint à soustraire son système ni aux railleries de ses adversaires, ni à la critique de ses amis.

Les nombreux *ouvrages* que nous devons à la plume féconde d'Emmanuel Kant, touchent à tous les sommets de la science et embrassent les hautes questions de la physique, des mathématiques, de la logique, de la philosophie spéculative, de la morale et de la religion (1). Ceux qui ont vu le jour avant la *Critique de la raison pure*, ne révèlent pas un génie d'une trempe supérieure; on peut cependant y remarquer les tendances d'un esprit original et indépendant qui médite une réforme et ne subit que pour un temps la direction d'Eberhard, de Wolf, de Meier et de Baumgarten. La *Critique de la raison pure*, la *Critique de la raison pratique*, et la *Critique du jugement* qui parurent de 1781 à 1790, nous donnent enfin la théorie du novateur allemand, et nous permettent de mesurer l'étendue de son intelligence. C'est pour ce motif que nous devons les analyser avec soin; mais avant d'aborder ce travail, il est utile de faire une double observation.

Bacon et Descartes donnent aux *termes* usités dans

---

(1) *Œuvres complètes*, Berlin, 10 vol. in-8°. — Parmi les ouvrages de Kant, on peut citer : *Pensées sur les forces vives; Princip. prim. cognit. metaphys. nova dilucidatio; Hist. naturelle et Théorie générale du ciel; Examen physique; Metaphys. cum geometria junctæ usus in philosophia; Nouvelle théorie du mouvement; Consid. sur l'optimisme; Recherches sur l'évidence des principes de la Théol. naturelle et de la morale; Seul fondement de la preuve de l'existence de Dieu; Observations sur les sentiments du beau et du sublime; Programme; Avertissement; Rêves d'un visionnaire; Critique de la raison pure; Critique de la raison pratique; Critique du jugement; Metaphys. des mœurs; Élém. metaphys.; Critique de la religion; Anthrop. pratique; Logique; Leçons*, etc. Cf. Mellin, Barni, Tissot, Trullard, etc...

l'école une acception arbitraire, et déroutent souvent le critique inexpérimenté. Le philosophe de Kœnigsberg ne se contente pas de suivre cette marche : il semble affecter l'usage du néologisme, et il devient inintelligible pour ceux qui n'ont pas la clef de son système. Il substitue le *phénomène* et le *noumène* à l'accident et à la substance ; il appelle *matière* ce qui, dans le phénomène, correspond à la sensation, et il donne le nom de *forme* à ce qui détermine, diversifie et coordonne les phénomènes ; pour lui, la *sensibilité* est une qualité de l'esprit et non pas une faculté du composé humain : il y a même une sensibilité pure ou *à priori* (1).

Emmanuel Kant se propose de refaire la *métaphysique*, c'est-à-dire cette partie de la science qu'Aristote et saint Thomas ont cultivée avec tant de soin et portée à un si haut degré de perfection. Il prétend qu'elle est restée jusqu'à lui « dans un état équivoque de doute et de contradiction, » et qu'il est urgent de lui donner la rigueur des mathématiques, si on veut tarir, une fois pour toutes, l'erreur dans sa source, et lui enlever « toute influence pernicieuse (2). » Il pense atteindre ce but en faisant la « *dialectique de la raison pure*, ou la critique rigoureuse des opérations de l'esprit et des connaissances que nous obtenons en dehors de l'expérience. » Ce criticisme transcendantal doit réprimer « les arrogantes prétentions » des écoles et couper « les racines mêmes » du matérialisme, de l'athéisme, de l'incrédulité religieuse, ou du fa-

---

(1) Cf. *Critique de la raison pure*, t. I, p. 59-61. A l'Index, 1827.
(2) *Ibidem*, p. 18, 22, etc. : « La métaphysique... n'a pas encore eu le bonheur de pouvoir se tracer une marche scientifique certaine; quoiqu'elle soit ce qu'il y a de plus ancien en fait de sciences, et qu'elle dût survivre si toutes les autres venaient à être englouties dans le gouffre de la barbarie. » *Ibidem*, p. 10.

talisme et de la susperstition, de l'idéalisme et du scepticisme (1). Malgré l'amour de la tolérance dont il est doué, au témoignage peut-être un peu gratuit des historiens modernes (2), il se persuade volontiers que le gouvernement fera une œuvre de sagesse, s'il favorise « la liberté de cette critique à l'aide de laquelle seule les travaux de la raison peuvent être établis sur un pied solide (3). »

C'est une profonde illusion. Emmanuel Kant, loin d'affermir les bases de la science, doit les ébranler, et, au lieu de fournir aux esprits un point de ralliement, il va jeter dans les écoles un germe de discorde. De plus, son projet n'est pas nouveau, et plusieurs philosophes, Aristote, saint Thomas, Descartes, Leibnitz et Locke en tête, cherchent avant lui les sources de la connaissance humaine ; mais il ne tend pas comme eux au *dogmatisme*, et n'ayant pour se guider ni la révélation qu'il dédaigne, ni la raison dont il proclame l'impuissance, il se condamne au *scepticisme*, et les postulats de la morale qu'il oppose aux partisans de Hume, sont de trop faibles appuis pour soutenir l'édifice de la métaphysique. Il personnifie, dans le domaine intellectuel, le mauvais génie de la révolution.

II. — Théorie de Kant ; Critique de la raison pure, de la raison pratique, du jugement.

1°, *Critique de la raison pure*. — La théorie spéculative d'Emmanuel Kant peut se définir : un vaste *conceptualisme* qui aboutit, en *métaphysique*, au scepticisme idéaliste (4).

(1) *Ibidem*, p. 22, 24, 25.
(2) Cf. J. Barni, Willm, etc.
(3) *Critique de la raison pure*, t. I, p. 25.
(4) Sur la philosophie de Kant, on peut consulter : Mgr Gonzalez,

Il n'est pas vrai de dire, après des historiens peu versés dans l'étude de la philosophie allemande, que l'auteur de la nouvelle critique substitue partout le syllogisme à l'expérience, la déduction à l'observation. Il admet deux « ordres, » deux « méthodes, » deux « souches » dans la science humaine (1) ; il accorde même aux « connaissances empiriques » une certitude et une objectivité qu'il refuse aux connaissances *à priori* : c'est l'existence du « noumène, » et non pas celle du « phénomène » qu'il ne peut saisir ni par une intuition directe, ni par un argument légitime (2). Son erreur capitale est de *briser le lien* qui unit l'ordre rationnel à l'ordre expérimental, et de creuser ainsi un abîme infranchissable entre l'idéal et le réel, le subjectif et l'objectif : pour lui les choses extérieures qui affectent nos sens « *excitent* » *seulement* l'activité intellectuelle, elles ne fournissent pas *l'élément matériel* de nos idées (3) ; il faut même rejeter les germes de science, que les cartésiens admettent à l'état d'innéité. L'esprit seul forme ses concepts, et devient la mesure de la vérité métaphysique ; c'est pourquoi il n'y a rien dans la connaissance *à priori* qui puisse être attribué aux

---

Hist. de la filosofia; Prælectiones philosophicæ, Hist. de la philosophie, 1853; Vict. Cousin, *Philosophie de Kant*; E. Saisset, *Le scepticisme*; Ch. Villers, *Philosophie de Kant*; Ch. de Rémusat, *Essais de philosophie, Rapport*; C. Bartholmèss, *Kant et Fichte*; Flugge, *Essai d'une exposition historique et critique*; Busse; Gerlach; Stændlin; Jenisch; Leo; Schopenhauer, etc.. ; les historiens de la philosophie allemande cités plus haut. Cf. Baroi, *Critique du jugement*; Ritter; Lange; Haffner.

(1) *Critique de la raison pure*, édit. 1864, t. I, p. 32, 36, 57, 62, 76, etc.

(2) « Nous ne pouvons jamais dépasser par la connaissance les bornes de l'expérience possible..... La faculté de connaître n'atteint que des phénomènes, sans pouvoir s'étendre aux choses en *elles-mêmes.* » *Ibid.*, p. 13, 14, 18, etc.

(3) *Ibid.*, p. 32.

objets, « sinon ce que le sujet y met de lui-même (1); » ou, comme le diront désormais les disciples de Kant, l'esprit *crée* son *objet*.

Cette hypothèse qui nous sert de critérium pour apprécier la valeur du subjectivisme, est non-seulement gratuite et dénuée de toute vraisemblance; mais, de plus, elle répugne au bon sens et à la saine raison. Nos facultés qui s'harmonisent et s'échelonnent dans une parfaite dépendance, se prêtent un mutuel secours et fournissent à l'âme des moyens efficaces pour atteindre ses fins; elles seraient sans but, sans utilité, s'il n'existait point de rapport entre elles et les choses. D'autre part, comme elles sont de simples *puissances*, il faut que leur objet se présente à elles, les sollicite à l'acte et leur fournisse un aliment qu'elles puissent élaborer avant de s'en nourrir; ainsi, dans le cas présent, l'intellect humain n'est pas, par son essence, en possession du vrai; encore moins peut-il le créer. Il faut que directement, ou à l'aide d'intermédiaire, il soit mis en rapport avec son objet; autrement il serait condamné à un scepticisme absolu qui est opposé à sa nature et à ses aspirations. La thèse de saint Thomas est plus précise et plus sûre : l'intelligence divine, dit-il, est la mesure des choses; et les choses à leur tour sont la mesure de l'intelligence humaine (2). Ainsi l'Ange de l'école ferme la voie au panthéisme et au scepticisme, c'est-à-dire aux deux grandes erreurs que le conceptualisme favorise.

(1) *Ibid.*, p. 16. — « Nous ne connaissons *à priori* des objets que ce que nous y avons mis nous-mêmes. » *Ibid.*, p. 12, 13.
(2) S. Thomas, *Sum. theol.*, p. 1, q. 16, a. 1, etc. « Intelligere (in Deo) est causa et mensura omnis alterius esse, et omnis alterius intellectus..... »

Si nous concevons sans le secours de l'expérience les hautes notions spéculatives, la métaphysique est une science *à priori;* mais cette science est-elle possible? Oui, si les *jugements synthétiques à priori* sont possibles. Là est le grand problème de la nouvelle critique : « Le problème de la raison pure, dit Kant, s'énonce en ces termes : *Comment les jugements synthétiques à priori sont-ils possibles?* Si la métaphysique est restée jusqu'ici dans un état équivoque de doute et de contradiction, c'est uniquement parce que ce problème et peut-être même la distinction des jugements *analytiques* et des jugements *synthétiques*, ne s'est pas présentée plus tôt à l'esprit des philosophes. L'existence ou le renversement de la métaphysique tient donc à la solution ou à l'impossibilité démontrée de la solution de ce *problème* fondamental. *David Hume* est, de tous les philosophes, celui qui a le plus approché de cette question; mais il est loin de se l'être posée avec une précision suffisante; il ne l'a pas envisagée sous un point de vue assez général : il s'est arrêté au seul principe synthétique de la liaison de l'effet avec la cause et a cru pouvoir conclure qu'un tel principe est absolument impossible *à priori.* Si bien que, d'après son raisonnement, tout ce que nous appelons métaphysique ne reposerait que sur une simple opinion d'une prétendue connaissance rationnelle, qui aurait dans le fait pour objet ce qu'elle emprunte de l'expérience, et à quoi l'habitude donnerait l'apparence de la nécessité. Cette assertion subversive de toute la philosophie pure n'aurait jamais été émise par son auteur, s'il avait eu sous les yeux notre problème dans toute sa généralité; car alors il aurait vu que, d'après ses arguments, il ne pourrait pas non plus y avoir de mathématiques pures, puisqu'elles renferment certainement des principes synthétiques *à priori*, et son excellente raison aurait reculé devant une pareille conséquence (1). »

Le philosophe allemand commet ici de graves erreurs qu'il importe de réfuter. Il faut admettre des jugements *analytiques* et nécessaires, dont l'attribut est *l'explication* du sujet, et des jugements *synthétiques*, dont l'attribut est *l'extension* du sujet. Il est également juste de dire que l'expérience n'a pas la même part dans la formation des uns et des autres; et dans ce sens ils sont *à priori* ou *à posteriori*. Mais tous les éléments qui les composent nous sont fournis par l'expérience et l'abstraction, et aucun d'eux ne dérive uniquement de la « nature » bornée et des « lois » contingentes de l'esprit humain. Le Docteur angélique avec son regard profond a sondé ce problème avant l'auteur de la nouvelle critique, et l'a résolu avec une merveilleuse précision : notre âme, dit-il, connaît les premiers principes sans difficulté, sans effort, en vertu d'une disposition naturelle; par exemple, à peine avons-nous les idées de *tout* et de *partie*, que nous énonçons immédiatement cet axiome : *'le tout est plus grand que sa partie;* toutefois, sans le secours efficace de la sensation, il nous serait impossible d'acquérir les idées générales de *tout* et de *partie* (2). Or, si

---

(1) *Critique de la raison pure*, t. I, p. 48-49.

(2) « Secundum quidem naturam speciei ex parte ipsius animæ, sicut intellectus principiorum dicitur esse habitus naturalis : ex ipsa enim natura animæ intellectualis convenit homini quod statim cognito quid est totum, et quid est pars, cognoscat quod omne totum est majus sua parte; et simile est in cæteris. Sed quid sit totum et quid sit pars cognoscere non potest nisi per species intelligibiles a phantasmatibus acceptas. Ut propter hoc Philosophus, in fine *Posteriorum*, text. ult. 1, circà med., ostendit quod cognitio principiorum provenit nobis ex sensu. » *Sum. theol.*, 1ª 2ᵃᵉ, q. 51, a. 1: — Voir notre *Philosophia scholastica*, Logica.

l'expérience a une coopération effective dans la genèse des premiers principes, l'hypothèse des jugements synthétiques *à priori* est, à plus forte raison, dénuée de tout fondement. Emmanuel Kant se trompe aussi quand il range le principe de causalité parmi les jugements synthétiques (1). La simple *analyse* des deux notions *d'événement* et de *cause*, nous fait saisir la vérité de l'axiome : « *Il n'y a pas d'événement sans cause.* » Enfin il n'est pas exact de dire que les jugements synthétiques ont seuls de la valeur et de l'utilité dans la métaphysique ; en effet, bien que la science ne découle pas des axiomes comme le ruisseau découle de sa source, elle les suppose comme l'édifice suppose un point d'appui. Les jugements synthétiques n'ont point d'évidence et ne peuvent servir de prémisses dans les arguments, s'ils ne sont en parfaite harmonie avec les jugements analytiques.

En résumé, il est faux et dangereux de supposer que la raison humaine est la mesure du vrai, et d'enseigner que la métaphysique dépend de la possibilité des jugements synthétiques *à priori* ; donc le conceptualisme, ou la nouvelle critique débute par une *hypothèse* et une *thèse* qui sont fausses et dangereuses. Mais voyons au prix de quels efforts le chef de la philosophie contemporaine parvient à se mouvoir dans ce cercle étroit où il s'enferme. On ne peut se préserver d'une certaine mélancolie quand on voit cette belle intelligence élever tour à tour et détruire l'édifice de nos connaissances, semblable à l'enfant qui bâtit avec peine un château de cartes et le renverse d'un souffle de sa bouche. Après avoir admiré avec quel art il analyse les opérations de l'esprit humain,

---

(1) *Critique de la raison pure*, Introduction. Cf. R. P. Liberatore, *Logic.*, p. 2, C. V.

on examine les divers produits, les classe et les combine pour démontrer sa thèse, c'est-à-dire la possibilité des jugements synthétiques *à priori* et de la métaphysique envisagée comme science (1), on s'attriste de le voir tomber dans le scepticisme théorique (2) le plus absolu et de l'entendre lui-même formuler l'aphorisme qui résume la philosophie positive : « Nous ne pouvons avoir aucune connaissance de quelque objet que ce puisse être comme chose *en soi*, mais en tant seulement que cet objet se trouve soumis à l'intuition sensible, c'est-à-dire en tant que *phénomène*. D'où il résulte que toute connaissance rationnelle spéculative possible se réduit nécessairement aux seuls objets de *l'expérience*. Néanmoins, ce qu'il faut bien remarquer, c'est qu'il nous est toujours libre de *penser* ces mêmes objets comme existant en soi, bien qu'il ne nous soit jamais donné de les *connaître* ainsi (3). » Entrons dans les détails, et suivons le fondateur de la nouvelle critique dans son œuvre de démolition.

Toutes les connaissances *à priori*, selon Kant, se rapportent à trois facultés, la *sensibilité*, l'*entendement* et la *raison*; de là, trois parties dans le criticisme : l'*esthétique* transcendantale, l'*analytique* transcendantale, et la *dialectique* transcendantale. Observons, en passant, que cette division est fausse. Puisque les sens ne peuvent s'exercer en dehors de l'expérience, il n'existe point de sensibilité pure ou *à priori*; de plus, l'entendement et la

---

(1) *Critique de la raison pure*, p. 51, etc.
(2) La critique « a restreint aux phénomènes seuls tout ce que nous pouvons connaître théoriquement. » *Ibid.*, p. 21.
(3) *Ibidem*, p. 18 et *passim*. — Kant, à l'exemple de Hume, place finalement sur la même ligne « les rêves des métaphysiciens et ceux des visionnaires. » J. Willm, *Hist. de la philosophie allemande*, t. I, p. 68.

raison ne sont pas deux facultés, mais deux actes d'une même faculté.

La théorie de la sensibilité est, sur plusieurs points, une imitation du scepticisme anglais : « C'est l'exemple de David Hume, dit Kant, qui m'a réveillé du sommeil dogmatique (1). » En effet, le philosophe de Kœnigsberg enseigne les propositions suivantes, que l'auteur du *Traité de la nature humaine* admet (2), au moins implicitement, avec Locke, Berkeley et Rousseau. Nous n'avons qu'un moyen de saisir *immédiatement* les choses, *l'intuition des sens*; en d'autres termes, toute pensée, tout jugement, toute science doit, en dernière analyse, se rapporter directement ou indirectement, à l'aide de certains signes, à des intuitions et, par conséquent, à la sensibilité, parce que nul objet ne peut nous être donné autrement (3). Les sens étant une simple *capacité* (4), non-seulement la sensation ou la première impression, mais l'intuition à tous ses degrés est essentiellement passive; elle est produite par une double cause, l'une *matérielle* et l'autre *formelle* : la première est le phénomène soit interne, soit externe; la deuxième qui sert à déterminer, à coordonner le phénomène, existe en nous avant toute sensation, elle est *à priori*. L'intuition, considérée dans sa matière, s'appelle *empirique*; envisagée dans sa forme, elle est *pure*. Les formes *à priori* dégagées de tout élément fourni par l'expérience, sont au nombre de deux : *l'espace* et le *temps*. L'espace est la forme et le fondement des phénomènes externes (5); le temps est la forme et le fondement des

---

(1) *Prolegomena zu einer jedem Künftigen metaphysik.*
(2) Voir l'*Histoire générale de la philosophie*, t. II, p. 433, etc.
(3) *Critique de la raison pure*, t. I, p. 60.
(4) Kant appelle le sens une « réceptivité. »
(5) *Critique de la raison pure*, 1re partie, sect. I, nos 42, 50.

phénomènes internes (1). Ces deux formes sont infinies, nécessaires, *à priori*; cependant, elles ne sont que des « conditions *subjectives* » de nos intuitions sensibles et, en dehors de notre esprit, elles n'ont aucune réalité (2). Notre connaissance sensible se résume donc en des intuitions qui ont pour point de départ des phénomènes mobiles, indéterminés, et des formes purement subjectives; ou, pour parler plus clairement, nous ne saisissons point les choses en soi, nous connaissons seulement notre manière de les percevoir. Or, la sensibilité étant seule capable d'intuition et fournissant les premiers éléments de la science, nous sommes condamnés au scepticisme théorique le plus absolu. C'est la conclusion de David Hume; c'est aussi celle d'Emmanuel Kant : « Nous ignorons complètement, dit-il, ce que peut être la nature des choses en soi, indépendamment de toute notre réceptivité. Nous ne connaissons que notre manière de les percevoir, qui est tout à fait *propre à notre esprit*, et qui ne doit pas être nécessairement celle de tout être, bien cependant qu'elle soit celle de chacun de nous (3). » Stuart Mill et les positivistes n'affirment pas plus ouvertement le caractère relatif de la vérité.

Cette théorie est regardée comme un progrès, et M. Willm y reconnaît « la philosophie du dix-huitième

---

(1) *Critique de la raison pure*, 1re partie, sect. III, n°s 54, 55.

(2) « Il est certain de toute certitude..... que l'espace et le temps, comme conditions nécessaires de toute expérience..., sont des conditions purement subjectives de toute notre intuition. » *Ibid.*, n° 75.

(3) *Critique*, n° 70. — « Quand même nous pourrions rendre notre intuition le plus claire possible, nous n'approcherions pas pour cela de plus près de la nature des choses en elles-mêmes, car jamais nous ne connaîtrons pleinement que notre mode d'intuition, c'est-à-dire notre sensibilité, et cela toujours uniquement sous les conditions de l'espace et du temps, conditions originairement inhérentes au sujet. » *Ibidem*.

siècle, » de ce siècle « qui se sentait la mission d'en finir avec le moyen-âge (1). » Nous y voyons, au contraire, le signe évident d'une entière décadence, l'amoindrissement sinon l'anéantissement total de nos facultés, la négation de la certitude objective, et, par là même, la ruine de la métaphysique. Le criticisme n'est pas, à nos yeux, une science nouvelle : c'est une vieille erreur que saint Thomas réfute victorieusement dans un article de la *Somme* (2). Nos facultés, surtout dans l'ordre inférieur, sont passives et, sans l'influence de leur objet, elles ne sauraient passer de la puissance à l'acte; mais elles ne sont pas de pures « capacités » dénuées de toute énergie. Ce qu'elles saisissent d'abord, ce n'est pas une simple « représentation, » une image mobile, un phénomène indéterminé ; c'est l'objet lui-même, la « chose » considérée dans sa réalité propre et dans ses qualités matérielles, ou dans son essence et dans ses rapports avec les autres êtres (3). Les premiers actes de la connaissance, qui s'appellent intuitions, perceptions des sens, appréhensions directes de l'entendement, se portent sur une réalité différente du sujet pensant et de ses modifications. Ainsi, la vérité n'est pas relative, l'esprit humain ne la fait pas, il la découvre, semblable aux facultés végétatives qui reçoivent leur aliment et s'en nourrissent. Le Docteur angélique s'exprime en ces termes sur ce point capital :

---

(1) *Histoire de la philosophie allemande*, t. I, p. 84.

(2) *Sum. theol.*, p. 1, q. 85, a. 1, c.

(3) « Cognitio sensitiva occupatur circa qualitates sensibiles exteriores cognitio autem intellectiva penetrat usque ad essentiam rei. » *Ibid.*, p. 2ᵃ 2ᵃᵉ, q. 8, a. 1. — « Etsi vires sensitivæ cognoscant res aliquas absolute, ordinem tamen unius rei ad aliam cognoscere est solius intellectus aut rationis. » S. Thomas, *In X libros Ethic. ad Nicomachum*, liv. I, lect. 1ᵃ.

« Quidam posuerunt quod vires quæ sunt in nobis cognoscitivæ nihil cognoscunt nisi proprias passiones, puta quod sensus non sentit nisi passionem sui organi. Et secundum hoc intellectus non intelligit nisi suam passionem scilicet speciem intelligibilem in se receptam; et secundum hoc species hujusmodi est ipsum quod intelligitur. Sed hæc opinio manifeste apparet falsa ex duobus; primo quidem, quia eadem sunt quæ intelligimus et de quibus sunt scientiæ. Si igitur ea quæ intelligimus essent solum species quæ sunt in anima, sequeretur quod scientiæ omnes non essent de rebus quæ sunt extra animam, sed solum de speciebus intelligibilibus quæ sunt in anima : sicut, secundum Platonicos, omnes scientiæ sunt de idæis quas ponebant esse intellectas in actu. Secundo, quia sequeretur error antiquorum dicentium quod omne quod videtur est verum ; et sic quod contradictoriæ essent simul veræ. Si enim potentia non cognoscit nisi propriam passionem, de ea solum judicat. Sic autem videtur aliquid secundum quod potentia cognoscitiva afficitur. Semper ergo judicium potentiæ cognoscitivæ erit de eo quod judicat, scilicet de propria passione, secundum quod est : et ita omne judicium erit verum ; putà si gustus non sentit nisi propriam passionem, cum aliquis habens sanum gustum judicat mel esse dulce, vere judicabit, et similiter si ille qui habet gustum infectum, judicat mel esse amarum, vere judicabit : uterque enim judicabit secundum quod gustus ejus afficitur. Et sic sequitur quod omnis opinio æqualiter erit vera, et universaliter omnis acceptio (1). »

(1) *Sum. theol.*, p. Iª, q. 83, a. 2, c. — Kant, en métaphysique, ne fait que compléter Hume : or, d'après le philosophe anglais, les propriétés des objets que nous percevons n'existent pas dans les choses, mais seulement dans les opérations de l'esprit. Cf. Willm, p. 110.

Le conceptualisme idéaliste et sceptique du philosophe allemand s'accentue de plus en plus, à mesure qu'on avance dans l'étude des facultés humaines. Le phénomène, ou l'objet de l'intuition empirique, a une réalité en dehors des sens, bien que sa nature demeure inconnue; mais l'entendement n'a plus de rapport direct avec les choses, il est aussi incapable de « percevoir » que le sens est incapable de « penser » (1). L'activité dont il est doué s'exerce sur les intuitions éparses de la sensibilité, non pour en extraire l'essence des êtres matériels, suivant la doctrine de saint Thomas, mais pour unir ces intuitions dans une « synthèse, » à l'aide de l'imagination. De l'unité de cette synthèse, résultent les *concepts*, et les concepts à leur tour servent à former les *jugements*. C'est pourquoi, en dernière analyse, l'entendement se définit, le *pouvoir de juger* (2), et toute connaissance est composée à sa base de trois éléments : la « *diversité* » de l'intuition, la « synthèse » de la diversité par l'imagination, et le concept qui donne « l'*unité* » à la synthèse, et en est la « simple *représentation* » subjective (3).

Les concepts *à priori* existent-ils, et en combien de *catégories* pouvons-nous les ranger? De cette difficulté dépend la solution du grand problème : la possibilité des jugements synthétiques *à priori* et la classification des principes qui forment la base de la métaphysique. Voici la réponse du philosophe allemand.

---

(1) « L'entendement ne peut rien percevoir, et les sens ne peuvent rien penser. La connaissance ne résulte que de leur union. » *Critique de la raison pure*, p. II, nº 82.

(2) Kant appelle aussi l'entendement « la faculté de concevoir l'objet de l'intuition sensible. » *Ibid.*, nº 82.

(3) *Ibid.*, nº 115. — « On nomme concepts purs de l'entendement ceux qui se rapportent *à priori* aux objets. » *Ibid.*, nº 116.

Les intuitions pures, qui se diversifient dans l'espace et le temps, sont la *matière* sur laquelle s'exerce d'abord l'activité aveugle de l'imagination pour en faire la *synthèse*; l'entendement à son tour réduit cette synthèse « en concepts; » et enfin il donne aux concepts « la forme logique d'un jugement (1). » Aux intuitions correspondent les synthèses, aux synthèses les concepts, aux concepts les jugements; mais il y a des intuitions pures, il y a donc aussi des concepts purs. D'autre part, c'est la même fonction de l'entendement qui forme les concepts et les jugements (2); il faut donc admettre autant de concepts purs de l'entendement « qui se rapportent *à priori* aux objets de l'intuition en général, qu'il existe de fonctions logiques *à priori* dans tous les jugements possibles. » Or les formes diverses que revêtent nos jugements, peuvent se ranger sous quatre chefs, la *quantité*, la *qualité*, la *relation* et la *modalité* : sous le rapport de la quantité, les jugements sont *généraux, particuliers, singuliers*; au point de vue de la qualité, ils sont *affirmatifs, négatifs, limitatifs*; quant à la relation, ils sont *catégoriques, hypothétiques, disjonctifs*; dans leur modalité, ils sont *problématiques*, de simple *assertion*, *démonstratifs* ou apodictiques. Il faut donc ramener à quatre « titres » et à douze « degrés » les *catégories, notions* ou *concepts* qui naissent *à priori* « dans le sol » de l'entendement : la catégorie de la quantité renferme les notions d'*unité*, de *pluralité*, de *totalité*, qui correspondent aux jugements

---

(1) *Critique de la raison pure*, t. I, n⁰ˢ 111-117.
(2) « La fonction qui donne l'unité aux différentes représentations en un *jugement* est la même qui la donne aussi à la simple synthèse des différentes représentations en *une seule intuition* ; et cette unité, entendue dans un sens général, s'appelle concept pur de l'entendement. » *Ibid.*, n° 116.

singuliers, particuliers, généraux; dans la catégorie de la qualité sont compris les concepts de *réalité*, de *négation*, de *limitation*, qui se rapportent aux jugements affirmatifs, négatifs, limitatifs; sous la catégorie de la relation viennent se ranger les concepts *d'inhérence* et de *substance*, de *causalité* et de *dépendance*, de *communauté* ou d'action réciproque, auxquels se rattachent les jugements catégoriques, hypothétiques, disjonctifs; la catégorie de la modalité contient les notions de *possibilité* et *d'impossibilité*, *d'existence* et de *non-existence*, de *nécessité* et de *contingence*, dans lesquelles se ramifient les jugements problématiques, de simple assertion, apodictiques ou démonstratifs. Les douze catégories sont groupées trois par trois et disposées de telle sorte que le dernier membre est la synthèse des deux premiers : « Ainsi l'universalité n'est que la multiplicité considérée comme unité; la limitation n'est autre chose non plus que la réalité jointe à la négation; la réciprocité est la causalité d'une substance en détermination mutuelle avec une autre; enfin la nécessité n'est que l'existence donnée par la possibilité elle-même (1). »

Kant est satisfait de cet « inventaire, » et il se félicite de ce qu'il appelle sa « découverte. » Il reconnaît qu'Aristote pose la question avec la sagacité d'un « grand homme; » mais il lui reproche de la résoudre au hasard, sans partir « d'aucun principe (2). » Telle n'est point notre manière de voir. Pour classer les genres suprêmes, Aristote s'appuie sur un fondement solide; il prend pour base les deux *modes* qui conviennent à tout être actuel : esse *in se*, esse *in alio*; être *substance*, être *accident*.

---

(1) *Ibidem*, XI, nos 126-127.
(2) *Ibidem*, no 119. — Cf. M. Willm, t. I, p. 160.

Aussi ses « prédicaments » désignent-ils des réalités *objectives*; ils sont *ontologiques*. L'auteur du criticisme se plaçant au point de vue *logique*, ne tient compte que des formes subjectives de la pensée; il n'étudie que le mécanisme de l'esprit avec ses rouages et son fonctionnement; ses premiers « concepts » sont les modes d'être d'une faculté qui se développe et se transforme d'après des lois aveugles, avant de prendre conscience d'elle-même et de se poser ce terrible problème : quelle est la *valeur objective* des catégories sur lesquelles repose tout l'édifice de la science (1) ?

Nous touchons ici le point culminant du subjectivisme moderne. Kant n'ose pas se prononcer, il parle un langage obscur, revient sur ses premières décisions et les corrige (2); en somme, il est conceptualiste, et sa doctrine se résume en cette proposition : l'entendement après avoir créé les concepts purs à l'aide de l'imagination, crée *l'objet* de ces mêmes concepts à l'aide de la *conscience*. Voici comment s'opère cette création.

L'expérience contient deux éléments très divers : « une *matière* de connaissance fournie par les sens, et une certaine forme propre à ordonner la matière. » Cette forme n'est point innée, car « elle dérive de la source interne de l'intuition pure et de la *pensée :* intuition et pensée qui, à l'occasion des impressions sensibles, entrent en exercice et produisent les concepts; » mais, d'autre part, les concepts doivent précéder l'expérience

---

(1) « Comment des conditions subjectives de la pensée peuvent-elles avoir une valeur objective? » *Ibid.*, n° 138.

(2) Ce passage de la *Critique* est entièrement modifié dans la 2º édition. Note de M. Willm, t. I, p. 163. — Le rapport du concept pur à des objets s'appelle, d'après Kant, « déduction transcendantale. » Ch. II, sect. 1ʳᵉ, n. 132, etc.

proprement dite, puisqu'ils en sont la « condition » essentielle. Or, l'expérience seule nous mettant en rapport avec les choses, nos concepts ne peuvent avoir qu'une objectivité *subjective* : nous ne pensons pas les choses telles qu'elles sont dans la nature, nous les concevons seulement comme objet de science, et nous les « lions » ensemble par une des fonctions logiques du jugement (1). Mais pour lier les objets entre eux, il faut avoir le concept de *liaison* : concept vraiment fondamental, qui est antérieur à toute synthèse, à toute catégorie, et dont la source se cache dans les régions les plus secrètes de l'entendement. Kant se persuade qu'il a trouvé cette source mystérieuse : c'est le célèbre « je pense, » qu'il nomme l'acte « spontané » de la *conscience* ou « l'aperception » pure et primitive qui précède toute pensée et se mêle à toute pensée (2). Dans ce « *moi* » est le centre de toute unité synthétique et le point de départ de toute opération ; il est l'entendement lui-même (3).

L'aperception de la conscience rend possible dans un seul sujet la liaison ou l'unité synthétique des représentations diverses, qui sont dans l'esprit ; elle détermine les rapports que ces mêmes représentations peuvent avoir avec les objets, et leur donne ainsi une « valeur objective. » En elle, et non pas dans les choses, est le fondement de l'objectivité des connaissances *à priori* ; sur elle

---

(1) « Les catégories sont des concepts des objets en général, au moyen desquels l'intuition de cet objet est considérée comme déterminée par rapport à une des fonctions logiques du jugement. » *Ibid.*, n° 144.

(2) *Ibidem*, XVI, n° 147, t. I, p. 143, etc., édit. 1864.

(3) « L'unité synthétique de l'aperception est le point culminant auquel on doit rattacher toute opération intellectuelle, toute logique même, et d'après elle, toute philosophie transcendantale. Il y a plus, cette faculté est l'entendement lui-même. » *Ibid.*, n° 148, note.

repose « la possibilité de l'entendement » pur, et par suite la possibilité des sciences métaphysiques (1). Et d'abord l'entendement ou la faculté de juger est possible ; car juger, c'est unir dans un objet, au moyen de l'aperception, les éléments de la connaissance, ou, pour parler avec Kant, « c'est une manière de réduire des connaissances données à l'unité objective de l'aperception. » Ainsi, quand nous disons, *tout corps est pesant,* nous joignons dans un même objet les concepts de corps et de pesanteur ; nous ne disons pas, tout corps est pesant par rapport à nous ; mais, tout corps est pesant considéré en *lui-même.* De plus, l'aperception peut appliquer les douze catégories aux objets de l'expérience, en se servant de deux *intermédiaires*, qui sont les intuitions d'espace et de temps ; or, cette application ou « déduction » rend possible les *principes synthétiques* de l'entendement pur, qui sont la base des connaissances *à priori* et des sciences théoriques (2).

(1) « L'entendement, pour parler en général, est la faculté des *connaissances*. Ces connaissances consistent dans le rapport déterminé des représentations données à un objet, mais un *objet* est ce dans le concept de quoi la diversité d'une intuition donnée est liée. Or toute liaison des représentations exige unité de conscience dans leur synthèse. L'unité de conscience est donc la seule chose qui forme le rapport des représentations à un objet, par conséquent leur *valeur objective ;* c'est ce qui fait que ces représentations deviennent des connaissances, et ce sur quoi repose aussi la possibilité même de l'entendement. » *Ibid.*, n° 151.

(2) « (*La déduction*) est l'exposition des *concepts* purs de l'entendement, et, avec eux, de toute connaissance théorique *à priori*, comme principes de la possibilité de l'expérience ; mais de l'expérience comme *détermination* des phénomènes dans l'espace et le temps *en général* ; et de cette détermination enfin par le principe de l'unité synthétique *primitive* de l'aperception, comme forme de l'entendement en rapport avec l'espace et le temps, formes originelles de la sensibilité. » *Ibid.*, n° 181.

Emmanuel Kant appelle « *analytique des principes*, » le canon ou l'ensemble des règles qui dirigent le jugement dans l'application des concepts intellectuels aux phénomènes de l'expérience (1).

Ici se présente une grave difficulté. Comment des concepts *à priori* s'appliquent-ils à des phénomènes sensibles. Cette application, d'après le philosophe allemand, est possible s'il existe un intermédiaire qui se rattache à la fois à l'entendement et aux sens. Or, la représentation ou l'intuition du temps réunit ces deux conditions : d'une part, elle est une forme dérivée de l'esprit humain, et, comme telle, elle devient « analogue à la catégorie ; » d'autre part, étant l'élément formel des faits de l'expérience dont la diversité se lie dans le sens intime, elle est analogue à tous les phénomènes soit internes soit externes. Une application de la catégorie à des phénomènes devient donc possible, grâce à l'intuition du temps. Le procédé qui effectue cette application, est appelé « schématisme, » et le produit correspondant se nomme « schème (2) : » produit mystérieux de « l'imagination, » qui se cache dans les profondeurs de l'âme, et dont la nature nous dérobe « le secret ! »

---

(1) Cf. *Critique de la raison pure,* Anal. transcend., liv. II, trad. Tissot, 1864, tom. I, p. 175, etc.

(2) « Nous appellerons la condition formelle et pure de la sensibilité, à laquelle le concept intellectuel est restreint dans son usage, le *schème* de ce concept intellectuel ; et le procédé de l'entendement relatif à ce schème, le *schématisme* de l'entendement pur. Le schème n'est toujours en lui-même qu'un produit de l'imagination... C'est un produit transcendantal de l'imagination, qui concerne la détermination du sens intime en général, suivant les conditions de sa forme, ou du temps, par rapport à toutes les représentations, en tant qu'elles doivent être à *priori* liées en un concept en conséquence de l'unité de l'aperception. » *Ibid.,* n. 196, 197, 198, etc.....

Le schème se distingue à la fois du temps et de la catégorie : il diffère du temps, comme la « détermination » diffère de la chose déterminée ; il est pour une catégorie, la « condition » sans laquelle cette catégorie n'aurait aucun rapport avec les choses. C'est le « concept sensible d'un objet, d'accord avec la catégorie. » Ce concept se forme par la synthèse *générale*, par le groupement de plusieurs phénomènes « homogènes » ou de même espèce ; il est lui-même un « phénomène, » une forme sensible de l'entendement, qui ne représente pas les choses comme « elles sont, » mais comme « elles apparaissent (1). » En un mot, le « schématisme » tout entier est une pure *conception* de notre esprit, un mécanisme au moyen duquel les images, produites en nous par l'intuition, se généralisent et deviennent des éléments de science.

Il y a autant de schèmes que nous avons distingué de classes de jugements et de catégories. Le schème de la *quantité* a pour objet la *série* du temps ; le schème de la *qualité*, la *matière* du temps ; le schème de la *relation*, l'*ordre* du temps ; le schème de la *modalité*, l'*ensemble* du temps par rapport à toutes les choses possibles (2). Il ne sera pas inutile d'éclaircir cette théorie par des exemples.

Le temps est l'image pure des phénomènes sensibles ;

---

(1) « *Numerus* est quantitas phænomenon ; *sensatio* realitas phænomenon ; *constans* et perdurabile rerum substantia phænomenon ; æternitas, necessitas, phænomena, etc. » — « Les schèmes représentent les objets seulement comme ils apparaissent. » *Ibid.*, n. 208, 211, etc.

(2) *Ibid.*, n. 208. — « Les schèmes ne sont que des *déterminations* de temps *à priori*, d'après des règles qui, suivant l'ordre des catégories, ont pour objet la série du temps, la matière du temps, l'ordre du temps, et enfin, l'ensemble du temps par rapport à toutes les choses possibles. »

or, l'intuition nous découvre dans les phénomènes des quantités de même espèce ; il faut donc supposer dans le temps des séries de quantités ou de parties « homogènes. » L'addition de ces parties à l'aide de l'imagination donne le *nombre;* par conséquent, le nombre est le schème général de la quantité. Le temps est la forme *à priori* de tout objet matériel que la sensation nous révèle à l'état de phénomène, et, comme nulle matière ne peut être sans sa forme, les choses matérielles sont conçues dans le temps ; c'est pourquoi le schème de la réalité est le concept de l'être *objectivé* dans le temps ; la *permanence* de l'objet ou de la réalité dans le temps est le schème de la substance, c'est-à-dire du *substratum,* « qui reste quand tout change. » Le schème de la causalité est la *succession* qui s'effectue dans le temps, d'après un ordre déterminé. Le schème de la réalité essentielle est l'*existence* d'un objet *en tout* temps.

Les schèmes, dit Kant, ont leur source dans l'imagination « productive ; » en d'autres termes, ils dérivent des forces natives de l'esprit, et non pas de l'expérience proprement dite. Néanmoins, ils introduisent dans l'entendement lui-même un élément *synthétique universel*, qui se rapporte « aux connaissances expérimentales possibles *en général;* » et c'est pourquoi ils rendent légitimes les jugements synthétiques *à priori,* les seuls qu'il importe d'étudier ici, parce qu'ils permettent de fixer « les bornes de la raison pure » dans le domaine de la métaphysique (1). Ces jugements renferment les lois d'après

---

(1) Cf. *Critique de la raison pure,* n. 212, 221, 229 : « Les jugements synthétiques *à priori* sont possibles lorsque nous rapportons les conditions formelles de l'intuition *à priori,* la synthèse de l'imagination et son unité nécessaire dans une aperception transcendantale, à une connaissance expérimentale possible en général, et que nous disons : les

lesquelles doit s'effectuer l'application des concepts de l'entendement pur à l'expérience possible, ou « les règles de l'usage objectif des catégories ; » par suite, la table des catégories nous fournit celle de tous les principes synthétiques *à priori*. Il y a « les axiomes de l'intuition, les anticipations de la perception, les analogies de l'expérience et les postulats de la pensée empirique en général (1). »

Ici s'arrête le travail de l'entendement pur. Avant d'aborder la troisième partie de la *Critique*, le philosophe de Kœnigsberg se pose à lui-même cette question : la noble faculté dont nous avons mesuré l'étendue est le champ de la *vérité*; mais ce mot flatteur de vérité désigne-t-il autre chose qu'une illusion et un rêve? Nous connaissons la réponse. Les douze catégories épuisent l'activité de l'entendement; or, elles ne s'appliquent et ne peuvent s'appliquer qu'aux seuls *phénomènes* de l'expérience; nous ne savons donc pas, nous ne pouvons savoir si, au delà du « monde sensible, » il existe un « monde intellectuel. » Le nom de phénomène appelle, il est vrai, le nom de « *noumène*, » ou « d'être en soi; » mais ces entités mystérieuses que nous cherchons, soit

---

conditions de la *possibilité de l'expérience* en général sont en même temps des conditions de la *possibilité des objets de l'expérience*, et possèdent pour cette raison une valeur objective dans un jugement synthétique *à priori*.

(1) Premier principe de l'intuition : « toutes les intuitions sont des quantités extensives. » — Premier principe de l'anticipation : « dans tous les phénomènes, le réel, ce qui est un objet de sensation, a une quantité intensive, c'est-à-dire un degré. » — Premier principe de l'analogie : « l'expérience n'est possible que par la représentation de l'union nécessaire des perceptions. » — Premier principe des postulats : « ce qui s'accorde avec les conditions formelles de l'expérience, quant à l'intuition et au concept, est possible, etc... » *Ibid.*, n. 230, etc.

derrière les apparences, soit dans une sphère supérieure échappent toujours à nos investigations. Le noumène, qu'il soit *négatif* ou *positif*, n'est pour nous qu'un produit de la pensée; « emprisonné dans le système des catégories, » notre entendement ne sort pas de lui-même; bien plus, il ne peut atteindre sa nature intime : il ne voit que les actes, ou les formes qui émanent de sa propre « activité (1). » Le phénomène sensible est l'unique objet *réel* de nos connaissances; et, comme l'enseignent Locke et Hume, l'*absolu* est une fiction de la *raison* humaine.

Il est intéressant de voir à l'œuvre cette troisième faculté et de constater par quel pénible labeur elle *conçoit*, ou plutôt elle *crée l'âme, le monde et Dieu*. Cette dernière phase du *conceptualisme* de Kant nous permet d'embrasser dans son ensemble la *grande erreur des temps modernes*, d'en sonder les fondements et d'en prévoir les funestes conséquences; elle nous fournit, en même temps, la preuve évidente de la thèse que nous soutenons : à savoir, la supériorité de la philosophie chrétienne.

La raison, qui est la plus noble puissance de l'homme, achève l'œuvre de l'entendement, elle ramène les intuitions à l'unité et couronne l'édifice de la science (2). Sa fonction, connue sous le nom de *raisonnement*, est soumise aux mêmes règles et suit la même marche que

(1) « La distinction des objets en *phénomènes* et en *noumènes*, en monde sensible et en monde intellectuel, ne peut recevoir un *sens positif*, quoique des concepts puissent réellement se distinguer en sensibles et en intellectuels; car on ne peut assigner aucun objet à ces derniers qui, par conséquent, ne sauraient avoir une valeur *objective*. » *Ibid.*, n. 355. — Cf. M. Willm, t. I, p. 199-213.

(2) *Critique de la raison pure*, Logiq. transcend., sect. II, dialectiq. transcend., II, n° 396. — Kant définit la raison : « La faculté des principes. » N° 397.

le jugement, dans son évolution. A chacun de ses modes correspond une *idée à priori*. L'idée diffère de l'intuition et du concept : l'intuition est la forme des phénomènes sensibles ; le concept représente ces mêmes phénomènes groupés dans des synthèses générales ; l'idée a pour objet des *apparences transcendantales*, ou des noumènes, et constitue le plus haut degré d'unité que la connaissance humaine puisse atteindre.

Les fonctions naturelles de la raison se rapportent à trois classes générales, qui répondent aux concepts de la relation : tous les raisonnements sont *catégoriques*, *hypothétiques* ou *disjonctifs*. En effet, ils expriment toujours des rapports d'inhérence, de dépendance ou de réciprocité. A ces raisonnements se rattachent trois concepts rationnels, ou trois idées transcendantales, qui servent de base à la *Psychologie*, à la *Cosmologie*, à la *Théologie*, et représentent, dans les sciences spéculatives, l'objet le plus élevé de nos investigations : ce sont les idées du *moi*, du *monde* et de *Dieu* (1). La première désigne l'*unité absolue* du *sujet*; la deuxième, l'*unité absolue* de l'*objet* envisagé à l'état de *phénomène*; la troisième, l'*unité absolue* de l'*objet* résumant en lui-même tout ce que la pensée peut saisir. Voici comment nous les obtenons, à l'aide de la *synthèse à priori*, ou du procédé qui facilite à l'esprit humain la possibilité de se mouvoir dans le domaine de la métaphysique.

La synthèse, dans le raisonnement catégorique, permet à l'esprit de s'élever en suivant ses « lois originelles, » sans le secours d'aucune « prémisse empiri-

---

(1) « La forme des jugements convertie en un concept relatif à la synthèse des intuitions, produit les catégories..... La forme des raisonnements appliquée à l'unité synthétique des intuitions, fournit les idées transcendantales. » *Ibid.*, n° 124, etc. — Cf. Platon, *République*.

que, » jusqu'à l'idée absolue du « *sujet pensant;* » si nous partons, en effet, du concept d'inhérence et si nous cherchons un sujet auquel tous les attributs se rapportent et qui ne se rapporte lui-même à aucun sujet en qualité d'attribut, nous arrivons au concept rationnel du *moi*, et nous l'envisageons comme le centre de toute pensée humaine. Dans le raisonnement hypothétique, nous enchaînons tous les phénomènes de la nature, en vertu du principe de causalité, et nous formons une synthèse qui exprime la totalité absolue des choses sensibles, et nous fournit l'idée transcendantale du *monde*. Enfin, grâce au raisonnement disjonctif, nous concevons, dans la division des objets de la pensée, un premier être qui résume en lui la condition de tous les autres et qui peut s'appeler « l'être des êtres : « cette dernière synthèse nous donne l'idée absolue de *Dieu*. » Là s'épuise la fécondité de la raison pure, et la métaphysique, dont la *possibilité* n'est plus douteuse, consiste dans l'étude réfléchie, dans le développement ou l'analyse des trois concepts rationnels.

Mais il importe avant tout de connaître la valeur objective de ces concepts. La réponse est facile à prévoir. Le philosophe allemand ne recule pas devant les conséquences de son système : après avoir ouvertement professé un *conceptualisme* plus audacieux que celui d'Abélard, il dépasse Berkeley dans la voie de l'idéalisme, et aboutit au scepticisme absolu de David Hume. Les idées, dit-il, sont des « concepts sans concept, » ou des fictions dépourvues de toute valeur objective; elles n'ont pas même, comme les intuitions de la sensibilité et les concepts de l'entendement, le mérite de correspondre à des phénomènes : elles ne désignent que de vaines *apparences*. Par malheur, ces apparences sont « inévitables, » elles « jouent sans cesse » les sages eux-mêmes et les induisent en erreur; elles sont une source de préjugés *héréditaires* qui portent la raison humaine à conclure toujours, malgré l'absence de prémisses suffisantes, qu'il y a un *moi* pensant, un *monde réel*, un *Dieu* ou un premier être. Nos raisonnements *à priori* sont trois *sophismes*; à savoir, « le *paralogisme*, l'*antinomie* et l'*idéal* de la raison pure (1). » Tous renferment quatre termes, car en tous nous passons de l'ordre purement *logique* à l'ordre *ontologique*. En résumé, la nouvelle critique rend un double service à la métaphysique : elle lui donne le caractère d'une science rigoureuse et la débarrasse d'entités chimériques nées du rêve et de l'illusion. Pour s'en convaincre, il suffit de jeter un coup d'œil rapide sur la Pyschologie, la Cosmologie et la Théologie (2).

La raison, à l'aide du raisonnement, déduit de l'idée du *moi* toute la doctrine de la psychologie rationnelle, en prenant les catégories pour « fil conducteur. » En effet, le moi envisagé en lui-même nous apparaît comme un sujet ou une *substance;* » quant à sa qualité, il est « *simple;* » dans le temps, il reste *identique* à lui-même; enfin il est en rapport avec les objets *possibles* dans l'espace. Or, « de ces éléments résultent tous les concepts de la psychologie pure, par la seule composition, sans

---

(1) « (Nos raisonnements *à priori*) sont des sophistications, non des hommes, mais de la raison pure, dont les plus sages ne peuvent s'affranchir : peut-être qu'à la vérité, ils éviteront l'erreur après bien des peines, mais ils ne pourront jamais se délivrer de l'apparence qui les joue sans cesse. » *Crit.*, n° 416, t. II, p. 40. — Sur les anti. nomies de Kant, consulter le mémoire de M. Lorquet.

(2) *Crit.*, Dialect. transcend., l. II, Des raison. dialect. de la raison pure, t. II, pp. 39-270.

reconnaître jamais aucun autre principe. Cette substance, considérée comme objet du sens intime, donne le concept de l'*immatérialité*; comme substance simple, le concept d'*incorruptibilité*; son identité, en qualité de substance intellectuelle, fournit la *personnalité*. Ces trois choses ensemble expriment la *spiritualité*. Le rapport désigne le commerce avec les *corps*, et nous fait envisager la substance pensante comme le principe ou l'*âme* des êtres matériels. Cette âme circonscrite par la spiritualité, représente l'*immortalité* (1). » Mais, si nous voulons conclure à l'existence d'une âme douée de ces divers attributs, le procédé de la psychologie rationnelle se transforme en un paralogisme; nous inférons de prémisses purement *subjectives* une réalité *objective* et concrète.

Notre illusion n'est pas moins évidente en Cosmologie. Si la raison, toujours guidée par les règles des catégories, envisage attentivement les différentes classes de phénomènes dont la totalité compose le monde, elle émet sur chaque série des hypothèses contradictoires, ou des antinomies, qu'elle est incapable de résoudre. Ainsi, au point de vue de la *quantité*, elle réunit dans une composition tous les phénomènes de la succession et de la coexistence; ensuite, à l'aide de la « méthode sceptique, » elle nie et affirme tour à tour les deux antinomies suivantes : « Le monde a un commencement dans le temps; il est limité dans l'espace. — Le monde n'a ni commencement ni limite, il est au contraire infini quant au temps et à l'espace. » — Par rapport à la *qualité*, la raison se demande si les corps, dont l'ensemble forme l'univers, sont un agrégat d'éléments simples ou d'atomes essentiellement étendus; sur ce point elle peut

---

(1) *Crit.*, nos 452, 453, etc.

également soutenir ou attaquer ces deux thèses contradictoires : « Toute substance matérielle dans le monde est composée de parties simples. — Aucune chose dans le monde n'est composée de parties simples (1). » Quant à la *relation*, l'univers se présente à nous comme un assemblage de causes et d'effets, et aussitôt la raison se pose cette double hypothèse : « Tous les phénomènes sensibles ne peuvent dériver des lois de la nature, et il est nécessaire, pour les expliquer, de recourir à une cause libre. — Il n'y a pas de liberté, et tout, dans le monde, arrive suivant des lois naturelles. » Relativement à la *modalité*, le conflit s'engage sur l'existence d'un être *nécessaire*; de là naissent les deux antinomies suivantes : « Au monde sensible se rapporte un être absolument nécessaire. — Le monde ne suppose soit en lui, soit hors de lui, aucun être absolument nécessaire. » Cette dialectique intéressante en elle-même ne sert qu'à montrer les limites et l'impuissance de la raison humaine; elle n'est en effet que le jeu et l'illusion d'une faculté dont les produits sont dénués de toute valeur réelle. Les données nous manquent pour juger si la nature des êtres matériels répond ou ne répond pas à nos idées transcendantales (2).

Nos raisonnements nous conduisent à un scepticisme encore plus absolu quand il s'agit de Dieu; en effet, si les idées sont plus éloignées « de la réalité objective que les catégories, » l'idéal de la raison pure en est plus éloigné que les idées elles-mêmes (3) : il est l'idée de

(1) *Crit.*, nos 505, 507, 519, 522, etc.
(2) D'après Kant, nos connaissances rationnelles ne nous apprennent qu'une chose sur le monde, à savoir, « que l'on n'en sait rien, » n° 564.
(3) *Ibidem*, ch. III, Idéal de la raison pure, 676, 677. « J'entends

l'idée; le concept du concept, la plus haute expression de la *synthèse à priori*, le « prototype » de tout être et la condition de toute possibilité. La raison, sans cesse victime de l'illusion et de l'apparence transcendantale, se persuade que l'idéal s'objective finalement dans un « Être suprême, » illimité quant au temps et à l'espace, principe de toutes choses, nécessaire dans son existence et immuable dans ses attributs; mais les trois raisonnements qu'elle fait, en les revêtant de formes séduisantes et variées, ne sont, en réalité, que des sophismes. Le premier est l'argument *ontologique*, tiré de l'idée de Dieu; le deuxième est l'argument *cosmologique*, qui emprunte sa valeur à la notion de contingence; le troisième est l'argument *physico-théologique*, basé sur le concept d'harmonie universelle. Or, les deux derniers s'appuient sur le premier, et celui-ci ne prouve que l'existence *idéale*, et non l'existence *réelle* de l'Être absolu et nécessaire. Donc, la raison « déploie vainement ses ailes pour s'élever, par la seule force de la *spéculation*, au-dessus du monde. » Elle serait à jamais condamnée au scepticisme si la raison *pratique* ne venait à son aide; sans cette puissante auxiliaire, jamais elle ne pourrait répondre à ces trois questions capitales : « que puis-je savoir, que dois-je faire, que m'est-il permis d'espérer (1)? »

La critique transcendantale, ou, pour parler avec Kant, la « géographie » de l'esprit humain devait, dans la pensée de son auteur, ouvrir « un sentier royal (2); »

par idéal l'idée, non simplement *in concreto*, mais *in individuo*, comme une chose unique, exclusivement déterminable ou déterminée par l'idée. »

(1) *Crit.*, n° 711. — « Une critique complète persuade que toute raison dans l'usage spéculatif ne peut jamais, avec ses éléments, dépasser le champ de l'expérience *possible*. » n°s 810, 949, etc.

(2) *Crit.*, n° 1025.

mais elle acheva d'égarer les intelligences dans la voie de l'erreur et du doute; elle marqua, dans l'histoire des systèmes, le point de départ de cette ère néfaste qui se déroule à nos yeux, et son triste privilège fut d'orienter une foule d'écrivains vulgaires dans leur campagne contre la vérité.

Nous avons déjà démontré le vice radical de cette fausse critique en réfutant le *conceptualisme* du philosophe allemand. Il suffira d'ajouter ici quelques observations.

Le scepticisme dont nous venons de donner l'analyse ne diffère pas essentiellement du *transformisme* des idéologues, sinon par sa forme systématique, ses procédés *à priori*, et ses doutes téméraires. A l'exemple des principaux défenseurs du sensualisme *idéaliste* ou métaphysique, l'auteur du criticisme admet les deux propositions suivantes : les *phénomènes sensibles* sont les seuls objets réels de nos connaissances scientifiques; et, par suite, toute idée est une *sensation pure transformée par la synthèse*. La première de ces deux propositions est évidente. La seconde n'offre aucun doute à ceux qui approfondissent les doctrines kantiennes et les dégagent de leurs formules abstraites. Que trouve-t-on, en effet, dans le mécanisme de cette faculté *à priori*, désignée sous le nom vague « d'esprit » humain? trois synthèses successives tendant au même but, à la même *unité* : dans la première, les sensations pures et indéterminées, produites en nous à l'*occasion* des phénomènes, reçoivent une forme et deviennent des « représentations ».sensibles; dans la deuxième, les représentations se groupent pour former des concepts généraux; dans la dernière, les concepts sont ramenés à des idées absolues. C'est toujours la même faculté qui ébauche, continue et achève l'œuvre de la connaissance; et cette faculté, avec son triple fonctionnement, ne peut ni franchir les limites du monde « sensible, » ni entrevoir les horizons du monde « intellectuel. » Ainsi le philosophe, dont les spiritualistes ont fait le plus pompeux éloge, s'est débattu en vain pour sortir de la sphère étroite où il s'est enfermé avec Hume, Berkeley, Locke, Condillac et Rousseau (1). D'autre part, il n'a pas su découvrir, dans son exploration, la vraie genèse de nos idées. C'est pour cela qu'il s'est trompé et sur la valeur objective de la connaissance humaine et sur la légitimité du raisonnement. Les notions primordiales qui se trouvent à la base de toute science, sont des produits de *l'abstraction* et non de la *synthèse*. Celle-ci s'exerce sur des notions déjà acquises, elle les unit et les « compose, » sans changer leur nature; celle-là travaille sur les données sensibles, elle les dépouille de leurs propriétés individuelles et les rend *intelligibles*. A l'aide de ces éléments spiritualisés en quelque sorte par l'abstraction, l'entendement se met en rapport avec l'essence des choses elles-mêmes et conçoit les notions primitives de substance et d'accident, de quantité et de qualité, d'effet et de cause. A l'appréhension succède le jugement, puis le raisonnement; et ainsi, comme nous l'avons observé plus haut, la connaissance part d'une réalité objective, et, dans les arguments *à posteriori* nous ne passons point de l'ordre logique à l'ordre ontologique. Saint Thomas qui est supérieur à Kant et par la sûreté du coup d'œil et par la précision du langage, parle en ces termes du procédé de l'intellect humain : « Duplex est operatio intellectus : una quidem quæ dicitur indivisibilium intelligentia, per quam scilicet

---

(1) D'après Kant, la différence que nous établissons entre l'âme et le corps n'a peut-être « rien de réel, rien d'objectif. » Cf. M. Willm, t. I, p. 272.

apprehendit essentiam uniuscujusque rei in seipsa : alia est operatio intellectus, scilicet componentis et dividentis. Additur autem et tertia operatio, scilicet ratiocinandi; secundum quod ratio procedit a notis ad inquisitionem ignotorum. Harum autem operationum prima ordinatur ad secundam; quia non potest esse *compositio* et divisio nisi simplicium apprehensorum. Secunda vero ordinatur ad tertiam; quia videlicet oportet quod ex aliquo vero cognito, cui intellectus assentit, procedat ad *certitudinem* accipiendam de aliquibus ignotis (1). » Cette certitude, nous l'obtenons, en particulier, dans les raisonnements où nous concluons de l'ordre contingent à la nécessité d'un Être nécessaire, de la série des effets à l'existence d'une cause première, de l'harmonie de l'Univers à un Ordonnateur doué d'une intelligence suprême. C'est pourquoi l'objet de la métaphysique n'est pas une entité *fictive* ou une simple possibilité logique. Le monde, l'âme et Dieu qui s'offrent successivement à nos investigations, constituent le triple objet de la plus noble, de la plus élevée et de la plus réelle de toutes les sciences.

2°, *Critique de la raison pratique*. — M. Willm, à l'exemple d'un grand nombre d'historiens et de philosophes, prétend que le scepticisme idéaliste n'ébranle pas l'ordre moral : « Malgré tout ce qu'il y a de négatif dans la critique (de Kant), dit-il, au milieu des ruines qu'il a semées autour de lui, demeurent intactes toutes les croyances chères au cœur humain et nécessaires à la société. S'il leur ôte l'appui d'une philosophie plus subtile que solide, c'est pour les replacer sur un fondement inébranlable, sur la conscience de l'honnête homme, sur la loi morale dont la certitude immédiate et absolue est,

---

(1) *Perihermeneias*, l. I, lect. 1ª.

selon lui, la garantie la plus sûre de l'existence d'un Dieu juste et bon, et de la vérité d'une vie future (1). » En d'autres termes, l'éthique se conçoit sans la métaphysique ; bien plus, elle en est le préambule et le soutien. C'est cet étrange paradoxe qu'il faut mettre en évidence et réfuter.

La raison spéculative et la raison pratique, d'après le philosophe allemand, sont des facultés distinctes : l'une trace les règles qui dirigent *l'esprit* dans le domaine de la science, l'autre intime les préceptes que la *volonté* doit suivre pour atteindre sa fin. Celle-ci détermine la « forme » de nos *actions*, comme celle-là détermine la forme de nos *pensées* (2). La deuxième partie de la critique a pour but de chercher avec soin et de définir avec précision les formes *à priori*, ou les lois générales qui dérivent des forces naturelles de la raison pratique et en sont les produits nécessaires ; elle étudie l'origine et la valeur des principes absolus qui servent de fondement à la « métaphysique des mœurs, » ou à la « morale rationnelle. » Cette science transcendantale est l'œuvre d'un *conceptualiste* résolu, qui, au détriment de la logique et au prix de mille contradictions, veut allier deux extrêmes essentiellement opposés, le scepticisme spéculatif et le dogmatisme pra-

---

(1) *Histoire de la philosophie allemande depuis Kant jusqu'à Hegel*, t. I, p. 338. — Cf. Cousin, Tissot, Barni, etc. — « (Kant) n'a point trouvé (de) point d'appui dans la raison spéculative, il va (en) demander à la raison pratique. » Barni. — Les ouvrages de Kant sur la morale sont la *Critique de la raison pratique*, les *Fondements de la Métaphysique des mœurs*, la *Métaphysique des mœurs*, la *Religion dans les limites de la simple raison*.

(2) Kant, après Aristote et saint Thomas, distingue dans les actions morales la *matière* et la *forme* : la matière est l'entité physique de l'acte avec les circonstances qui l'accompagnent ; la forme est la conformité de l'acte avec la règle générale qui en détermine la bonté ou la malice.

tique, la négation de tout critérium rationnel et l'affirmation d'une certitude morale. Kant se rapproche ainsi de Zénon et fraie la voie aux philosophes modernes, qui, sans professer ouvertement le *stoïcisme* des anciens, se montrent imbus de leur esprit. Voici l'abrégé de sa théorie élémentaire qu'il divise en *analytique* et en *dialectique* (1).

La science spéculative découle des intuitions pures du temps et de l'espace; de même la science morale se rattache aux notions absolues de *liberté* et *d'obligation*. Ces deux notions, à cause de leur caractère d'universalité, doivent leur origine à la raison et rendent possible une métaphysique des mœurs *à priori* (2).

Nous concevons, au-dessus des forces aveugles de la nature physique, une activité spontanée qui n'obéit point à des lois mathématiques et n'est pas soumise à l'influence immédiate et efficace d'un agent extrinsèque : c'est la *volonté* de tout être intelligent. Or, une volonté qui se détermine elle-même, « jouit d'une entière indépendance ; » elle est libre d'une « *liberté* » absolue, d'une « liberté transcendantale. » Le concept de liberté est donc inhérent au concept de cause intelligente. — D'autre part, une cause libre ne peut se déterminer sans des « formes législatives, » ou des « principes » universels et absolus, qui soient la règle de nos actions particulières. Ces principes sont de simples « maximes » et n'ont rien de nécessaire si la raison les envisage au point de vue « subjectif, » par rapport à elle-même ; ils deviennent des « lois pratiques ; » des « impératifs catégoriques, » si nous les con-

(1) Cf. *Critique de la raison pratique.*
(2) Kant entend par morale « la loi des mœurs en tant qu'elle nous commande ce que nous devons faire pour être heureux. » *Critiq. de la raison pure,* n° 954.

sidérons « objectivement, » en tant qu'ils sont « obligatoires, » pour un être raisonnable en général. Il faut donc appeler obligation ce que l'intelligence intime à la volonté d'une manière « universelle (1). » La première loi pratique ou l'impératif catégorique fondamental s'énonce en ces termes : « Agis de manière que la maxime actuelle de ta volonté puisse être toujours et en même temps le principe d'une législation universelle. »

Les lois pratiques, dérivant de la cause libre elle-même, sont « *autonomes :* » les autres mobiles qui émanent de la sensibilité et sollicitent indirectement notre âme à s'écarter de la voie austère du devoir, sont des principes « *hétéronomes.* » — L'acte est *bon*, s'il est conforme aux lois de l'autonomie ; dans le cas contraire, il est *mauvais*. La conformité absolue avec ces mêmes lois constitue la sainteté ou la perfection morale à laquelle tout homme doit aspirer. — Et ainsi, dans l'ordre moral, les notions du *bien* et du *mal* dépendent des lois absolues de la cause libre, comme les concepts, dans l'ordre spéculatif, se rattachent aux jugements *à priori*.

L'autonomie de la volonté libre étant le principe unique de toutes les lois pratiques et de tous les devoirs, le seul *motif* vraiment moral qui détermine la bonté de nos actions, est le respect de la loi ou du devoir ; tous les autres motifs qui se tirent de l'utilité, de l'intérêt, du bonheur, sont particuliers, et, comme tels, ils ne sont pas les éléments absolus de la moralité. Cependant un certain *mérite* s'attache à nos actes, et nous pouvons nous

---

(1) « Il n'y a réellement que des lois morales pures qui déterminent parfaitement le faire et l'omettre, c'est-à-dire l'usage de la liberté d'un être raisonnable en général, et que ces lois ordonnent *absolument*, et par conséquent sont nécessaires sous tous les rapports. » *Critique de la raison pure*, n° 955.

rendre dignes de la félicité véritable, qui consiste dans la satisfaction de toutes nos inclinations légitimes. — « Cette félicité, proportionnée à la vertu des êtres raisonnables, constitue seule le souverain bien du monde, dans lequel, suivant les préceptes non de la raison pure, mais pratique, nous devons nécessairement nous placer; et ce monde n'est assurément qu'un monde intelligible (1). » — Dans cette sphère supérieure, il existe une « raison souveraine, » qui, en sa qualité de cause première, « crée, entretient, réalise, suivant la finalité la plus parfaite l'ordre universel des choses. » — C'est dans ce monde seulement que les lois reçoivent une *sanction* efficace, et que l'âme humaine, en possession de l'*immortalité*, est récompensée selon ses mérites.

En résumé, la *volonté libre*, l'*existence d'un Dieu rémunérateur*, l'*immortalité de l'âme*, sont des « postulats » de la morale; c'est-à-dire que la raison pratique les exige, les « postule, » non pas comme des dogmes, mais comme des *hypothèses* nécessaires (2). En effet, sans la liberté, la loi et l'obligation ne peuvent plus se concevoir; le mérite et la sanction deviennent de pures « chimères, » sans l'immortalité de l'âme et l'existence de Dieu (3). Par conséquent Dieu et la vie à venir sont deux « suppositions » inséparables de l'idée d'obligation, qui dérive des forces natives et des lois nécessaires de la

---

(1) *Critique de la raison pure*, n° 967, etc.
(2) *Critique de la raison pratique*, p. 274-276.
(3) « Nous sommes forcés par la raison d'admettre le Créateur, ainsi que la vie dans un monde que nous devons considérer comme à venir, à moins de regarder les lois morales comme de vaines chimères, parce que leur conséquence nécessaire, que la raison elle-même y rattache, s'évanouirait forcément sans cette supposition. » *Critiq. de la raison pure*, n° 962.

raison pratique. Cette excellence de la morale excite l'enthousiasme de Kant : « Deux choses, dit-il, remplissent mon âme d'une admiration toujours nouvelle et d'un respect toujours plus profond, plus ma pensée s'en occupe et les contemple : le ciel étoilé au-dessus de moi et la loi morale qui est en moi. Toutes les deux sont des faits positifs et immédiatement liés au sentiment de mon existence. Le premier de ces faits me met en rapport avec l'immensité de l'univers. Le second, qui est placé dans ma nature la plus intime et constitue ma personnalité, me rattache à un monde véritablement infini et accessible à la seule intelligence. L'aspect de ce nombre prodigieux de mondes anéantit pour ainsi dire mon existence comme créature animale, obligée de rendre un jour le peu de matière dont elle se compose, à la terre, qui n'est elle-même qu'un point dans l'univers. La loi morale, au contraire, relève infiniment ma valeur, comme être raisonnable, par le sentiment de ma personnalité, dans laquelle cette loi me révèle comme la mienne une existence affranchie des besoins de la vie animale et indépendante du monde sensible (1). »

A la morale, ou à la « législation *intérieure*, » se rattache le droit, ou la « législation *extérieure*, » qui règle les rapports des êtres raisonnables (2). Dans cette partie, Kant subit visiblement l'influence de Rousseau, pour lequel il professe d'ailleurs une grande admiration (3); il adopte même quelques utopies de l'*Émile* et du *Contrat social*, et sa *Métaphysique des mœurs* contient sous des formes ordinairement modérées, plusieurs faux principes

---

(1) *Critique de la raison pratique*, fin. Traduction de M. Willm.
(2) Cf. *Métaphysique des mœurs*.
(3) Kant « accueillait et appréciait les ouvrages nouveaux alors de J.-J. Rousseau. » Herder.

de la *politique* moderne. Le *droit* qui est, à ses yeux, séparé de la morale, dépend de la « *légalité*, » ou de la législation *positive* et extérieure. La liberté individuelle ou collective jouissant d'une complète autonomie, la grande maxime sociale se résume en ces termes : « Agis extérieurement de telle sorte que ta liberté puisse s'accorder avec la liberté de chacun, suivant une loi générale de liberté pour tous. » L'État, de son côté, ne reçoit de pouvoir que pour établir l'équilibre entre les individus et sauvegarder leurs droits respectifs. Les rapports des nations sont soumis aux mêmes principes. Dans les conflits, la guerre est parfois légitime. Mais ce mal cessera le jour où le *projet de paix perpétuelle*, élaboré par Emmanuel Kant, sera mis à exécution. A partir de cette époque, un État ne devra plus à aucun titre, être annexé, vendu ou conquis; les armées permanentes seront supprimées; la forme républicaine, universellement adoptée, fera disparaître la tyrannie des chefs et l'inégalité des citoyens; la politique de non-intervention sera loyalement pratiquée; une assemblée fédérale, sagement composée, fixera le droit des gens, apaisera les querelles et maintiendra l'harmonie entre toutes les nations. Pour assurer la bonne exécution de ce projet, les États armés pour la guerre devront consulter les maximes des philosophes (1). — La paix universelle, que le progrès de la science doit procurer au monde, sera le dernier et le plus excellent fruit de la civilisation moderne.

La seconde partie de la critique dont nous venons de donner l'analyse, renferme des erreurs d'autant plus dangereuses qu'elles touchent à la législation des mœurs

---

(1) *Projet philosophique d'un traité de paix perpétuelle.* 1795.
M. Littré caressait les mêmes rêves, avant nos désastres de 1870.

et à l'ordre social. Signalons les plus importantes.

La morale indépendante de la Psychologie et de la Théodicée ne repose sur aucun fondement, ou, suivant l'expression de M. Willm lui-même, elle est « impossible et chimérique (1). » D'une part, la morale présuppose nécessairement trois vérités qui sont du domaine de la métaphysique : la liberté humaine, l'existence de Dieu et l'immortalité de l'âme; elle ne les démontre pas, puisque « nulle science ne prouve les principes sur lesquels elle s'appuie (2). » D'autre part, ces vérités capitales tiennent, dans le système de Kant, leur valeur objective de la morale qui les exige ou les « postule. » Il y a là un cercle vicieux que les sophistes les plus habiles essayent de déguiser sous des formes captieuses, mais qu'ils ne parviennent jamais à réduire en syllogisme rigoureux. Du reste, l'auteur de la nouvelle critique, si nous saisissons bien sa pensée, doute lui-même de la puissance et de l'efficacité de la raison pratique, et s'il s'efforce d'échapper au scepticisme, c'est plutôt par nécessité que par conviction. Les postulats sont à ses yeux des « hypothèses » nécessaires, et non des vérités rationnelles; ils s'imposent à l'être *moral* et sont l'objet d'une *foi* humaine, mais ils restent inaccessibles à l'esprit et ne sont point susceptibles d'une démonstration logique. Ainsi, comme l'observe M. Willm, « les idées de liberté, d'immortalité de l'âme, de Dieu, quoique reconnues pour réelles par la raison pratique, ne deviennent pas pour cela des éléments de connaissance spéculative. La métaphysique proprement dite n'en demeure pas moins ce qu'elle était et n'en reçoit aucun accroissement (3). »

(1) *Hist. de la philosophie allemande*, t. I, p. 505.
(2) Nulla scientia probat sua principia. Saint Thomas et toute l'École.
(3) *Hist. de la philos. allemande*, t. I, p. 416-417. — Kant, *Critique*

Le système de l'*autonomie* a un autre défaut non moins capital : il déplace le centre du monde moral, de même que la théorie des idées déplace le centre du monde intellectuel. Si le moi humain, que nous révèle un simple « fait de *conscience*, » est le principe d'où émane la loi obligatoire, si la valeur des contrats dérive uniquement de la volonté libre d'un être mobile et contingent, le bien et le mal sont relatifs, et l'ordre moral n'a rien d'immuable et d'absolu. Et alors à quel titre une raison souveraine peut-elle intervenir dans la distribution des récompenses et des châtiments? Il appartient au législateur, et non pas à un autre, d'assurer par des sanctions efficaces l'observation de ses lois; or, dans l'hypothèse des kantiens, toute législation dépend des formes naturelles de la raison pratique. Pour éviter cette erreur pernicieuse et asseoir l'ordre moral sur des fondements inébranlables, il faut chercher un point d'appui dans la métaphysique. Le bien a sa racine dans l'essence même des choses, et la loi qui en est la mesure a sa source dans l'intelligence divine; le droit et le devoir inhérents à la nature des êtres raisonnables ne dépendent point des engagements libres ou des contrats. L'autorité sous ses formes diverses a sa raison d'être en Dieu, le premier principe et la fin dernière de toutes les créatures.

En somme, le philosophe allemand, loin d'atteindre son but, favorise le scepticisme de Hume, et, tout en suivant des voies différentes, il aboutit au même terme que les positivistes, c'est-à-dire à la négation au moins im-

de la raison pratique, Théologie morale : « C'est à la raison pratique que les idées de libre arbitre, d'immortalité, de Dieu, doivent leur certitude. Mais cette certitude n'est point le résultat de la connaissance théorique, c'est une croyance, une foi attachée à la raison pratique. » Tennemann, *Manuel*, t. II, p. 231.

plicite de l'absolu en morale et en métaphysique. Il essaie de grandir nos facultés en opposant une espèce de *conceptualisme* transcendantal au nominalisme radical des sensualistes ; mais, en ramenant toutes nos idées à des formes « subjectives, » il creuse un abîme infranchissable entre l'ordre logique et l'ordre ontologique. De même, après avoir divisé la raison spéculative et la raison pratique, il cherche en vain dans le *jugement* le lien qui rattache les deux branches des connaissances humaines, à savoir les sciences théoriques basées sur le concept de la « *nature* » et les sciences morales fondées sur la notion du « *libre arbitre*. » Cette union s'effectue, mais dans la *pensée* seulement, et la réalité objective échappe toujours à nos investigations.

3°, *Critique du jugement.* — Outre la force « cognitive » et la force « d'appétition, » il y a, d'après les kantiens, une faculté à part désignée sous le nom de « *sensibilité*, » ou de *sentiment* du *plaisir* et du *déplaisir* (1). L'analyse de cette troisième faculté fournit l'objet de la *Critique du jugement*, et complète la double *Critique de la raison*.

La sensibilité tient aux deux autres puissances de l'âme : d'une part, elle s'applique à la contemplation de la nature dont la notion nous est donnée par la raison spéculative ; d'autre part, elle produit en nous une satisfaction qui semble se rattacher à l'ordre moral. Toutefois sentir n'est ni connaître, ni vouloir, et le sentiment ne suppose ni concept logique, ni mobile intéressé ; de plus, cette faculté où s'opère, comme dans un centre

(1) La sensibilité (das gefühl) prise dans l'acceptation de Kant et de ses disciples est une faculté chimérique. Cf. *Critique du jugement* et les autres ouvrages qui se rapportent à l'*esthétique* et à la *téléologie*.

mystérieux, l'union des sciences théoriques et pratiques, fonctionne à l'aide d'un principe *à priori* et purement subjectif, « celui du rapport des moyens à la fin. »

L'application libre et indéfinie de ce principe à la nature en général s'effectue de deux manières : nous pouvons contempler ou les « *formes extérieures* » des objets, ou les parties qui entrent dans la « *constitution intérieure* » des êtres, en tant qu'elles semblent harmonieusement disposées pour une *fin;* or, de cette contemplation naissent les deux sentiments du « *beau* » et de la « *convenance*, » qui se ramènent au sentiment du « *plaisir désintéressé.* » Les opérations de la sensibilité d'où émanent de si nobles et si légitimes satisfactions, peuvent s'appeler le jugement « *esthétique* » et le jugement « *téléologique* » : au premier se rattachent toutes les questions relatives au *beau* et à l'*art;* le deuxième embrasse toutes les causes finales dans leurs rapports avec la métaphysique et la morale.

Le jugement *esthétique* ou le *goût* est soumis aux règles des catégories dans son évolution (1). Sous le rapport de la *qualité*, le goût est « la faculté de juger d'un objet par une satisfaction libre de tout intérêt. » Cet objet, désigné sous le nom de beau, diffère de l'utile et même du bien moral qui nous intéresse par l'obligation qu'il nous impose. — Au point de vue de la quantité, le beau est « ce qui plaît *universellement* et sans notion *objective.* » Il ne dépend pas, comme l'agréable, du « goût de chacun, » et il n'est ni arbitraire, ni relatif; le jugement que nous en portons précède le plaisir sensible, sans être toutefois un acte de l'en-

(1) *Critique du jugement*, 1-22. Œuvres complètes, t. IV, p. 45-96.

tendement, sans supposer la connaissance de l'objet et de sa destination. — Envisagé dans son but, ou suivant « les relations des causes finales, » le beau est une « finalité sans fin; » en d'autres termes, le beau ne produisant d'effet sur nous que par sa beauté, nous le contemplons pour lui seul, et le goût n'étant soumis à aucune règle objective, est indépendant de toute idée de perfection. — Si nous considérons la modalité du plaisir que procure la vue d'une chose sensible, le beau nous apparaît comme l'objet d'une « satisfaction nécessaire (1); » mais nous ne pouvons démontrer cette nécessité, parce que la science du beau n'existe pas. L'art de son côté, est sans but, et le génie n'est que la « faculté des idées esthétiques. »

Le sublime, comme le beau, est intermédiaire entre l'agréable et le bon; le sentiment que nous éprouvons en le contemplant ne tient point à une sensation; il ne suppose pas non plus une notion déterminée, un concept de l'entendement. Il faut néanmoins se garder de confondre le sublime et le beau. Celui-ci s'offre à nous avec des formes et des proportions qui n'ont rien d'étonnant pour notre nature; en sa présence, nous sentons tout notre être s'épanouir doucement, et nous éprouvons un plaisir dont le calme n'est troublé par aucune émotion trop sensible. Le sublime, avec ses formes grandioses, s'impose à notre imagination, nous jette dans la stupeur ou la mélancolie, et nous fait éprouver de l'étonnement, du respect et de l'admiration. Cependant l'âme humaine ne se laisse pas abattre en comparant sa petitesse à l'imposante majesté de l'uni-

---

(1) « Le beau est ce qui, sans notion, est reconnu pour l'objet d'un plaisir nécessaire. » *Critiq. du jugement*, 18-22. — Cf. Beaumgarten, *Esthetica*.

vers; elle comprend, à la réflexion, que les deux aspects du sublime, la *grandeur* et la *force* (1), éveillent en nous la conscience de l'*infini* et de la *liberté*, c'est-à-dire d'une grandeur et d'une force supérieures à la nature physique. Ce double triomphe enfante le plaisir qu'on appelle le sentiment du sublime, plaisir aussi noble que désintéressé.

Le jugement *téléologique* est analogue au jugement esthétique : il présente un caractère d'universalité, mais il est purement subjectif (2). Les hommes, en vertu des lois régulatrices de leur intelligence, admettent que chacun des êtres matériels est disposé pour une fin particulière et que tous ensemble concourent à la formation du cosmos; *pour eux*, la convenance et l'harmonie de la nature sont inexplicables sans une raison suprême qui ordonne toutes choses d'après un plan déterminé. Cette manière de concevoir l'univers convient-elle aux intelligences disposées autrement que la nôtre, et l'idée de convenance ou de finalité a-t-elle une valeur objective? Il est impossible de le nier ou de l'affirmer. Ici encore nous sommes condamnés à l'ignorance (3).

Au témoignage de plusieurs historiens, l'auteur de la *Critique du jugement* domine tous ses devanciers : « Sa théorie du beau et du sublime, ses vues sur l'art et le génie sont évidemment dans le vrai quoique in-

---

(1) Kant distingue le sublime *mathématique* et le sublime *dynamique*. *Critiq. du jugement.*

(2) *Crit. du jugement*, l. II.

(3) D'après Kant, les deux propositions suivantes ne sont susceptibles d'aucune démonstration : « Toutes les productions de la nature doivent pouvoir s'expliquer par des lois purement mécaniques; certaines productions ne peuvent être expliquées que par des causes finales. » *Crit. du jugement*, Dialect. du jugement téléologique.

complètes. Sa philosophie de la nature, à la fois sage et hardie, est infiniment supérieure à tout ce qui l'a précédée dans ce genre (1). » De telles louanges sont trop absolues pour être méritées. L'esthétique, dont Beaumgarten a donné l'ébauche, progesse avec Kant ; mais elle n'atteint pas son entier développement. De plus, elle est fondée sur une hypothèse imaginaire, elle n'a aucun fondement solide et ne tend pas vers une fin conforme à la nature des êtres raisonnables. Tous les mouvements de nos facultés se rapportent ou à la connaissance, ou à l'appétit (2), et le sentiment intermédiaire des kantiens est une chimère. Le beau produit en nous une « complaisance » qui a sa source dans la connaissance, et c'est pourquoi la vue, l'ouïe, l'imagination et l'intellect sont appelés dans l'École les facultés esthétiques par excellence. Cette complaisance n'a point pour objet des formes purement subjectives ; elle suppose dans les choses elles-mêmes de l'intégrité, de la proportion, de la clarté. Enfin, sans se confondre avec les actes de la volonté libre, elle les précède immédiatement ou les accompagne, et, dans les desseins de la Providence, elle contribue à la perfection de l'ordre moral. Saint Thomas résume cette théorie du beau avec une merveilleuse précision. Voici en quels termes il s'exprime : « Pulchrum et bonum in subjecto quidem sunt idem, quia super eamdem rem fundantur, scilicet super *formam;* et propter hoc, bonum laudatur ut pulchrum ; sed *ratione* different ; nam bonum proprie respicit *appetitum;* est enim bonum, quod omnia appetunt ; et ideo habet rationem finis ; nam appetitus est quasi quidam motus ad rem.

---

(1) M. Willm, *Hist. de la philosophie allemande*, t. II, p. 167.
(2) Cf. Saint Thomas, *Sum. Theol.*, p. I, De homine.

Pulchrum autem respicit vim *cognoscitivam;* pulchra enim dicuntur, quæ *visa placent;* undè pulchrum in debita proportione consistit : quia sensus delectantur in rebus debite proportionatis, sicut in sibi similibus; nam et sensus ratio quædam est, et omnis virtus cognoscitiva. Et quia cognitio fit per assimilationem, similitudo autem respicit formam, pulchrum proprie pertinet ad rationem *causæ formalis* (1). »

L'analyse des trois parties du criticisme allemand nous amène toujours à la même conclusion. Emmanuel Kant est rangé à juste titre parmi les chefs du scepticisme idéaliste, du sensualisme transcendantal et du rationalisme absolu. Son système, pour parler le langage des anciens, est le *conceptualisme* avec toutes ses conséquences les plus désastreuses. Nous allons voir comment ce philosophe, à l'exemple de Descartes, a le triste privilège d'orienter les esprits vers la plupart des erreurs contemporaines, et comment, après avoir fait du moi le centre de nos reherches et le but de nos aspirations, il condamne ses disciples à enfermer la science dans un cercle étroit ou à élever l'âme humaine au niveau de la Divinité.

(1) *Sum. Theol.*, p. I, q. 5, art. 4, ad 1um. — « Ad pulchritudinem tria requiruntur : primo quidem integritas, sive perfectio : quæ enim diminuta sunt, hoc ipso turpia sunt; et debita proportio, sive consonantia, et iterum claritas; undè quæ habent colorem nitidum, pulchra esse dicuntur. » *Ibid.*, q. 39, art. 8. — « Ad rationem pulchri pertinet quod in ejus aspectu seu cognitione quietetur apprehensio; undè et illi sensus præcipue respiciunt pulchrum qui maxime cognoscitivi sunt, scilicet visus et auditus, rationi deservientes; dicimus enim pulchra visibilia et pulchros sonos. » *Ibid.*, p. II^a, q. 27, a. 2, ad 3um.

II.

Influence de Kant.

Socher, qui prit part à la lutte dont nous racontons les différentes péripéties, écrivait en 1802 : « La philosophie de Kant fut d'abord reçue avec défiance ; mais quand une fois la première répugnance fut vaincue, cette philosophie, qui répondait aux besoins de l'époque, produisit un grand mouvement dans les esprits. Depuis ce moment, l'histoire de la philosophie de Kant est semblable à celle de toute grande révolution intellectuelle. Elle fut commentée et popularisée, attaquée et défendue soit en partie, soit en totalité, légèrement rejetée et tout aussi légèrement adoptée, prônée avec enthousiasme et condamnée avec passion. Selon les uns, elle était pleine d'innovations inouïes, selon les autres, elle n'apportait rien de nouveau, et tandis que les uns y voyaient le présage d'une ère de félicité et de perfection pour le genre humain, selon d'autres elle menaçait de ruine la religion, la morale et l'État. Cependant Kant, sans trop se préoccuper de tout ce bruit, continuait tranquillement à développer son système, et ses adhérents s'empressaient de l'appliquer à l'histoire et à la science de la nature, à la psychologie et à la théologie, à l'esthétique, à la pédagogique, à la médecine (1). » Ce mouvement se propagea bientôt en Hollande et dans les divers pays du Nord ; plus tard il trouva de l'accès en Angleterre, en Italie (2),

---

(1) *Grundriss der Geschichte der philosophiscen systeme.* Cf. Willm, t. II, p. 170 et 171 ; Villers ; Tennemann, *Manuel*, t. II ; Hartmann, *Hist. de la philosophie* ; Lange, *Histoire du matérialisme* ; Rosenkranz ; Mirbt ; Reinhold, etc.

(2) Sur l'influence du kantisme en Italie, consulter L. Ferri, *Essai*

en France, et même sous le nom d'hegélianisme il se communiqua au Portugal, à l'Espagne, au Brésil et aux États-Unis d'Amérique. De nos jours, après une période de ralentissement général, le kantisme recrute un petit nombre de partisans, dans les sphères où le positivisme n'exerce pas d'action prépondérante. C'est cette influence que nous voudrions étudier, en évitant le double écueil contre lequel Socher et Lange, ne savent pas se prémunir. Celui-là exagère le rôle de Kant; celui-ci n'en comprend pas toute l'étendue.

I. — Adversaires et partisans de Kant. Jacobi; Reinhold.

La nouvelle philosophie rompait trop ouvertement avec les usages de l'école, pour ne pas susciter des orages au sein des universités. Sa terminologie rebutait les élèves; ses hardiesses alarmaient les maîtres. *Stattler* se fit l'écho de tous les mécontents, et traduisit leurs griefs dans un langage où se peignaient l'indignation et la crainte (1). En même temps, des écrivains de valeur composaient soit des articles détachés, soit des œuvres d'ensemble, soit des traités spéciaux pour réfuter le criticisme.

Eberhard, pasteur protestant et professeur de philosophie, se déclara le disciple de Leibnitz et de Wolf, et, dans des revues plus brillantes pour la forme que solides pour le fond, il contesta même le mérite et l'originalité de son adversaire (2). L'historien *Tiedemann*, qui ensei-

---

sur l'histoire de la philos. en Italie au XIX⁰ siècle, l. I, ch. II; l. II, ch. II, VI, VII et X; l. III, ch. II; l. V, ch. IX.

(1) Stattler, *Antikant; Esquisse des inconséquences intolérables de la philos. kantienne;* etc.; Reuss, *Doit-on étudier la philos. de Kant dans les universités catholiques?*

(2) Eberhard, 1738-1809, *Magasin philosophique; Mélanges.* — Cf. Willm et Nicolaï.

gna à l'académie de Marbourg ; *Herder* qui fut avec Lessing, Gœthe, Novalis, Schleiermacher, Jacobi et Schelling, un des admirateurs de Spinoza; le négociant Georges *Hamann*, *Weishaupt*, *Tittel* et plusieurrs autres rejetèrent les opinions de Kant sur les facultés et les opérations de l'âme, sur la méthode et les catégories, sur les principes et la certitude de la connaissance humaine (1). Le juif *Mendelssohn* soumit à l'examen toutes les preuves spéculatives de l'existence de Dieu, et l'éclectique Henri *Féder* réfuta les théories idéalistes sur le temps et l'espace (2). Un grand nombre, à la suite du leibnitzien Samuel *Reimarus*, du savant professeur de Leipzig Christian *Garve*, de *Meiners* et de *Schwab*, s'attachèrent à combattre les erreurs relatives à la morale naturelle, au droit, à la politique où à la religion (3).

Un antagoniste plus redoutable, Frédéric *Jacobi*, tenta de remplacer le criticisme par une philosophie basée sur le sentiment. Il était né à Dusseldorf en 1743. La lecture des œuvres de Rousseau, ses rapports avec Lesage, Gœthe et Lessing, son aversion naturelle pour les sciences spéculatives et les vives impressions qu'il éprouva

---

(1) Tiedemann, 1748-1803, *Théétète ou de la science humaine*, etc. — Herder, 1744-1803, *Entendement et expérience*, *Métacritique*, etc. — Hamann, 1730-1788, *Lettres*, etc. — Weishaupt, 1748-1830, *Des fondements et de la certitude des connaissances humaines*, etc. — Tittel, mort en 1816, *Des formes de la pensée*, etc.

(2) Mendelssohn, 1729-1786, *Matinées ou Entretiens sur l'existence de Dieu*, etc. — Féder, 1740-1821, *De l'espace et de la causalité ou Examen de la philos. de Kant*, etc.

(3) Reimarus, 1694-1768, *Traité des vérités de la religion naturelle*, etc. — Garve, 1742-1798, *Considérations sur les principes généraux de la morale depuis Aristote jusqu'à Kant*, etc. — Meiners, 1747-1810, *Hist. universelle de la morale*, etc. — Schwab, 1713-1821, *Parallèle entre le principe moral de Kant et celui de Leibnitz et de Wolf*, etc.

dans sa jeunesse, à la pensée de nos destinées futures, déterminèrent la direction de son esprit. Il mourut en 1819, après avoir été négociant, conseiller des finances et président de l'Académie de Munich. Il s'était affilié à la secte protestante des piétistes. Parmi ses nombreux ouvrages, les uns contiennent sous la forme de roman l'exposé de sa doctrine, les autres résument sa polémique contre les idéalistes, les sceptiques et les panthéistes (1).

Le dogmatisme de Spinoza, qui avait d'abord excité son enthousiasme, lui inspira bientôt de la défiance, à cause du fatalisme où il aboutit; le criticisme, de son côté, augmenta le dégoût naturel qu'il éprouvait pour les abstractions, il n'y vit qu'un formalisme inconséquent. Pour échapper au doute, il chercha un point d'appui en dehors de la raison *spéculative*, dont il se défiait, et en dehors de la foi surnaturelle qu'il n'admettait pas; il crut l'avoir trouvé dans un « *sentiment* invincible et irrécusable, » dans un « instinct rationnel, » qui dérivant du fond même de notre nature, sert de base à toute « philosophie » et à toute « religion. » Ce sentiment, selon Jacobi, est une espèce de « conscience naturelle » qui nous révèle la vérité avec plus d'éclat et de certitude que les raisonnements scientifiques (2). A *l'extérieur*, il nous

---

(1) F.-H. Jacobi, *Woldemar; Lettres; Correspondance; David Hume ou l'idéalisme et le réalisme; Épître à Fichte; Entreprise du criticisme de rendre la raison raisonnable; Des choses divines et de leurs révélations.* Cf. Willm, *Hist. de la philosophie allemande*, t. II, Philos. de Jacobi; Tennemann; Kuhn, *Jacobi et la philos. de son temps;* Amédée Prévost; Hartmann; Schlegel, *Portraits et critiques;* Weiller; Chalibæus, etc.

(2) La science, au lieu de dissiper notre ignorance et nos doutes, souvent y ajoute une confusion nouvelle. » Jacobi, *Œuvres*, t. IV, p. I, XVI-LIV.

met en rapport immédiat avec les êtres sensibles ; à *l'intérieur*, il nous donne l'intuition de l'âme et de Dieu. Il n'est pas une faculté, « mais l'effet d'un sens » particulier ; et ce sens, divinisé en quelque sorte par son contact avec les choses « immatérielles et spirituelles, » prend le nom même de « raison. » — La double manifestation du monde matériel et du monde invisible éveille en nous l'idée de notre grandeur et de notre supériorité, de notre personnalité morale et de notre libre arbitre ; et ainsi, à « la racine de l'arbre de la science, » se trouvent toujours « le sentiment et l'intuition (1). » — La raison est la plus haute expression du sentiment ; elle ne donne cependant que la *matière* ou le « contenu » de la philosophie ; la *forme* émane de l'entendement. La raison est le lien des *idées*; l'entendement, le lien des *notions*.

Il suit de ces données que le monde, l'âme et Dieu sont en rapport avec nos facultés et que le subjectivisme de Kant et de ses disciples est une erreur. La science est un produit spontané de la nature humaine ; la critique a le droit d'en faire l'examen sérieux et la vérification minutieuse, elle n'en détruit pas la valeur objective. Mais en quoi diffèrent la raison et l'entendement, l'idée et la notion ? Que faut-il entendre par un sentiment ou un instinct rationnel qui n'est ni la foi positive, ni le sens commun, qui touche la vérité sans la voir, l'aime sans la comprendre, qui nous révèle l'élément matériel de la science et réclame le secours d'une faculté supérieure, pour lui donner la forme d'une notion ou d'une connaissance proprement dite ? L'allure et le style du roman ne conviennent pas pour élucider ces ques-

---

(1) « Ma philosophie part du sentiment et de l'intuition. » *Ibidem.*

tions; c'est pourquoi les disciples de Jacobi eux-mêmes ne peuvent s'accorder sur la pensée du maître (1). Les uns, à l'exemple de *Kœppen*, admettent une distinction radicale entre la raison et l'entendement, la foi et la science, ou l'idée et la notion; bien plus, ils réduisent la philosophie à un *dualisme* qui rappelle le système des antinomies, notamment sur la liberté et la nécessité. Les autres, à la suite de Jacques *Salat*, s'efforcent de ramener à l'unité les divers éléments de la connaissance. A leur avis, le sentiment nous révèle la vérité présente dans les profondeurs de notre âme, la raison conçoit ensuite cette même vérité, et enfin l'entendement lui donne sa forme ou la rend intelligible. Quelques-uns, subissant à la fois l'influence de Kant et de Jacobi, essaient de concilier le criticisme et le « sentimentalisme. » Quoi qu'il en soit de ces tentatives, il est évident que le *critérium* universel de la certitude philosophique se rattache aux facultés « cognitives, » et ne peut avoir son fondement dans les facultés « affectives. » Or, dans le système de Jacobi, « la réalité ne peut être connue que par le sentiment, » et tous les jugements « objectifs » procédant de la raison ne sont que des « sentiments; » la raison est « un simple organe révélateur, » et ne juge pas plus que ne jugent « les sens (2). » En d'autres termes, nous trouvons à la base de la certitude une foi aveugle qui émane non pas de nos facultés « cognitives, » mais d'une inclination instinctive ou d'une puissance occulte faussement désignée sous le titre de rai-

---

(1) Principaux disciples de Jacobi : Frédéric Kœppen, né en 1775, *De la révélation considérée par rapport à la philosophie de Kant et de Fichte*. — Jacques Salat, né en 1776, *De l'esprit de la philosophie*, etc. Théodore Schmid; Calker; Ancillon; Weiss; Weiller; Clodius.

(2) Jacobi, *Œuvres*, t. II, p. 107, 119-123.

son (1). Le sentimentalisme repose donc sur un faux critérium, et finalement il conduit, comme la critique elle-même, au scepticisme scientifique et à la ruine de la philosophie. Il est faux de dire avec Pascal que la vérité entre « du cœur dans l'esprit, et non de l'esprit dans le cœur (2). »

D'autres écrivains distingués attaquèrent aussi le kantisme, soit au nom du sentiment du beau qu'éveille en nous la contemplation de la nature, soit au nom du sentiment du bien qui se trouve à la base de toutes les théories mystiques. En tête figure l'auteur de *Faust* et de *Werther* (3). Gœthe, comme l'attestent à la fois et ses œuvres scientifiques et ses relations avec Lavater, Geoffroy Saint-Hilaire et Jacobi, montra toujours des préférences pour le naturalisme de Spinoza et des antipathies pour l'idéalisme de Kant (4). Les formules abstraites et rigoureuses de la nouvelle critique, l'austère sévérité du devoir soumis aux seules règles de l'impératif absolu, l'univers réduit à un ensemble de phénomènes dont le mécanisme obéit à des lois régulières; en un mot, la méthode et la doctrine du philosophe de Kœnigsberg ne convenaient ni à la marche capricieuse, ni à la verve mélanco-

---

(1) « La raison est à la fois organe et instinct..... La raison est la voix de l'esprit divin, le témoin vivant de l'être véritable et de sa source éternelle, une incarnation de Dieu. » Neeb, partisan de Jacobi, *Vermischte Schriften*, t. II, p. 243.

(2) Ces paroles servent d'épigraphe à l'ouvrage de Jacobi sur les *Choses divines*.

(3) Gœthe, 1749-1832, *Œuvres scientifiques*, trad. E. Faivre — Cf. E. Caro, *La philosophie de Gœthe*, 1880 ; X. Marmier, *Études sur Gœthe*; H. Richelot, *Gœthe, ses Mémoires et sa vie*; Willm, t. IV, p. 445, *La philosophie de Gœthe*.

(4) Si Gœthe éprouve des antipathies pour l'idéalisme, il manifeste au contraire des sympathies pour Kant, qu'il appelle le « vieux de Kœnigsberg. »

lique du poète allemand. Gœthe ne pouvait se contenter
« d'une seule façon de penser; » encore moins pouvait-il
voir dans la nature un cadavre sans vie. Il fut éclectique
et panthéiste (1). Il contribua puissamment, grâce aux
ressources de sa belle intelligence et à la popularité de
ses ouvrages, à vulgariser l'erreur moderne connue sous
le nom d'*hylozoïsme* (2). C'est surtout à ce titre qu'il doit
figurer dans l'histoire de la philosophie contemporaine.
De plus, le *Faust* nous offre, avec le *Woldemar* de Jacobi, un exemple de ces mille productions qui portent
l'empreinte du talent, parfois même du génie, mais qui
renferment un tissu de contradictions déguisées sous une
forme séduisante, et sont les produits spontanés d'une
génération maladive et dévoyée, sans principes et sans
convictions, rebelle à toute autorité et incapable de se conduire dans la recherche du vrai. Gœthe a choisi pour types
philosophiques Prométhée, Méphistophélès et Faust;
c'est-à-dire, les symboles de la révolte orgueilleuse, de
la négation téméraire et de la science indépendante (3).
Il est facile de reconnaître dans ces personnages imaginaires la physionomie des rationalistes, des pessimistes
et des naturalistes contemporains.

Le kantisme est trop abstrait et trop rigide pour les
âmes où le sentiment domine; il est trop pur et trop
élevé pour les matérialistes et les athées. Il ne faut
donc pas s'étonner s'il fut, dans les basses régions du
positivisme, l'objet des attaques les plus vives et les

---

(1) *Conversation*, t. II, p. 266. Voir M. Caro, *La philosophie de Gœthe*, p. 186, etc.

(2) L'hylozoïsme est le système qui attribue à la matière elle-même une vie primitive et inhérente.

(3) Cf. M. E. Caro, *La philosophie de Gœthe*. Méphistophélès se définit lui-même « l'esprit qui nie sans cesse. » P. 228.

plus passionnées. A la lutte ont succédé, au moins chez plusieurs, le dédain et l'oubli, et, comme l'observe M. P. Janet, « une grande révolution d'idées s'est faite en Allemagne, depuis le temps où les Kant, les Fichte, les Schelling, les Hegel, les Herbart inauguraient avec tant d'éclat la philosophie du xix° siècle. Aujourd'hui ces grands noms sont devenus en Allemagne des noms surannés et à peine respectés. On les traite presque comme des philosophes officiels, et quelques-uns vont jusqu'à les appeler des charlatans (1). »

Kant a trouvé des adversaires plus sérieux et plus redoutables dans les disciples de saint Thomas. Plusieurs scolastiques à l'exemple de Kleutgen, de Sanseverino, de Liberatore et du cardinal Zigliara (2), ont réfuté victorieusement les points fondamentaux de la nouvelle critique, en particulier la théorie des jugements synthétiques *à priori*; ils ont démontré avec évidence la réalité objective de nos idées, la valeur de la raison humaine et la priorité de la métaphysique sur la morale. Ainsi, la grande erreur des temps modernes a contribué au triomphe de la vérité.

D'autre part, des disciples dévoués ont travaillé avec zèle soit à défendre soit à propager l'idéalisme, et Kant a eu ses interprètes comme les grands hommes de l'antiquité ou du moyen âge. *Mellin* a donné dans des dictionnaires et des tables la nomenclature et l'explication de ses termes techniques (3); ses théories obscures et

---

(1) *Le matérialisme contemporain*, 1875, p. 1. Voir plus haut, p. 58.
(2) R. P. Kleutgen, *La philosophie scolastique;* C. Sanseverino, *Elementa, Philosophia christiana;* R. P. Liberatore, *Institutiones philosophicæ;* EE. C. Zigliara, *Summa philosophica*.
(3) Mellin, 1755-1820, *Sommaires et tables pour la Critique; Langue technique de la philos. critique, Dictionnaire universel*, etc.

transcendantes sont devenues plus accessibles à l'intelligence, grâce aux éclaircissements de Jean Schultz (1); il a trouvé en *Tennemann* et en *Willm* des historiens patients et érudits, sinon toujours impartiaux et judicieux (2); ses principes sur le beau et sur le bien ont inspiré à *Schiller*, l'ami et l'émule de Gœthe, des pages d'une exquise délicatesse et d'une grande élévation (3); sa logique, sa métaphysique, sa morale et sa philosophie du droit ont fourni le thème de volumineux commentaires qui souvent, à défaut d'autres qualités, ont eu le mérite de mettre en relief les erreurs et les contradictions du maître. Citons, en particulier, les travaux de Hoffbauer, de Jacob, de Schmidt, de Stœudlin, de Buhle, de Neeb, de Born et de Feuerbach (4).

Celui qui travailla le plus efficacement à répandre le goût du criticisme, fut l'auteur des *Lettres sur la philosophie de Kant*, Charles Léonard Reinhold. Il naquit à Vienne, en 1758, et mourut à Kiel, en 1823. Le rationalisme contemporain l'a classé au nombre des amis sincères de la vérité. Il serait plus équitable de le ran-

(1) Schultz, 1739-1805, *Éclaircissement sur la Critique; Examen de la Critique*, etc.
(2) Tennemann, 1761-1819, *Histoire de la philos.; Manuel*, à l'index. — J. Wilm, *Hist. de la philos. allemande.*
(3) Schiller, 1759-1805, *Œuvres*, tome X. — Cf. Kuno Fischer, *Schiller comme philosophe.*
(4) Hoffbauer, 1766-1827, *Éléments de la logique*, etc. Louis Henri de Jacob, 1759-1827, *Esquisse de logique*, etc. — Schmidt Phiseldecht, 1770-1832, *Philosophiæ criticæ secundum Kantium expositio systematica*, etc. — Stœudlin, 1761-1826, *Esquisse de la philos. morale et religieuse*, etc. — Buhle, 1763-1821, *Manuel de droit naturel*, etc. — Neeb, né en 1767, *Système de la philos. critique fondé sur le principe de la conscience*, etc. — Born, né en 1785, *Nouveau magasin philos.*, etc. — Feuerbach, 1775-1833, *Critique du droit naturel*, etc. — Cf. Tennemann, Franck.

ger parmi les intelligences dévoyées et les esprits superficiels, qui flottent incertains à tout vent de doctrine et obéissent finalement à la voix des passions. Il fut tour à tour novice dans la Compagnie de Jésus, régent de philosophie chez les Barnabites, membre d'une société de libres-penseurs, appelée la *loge de la concorde*, et professeur dans les chaires protestantes d'Iéna et de Kiel (1). Il adopta le kantisme avec enthousiasme et crut y voir la solution du grand problème de la science, l'accord du dogmatisme et du scepticisme, de l'idéalisme et de l'empirisme, de la raison et de la foi. Pour donner au nouveau système l'unité qui lui faisait défaut, il chercha dans la « *faculté représentative,* » ou dans la conscience, le centre commun de nos opérations, le lien entre le sujet et l'objet, le point de départ de toutes nos connaissances; mais il recula bientôt devant l'opposition de Flatt, de Bech et de Schulze, et se déclara d'abord pour Fichte, ensuite pour Bardili (2). Vers la fin de sa carrière, il élabora une « nouvelle théorie » que son fils, Ernest Reinhold, devait continuer après sa mort (3).

Emmanuel Kant a exercé une autre influence, dont les effets ont été à la fois et plus durables et plus pernicieux. Son *esprit critique* s'est, pour ainsi dire, insinué sous toutes formes dans les sciences, l'histoire et les lettres. Son *scepticisme méthodique* a puissamment contribué à entretenir et à développer cette maladie du doute qui travaille notre siècle. Le criticisme, avec tous ses abus, s'est propagé en Allemagne, en Italie, en

---

(1) C. L. Reinhold, *Œuvres.* — Cf. *Vie de C. L. Reinhold*, par son fils, Ernest Reinhold.
(2) Tennemann, *Manuel*, t. II, p. 261.
(3) E. Reinhold, *Essai de nouv. principes; Esquisse d'un système*, etc.

France et dans les autres pays où le rationalisme a étendu ses conquêtes; il a servi d'instrument à cette classe nombreuse de sophistes, qui, à la suite de Hegel, de Strauss, de Renan, de Vacherot, de Franchi et de Schérer, n'ont respecté dans leurs attaques ni la foi ni la raison (1). Nous en trouverons des traces à chaque page de cette histoire, et nous en suivrons les vicissitudes dans les œuvres de nos contemporains (2).

II. — Disciples dissidents : Fichte; Schelling; Hegel.

Entre les adversaires et les partisans du kantisme, il faut placer une classe nombreuse de *disciples dissidents* qui subissent encore l'influence du maître, mais s'écartent de sa pensée, ou s'appuient sur ses principes, pour soutenir des erreurs pernicieuses et étayer des systèmes monstrueux.

Les deux principaux antagonistes de Reinhold, le conseiller aulique Ernest *Schulze*, et le juif Salomon *Maimon* (3), rejetèrent la partie positive du criticisme pour en garder la partie négative, et ils aboutirent par

---

(1) Strauss, *Vie de Jésus;* Renan, *Vie de Jésus;* Vacherot, *La métaphysique et la science;* Schérer, *Hegel et l'Hegélianisme.* Cf. *Philosophia scholastica*, édit. 3e, t. I, p. 136, etc., et p. 202, etc. Voir plus bas, II, 3°. — Tennemann, Ritter, Ferri, Lange et la plupart des historiens de la philosophie sont partisans de la fausse critique.

(2) M. Ch. Renouvier, *Essais de critique générale;* M. Liard, *Descartes*, etc. — Cf. M. F. Ravaisson, *La philosophie en France au XIX° siècle.*

(3) É. Schulze, 1761-1833, professeur de philosophie à Gœttingue : *Énésidème; Critique de la philosophie théorique*, etc. — S. Maimon, de Lithuanie, 1753-1800 : *Essai d'une logique nouvelle; Lettres de Philalèthe à Énésidème.* — Schulze, vers la fin de sa carrière se rallia au dogmatisme de Jacobi. Cf. Haffner, *Esquisse.*

des voies diverses à ce *scepticisme* moderne connu sous le nom mitigé « *d'antidogmatisme.* » Aux yeux de Schulze, la métaphysique n'est pas impossible, mais Emmanuel Kant n'a pas réussi à lui donner le caractère d'une science rigoureuse ; suivant Maimon, le philosophe de Kœnigsberg, tout en traçant d'excellentes règles de critique, a tort de distinguer la sensibilité de l'entendement, et d'accorder aux phénomènes une objectivité qu'il refuse aux concepts de la raison pure.

Ce scepticisme habilement combiné trouva des défenseurs parmi les théologiens eux-mêmes, et l'un des professeurs les plus distingués des universités de Munster et de Bonn, Georges *Hermès*, enseigna que non-seulement le doute *réel* est le point de départ de toute méthode dans les sciences divines et humaines, mais qu'il est impossible d'arriver à la connaissance *objective* de la vérité (1). Il avait puisé son système dans les œuvres de Kant et de Fichte.

Sigismond Bech, professeur à Halle et à Rostoch, fit également avancer la nouvelle philosophie dans la voie du scepticisme ou de l'idéalisme transcendantal (2). Non content d'émettre un doute sur l'objectivité des « noumènes, » il ne vit dans « les choses en soi » que des produits de « l'imagination ; » il n'établit pas, non plus, de distinction entre l'intuition sensible et la pensée. Il tomba ainsi dans une confusion regrettable sur la nature et le rôle des facultés « cognitives. »

Des penseurs qui ne manquaient ni de sagacité ni de finesse, entreprirent de corriger le vice radical de la

---

(1) G. Hermès vécut de 1775 à 1831. Sa doctrine fut condamnée à Rome, le 26 décembre 1835.

(2) J.-S. Bech, né à Dantzig, vers 1761 : *Extraits explicatifs des ouvrages critiques de Kant; Esquisse de la philos. critique.* Cf. Haffner.

philosophie kantienne et d'éviter « l'antidogmatisme » de Schulze; dans ce but, ils s'efforcèrent d'introduire l'absolu dans la science ou ils essayèrent de compléter la critique de l'entendement humain. Ils formèrent une école intermédiaire entre l'idéalisme et le sentimentalisme. A leur tête on voit figurer *Bouterwech*, *Bardili*, *Berg*, *Krug*, *Fries* et *Victor Cousin*, le chef de l'éclectisme en France (1). Bouterwech, professeur de philosophie à Gœttingue, admet une faculté à l'aide de laquelle nous atteignons l'*absolu*, et il pense que nous échappons au scepticisme par la *foi* en la rectitude de la raison. Bardili croit éviter l'idéalisme en posant comme base de la science l'identité de l'ordre logique et de l'ordre ontologique, de la pensée en soi et de la substance divine. L'adversaire de Schelling, François Berg, professeur d'histoire ecclésiastique à Wurtzbourg, cherche dans la volonté appliquée à l'entendement, ou dans la « *volonté logique* » le moyen de saisir la réalité des êtres. L'un des écrivains les plus populaires et les plus féconds de l'Allemagne, Guillaume Krug enseigne que l'être et le savoir, la pensée et son objet, le « *moi* et le *non moi* » sont unis primitivement dans un fait de la conscience ou dans une « *synthèse transcendantale*, » et que le sens commun en proclame l'existence avec une certitude invincible. D'après Fries, le philosophe démocrate d'Iéna, la *foi* humaine et le « *sentiment* » naturel suppléent à l'impuissance de la raison : la foi nous

---

(1) Bouterwech, 1776-1828 : *Apodictique; Aphorismes; Éléments de la philos. spéculative*, etc. — Bardili, 1761-1808 : *Esquisse de la logique première; Lettres*, etc. — Berg, 1753-1821, *Épicritique*, etc. — Krug, 1770-1841, *Philos. fondament.; Système de la philos. théorique; Système de la philos. pratique*, etc. — Fries, né en 1773 : *Système de la philosophie; Reinhold, Fichte et Schelling*, etc. — Cousin, 1792-1867, *Leçons de philos. sur Kant; Cours d'hist. de la philosophie*. Cf. Haffner.

ait saisir l'existence des objets cachés sous les phénomènes, et le sentiment nous fait *pressentir* que notre croyance dérive des lois natives de notre âme et nous élève à la possession du vrai. Selon Victor Cousin, l'homme est doué d'une faculté supérieure, ou d'une « *raison impersonnelle*, » qui le met en rapport avec l'absolu et l'infini.

Il est facile de remarquer dans ces derniers philosophes une tendance vers le panthéisme. Bardili et Krug, en particulier, ne semblent plus admettre de distinction réelle entre le sujet et l'objet de la connaissance humaine. Toutefois c'est dans les œuvres de *Fichte*, de *Schelling* et de *Hegel* que le *panthéisme* moderne revêt la forme rigoureuse d'un système philosophique. Le chef du criticisme établit un abîme infranchissable entre le subjectif et l'objectif; c'est pourquoi sa théorie conduit avant tout au scepticisme. Pour trancher le nœud de la difficulté, le moyen le plus simple est d'identifier soit l'objet avec le *sujet*, soit le sujet avec l'*objet*, soit le sujet et l'objet avec l'*idée*. De ces trois hypothèses sont nés « le *subjectivisme* » de Fichte, « l'*objectivisme* » de Schelling et « l'*idéalisme* » de Hegel.

1°, *Fichte* et le *subjectivisme* transcendantal (1). — Jean Théophile *Fichte*, né dans la Haute-Lusace en 1762, fit ses études chez un pasteur de village, au collège de

---

(1) Fichte, *Œuvres*, en particulier : *La doctrine de la science; Les principes fondamentaux de la science; La destination de l'homme; La théorie du droit; La méthode pour arriver à la vie bienheureuse*, etc. Cf. *Vie de Fichte*, publiée par son fils; Bartholmèss, *Kant et Fichte*; J. Willm; Ch. de Rémusat; Barchou de Penhoën; Tennemann; Schad, *Esquisse de la doctrine de la science;* Mehruel, *Manuel de morale;* Hartmann; Reinhold; Jacobi; Grimblot; Ritter. Voir surtout Stœckl et Haffner.

Schulpforta et dans les universités d'Iéna et de Leipsick; après avoir rempli la modeste charge de précepteur à Zurich et à Varsovie, il visita Kant à Kœnigsberg, et lui soumit l'ouvrage où il exposait ses théories rationalistes (1). Pendant qu'il professait à Iéna, il fut accusé d'athéisme et dut se retirer des États saxons. Plus tard il accepta des chaires importantes à Erlangen et à Berlin. Il mourut dans cette dernière ville en 1814. Au témoignage de ses amis, il avait reçu en héritage une grande probité naturelle, et son caractère était ferme jusqu'à l'entêtement. Cette énergie ne l'empêcha pas de varier dans ses opinions philosophiques, et d'être, comme les partisans de l'erreur, victime du doute ou de la présomption. Il inclina d'abord vers le déterminisme de Spinoza; ensuite il se déclara le disciple de Kant et s'attacha, contre les matérialistes, à développer la nouvelle critique dans le sens de l'idéalisme; mais plus tard, subissant l'influence de Schelling, il manifesta des préférences pour le panthéisme, et il ne sembla plus admettre pour toute réalité que l'existence de Dieu ou de l'Être absolu. Nous jugeons inutile de le suivre dans toutes ses variations. Il nous importe seulement de connaître son *subjectivisme*, c'est-à-dire, la partie la plus originale de sa philosophie (2).

À toutes les époques, depuis Aristote, Vincent de Beauvais, Albert le Grand et saint Thomas, un problème difficile a préoccupé les esprits : on s'est demandé dans quelle mesure les sciences s'harmonisent et se ramènent à l'unité. Le Docteur angélique donne à cette question

(1) Cet ouvrage a pour titre : *Essai d'une critique de toute révélation.*
(2) Le subjectivisme de Fichte s'appelle aussi l'égoïsme transcendantal et le panthéisme moral.

une réponse définitive : les sciences, dit-il, ont des rapports intimes ; mais elles diffèrent et dans leur objet, et dans leurs principes, et dans leur méthode. Nous pouvons en faire l'*encyclopédie*, et non pas la *synthèse*. Fichte, à l'exemple de Descartes, de Wolf et de Condillac (1), pense que toutes les sciences, malgré leur opposition apparente, peuvent se réduire à un seul système ; mais il se persuade, en même temps, que personne avant lui n'a pu trouver le principe suprême d'où découlent toutes nos connaissances, le centre véritable où s'effectue l'union du sujet et de l'objet. Il se propose de combler cette lacune et de compléter, sur ce point, la philosophie de Kant ; pour parler son langage, il veut élaborer une critique pure, ou une théorie générale, appelée la « *doctrine de la science* (2). » En voici le résumé.

Toutes les propositions qui constituent le vaste domaine de la science, se ramènent à des *thèses*, à des *antithèses* et à des *synthèses;* en d'autres termes, nos jugements revêtent trois formes, l'affirmation, la négation et la limitation. — Ce fait constant et universel suppose dans les hautes régions de l'esprit humain l'existence de trois idées primordiales qui servent de base à l'édifice de nos connaissances : l'idée de sujet, d'objet, de *rapport* ou d'opposition entre le sujet et l'objet. — Ces trois idées émanent d'une source commune ; ou plutôt, elles représentent les aspects, les modes et les évolutions d'un même principe qui est d'abord illimité ou indéfini, et renferme en puissance le sujet et l'objet, l'affirmation et la négation, le concret et l'abstrait. Ce premier fonde-

(1) Voir notre *Philosophia scholastica*, édit. 3e, t. I, p. 241. — Descartes, Wolf, Condillac, Fichte, Schelling, Hegel admettent, dans les sciences, l'unité de méthode.

(2) *Doctrine de la science; Principes fondamentaux de la science*, etc.

ment de toutes choses est le « *moi.* » Grâce à l'activité infinie dont il est doué, il se développe nécessairement et produit le sujet et l'objet, la « matière » et la « forme » de toutes sciences. Rien ne peut exister, rien ne peut se concevoir qui ne soit au moi absolu comme la partie est au tout, l'effet à la cause.

Dans la première phase, le moi se « pose » lui-même en vertu de sa force native, il acquiert la conscience de son être, il se crée « *sujet* » absolu; il dit : « je suis moi. » Par conséquent, le principe suprême, d'où découlent toutes les sciences, peut se formuler en ces termes : « *Le moi pose primitivement son être* (1). » Ainsi le philosophe allemand, à l'exemple de Descartes, prend pour unique base de sa théorie un fait purement subjectif, ou un acte du « sujet pensant; » mais cet acte, au lieu d'être une simple affirmation ou un jugement, est une véritable production : « Juger, dit M. Willm, c'est reconnaître une existence ou un rapport entre deux idées données; mais ce n'est pas produire l'existence ou le rapport. Poser peut être pris pour établir, pour statuer, pour produire; et c'est le sens qu'attache à ce mot Fichte lorsqu'il dit que le moi se *pose* lui-même; c'est dans ce sens que le moi posera toutes choses (2). » Là est le vice radical du panthéisme. Le même être, envisagé sous le même aspect, est pris à la fois pour cause et pour effet. Que cet être soit la nature, l'absolu, l'idée ou le moi, peu importe; le sophisme est évident, et le système tout entier s'écroule, semblable à un édifice sans fondement.

Dans la seconde phase, qui est soumise, comme la précédente, aux lois nécessaires de l'esprit humain,

---

(1) *Doctrine de la science.* Cf. Willm, t. II, p. 219, etc.
(2) *Hist. de la philosophie allemande*, t. II, p. 222. Cf. Tennemann, *Manuel*, t. II, p. 267.

nous concevons, en nous repliant sur nous-mêmes, que le « *non-moi* » est opposé au *moi*, et par ce nouvel acte de conscience nous « posons, » ou nous créons l'*objet* de la science. De là ressort un deuxième principe, qui se rattache au premier et revêt la forme suivante, dans le langage de Fichte : « *Le moi oppose au moi absolu le non-moi absolu.* » Cette opposition dénote, dans le déploiement de notre activité, deux mouvements qui s'effectuent en sens inverse : l'un direct, l'autre réfléchi ; mais elle ne suppose pas deux réalités distinctes. Au contraire, le sujet et l'objet sont identiques, et c'est en lui-même que le moi s'oppose le non-moi. En d'autres termes, Fichte admet seulement une différence d'aspect, une distinction de *raison* entre le sujet et l'objet ; il confond l'ordre ontologique et l'ordre surnaturel avec l'ordre logique, il professe le *subjectivisme* et le *rationalisme* sous leur forme la plus rigoureuse et la plus absolue. Dans son système, le moi ne se contente pas de penser Dieu, l'âme et le monde ; il les « pose, » il les crée. C'est l'une des grandes erreurs du XIXe siècle : la déification du *savoir humain,* ou plutôt la déification de l'*homme* par la *science*. Nous verrons comment les positivistes en adoptant une autre méthode et en se plaçant sur le terrain de l'expérience, renouvellent la même tentative et aboutissent au même résultat.

Dans la troisième et dernière phase, le sujet et l'objet se limitent mutuellement, et la réalité de l'un semble détruire en partie la réalité de l'autre ; or, en se limitant de la sorte, ils se divisent et produisent l'ensemble des phénomènes qui se rattachent à la quantité et composent le monde visible. C'est pourquoi le troisième principe fondamental de la science est ainsi formulé : « *Le moi oppose au moi divisible un non-moi divisible.* »

Considérer le monde comme une fiction du « sujet pensant, » c'est dépasser l'idéalisme de Kant et pousser la spéculation à ses derniers excès ; c'est porter le coup fatal à la science, sous prétexte de ramener à l'unité toutes les connaissances humaines ; c'est cacher sous les termes vagues de « position, d'opposition, de composition, » un jeu arbitraire de l'esprit et une tentative audacieuse contre le bon sens de l'humanité. Fichte lui-même parut le comprendre, et, soit pour se soustraire aux funestes conséquences de son système, soit pour corriger aux yeux de ses disciples les défauts les plus saillants de sa théorie spéculative, il sembla se rapprocher du mysticisme (1), et, plus d'une fois, il parla de Dieu, de la liberté, de la vie future, de la morale naturelle, du droit des gens, avec les accents d'une mâle éloquence. Il ne parvint pas à former une école (2) ; mais il exerça une influence réelle sur les destinées de la philosophie contemporaine. Schelling, qui devait le dominer par le talent et le savoir, subit lui-même son ascendant et se déclara son défenseur.

2°, *Schelling et l'objectivisme transcendantal* (3). — De

---

(1) « La croyance, la foi, voilà le seul organe au moyen duquel on est mis en possession de la réalité. » *Destinée de l'homme*, p. 227.

(2) Sur les disciples de Fichte, voir Tennemann, t. II, p. 282.

(3) Schelling, *OEuvres*, en particulier : *La possibilité d'une forme de la philos. en général ; Du moi comme principe de la philosophie ; Idée sur la philos. de la nature ; De l'âme du monde ; Première esquisse d'un système d'une philos. de la nature ; Exposé de mon système de philosophie ; Bruno ; Leçons ; Lettres ; Philosophie et religion ; Aphorismes ; Recherches philos. sur l'essence de la liberté humaine ; Système de l'idéalisme transcendantal*, etc. — Cf. Willm ; Grimbold ; Husson ; Bénard ; Matter, *Schelling et sa philos. de la nature* ; Ch. de Rémusat, *La philosophie allemande* ; Tennemann ; Ritter. Consulter surtout Stœckl et Haffner.

Schelling, né dans le Wurtemberg, en 1775, et mort en Suisse, dans l'année 1854, était à peine au début de sa longue existence quand le chef de la nouvelle critique avait atteint l'apogée de sa gloire. Il eut Hegel pour condisciple à Tubingue, et il suivit les leçons de Fichte à Iéna. Il enseigna lui-même dans cette ville, avant d'occuper les chaires que lui offrirent les universités de Wurtzbourg, de Munich et de Berlin. Il eut plus d'un trait de ressemblance avec Hamann, Herder et Novalis; comme eux surtout, il s'éprit d'enthousiasme pour Spinoza, et, après avoir enseigné en métaphysique une théorie subversive de tout ordre moral, il parut parfois incliner vers le mysticisme de *Baader* et de *Gœrres*. Il imita ainsi l'inconséquence de plusieurs rationalistes allemands et anglais, et, au fond, il se préoccupa fort peu d'harmoniser les différentes parties de son système. C'est pourquoi, suivant la pensée de Tennemann, la forme de sa philosophie est « moins scientifique en réalité qu'en apparence (1). » Il n'eut ni la profondeur de Kant, ni la sagacité de Hegel; mais il se montra supérieur à la plupart de ses contemporains par la variété de ses connaissances et par la richesse de son imagination. Il ne resta pas étranger au mouvement spiritualiste dont la France était alors un des principaux centres, et il ne dédaigna pas, après un long silence, de reprendre la plume pour exprimer son jugement sur la philosophie de Cousin (2).

Il était important d'esquisser les traits de ce personnage et de savoir en quel milieu il a vécu et quelles influences il a subies. Il sera maintenant plus facile de

---

(1) *Manuel de l'hist. de la philosophie*, t. II, p. 298.
(2) *Jugement de M. de Schelling sur la philosophie de M. Cousin*, 1831. Cf. traduct. publiée par M. J. Willm, en 1835.

comprendre son rôle dans l'histoire contemporaine, et d'apprécier les éloges qu'on lui décerne (1).

Schelling est panthéiste; mais, au lieu de partir de l'unité de substance ou de l'activité du *moi*, il prend l'*absolu* pour base de sa théorie et se distingue ainsi de Spinoza et de Fichte : au « monisme » et au « subjectivisme » il substitue « *l'objectivisme* » transcendantal (2). Pour lui, l'esprit et la matière ne sont ni les modes d'un même sujet, ni les produits spontanés d'une force primordiale; ce sont les manifestations, ou les « *révélations* » de l'être absolu, et la science est la « *contemplation intellectuelle* » de ces révélations divines, immanentes et nécessaires.

L'absolu, envisagé en lui-même, « n'est ni infini ni fini, ni être ni connaître, ni sujet ni objet : c'est ce en quoi se confondent et disparaissent toute opposition, toute diversité, toute séparation, comme celle de sujet et d'objet, de savoir et d'être, d'esprit et de nature, d'idéal et de réel; c'est donc indivisiblement l'être et le savoir absolu, ou l'essence collective de tous deux. C'est l'absolue *identité* de l'idéal et du réel, l'absolue indifférence du différent, de l'unité et de la pluralité; c'est l'un qui est en même temps le tout. L'absolue identité est, et hors d'elle n'est réellement rien; par conséquent, rien de fini n'existe en soi. Tout ce qui est, est l'identité absolue et son développement (3). » Ce développement ne consiste

---

(1) Cf. Matter, Willm, Tennemann, Cousin, de Rémusat, etc.

(2) Le panthéisme de Schelling est appelé l'objectivisme idéal, le système de l'identité absolue, le naturalisme transcendantal. Schelling proteste contre l'accusation de panthéisme. *Philosophie et religion*, p. 52.

(3) Tennemann, *Manuel*, t. II, pp. 290-291. Cf. Fischhaber, *Archives philos.*, 1. Schelling, *Philosophie de la nature*, etc.

pas, comme Fichte le veut, en des « positions » ou créations successives, il s'effectue par une double série de révélations, qui suivent une marche parallèle, dans l'ordre *réel* et dans l'ordre *idéal*. D'un côté, Dieu se manifeste au sein de la nature par la pesanteur, la lumière, l'organisme, c'est-à-dire par la *matière*, le *mouvement*, la *vie*, et il atteint sa forme complète dans l'*homme* et dans le système de l'*univers*; d'un autre côté, Dieu se révèle par la vérité, la bonté, la beauté, ou par la science, la religion, l'art, et il parvient à son plus haut degré de développement dans l'*État* et dans l'*histoire*. L'absolu, après cette double manifestation de ses « *puissances* » réelles et idéales, s'élève au dessus de tout ordre, de toute distinction, et, grâce à la raison dont il est doué, il se saisit comme identité suprême : il ramène l'idéalisme et le réalisme à l'unité. De cette synthèse naît la science des *idées*, ou la philosophie.

Schelling se propose de corriger à la fois Kant et Fichte, en enseignant que la raison peut atteindre l'essence des choses et que le moi n'est pas l'unique réalité; mais l'idée fondamentale de son système, aux yeux même de ceux qui la trouvent « grandiose » et « séduisante, » est une « illusion et une chimère (1). » Il pose à l'origine de ses déductions l'identité de Dieu et de la raison, du sujet et de l'objet. « Dans la raison, dit-il, la substance divine se repose en quelque sorte, se reconnaît et se réfléchit (2). » Or, cette hypothèse n'est pas seulement gratuite, elle répugne au bon sens. Ou l'absolu est un terme dépourvu de toute signification, ou il désigne un être

(1) Cf. Willm, *Histoire de la philosophie*, t. III, et *Dictionnaire des sciences philosophiques*, art. Schelling. Tennemann, *Manuel*, t. II.
(2) *Dissertation sur le rapport de l'élément réel et de l'élément idéa dans la nature.*

infini, éternel et immuable. De plus, le système de l'identité implique la négation de toute existence individuelle, de toute personnalité, et, par suite, de toute liberté, de toute morale : le Dieu de Schelling, en se révélant, obéit à une « destinée aveugle, » à une « nécessité de nature. » Il suffit, enfin, pour montrer l'étrange aberration du philosophe allemand, de rappeler la proposition suivante, qui résume les traités sur l'*Ame du monde*, et sur la *Philosophie de la nature* : Dieu s'élève à la conscience de lui-même dans l'humanité, et il termine dans l'univers la série de ses manifestations ; c'est dans l'humanité et dans l'univers qu'il faut chercher la forme « explicite » et la raison suprême de la Divinité (1).

Fichte favorise l'*individualisme* en prenant le moi pour principe de tous les êtres ; Schelling tend vers le *communisme* en refusant toute réalité aux existences particulières : d'après le premier, chacun est à lui-même son Dieu ; d'après le dernier, ou la notion de la Divinité est vide de sens, ou elle désigne la collectivité, c'est-à-dire l'*État* et le *monde*. Ce panthéisme auquel se rattache par un lien logique « la doctrine de la souveraineté de l'homme incarnée dans la souveraineté du peuple (2), » est en apparence moins étroit que l'égoïsme de Fichte ; il est, de plus, en harmonie avec les tendances de l'époque. Il ne faut donc pas s'étonner si Schelling a excité de l'enthousiasme, surtout dans les universités protestantes, et s'il a séduit pour un temps des hommes de valeur, tels que Schad, Rixner, Bachmann, Steffens, Oken, Schubert,

---

(1) Suivant le langage de Schelling, Dieu considéré en lui-même « est implicite ; » il devient « explicite » dans l'humanité et dans l'univers.

(2) Mgr Pie, *Instruct. synod.*; Syllabus ; Concile du Vatican, etc.

Ast, Solger, Cousin (1), Hegel (2). Ce dernier devint ensuite un émule redoutable, et fonda une école rivale.

3°, *Hegel et l'idéalisme transcendantal* (3). — Dans la période intellectuelle dont nous étudions les caractères, la philosophie rationaliste n'eut pas après Kant de représentant plus illustre, d'interprète plus autorisé et de chef plus influent que Frédéric Hegel. Ce personnage qui occupe une place importante dans l'histoire contemporaine, vécut de 1770 à 1831. Il fit ses études à Stuttgart, sa ville natale, et à l'université de Tubingue; il remplit ensuite différentes fonctions dans les écoles protestantes d'Iéna, de Nuremberg, de Heidelberg et de Berlin. Bien qu'il manquât de certaines qualités utiles dans un professeur, il obtint un immense succès et s'éleva au-dessus de ses deux rivaux, Fichte et Schelling. Il dut spéciale-

---

(1) Cf. Ravaisson, *La philosophie en France au XIX° siècle*, p. 17.

(2) Schad, *Système de la philosophie de la nature;* Rixner, *Guide pour la philosophie;* Bachmann, *La science de l'art;* Steffens, *Esquisse de la science philosophique;* Oken, *Examen de l'esquisse du système de la philosophie;* Schubert, *Vues sur la partie obscure de la science de la nature;* Ast, *Éléments de philosophie;* Solger, *Entretiens philosophiques,* etc. Pour plus de détails, voir Tennemann et Willm. Les deux Schlegel, Gœrres, Windishmann, Krause, Wagner, Eschenmayer subirent aussi l'influence de Schelling; mais ils s'écartèrent de sa doctrine sur des points essentiels. — Cf. Stœckl; Haffner.

(3) Hegel, *Œuvres,* en particulier : *Phénoménologie de l'esprit; Différence du système de Fichte et de celui de Schelling; Encyclopédie; Logique; Philosophie de la nature; Philosophie de l'esprit; Logique subjective; Esthétique; Principes de la philosophie du droit; Philos. de la religion; Philos. de l'histoire;* etc. — Cf. Rosenkranz, *Vie de Hegel;* J. Willm; Ch. de Rémusat; Barchou de Penhoën; Véra; P. Janet, *Essai sur la dialectique dans Platon et dans Hegel;* Prévost, *Hegel, exposition de sa doctrine;* Bartholmèss, *Doctrines religieuses de Hegel;* Hinrichs; L. Michelet, *Syst. de la philos. morale;* Musmann; Schérer, *Hegel et l'Hégélianisme;* Mariano; Ritter; Stœckl; Haffner; Gonzalez.

ment sa renommée en France à son voyage de 1827, à ses relations avec M. Cousin, à l'engouement général pour la nouvelle critique, et aux travaux de Willm, de Bernard, de Véra, de Slomen et de Wallon (1). Avant de mesurer l'étendue de son action sur les destinées de l'esprit humain, il est nécessaire d'étudier le caractère et les tendances de sa philosophie.

Le point de départ de l'hegélianisme n'est ni le moi, ni l'absolu, mais l'*idée;* le mode d'origine pour les choses n'est ni une production spontanée, ni une révélation nécessaire, mais une *transformation successive;* la science ne résulte ni d'un retour du moi sur lui-même, ni d'une contemplation intellectuelle, mais d'une déduction rigoureuse basée sur les règles de la dialectique. D'après Hegel, la philosophie est la connaissance formelle de l'idée prise en elle-même et dans ses développements (2); c'est une logique transcendantale, ou plutôt un *transformisme idéaliste*, qui est à la métaphysique et à l'histoire ce que le darwinisme sera bientôt à la zoologie et aux autres sciences naturelles. Ce système repose sur une hypothèse évidemment fausse et gratuite; toutefois il atteste dans son auteur une grande force de conception et une vigueur de raisonnement peu commune. Il est regrettable de voir tant de science et de talent au service de l'erreur.

L'hypothèse fondamentale de l'hegélianisme se résume dans l'aphorisme suivant : « *Ce qui est rationnel est réel,*

---

(1) Willm, *Hist. de la philos.;* C. Bernard, traduction du *Cour d'Esthétique;* Véra, traduction de la *Logique;* Slomen et Wallon, traduction de plusieurs traités.

(2) « L'esprit qui, en se développant, apprend à se savoir comme tel, est la science même; la science est sa vie, la réalité qu'il se construit de sa propre substance. » *Phénoménologie de l'esprit.*

et ce qui est réel est rationnel. » La pensée et l'être, l'ordre logique et l'ordre ontologique se confondent ; l'intelligence humaine qui conçoit la vérité, conçoit aussi toutes choses : la philosophie est la reproduction « *idéale* » de l'acte éternel et immanent qui donne naissance à l'univers. Or, puisque l'*idée* est le germe de la connaissance, il faut qu'elle soit aussi le principe des êtres, soit matériels, soit spirituels (1). Tout part de l'idée, tout retourne à l'idée ; de même que, dans les théories transformistes, tout part de l'atome, tout revient à l'atome.

L'idée, à son état primitif, est indéterminée ; elle ne représente ni l'être ni le néant, mais je ne sais quoi d'intermédiaire : « l'*être-néant.* » Elle ne désigne pas une chose en particulier, elle renferme toutes les choses en puissance : elle est l'universel « *devenir.* » Dans son développement, elle suit toujours une marche symétrique, dont le syllogisme avec ses trois éléments est le parfait modèle : « de là, cette tripartition qui domine dans le système en général et dans tous ses détails, et dont le type est dans le dogme de la trinité (2). » De plus, les trois « mouvements » de l'idée s'effectuent toujours d'après le même rhythme. Le deuxième est opposé au premier ; mais le troisième ramène les deux autres à l'unité : il est la *synthèse* de la *thèse* et de l'*antithèse*; c'est-à-dire, l'*identité des contraires*.

D'après cette hypothèse il faut distinguer trois périodes dans le développement de l'idée ; on peut, en effet, considérer l'idée ou en elle-même, ou dans son évolution

---

(1) « Le monde, dit Hegel, est une fleur qui procède éternellement d'un germe unique ; cette fleur, c'est l'idée divine, absolue, universelle produite par le mouvement de la pensée. » Willm, *Hist. de la philosophie*, t. III, pp. 413-414.

(2) *Dict. des sciences philos.*, art. Hegel.

externe, ou dans l'acte de conscience par lequel elle se connaît. La philosophie se divise donc en *logique*, en science de la *nature* et en science de l'*esprit*. Dans la période logique, le mouvement de la pensée produit l'*être* avec la *qualité*, la *quantité* et la *mesure* de l'une et de l'autre; l'*essence*, qui est *substance*, *phénomène* et *réalité*; la *notion*, qui devient *sujet*, *objet* et *idée pure*. Au sein de l'univers, le triple développement de la pensée nous donne les forces *mécaniques*, *physiques* et *organiques*, auxquelles correspondent : l'*espace* et le *temps*, la *matière* et le *mouvement*, la *mécanique absolue;* les *individualités*, soit *communes*, soit *particulières*, soit *totales;* la *nature géologique*, *végétale*, *animale*. Dans son retour sur elle-même, la pensée devient : l'esprit *subjectif*, ou l'*anthropologie*, la *phénoménologie* et la *psychologie;* l'esprit *objectif*, ou le *droit*, la *moralité* et la *sociabilité;* l'esprit *absolu*, ou l'*histoire*, la *religion* et la *philosophie*. Cette dernière science marque le terme suprême des transformations de l'idée et occupe la place d'honneur dans l'hegélianisme; toutefois le condisciple de Schelling ne doit pas être comparé aux impies vulgaires qui se sont autorisés de son nom et de ses doctrines, en Allemagne et en France. L'ancien élève de Tubingue parle avec éloge de la religion révélée; il la compare au « fleuve Léthé, où l'âme boit l'oubli de tous les maux, » à l'astre étincelant, qui dissipe toutes les obscurités de l'erreur (1). Mais son langage est en désaccord avec sa théorie. — Le transformisme idéaliste est soumis aux lois de la nécessité la plus absolue, et il exclut, en religion comme en histoire, toute intervention des causes libres.

Signalons un autre défaut capital. Hegel admet au

---

(1) *Leçons sur la philosophie religieuse.*

moins implicitement l'*identité des contraires*, et, par là, il détruit le fondement de la science au lieu de l'affermir. L'être et le néant, la vérité et l'erreur, le bien et le mal sont, à ses yeux, les *nuances* d'une seule idée; leur différence vient du travail de l'esprit qui oppose une chose à elle-même, la considère sous divers aspects, et l'analyse pour en faire ensuite la synthèse. Tout est *subjectif* dans le vrai, le beau et le bon. La critique rationaliste de Kant trouve ici sa forme rigoureuse et définitive. L'esprit humain que le philosophe de Kœnigsberg regarde seulement comme l'arbitre suprême de la vérité, occupe enfin la place du Créateur lui-même; il fait le vrai en le pensant. Cet étrange paradoxe est une insulte à la raison et au bon sens le plus vulgaire; cependant il est devenu la règle fondamentale de ce qu'on appelle, depuis un demi-siècle, la *critique hegélienne*, la *sophistique hegélienne*. Strauss, Baur, Heyne, Zeller, Wette, Oswald, Eichorn, Ferrari, Franchi, Spaventa et Renan, Vacherot, Michelet de Berlin, Schérer, Renouvier, Stirner, Fouillée et tant d'autres entassent dans leurs volumineux écrits des assertions contradictoires, des hypothèses fausses ou gratuites, des négations téméraires et des propositions erronées. Les uns proclament ouvertement l'*identité* des contraires; les autres déguisent leurs sophismes sous la forme étudiée du langage et feignent une grande indignation, si on les accuse d'athéisme et d'impiété. Plusieurs admettent que la vérité envisagée dans ses rapports avec l'esprit humain est ou *relative*, ou dépourvue de tout critérium infaillible; quelques-uns pervertissent le sens des mots, donnent au mal le nom de bien, et transforment le blasphème en hymne de louange et d'adoration. Il est utile de rappeler des exemples, afin de dévoiler le vrai caractère de cette philosophie « mobile et légère, » qui se donne pour la dernière expression de la science et le suprême effort du génie humain (1). D'après M. Vacherot, « la nouvelle philosophie va plus loin que Kant. Elle généralise le système des antinomies; en l'étendant à tous les objets de la connaissance, elle en fait la loi universelle de l'entendement. Tandis que le principe de la contradiction est la loi de l'entendement, le principe de l'identité absolue est la loi de la raison. Ce que l'imagination et l'entendement regardent comme absurde et contradictoire, est précisément ce que la raison proclame nécessaire et absolument vrai (2). » M. Vacherot ne dit pas, comme le chef de l'hegélianisme : « Ce qui est rationnel est aussi réel, et ce qui est réel est aussi rationnel; » au contraire, il oppose l'entendement à la raison, « le *réel* » à « l'*idéal.* » Toutefois, il aboutit au même résultat en faisant de Dieu un être de raison, une abstraction dépouillée de toute réalité objective; à l'exemple de Hegel, il identifie l'absolu et l'idée. Il a donc avec le philosophe allemand des traits de ressemblance que M. Ravaisson s'efforce en vain de déguiser (3). *Michelet*

---

(1) Ce que Léon XIII a dit de la philosophie moderne en général, est vrai surtout de la sophistique hegélienne : c'est une philosophie « mobile et légère. » Encycl. *Æterni Patris.*

(2) *La métaphysique et la science; Hist. critique de l'école d'Alexandrie; Théorie des premiers principes suivant Aristote; De rationis auctoritate; École sensualiste; Lettre à M. l'abbé Gratry; Essais de philosophie critique; La religion; La science et la conscience; La démocratie; Le nouveau spiritualisme,* etc. — M. Étienne Vacherot, né à Langres en 1809, a été maître des conférences de philosophie à l'École normale, et suppléant de M. Cousin à la Sorbonne. — M. Gratry, aumônier de l'École normale, composa contre M. Vacherot son *Étude sur la sophistique contemporaine.* Cet ouvrage manque de mesure et n'atteint pas suffisamment son but.

(3) *La philosophie en France au XIXe siècle,* p. 130.

de Berlin, de son côté, nie la valeur des premiers principes de la logique : « Toutes les catégories parcourues ou à parcourir, dit-il, sont des preuves de l'identité des contraires..... De même la vérité et l'erreur sont opposées et identiques. Leur identité forme la vérité qui n'est donc pas hors de l'erreur. Telle est aussi l'identité du bien et du mal... En quoi deux choses sont-elles différentes? Cet en quoi est leur identité (1). » M. Schérer voit dans l'hegélianisme tantôt un système « stérile » et « contradictoire en son essence et dans ses termes, » tantôt une conception vigoureuse, une synthèse éminemment scientifique. « Il est, à ses yeux, un principe qui s'est emparé avec force de l'esprit moderne, » le principe « en vertu duquel une assertion n'est pas plus vraie que l'assertion opposée. » Et il ajoute : « Nous ne voyons partout que degrés et que nuances, nous admettons jusqu'à l'identité des contraires (2). » Il ne serait pas juste néanmoins de le classer parmi les disciples scrupuleux de Hegel; il a plutôt, comme MM. Lachelier, Liard, Renouvier et Renan, des préférences pour la méthode et les doctrines de l'école positive (3). Ce dernier, dont la physionomie est

(1) *Esquisse de logique*, pp. 3, 4, 12; *Système de morale philosophique; Éthique d'Aristote; Examen critique de la métaph. d'Aristote; Hist. des derniers systèmes; Schelling et Hegel; Anthropologie et psychologie; Leçons sur la personnalité*, etc. — Cf. M. Gratry, *Les sophistes et la critique.* — Michelet est né à Berlin, en 1801, d'une famille protestante française réfugiée en Prusse.

(2) *Hegel et l'hegélianisme*, 1862; *La critique et la foi; Lettre à mon curé; Études critiques; Mélanges*, etc. — M. Schérer qui siège au Sénat, est un protestant français, né à Paris, en 1815.

(3) M. Charles Renouvier, publiciste et philosophe socialiste, est né à Montpellier, en 1815. Cf. *Revue philosophique; Manuel de philosophie moderne; Manuel de philos. ancienne; Essais de critique générale*, etc....

essentiellement mobile, essaie lui-même de se peindre dans un tableau, du reste assez peu flatteur : il n'est pas spiritualiste, parce que « les preuves cartésiennes de l'existence d'une âme distincte du corps » lui semblent très faibles. Il est plutôt « idéaliste » dans le sens qu'on donne à ce mot. « Un éternel *fieri*, une métamorphose sans fin » est, pour lui, la loi du monde. La nature lui apparaît « comme un ensemble où la création particulière n'a point de place, et où, par conséquent, tout se *transforme*. » Il s'arrête à cette conception « d'une philosophie *positive*; » cependant « le *scepticisme subjectif* » l'obsède par moment, et s'il résiste à ses objections, c'est qu'il les tient « en sequestre dans une sorte de parc d'oubli (1). » On devine la pensée de M. Renan. Il est inutile d'insister.

Tous ces partisans de la nouvelle critique procèdent à la fois de Kant et de Hegel, de Hume et de Comte; ils sont à la tête de cette classe d'écrivains modernes, qu'on désigne sous le nom de *néo-kantistes*, ou de *néo-hegéliens*.

Enfin l'hegélianisme a contribué à la fois, et par son obscurité et par ses tendances, à ce « fractionnement » universel qui est un des traits les plus saillants de la révolution philosophique. L'heureux émule de Schelling régnait en maître dans le domaine des intelligences, quand il descendit dans la tombe, en 1831; Herbart, Schopenhauer et Humboldt, malgré leur indépendance, osaient à peine le plaisanter devant un groupe d'amis discrets, et son enseignement avait envahi les écoles

---

(1) *Revue des Deux-Mondes*, 1881 et 1882; *Essais de morale et de critique; Dialogues et fragments philosophiques; Spinoza*, etc. — E. Renan, philologue et professeur au Collège de France, est né à Tréguier, en 1823.

protestantes. Mais à peine avait-il disparu que tout était changé. Personne ne pouvait plus s'entendre, et l'avenir de l'école était à jamais compromis. Suivant M. Janet : « Trois interprétations différentes furent données par les disciples de Hegel de la philosophie de leur maître, l'une dans le sens spiritualiste et religieux (1), l'autre dans le sens naturaliste et athée; et, entre les deux, une école moyenne essaya de sauver l'orthodoxie hegélienne, de rester fidèle à la haute pensée conciliatrice du philosophe, et de tenir la balance égale entre l'esprit et la nature. Le théisme, le panthéisme et l'athéisme, telles furent les trois doctrines qui se partagèrent l'héritage de Hegel. On appela ces trois divisions de l'école de noms empruntés à la langue de la politique, la *droite*, le *centre* et la *gauche* (2) qui eut bientôt son *extrême gauche*. Dès 1833, ces schismes se préparèrent : en 1840, ils étaient consommés. De ces trois fractions de l'école hegélienne, la plus puissante, et celle qui remua le plus les esprits, ce fut évidemment la plus radicale, la plus énergique, à savoir la gauche et l'extrême gauche..... Une fois sur cette pente, rien n'empêchait plus les néo-hegéliens de revenir purement et simplement aux doctrines matérialistes et athées du xviii° siècle (3). » Ainsi la réforme

---

(1) « La philosophie de Hegel a été appliquée à la théologie par Daub à Heidelberg et Marheineke à Berlin, et à la science du droit par Gans à Berlin. » Tennemann, *Manuel*, t. II, p. 350.

(2) A la gauche hegélienne figurent Strauss et Michelet; à l'extrême gauche, Bruno Bauer, Max Stirner, Arnold Ruge et Feuerbach, le disciple dissident d'Emmanuel Kant. Cf. Saint-René Taillandier, *Revue des Deux-Mondes*, 15 juillet 1874. — Sur l'hegélianisme en Italie, consulter : les travaux de M. Véra; l'*Essai sur l'histoire de la philosophie*, par M. L. Ferri; *La philosophie contemporaine en Italie*, par Raphaël Mariano.

(3) *Le matérialisme contemporain*, pp. 4 et 5.

de Kant, loin d'apporter au mal un remède efficace, prépare le triomphe de Büchner.

III. — Tendances diverses. — Herbart; Schleiermacher; Schopenhauer.

Dans la lutte dont nous venons de rappeler les incidents, des penseurs distingués conservèrent de l'indépendance et ne s'inféodèrent à aucun système; quelques-uns même embrassèrent des opinions opposées aux théories actuellement en vogue, et ils montrèrent dans leurs ouvrages de la vigueur et de l'originalité. Mais ils ne surent ni s'affranchir de l'esprit qui dominait à leur époque, ni se maintenir en de justes limites, et, au lieu de ramener le calme au sein des écoles, ils contribuèrent à augmenter l'anarchie intellectuelle et à multiplier le morcellement des idées.

Les deux frères *Humboldt*, Guillaume et Alexandre (1), avaient encouragé la culture des sciences positives, en appliquant avec succès la méthode *expérimentale*, soit à l'étude des langues comparées, soit à la recherche des lois qui régissent les sociétés civiles, soit à la connaissance approfondie du monde matériel. *Herbart* donna le même exemple en philosophie, et substitua l'*observation* à l'idéologie transcendantale et *à priori* des hégéliens (2). Son procédé, connu sous le nom de *méthode des relations*,

---

(1) Cf. Guillaume, baron de Humboldt, 1767-1835 : *Lettres sur les formes grammaticales; Philosophie des langues.* — Alexandre, baron de Humboldt, 1769-1859 : *Cosmos; Correspondance*, etc.

(2) Herbart, né à Oldenbourg en 1776, mort à Gœttingue en 1841 : *La psychologie fondée sur l'expérience; la métaph. et les mathémat.; Pédagogie générale; Métaph. générale; Philos. pratique générale; Recherches psychol.; Manuel de la psychol.*, etc. Cf. Tennemann; Willm; Barchou de Penhoën; Kayserlingk; Stiedenroth; Stœckl; Haffner.

ressemble à ce que nous appelons en France l'*association des idées* : c'est la *statistique* des produits de l'entendement, et non pas la *critique* de nos facultés elles-mêmes, dans le sens du kantisme. Elle consiste à rechercher les idées nécessaires, à montrer comment elles s'*élaborent*, s'éclaircissent et s'expliquent, comment elles s'opposent les unes aux autres, se corrigent mutuellement et se complètent. Cette « élaboration » ne rend compte ni de l'origine, ni de la valeur objective de nos idées (1), et Herbart lui-même aboutit finalement au résultat d'Emmanuel Kant : il creuse un abîme infranchissable entre l'ordre logique et l'ordre ontologique. Il tend, de plus, comme les anciens Éléates, à supprimer le mouvement, la vie et la liberté; son univers ressemble à une machine, et son Dieu rappelle un architecte inconscient.

Un autre écrivain de mérite, le célèbre *Schleiermacher*, professeur de théologie et prédicateur à Berlin (2), s'affranchit du rationalisme *absolu* de Kant et de ses disciples; mais en voulant, à la suite de Leibnitz, opérer la conciliation des sciences divines et humaines, il est tombé en des confusions regrettables : il n'a vu que des nuances entre la religion révélée, la métaphysique et la morale naturelle. M. Willm le loue d'être toujours « théologien en philosophie » et toujours « philosophe en théologie; » il faut plutôt le blâmer de n'être pas assez théologien en philosophie et pas assez philosophe

---

(1) « Les données de l'expérience ne fournissent que l'occasion de nos idées. » *Introduct. à la philosophie.*

(2) Frédéric Schleiermacher, né à Breslau en 1768, mort à Berlin en 1834 : *Discours sur la religion; Monologues; Critique des divers systèmes de morale; Esquisse d'un système de morale.* Cf. J. Willm, *Hist. de la philosophie allemande*, t. IV, et note XIV; Zeller; J. Schaller, *Leçons sur Schleiermacher;* Haffner, *Esquisse de l'hist. de la philos.*

en théologie. Il ne sait ni définir ces deux sciences, ni limiter leur domaine ; il favorise à la fois et le rationalisme *mitigé* qui fait des victimes en Allemagne, même au sein du clergé catholique (1), et le traditionalisme que Frédéric Schlegel embrasse résolûment, après avoir abandonné le subjectivisme de Fichte pour se convertir à la religion chrétienne (2).

Krause (3), l'un des professeurs les plus célèbres d'Iéna et de Gœttingue, donna au panthéisme de Schelling une forme plus scientifique en cherchant dans un être supérieur à la nature et à la raison le point de départ de toute réalité et de toute connaissance, le principe qui pénètre les deux sphères de l'univers et les ramène à l'unité suprême. Il exposa aussi, dans son système de morale et de politique, des idées ingénieuses et originales qui ont contribué à son succès surtout en Belgique, en Portugal et en Espagne.

Dans ce conflit d'opinions, les théories les plus bizarres ont trouvé de zélés partisans. Le pessimisme des bouddhistes, de Lucrèce et de Marc-Aurèle, a eu non-seulement ses poëtes en Léopardi et en Gœthe, mais aussi ses philosophes, tels que Viardot, Schopenhauer et Hartmann (4) : « Il semble, dit M. Caro, que le monde

---

(1) Voir la condamnation des erreurs de Günther, *Syllabus*, II, *Epist.* ad Card. archiep. Coloniensem ; *Epist.* ad Episc. Wratislaviensem.

(2) Frédéric Schlegel, 1772-1829 : *Leçons de philosophie; Philos. de la vie; Philos. de l'histoire.* — Schlegel, après sa conversion, dit que la philosophie s'égare dans « les sentiers tortueux d'une métaphysique ardue. » *Philos. de la vie.*

(3) Krause, 1781-1832 : *Système de la morale.* — Cf. Gonzalez, III, p. 313; Haffner.

(4) Léopardi, poëte italien, 1798-1837 : *Canzoni; Correspondance*, etc. — Louis Viardot, né à Dijon, en 1800 : *Libre examen.* — Schopenhauer, philosophe allemand, 1788-1860 : *Quadruple racine du prin-*

des idées soit soumis, dans tous les ordres de problèmes au jeu alternatif de deux doctrines extrêmes et contraires. Dans tout le cours du siècle dernier et dans la première moitié du nôtre, c'est incontestablement l'optimisme qui avait prévalu en Allemagne, sous des formes et à travers des écoles variées. Aujourd'hui il n'est guère douteux que ce ne soit le pessimisme qui tende à triompher, au moins momentanément. Le pauvre esprit humain ressemble toujours au paysan ivre de Luther, qui tombe tantôt à droite, tantôt à gauche, incapable qu'il est de se tenir en équilibre sur sa monture (1). »

Les pessimistes s'accordent à leur point de départ; tous admettent que la somme du mal l'emporte sur la somme du bien, dans la destinée humaine; ils poussent le même cri de détresse à la vue des souffrances qui nous torturent du berceau à la tombe (2). Ils se divisent en matérialistes et en métaphysiciens, quand ils cherchent la cause du désordre universel dont nous sommes chaque jour les témoins attristés : les premiers, à l'exemple de Viardot, attribuent tous les événements malheureux à des lois « physiques qui s'exercent avec aveuglement et cruauté (3); » les autres, dont Schopenhauer est resté jusqu'ici le chef incontesté (4), identifient la douleur

---

cipe de raison suffisante; *La volonté dans la nature.* Cf. Ribot, *La philosophie de Schopenhauer;* Challemel-Lacour, *Un bouddhiste contemporain;* Foucher de Careil, etc. — Hartmann, né en 1842 : *Philosophie de l'Inconscient.* — Consulter M. E. Caro, *Le Pessimisme au XIX° siècle,* 1880, et M. James Sully, *Pessimism, a history and a criticism,* 1877; de Suckau, *Étude sur Schopenhauer.*

(1) *Le Pessimisme au XIX° siècle,* pp. 77-78. Cf. Dumont.

(2) Viardot, *Libre examen,* III, la Providence, 4° édit., p. 79.

(3) Viardot, *Ibidem.*

(4) Au-dessous de Schopenhauer, on cite Hartmann, Frauenstädt, Taubert et Julien Bahnsen. Cf. M. Caro, p. 88-89. Sur le pessimisme,

avec la *volonté* : tout aspire à exister, disent-ils, tout *veut* dans la nature ; or, vouloir, c'est faire un effort, c'est souffrir, et l'existence est le mal suprême. Le matérialiste cherche sa délivrance dans la mort ou dans le suicide physique ; pour les idéalistes qui admettent la métempsycose sous le nom de « palingénésie, » le « nihilisme » dont nous trouvons des germes dans les théories de Kant, de Fichte, de Schelling, de Hegel, est le seul remède efficace contre les tyrannies de la douleur. Cet anéantissement qui rappelle le nirwana des bouddhistes, s'effectue, d'après Schopenhauer, par « l'*euthanasie* des volontés individuelles, » ou bien, selon Hartmann, par « le *suicide cosmique* (1). » L'euthanasie est la béatitude dans la mort ; c'est-à-dire « l'état de parfaite indifférence, où sujet pensant et objet pensé disparaissent, où il n'y a plus ni volonté, ni représentation, ni monde. » Le suicide cosmique sera consommé, quand la volonté *universelle*, qui est le principe de toutes choses, connaîtra par la conscience la triste réalité et l'affreuse étendue du mal, et arrêtera le « *processus* » des mondes en cessant l'exercice de son activité. Ainsi l'*absolu*, d'abord *inconscient*, ne parvient à la pleine connaissance de lui-même que pour désirer l'anéantissement final.

Tel est le terme de cette brillante évolution intellectuelle, qui a débuté à la fin du dernier siècle par la *Cri-*

voir l'ouvrage de William Mallock, *La vie vaut-elle la peine d'être vécue.* — Pour le pessimisme le plus absolu, consulter Bâhnsen, *Le tragique comme loi du monde.*

(1) Cf. Schopenhauer, *Le monde comme volonté et représentation ;* Hartmann, *La philos. de l'inconscient.* — M. Renan, dans ses *Nouvelles études d'histoire religieuse*, 1884, consacre deux chapitres aux travaux sur le bouddhisme.

tique de la raison pure, et s'est résumée de nos jours dans la *Philosophie de l'inconscient*. La décadence, chez les Grecs, n'était pas allée si loin : elle s'était arrêtée au scepticisme de Pyrrhon (1).

CONCLUSION.

La critique rationaliste appliquée soit aux facultés intellectuelles, soit à l'objet de la connaissance, soit aux rapports de l'entendement avec les choses, n'a pas été sans résultat pour le progrès des sciences philosophiques; mais, comme le protestantisme auquel elle se rattache par les liens d'une étroite parenté, elle a été conçue dans un esprit de révolte, de division et d'erreur. Elle a entassé ruines sur ruines; elle n'a rien édifié de solide et de stable. Ses chefs, après avoir choisi le libre examen pour critérium absolu, et proclamé l'entière indépendance de la raison humaine, ont manqué de force et d'autorité pour rallier les intelligences; en se plaçant à un point de vue trop exclusif et en suivant une marche trop arbitraire, ils se sont enfermés dans des cercles étroits et ont adopté des systèmes où la réalité fait souvent place au rêve et à l'utopie. De là cette licence sans frein, cette *anarchie* universelle dont l'Allemagne, le sol natal du criticisme, nous a donné

---

(1) Voir l'*Hist. génér. de la philos.*, t. I, ch. II, 3, p. 133, etc. Pour Kant, la seule réalité *certaine* est un simple phénomène; d'après Hartmann, « la seule réalité qui répond à l'idée que nous nous faisons de la cause intérieure de notre activité est celle de l'être qui n'est pas un individu, mais l'Un-Tout inconscient. » *Philos. de l'inconscient*, t. II, p. 458.

l'exemple. Kant, Fichte, Schelling, Jacobi, Herbart, ont fait de vains efforts pour formuler un *credo* philosophique ; ils n'ont abouti, avec le prestige de leur science et l'éclat de leur renommée, qu'à montrer une fois de plus combien la raison humaine, séparée de la foi et révoltée contre Dieu, est stérile dans ses conceptions, faible et désarmée dans ses luttes, mobile, chancelante et capricieuse dans sa marche.

L'anarchie intellectuelle engendre le *dégoût*, et à l'enthousiasme irréfléchi succèdent ordinairement l'indifférence et le dédain. Ainsi, quand le schisme fut consommé dans les rangs des idéalistes, les hommes qui naguère étaient appelés des « conquérants, » passèrent pour des « charlatans » et des « bateleurs. » Voici en quels termes un des chefs de la nouvelle école s'exprime à ce sujet : « Nous écarterons tout le verbiage philosophique par lequel brille la philosophie théorique, notamment la philosophie allemande, qui inspire un juste dégoût aux hommes lettrés et illettrés. Les temps sont passés où le verbiage savant, le charlatanisme philosophique ou le batelage intellectuel étaient en vogue (1). » Tel a été, en Allemagne, le sort du criticisme ; tel sera, en France, le sort de l'*éclectisme*.

---

(1) Büchner, *Force et matière*.

CHAPITRE DEUXIÈME.

L'ÉCLECTISME.

Le matérialisme du xviii° siècle avait provoqué une réaction en Allemagne, en Écosse (1) et dans les autres régions où la guerre civile n'avait pas interrompu le cours des études sérieuses. La France, profondément bouleversée par la Révolution, resta plus longtemps sous l'empire de Condillac, de Lamettrie, de d'Holbach et de Hume ; elle débuta même, dans son enseignement officiel, par le sensualisme de Laromiguière. Mais elle accorda enfin la préférence aux doctrines spiritualistes et aux traditions cartésiennes. Sa réforme, plus tardive que celles de Reid et de Kant, tient à la fois de l'une et de l'autre : avec la première, elle fait une large part à la psychologie expérimentale ; à la suite de la deuxième, elle introduit peu à peu dans ses programmes les hautes questions de la métaphysique. Plus hardie que celle-là, elle aborde les grands problèmes de nos origines et de nos destinées ; moins téméraire que celle-ci, elle recule devant les dernières conséquences de l'idéalisme transcendantal. Ses chefs n'ont pas reçu en partage le génie d'Emmanuel Kant ; en retour, ils dominent par les grâces de l'esprit, l'éclat du savoir et l'élégance de la forme. Comme leurs devanciers, ils sont rationalistes, et ils rejettent, du

---

(1) Voir notre *Histoire générale de la philosophie*, tom. II, p. 423-429.

moins en philosophie, l'autorité du magistère divin (1); cependant la plupart affectent une grande modération, ils puisent à toutes les sources, interrogent tous les siècles et réunissent en un seul corps des doctrines souvent fort disparates. Ils sont éclectiques dans le sens rigoureux du mot, quand ils ne tombent pas dans le *syncrétisme*.

Cette largeur de vue est plus apparente que réelle. Les rationalistes, imbus des maximes révolutionnaires, préconisent la liberté absolue de l'examen privé; d'autre part, subissant l'influence de la critique allemande, ils n'attachent qu'une valeur relative aux critériums objectifs de la vérité, et, en dernière analyse, ils admettent l'évidence purement subjective pour seul motif de certitude. Avec des principes qui favorisent si ouvertement le scepticisme et l'anarchie, ils ne peuvent ni former un système homogène, ni fonder une école sérieuse, ni se promettre un succès durable. L'histoire est là pour l'attester.

Le rationalisme spiritualiste, connu en France sous le nom d'*éclectisme*, ne tient plus qu'un rang secondaire entre la philosophie chrétienne et le positivisme; il est incapable d'en arrêter le progrès, et il ne peut les gagner à sa cause, n'étant pas assez scientifique pour celui-ci, pas assez religieux pour celle-là. S'il n'a point encore cessé de vivre, il ne combat plus avec avantage contre ses adversaires. Nous pouvons diviser son histoire en trois parties : les origines, le triomphe, la décadence (2).

(1) Pie IX a condamné, dans la proposition suivante, la forme la plus universelle du rationalisme contemporain : « Philosophia tractanda est, nulla supernaturalis revelationis habita ratione. » *Syllabus*, prop. xiv.

(2) Sources principales : 1° les *Ouvrages philosophiques* de Royer-Collard, de Maine de Biran, de Cousin, de Jouffroy, de Damiron, de

I.

Origines de l'éclectisme.

Il importe, pour bien connaître le rationalisme du XIXe siècle, d'en rechercher les véritables origines, et de voir comment il s'est implanté dans notre sol. Nous allons, sans doute, heurter plus d'un préjugé, contredire plus d'une opinion accréditée dans les écoles ; mais il est nécessaire de démasquer une erreur dont le principal danger consiste dans une apparence de modération, de respect et de tolérance, et il faut remonter à sa source pour en découvrir le poison.

M. Bouillier disait, il y a quelques années : « C'est du cartésianisme que nous tenons et notre méthode et la plupart de nos principes (1). » L'éclectisme se rattache, en effet, à la révolution cartésienne ; mais, malgré ses répugnances pour les doctrines de Condillac, il fait plus d'un emprunt au sensualisme modifié par Reid et Laromiguière. On peut le définir : une tentative de conciliation entre l'idéalisme et l'empirisme, avec des préférences marquées pour le spiritualisme. Ces préférences le distinguent essentiellement de l'École écossaise, dont les tendances favorisent le matérialisme et le positivisme. Ce que les Écossais sont à Bacon, les éclectiques le sont à Descartes. Ils s'éloignent cependant de leur chef sur

---

Franck, de Jacques, de Saisset, de Lévêque, de Jules Simon, de Caro, de Paul Janet et des autres spiritualistes; 2º la critique de ces mêmes ouvrages dans les *Revues;* 3º les *Histoires* de la philosophie au XIXe siècle, par exemple, la *Philosophie en France* de M. F. Ravaisson, la *Philosophie contemporaine* de M. A. de Margerie, l'*Essai* de Damiron, les *Philosophes classiques* de M. Taine, etc.

(1) *Diction. des sciences philos.* Voir l'*Hist. générale de la philos.*, t. II, p. 371.

un grand nombre de points. Nous allons étudier d'abord les *éléments* de leur méthode; nous en chercherons ensuite la première *forme* classique.

I. — Éléments de la méthode éclectique : Laromiguière; Ampère; Maine de Biran.

La méthode *psychologique*, adoptée par tous les partisans de l'éclectisme, est flexible et variable comme les phénomènes qu'elle prend pour point d'appui. Victor Cousin et ses disciples ne s'entendent ni sur l'objet de la perception directe, ni sur la nature et l'étendue de la raison humaine. Les uns, à la suite de Royer-Collard, accordent une grande valeur à l'expérience et à l'induction; les autres, surtout depuis la publication du mémoire sur le *cartésianisme* (1), attribuent à la réflexion une importance démesurée. Il est difficile de s'orienter au milieu d'un tel conflit d'opinions, et de suivre une voie sûre dans un terrain si mouvant; il est pourtant un point sur lequel on s'entend : toutes les puissances de l'âme sont ramenées à trois chefs, la *sensibilité*, l'*intelligence* et la *volonté*. Analyser ces trois facultés en elles-mêmes et dans leurs opérations, les grouper en un seul faisceau pour former la substance, la personnalité ou le moi, mesurer leur degré de force et leur assigner un objet soit en nous, soit en dehors de nous; telle est la méthode, et, à peu près, toute la philosophie que le spiritualisme prétend non pas inventer, mais rajeunir et perfectionner. Or, les éléments de cette méthode sont sérieusement élaborés dans les œuvres de trois hommes

---

(1) *Le Cartésianisme*, par Bordas-Demoulin, mémoire présenté à l'Académie en 1840 et publié en 1843. Sur la méthode, voir l'ouvrage publié sous le pseudonyme de Strada : *Essai d'un ultimum organum*.

de mérite, qui appartiennent aux premières années de ce siècle : Laromiguière, Ampère et Maine de Biran. Laromiguière, que Royer-Collard traite en adversaire déclaré, parle de la *sensibilité* avec une grâce, une délicatesse et une transparence de style dont nous trouverons peu d'exemples ; Ampère, que la science contemporaine place à la tête de ses plus illustres représentants, met en évidence le rôle de la raison ; Maine de Biran, l'un des penseurs les plus profonds de notre époque, fait ressortir la puissance de la *volonté* et lui reconnaît la même prépondérance que Duns Scot, René Descartes, Emmanuel Kant et leurs disciples. Ces trois écrivains posent la plupart des problèmes que toutes les écoles doivent agiter et résoudre en sens divers : la distinction de la philosophie et de la physique, l'activité spontanée de l'âme, l'association des idées, les rapports du physique et du moral. Il est donc utile d'étudier leurs ouvrages, pour connaître, à son point de départ, le mouvement intellectuel qui se continue et s'achève sous nos yeux.

Laromiguière (1), né dans le Rouergue, en 1756, appartenait à la congrégation des doctrinaires, quand la Révolution ferma les cloîtres. Infidèle à sa vocation, il devint le protégé de Siéyès et le disciple de Garat; de 1811 à 1813, il occupa la chaire de philosophie à la faculté des lettres de Paris. Il mourut en 1837. Ce personnage, dont M. Taine fait un éloge trop flatteur et que Victor Cousin blâme outre mesure, représente avec Ro-

---

(1) Laromiguière, *Leçons de philosophie; Éléments de métaphysique; Discours sur la langue du raisonnement; Discours sur le raisonnement; Dicours sur l'identité dans le raisonnement*. — Cf. Mgr Gonzalez, *Historia de la filosofia*, t. III; Victor Cousin, *Fragments de philos. contemp.*; Maine de Biran, *Œuvres philos.*; Damiron; Taine; Mallet, etc.

magnosi (1), *Hutcheson* (2) et Destutt *de Tracy* une nuance intermédiaire entre le sensualisme absolu de Condillac et l'éclectisme mitigé de Royer-Collard (3). Nos facultés et nos opérations les plus élevées, « l'attention, la comparaison et le raisonnement, le désir, la préférence et la liberté » sont, à ses yeux, de simples modes de la sensation, l'intelligence est le fruit naturel, la création et le prolongement de la pensée, et celle-ci n'est elle-même qu'une espèce de sentiment (4); l'âme jouit néanmoins d'une activité intellectuelle et morale, et si la sensation, à son début, est purement passive, il n'en est plus ainsi quand elle est parvenue à ce haut degré, qu'on appelle « l'attention : » elle est d'abord affectée, ensuite elle agit, et de cette action combinée avec art résulte l'ensemble de nos idées, que nous traduisons par le langage et distribuons en genres et espèces, pour leur donner le caractère d'une science. Ainsi, en dernière analyse, la science est une langue bien faite (5). Cette conclusion rigoureuse justifie l'épithète de sensualiste attachée au nom de Laromiguière, et prouve que M. Taine se trompe en voyant dans l'auteur des *Leçons* notre phi-

(1) Romagnosi, 1761-1835, *Sur la saine raison.*

(2) Voir le tome II de *l'Hist. générale*, p. 424.

(3) Destutt de Tracy mourut en 1836, après avoir été membre de l'Assemblée constituante, sénateur de l'Empire et pair de France. Ses principaux ouvrages sont : les *Éléments d'idéologie*, et le *Commentaire sur l'Esprit des lois*. Consulter outre les auteurs déjà cités : Guizot, *Éloge* prononcé à l'Académie; Mignet, *Notice biographique*, dans les *Mémoires des sciences morales*, t. IV.

(4) *Leçons de philos.*, édit. 1820, t. II, p. 474.

(5) « Pour finir par où nous avons commencé; pour nous rappeler une proposition dont les développements appartiennent à la logique, combien il doit être vrai que *l'esprit* humain *est tout entier dans l'artifice du langage.* » *Ibidem*, p. 473.

losophe classique par excellence (1). Il n'en est pas moins vrai que nous sommes déjà loin de Condillac et que le premier pas est fait vers l'éclectisme.

Ampère, qui fut à la fois physicien, mathématicien et philosophe, contribua aussi pour une large part à favoriser les tendances qui portaient la philosophie officielle à se dégager des entraves du sensualisme; peut-être même aurait-il imprimé au spiritualisme une sage direction et l'aurait-il préservé d'écueils très dangereux, si ses défauts n'avaient paralysé l'ascendant de son esprit, et s'il s'était affranchi de toutes les influences pernicieuses de son temps (2). Il vécut de 1775 à 1836, c'est-à-dire à l'époque la plus tourmentée de notre histoire; sa famille était chrétienne et son père fut guillotiné à Lyon, en 1793; lui-même, surtout dans ses grandes épreuves, chercha les consolations que la foi seule peut donner. Il fut toujours imprégné de christianisme, et, dans la classification des connaissances humaines, il eut le courage de s'élever au-dessus des préjugés matérialistes et d'accorder une place d'honneur aux « sciences noologiques. » Mais les fluctuations de sa pensée, les termes techniques de son langage empruntés aux Grecs, aux Latins ou aux Allemands, les contradictions qui existent dans sa conduite et dans ses écrits ne permettent pas de saisir facilement ses véritables principes et l'empêchent d'exercer toute l'autorité d'un

---

(1) *Les philosophes classiques du* XIXe *siècle*, édit. 1868, p. 20.
(2) *Essai sur la philosophie des sciences*, publié en 1838 et en 1843; *Philosophie des deux Ampère*, publiée par M. Barthelémy Saint-Hilaire, avec un *Avant-propos;* notices de Sainte-Beuve, de Littré et de François Arago; articles de Th.-H. Martin et d'Etienne Arago, dans le *Diction. des sciences philos.* et dans la *Biographie universelle; Introduction à la philos. de mon père*, par J.-J. Ampère; *Maine de Biran, sa vie et ses pensées*, par E. Naville; Roulin; Damiron; Cousin, etc.

chef de parti; ses liaisons avec Cabanis, Destutt de Tracy et de Gérando, ses rapports avec les membres du petit cercle dont Cousin devait prendre la direction, ses fonctions de professeur de philosophie à la Sorbonne et d'inspecteur général de l'Université, sa correspondance suivie avec le P. Barret de la Compagnie de Jésus, l'activité de son intelligence et la sensibilité de son cœur (1) nous expliquent ses hésitations, ses doutes et ses alternatives. Il comprit enfin que la religion seule pouvait lui procurer la paix et que la philosophie spiritualiste était seule en harmonie avec les lois et les exigences de la nature humaine; il reconnut la puissance de la raison, et prévenant sur ce point Maine de Biran lui-même, il traça la marche que nous suivons pour nous élever des effets à leur cause, pour découvrir la substance sous le phénomène et pour saisir l'infini à travers le fini. Il parla souvent le langage de Kant et de Schelling; mais au scepticisme de l'un il opposa la réalité objective de nos connaissances rationnelles, et il établit contre le panthéisme de l'autre une distinction essentielle entre l'absolu et le contingent, Dieu et la créature.

Malgré de si éminentes qualités, il est impossible d'assigner une place à Ampère dans la grande famille des philosophes chrétiens : il donne, par son exemple, une fausse impulsion à l'enseignement universitaire, et, tandis que Maine de Biran manifeste des inclinations pour Reid, il a pour Kant des préférences marquées; il se trompe en prenant pour point de départ de son Encyclopédie non pas l'objet formel, mais l'objet matériel de la science; de plus, son système n'est qu'une ébauche, et,

---

(1) Ampère conçut un si vif chagrin, à la mort de son père, qu'il passa plus d'un an dans un état voisin de la folie.

dans une foule de questions capitales sur la nature de nos facultés, sur l'union de l'âme et du corps, sur la composition des êtres matériels, il évite de se prononcer, ou il donne des solutions que nous ne saurions admettre ; enfin, tout en repoussant les conclusions du positivisme, il exagère l'emploi de la méthode scientifique. Chez lui, le physicien et le mathématicien nuisent au philosophe.

Maine de Biran, que Victor Cousin et Royer-Collard appellent leur maître et leur guide, a rendu de grands services à la cause du spiritualisme par ses études approfondies sur l'activité intrinsèque ou « l'effort spontané de la volonté humaine (1). » Il était né à Bergerac en 1776, et avait fait ses études chez les Doctrinaires de Périgueux ; après avoir servi la cause de Louis XVI en qualité de garde-du-corps, il se retira dans son domaine de Grateloup, où il put développer à loisir ses aptitudes pour les hautes spéculations de la pensée. Il fut arraché à ses méditations favorites quand le régime de la Terreur cessa, et, à l'exemple de plusieurs philosophes anciens et modernes, il devint un personnage politique, et, suivant son expression, il erra longtemps comme « un somnambule dans le monde des affaires : » il siégea parmi les Cinq-Cents, remplit les fonctions de sous-préfet et fut membre du conseil d'État. Il mourut en 1824. Il unissait la vivacité de l'imagination et la sagacité de

---

(1) Maine de Biran, *OEuvres philosophiques*, publiées par M. Cousin ; *OEuvres inédites*, publiées par M. Naville. — Consulter, outre les historiens cités plus haut, Auguste Nicolas, *Étude sur Maine de Biran* ; Ad. Franck, *Moralistes et philosophes* ; Félix de Biran, *Étude sur Maine de Biran* ; Oscar Merten, *Étude critique sur Maine de Biran* ; V. Cousin ; J. Simon ; Marc Debrit ; Damiron ; E. Naville, *Maine de Biran, sa vie et ses pensées*, 1857 ; Sainte-Beuve, *Maine de Biran, sa vie et ses pensées, Causeries du Lundi*, t. XIII.

l'esprit à la maturité du jugement et à l'amour de la vérité ; aussi, loin d'imiter ces âmes frivoles qui renoncent aux croyances de leurs premières années et se laissent séduire par le faux éclat de l'erreur, il s'éleva par degrés du sensualisme au spiritualisme, du spiritualisme au christianisme, et, quand la mort vint le surprendre, il préférait l'Évangile, l'Imitation de Jésus-Christ et les OEuvres spirituelles de Fénelon aux écrits des philosophes les plus vantés (1). M. Ernest Naville divise les évolutions de sa vie intellectuelle et morale en trois périodes : « dans la première, que le Mémoire sur l'*Habitude* termine et résume, sa pensée, captive encore dans les liens de la tradition, subit les théories sensualistes, tout en manifestant des tendances qui font entrevoir déjà un prochain affranchissement. La deuxième période s'ouvre par le mémoire sur la *Décomposition de la pensée*, et se termine par l'*Essai sur les fondements de la psychologie*, qui développe et complète, sans en modifier les bases, les doctrines du premier écrit. Le philosophe constatant les faits de la volonté, le rôle de l'activité dans toutes les opérations des sens et de l'intelligence, rompt avec les doctrines qui avaient présidé à ses premières études et se fraye une voie originale. La troisième période ne compte qu'un seul travail, et un travail inachevé : *Les nouveaux essais d'anthropologie*. Au delà des sens et de l'activité volontaire, au-dessus de la sphère du monde sensible et de la personnalité humaine, en rapport avec ce monde seulement, l'auteur, pénétrant jusque dans le plus intime sanctuaire de l'âme, y discerne cette partie supérieure préparée pour s'unir à Dieu

---

(1) Il écrivait, le 16 avril 1815 : « Pour me garantir du désespoir, je penserai à Dieu, je me réfugierai dans son sein. » « Oh ! que j'ai besoin de prier, » disait-il dans une autre circonstance.

par l'amour, et pour puiser la force à la source dont elle émane (1). »

Bien que Maine de Biran ne soit pas, comme le dit M. Cousin, « le plus grand métaphysicien qui ait honoré la France depuis Malebranche, » il est cependant l'une des gloires les plus pures et l'un des chefs les plus autorisés de l'école spiritualiste; ses ouvrages, en particulier son *Journal intime*, renferment des aperçus nouveaux, des pensées élevées et des réflexions profondes sur la religion, la philosophie et la politique (2). Toutefois son christianisme, selon ses propres expressions, « est un sentiment de l'âme plutôt qu'une croyance de l'esprit; » sa foi « est subordonnée au sentiment (3). » Ses théories philosophiques ne reproduisent pas, non plus, l'enseignement traditionnel de l'École : ses données sur l'habitude, l'hérédité, l'expérience interne, la « *réflexion spirituelle,* » et généralement tous ses procédés favorisent outre mesure la méthode psychologique; il est du nombre de ceux qui, ayant perdu la véritable idée de l'unité substantielle, parlent du commerce de l'âme avec le corps, « comme s'il s'agissait des relations de l'Angleterre avec le Japon » et de la France avec la Chine (4); il classe les sens parmi les facultés supérieures, et place dans l'acte de la volonté libre le siège unique de la personna-

---

(1) *Dict. des sciences philos.*, 1875, p. 1012. Cf. *OEuvres inédites*, publiées par M. E. Naville, 1859.

(2) En politique, Maine de Biran était partisan de la royauté : « Hors de la légitimité, dit-il, je ne vois qu'anarchie ou despotisme. » 12 novembre 1818. — « La souveraineté du peuple correspond en politique à la suprématie des sensations et des passions dans la philosophie et la morale. » 30 janvier 1821. — Cf. E. Naville, *Maine de Biran*, etc., 1857, p. 64 et 65.

(3) 21 janvier 1815. *Ibidem*, p. 165.

(4) R. P. Liberatore, *Le composé humain*, ch. VII, n. 291.

lité; il ne voit partout que « force ou effort, » et, confondant l'activité en général avec la volonté, la cause avec la substance, il dépasse Leibnitz dans les voies du dynamisme absolu. M. Cousin lui-même en fait l'aveu : « M. Maine de Biran, dit-il, n'est-il pas tombé du côté où Leibnitz inclinait? En remettant la cause en lumière, M. de Biran n'a-t-il pas laissé dans l'ombre la substance, comme en parlant sans cesse de la volonté, il a trop oublié la raison? L'âme est plus étendue et plus profonde que tous ses attributs; aucun d'eux ne la manifeste adéquatement; l'ensemble même de tous ses attributs ne l'épuise pas, car il reste toujours par-delà tous les rayons eux-mêmes le foyer d'où ils émanent (1). »

En résumé, les éléments de l'éclectisme que nous trouvons épars dans les œuvres de Biran et de ses contemporains, renferment beaucoup d'alliage, et cet alliage ne doit pas disparaître dans la construction de l'édifice.

II. — Première forme classique de l'éclectisme : École écossaise; Royer-Collard.

Laromiguière avait donné un premier coup au sensualisme; mais, dans sa chaire de philosophie, il s'était peu éloigné de Condillac. Avec Royer-Collard, les doctrines spiritualistes triomphent au sein de l'Université, et l'éclectisme revêt sa première *forme* classique. Or, cette forme n'est autre que la *méthode* écossaise appliquée à l'enseignement des théories dont nous avons donné l'ébauche dans l'article précédent. Maine de Biran est de la famille des penseurs qui ne se préoccupent pas d'enchaîner leurs idées et de leur donner la trame rigoureuse

---

(1) V. Cousin, *Cours d'hist. de la philos. moderne*, 1re série, t. II, 1846, p. 78.

d'un système. Royer-Collard est professeur; il veut diriger contre ses devanciers une attaque régulière et tracer à la jeunesse une voie sûre et facile. Il ne croit mieux faire que de prendre pour guides les bourgeois écossais dont la philosophie, en apparence assez inoffensive, compte alors pour chef Jean Bruce, Dugald Stewart, James Mackintosh, Thomas Brown et William Hamilton (1).

Royer-Collard (2), né en 1763 et mort en 1845, appartenait à une famille janséniste, des environs de Vitry-le-François, et avait fait de solides études chez les Pères de la Doctrine, à Saint-Omer. S'il a eu, comme on l'a dit, toutes les qualités d'un « conquérant, » les hautes dignités dont il a été investi, lui ont permis plus d'une fois de remplir les fonctions d'un dictateur. Il fut secrétaire de la Commune, membre du conseil des Cinq-Cents, professeur d'histoire de la philosophie moderne et doyen de la faculté des lettres, directeur de la librairie sous la Restauration, président de la Chambre des députés et chef des *doctrinaires* qui voulaient substituer à l'ancien régime une monarchie constitutionnelle. Avant de terminer sa longue carrière, il eut le bonheur de se réconcilier avec Dieu, et il mourut en prononçant ces remarquables paroles : « Il n'y a dans le monde de solide que les idées religieuses, ne les abandonnez jamais, ou si vous en sortez, rentrez-y; » mais l'influence qu'il a exercée sur l'esprit moderne a été déplorable. Personne ne disposait de forces plus puissantes

---

(1) Voir notre *Histoire générale de la philosophie*, t. II, p. 424 et 425.
(2) Royer-Collard, *Fragments philosophiques*; H. Taine, *Les philos. classiques du XIXᵉ siècle en France*, 1868, p. 21, etc.; de Barante, *Royer-Collard, sa vie politique, ses discours et ses écrits*; Baudrillart, *Publicistes modernes*; A. Garnier; Jouffroy, *Œuvres de Reid*.

pour diriger un mouvement intellectuel : il avait, dit M. Taine, « le style simple et lucide qui met la science à la portée des ignorants; la précision du langage qui imprime des convictions nettes; la vigueur du raisonnement qui assceoit les convictions fortes; les métaphores grandioses qui éclairent et dominent l'imagination; la volonté impérieuse qui asservit les esprits indécis; la verve féconde qui séduit les esprits grondeurs (1). » Ces forces, il les déploya contre le sensualisme au profit des idées spiritualistes, et nous devons lui en savoir gré; mais en même temps, il les consacra au triomphe d'un *rationalisme libéral* en opposition flagrante avec la religion chrétienne et avec la saine philosophie. Il enseigna dans sa chaire et il défendit à la tribune des propositions que les souverains Pontifes ont formellement condamnées. Suivant son opinion, la politique dérive de la raison seule, l'enseignement relève de l'État : « le clergé catholique est une magistrature légale, instituée sur les mêmes bases et le même plan que l'ordre judiciaire. »

Des historiens attribuent à une cause fortuite la direction intellectuelle de Royer-Collard. Celui-ci, improvisé professeur en 1811, aurait acheté pour la somme de « trente sous » un « livre étranger, honteux, ignoré, antique habitant des quais, dont personne, sauf le vent, n'avait encore tourné les feuilles; » ce pauvre volume intitulé : *Recherches sur l'entendement humain, d'après les principes du sens commun, par le docteur Thomas Reid*, serait devenu, grâce à cet incident, le manuel classique de la nouvelle philosophie française (2). Un

---

(1) *Les philos. classiques du XIXᵉ siècle*, p. 30 et 31.
(2) M. Taine, *Les philos. classiques*, p. 22; M. Garnier, *Diction. des sciences philos.*, p. 1507.

motif plus sérieux dut guider l'habile rival de Laromiguière. Parmi toutes les écoles alors en honneur, celle des Écossais professait les doctrines les plus conformes au programme de l'Empereur (1) et les plus en rapport avec les circonstances.

Royer-Collard, en adoptant la méthode de Thomas Reid, se propose de compléter les *Recherches sur l'entendement humain*, et, après avoir exposé la théorie des sens, dans la première partie de ses *Fragments*, il consacre la deuxième partie à l'étude des idées absolues que la raison seule peut concevoir : « Les sens, dit-il, nous font connaître les qualités des corps; l'entendement pur nous fournit le principe d'induction ou l'idée de la stabilité et de la généralité de la nature, le principe de causalité, la notion de la substance, de l'espace et du temps; » ces hautes données de l'esprit ne doivent en aucune façon leur origine à la perception externe : elles dérivent d'une « loi spéciale et primitive de l'intelligence; » c'est aussi en vertu d'un instinct secret, irréfléchi, que leur certitude s'impose à notre nature et que leur valeur objective est mise en dehors de toute contestation. L'entendement a ses règles, comme la volonté; il faut s'y soumettre, l'ordre l'exige.

Cette théorie que nous trouvons développée dans les écrits des spiritualistes modernes, conduit à l'idéalisme, en n'attribuant aucune part effective à l'expérience dans la formation des idées nécessaires; elle favorise le scepticisme, en plaçant le motif suprême de la certitude dans un instinct aveugle ou dans une inclination mobile de la nature humaine; elle introduit dans la métaphysique et dans la morale une confusion regrettable, en donnant

(1) Napoléon, qui n'aimait pas les philosophes, restreignit l'enseignement universitaire à la Psychologie et à la Logique.

une fausse notion de nos facultés et en prenant l'étude de notre âme pour point de départ et pour centre de la philosophie. Ces conséquences, également funestes, sont mises en évidence dans les ouvrages des trois chefs de l'éclectisme : Cousin, Jouffroy et Damiron.

II.

Triomphe de l'éclectisme.

Royer-Collard n'avait pas occupé assez longtemps sa chaire de la Sorbonne pour garantir le succès des doctrines spiritualistes. Il était réservé à Cousin, à Jouffroy et à Damiron d'assurer le triomphe de la nouvelle école, de rallier sous le même drapeau un grand nombre d'intelligences, également hostiles au sensualisme et au traditionalisme, et de captiver par l'éclat du langage ou par le mobile de l'intérêt des esprits souvent plus superficiels que profonds, plus légers que sérieux.

Ces trois noms résument assez fidèlement cette phase de l'histoire contemporaine qu'on peut appeler le *triomphe de l'éclectisme*; ils en désignent les nuances diverses, les aspirations parfois contradictoires, les luttes passionnées, la marche indécise et les égarements dans les voies du rationalisme. Cousin a un caractère aussi difficile à définir que le système dont il se dit le chef; cependant, il manifeste des préférences pour l'*idéalisme*. Jouffroy est avant tout *sceptique*, et, après avoir fermé les yeux à la lumière de l'Évangile, il cherche des guides impuissants au sein de l'École écossaise. Damiron appartient à cette classe nombreuse de psychologues et de *moralistes*, qui s'extasient dans la contemplation de l'homme et choisissent la raison humaine pour principal arbitre du vrai et du faux, du bien et du mal, du vice et de la vertu.

I. — Cousin : sa vie et ses œuvres; phases de sa philosophie; son influence.

Victor Cousin (1), né à Paris, en 1792, était fils d'un modeste artisan et il ne serait peut-être jamais sorti de l'obscurité si une personne charitable ne lui avait tendu la main. Il fut assez malheureux pour déserter le christianisme, il ne fut pas assez pervers pour l'insulter ; et même, dans ses dernières années, instruit à l'école de l'expérience, désabusé des rêves qu'il avait caressés et poursuivis avec ardeur, il parut imiter Maine de Biran et Royer-Collard, mais il ne fit pas, du moins devant les hommes, l'humble aveu de ses fautes, et il ne franchit pas le dernier degré qui le séparait de l'Église. Il mourut à Cannes, en 1867. Il a exercé pendant plus de vingt ans au sein de l'Université française une haute magistrature intellectuelle, que ses adversaires ont appelée du despotisme et que ses partisans eux-mêmes n'ont pas toujours trouvée en harmonie avec ses idées libérales. Les honneurs, qu'il aimait, lui furent prodigués. En 1815, il remplaça Royer-Collard dans sa chaire de Sorbonne; sous le ministère Martignac, il forma avec Guizot et Villemain le triumvirat universitaire qui prit

---

(1) V. Cousin, *Œuvres*, en particulier : *Du vrai, du beau et du bien; Leçons de philos. sur Kant; Cours de philosophie; Cours d'hist. de la philosophie; Fragments philos.; Nouveaux fragments; Métaphys. d'Aristote*, etc. Cf. Gonzalez, *Historia de la filosofía*, t. III; *Annales de philos. chrétienne*, t. 1, 7, 9, 12, 19, etc.; *Études religieuses, philos.*, etc.; *Revue des Deux-Mondes*; Jules Favre, *Discours* de réception à l'Académie; Ad. Franck, *Moralistes et philos.; Diction des sciences philos.*; etc.; A. de Margerie, *Philos. contemporaine*; Damiron, *Essai*; Taine, *Philos. classiques*; Alaux, *La philosophie de M. Cousin*; Vacherot; Grandeau; Leblais; Gioberti, *Considérations*; Sainte-Beuve; Renan. — Consulter surtout l'*Esquisse* de Paul Haffner, V. *Philos. française*.

une large part aux luttes d'alors et contribua puissamment aux triomphes du lendemain; après la révolution de 1830, sa fortune ne connut point de bornes : il fut successivement conseiller d'État, membre de l'Académie, directeur de l'École normale, pair de France, ministre de l'Instruction publique; après l'ordonnance de 1852 qui le plaçait au rang des professeurs honoraires, il rentra dans la vie privée, et il occupa une grande partie de ses loisirs à la culture des belles-lettres et des arts libéraux, que ses goûts et ses aptitudes lui faisaient préférer aux spéculations de la métaphysique.

Dans ces diverses situations, il a eu des détracteurs; et tel d'entre eux a prétendu qu'il n'était rien, « ni philosophe ni chrétien. » Il a eu aussi de nombreux admirateurs, et, du haut de la chaire de Sainte-Geneviève, il a été proclamé « le plus grand philosophe des temps modernes. » Les uns et les autres ont dépassé la mesure. Victor Cousin a été quelque chose; mais il s'est exagéré à lui-même et la vigueur de son esprit et l'importance de sa mission. Il s'est cru destiné à devenir le chef d'une grande école et à doter l'humanité d'une philosophie nouvelle : « Il a affecté, dit un habile critique, la rigueur et l'invention dans la méthode; il a prétendu serrer les choses de plus près que ses devanciers; il a tenu à donner à sa philosophie une solidité indépendante de toute tradition révélée, il a aspiré, en un mot, à fonder une grande école de philosophie intermédiaire, qui ne choquât point la religion, qui existât à côté, qui en fût indépendante, souvent auxiliaire en apparence, mais encore plus protectrice, et, par instant, dominatrice, en attendant peut-être qu'elle en devînt héritière (1). » Il a

---

(1) Sainte-Beuve, *Causeries du Lundi*, t. VI, édit. 3ᵉ, p. 151-152

usé de tous les moyens pour imposer cette philosophie et en faire « une doctrine d'État, ayant cours et influence. » C'est le but qu'il s'est proposé dans la publication de ses volumineux écrits et dans la direction qu'il a imprimée au corps universitaire (1).

L'auteur des *Leçons* et des *Cours* de philosophie a un style assez brillant, une parole assez caressante pour séduire un moment; mais il est plus orateur et poëte que philosophe, et il possède plutôt l'art d'enthousiasmer que l'art de convaincre. De là, suivant l'expression de M. Taine, un double danger pour la philosophie, « qu'il changera en dissertations oratoires » ou « en symphonie métaphysique, » toutes les fois qu'il n'y introduira pas « des idées vagues, des raisonnements douteux, des mots équivoques, et des erreurs (2). » Il n'a ni le coup d'œil assez juste pour guider les intelligences à travers les systèmes, ni le pied assez sûr pour marcher à la tête de ses disciples sur le terrain mouvant de l'éclectisme. Modeste suppléant de Royer-Collard, il interprète d'abord la philosophie écossaise et se confine dans la méthode psychologique; à partir de ses deux voyages en Allemagne, de 1817 à 1825, il se passionne pour les théories de l'école transcendantale, et, sans aller aussi loin que les disciples de Kant dans la voie du rationalisme et du panthéisme, il se lance avec toute l'ardeur de son imagination dans ce qu'on appelle les régions de l'idéal, et il entraîne à sa suite une jeunesse avide de nouveautés malsaines (3); plus tard, il se range

---

(1) Voir plus haut la liste des ouvrages de Victor Cousin.
(2) H. Taine, *Les philosophes classiques*, 3e édit., p. 103.
(3) Cf. *Cours de philosophie professé à la faculté des lettres pendant l'année 1818; Leçons de philosophie sur Kant*, etc. — « A parler fran-

parmi les partisans de Platon et de Descartes, et, renonçant aux hardiesses de la métaphysique hégélienne, il fait une évolution vers la philosophie de saint Augustin et de Bossuet. Il parle sans cesse de son orthodoxie, et, peut-être sans en avoir conscience, il modifie chaque matin son enseignement de la veille.

Au milieu de toutes ces variations, Victor Cousin n'a jamais complètement abandonné un petit nombre d'idées ou de propositions qui forment la base de son système et se retrouvent dans la plupart des ouvrages de ses contemporains. Elles se rapportent à la méthode éclectique, au rationalisme, à la théorie de la raison impersonnelle et à l'idéalisme.

L'*éclectisme* se résume en cet aphorisme de Jouffroy : « Publier des systèmes, et des systèmes tirer la philosophie. » — En d'autres termes, la somme adéquate des vérités rationnelles est contenue dans les quatre systèmes qui remplissent toute l'histoire de la philosophie : le sensualisme, l'idéalisme, le scepticisme et le mysticisme. — Chacun de ces systèmes est moitié vrai, moitié faux, et dans l'erreur elle-même, il y a toujours un mélange de vérité. — Il est donc nécessaire d'étudier l'histoire avec « impartialité, » afin de connaître la pensée intime de nos devanciers et de discerner, à l'aide de la conscience, les bons éléments qui se trouvent dans leurs écrits. — Ces éléments choisis avec art, polis par le travail des siècles, assemblés dans un ordre logique, forment la vraie philosophie. — *L'étude de l'histoire pour moyen, le jugement de la conscience pour critérium*; tel est, en substance, l'éclectisme dont Victor Cousin proclame hautement l'efficacité et qu'il n'abandonne jamais

chement, dit V. Cousin, j'en avais assez, pour le moment, de la philosophie écossaise. » *Souve. 'rs d'Allemagne.*

complètement, même après les déceptions de ses dernières années (1). Ce système est jugé depuis longtemps. Il repose sur deux hypothèses également fausses et erronées. Les philosophes n'ont point dit le dernier mot de toutes choses, et il ne suffit pas d'étudier l'histoire pour avoir la somme totale des sciences rationnelles; d'un autre côté, l'erreur est une privation, un manque de rectitude, et, comme telle, elle ne renferme aucun fragment de vérité ontologique; de plus, l'éclectisme moderne érigé en système contient plusieurs méthodes et plusieurs critériums; or, tout système philosophique suppose l'unité dans la marche de l'esprit et dans le motif universel de certitude; l'éclectisme ne peut donc en aucune façon être appelé une philosophie spéciale : il n'est ni une méthode ni une doctrine. Victor Cousin semble lui-même en convenir, et, ne sachant trop quel nom donner à son système, il l'appelle une « application » de sa philosophie : « On s'obstine, dit-il, à représenter l'éclectisme comme la doctrine à laquelle on daigne attacher notre nom. Nous le déclarons : l'éclectisme nous est bien cher, sans doute, car il est à nos yeux la lumière de l'histoire de la philosophie, mais le foyer de cette lumière est ailleurs. L'éclectisme est une des applications les plus importantes et les plus utiles de la philosophie que nous professons, mais il n'en est pas le principe. Notre vraie doctrine, notre vrai drapeau est le *spiritualisme*, cette philosophie aussi solide que généreuse, qui commence avec Socrate

(1) Victor Cousin écrivait, en 1864 : « L'art qui recherche et discerne le vrai dans les différents systèmes, qui, sans dissimuler ses justes préférences pour quelques-uns, au lieu de se complaire à condamner et à proscrire les autres pour leurs inévitables erreurs s'applique plutôt à les redresser, à les justifier et à leur faire ainsi une place légitime dans la grande cité de la philosophie, cet art élevé et délicat s'appelle l'éclectisme. »

et Platon, que l'Évangile a répandue dans le monde, que Descartes a mise sous les formes sévères du génie moderne, qui a été au xviie siècle une des gloires et des forces de la patrie, qui a péri avec la grandeur nationale au xviiie, et qu'au commencement de celui-ci M. Royer-Collard est venu réhabiliter dans l'enseignement public, pendant que M. de Chateaubriand, Mme de Staël, M. Quatremère de Quincy la transportaient dans la littérature et dans les arts (1). »

Ce petit morceau d'éloquence nous fournit la note de Victor Cousin. Platon, l'Évangile et Descartes professent, à ses yeux, la même doctrine, et cette doctrine qui « soutient le sentiment religieux, » et « conduit peu à peu les sociétés humaines à la vraie République, » est la sienne ; il l'aime avec enthousiasme et il veut concourir, selon ses forces, à la relever, à la défendre, à la protéger. Tel pourrait s'y tromper et croirait entendre le langage d'un philosophe chrétien (2). Or, le chef de la nouvelle école est le porte-drapeau du *rationalisme*, non pas de ce rationalisme libéral et mitigé qui accorde à peu près les mêmes droits et la même valeur à la raison et à la foi, à la science et à la révélation, mais de ce rationalisme absolu qui n'admet aucune religion positive et fait dériver tous les dogmes des forces natives de la raison ; il regarde les plus hauts mystères comme des fruits spontanés de l'imagination des peuples primitifs ou comme

(1) *Du vrai, du beau et du bien*, 1855, Avant-propos de l'édition de 1853, p. vi et vii.

(2) Victor Cousin a dit à la jeunesse de son temps : « N'écoutez pas ces esprits superficiels qui se donnent comme de profonds penseurs, parce qu'après Voltaire ils ont découvert des difficultés dans le christianisme : vous, mesurez vos progrès en philosophie par ceux de la tendre vénération que vous ressentirez pour la religion de l'Évangile. » *Ibidem*, p. 9.

des fleurs écloses autour du berceau de l'humanité (1). C'est une erreur à la fois historique et philosophique; car le fait de la révélation est attesté par l'histoire, et la philosophie elle-même nous apprend que le christianisme atteint à des hauteurs où une intelligence finie ne peut s'élever par ses seules forces naturelles.

Le rationalisme est une erreur radicale qui doit toujours avoir de funestes conséquences; chez Victor Cousin, il aboutit à un panthéisme vague, déguisé sous l'étiquette de *théorie de la raison impersonnelle*, et à une sorte d'idéalisme poétique décoré du beau nom de *spiritualisme contemporain* (2).

Quand on accusait M. Cousin de panthéisme, il s'étonnait, s'indignait et protestait (3). En effet, parvenu à la maturité de l'âge, il atténua les éloges qu'il avait prodigués à Schelling, il n'osa plus imprimer que la *Philosophie de la nature* contenait le vrai système, et même il déclara « rejeter absolument et sans réserve » les deux propositions suivantes, du moins « au sens faux et dangereux » qu'on leur attribuait : « Il y a une seule et unique substance dont le moi et le non-moi ne sont que des modifications; — la création du monde est néces-

---

(1) Le rationalisme de M. Cousin se résume dans cette proposition du Syllabus : « Omnes religionis veritates ex nativa humanæ rationis vi derivant; hinc ratio est princeps norma qua homo cognitionem omnium cujusque generis veritatum assequi possit ac debeat. » *Syllabus*, prop. IV. — « Le triomphe de l'intuition religieuse est dans la création du culte. » *Introduction à l'hist. de la philos.*, leçon 1. — « L'enthousiasme..... crée le culte. » *Ibid.* — Cf. Gioberti, *Considérations sur les doctrines religieuses de M. V. Cousin.*

(2) Cf. *Cours de l'hist. de la philos.*, mis à l'index en 1844; *Du vrai, du beau et du bien*, etc.

(3) « Je veux parler de cette vague accusation de panthéisme, que j'ai souvent confondue et avec laquelle j'en veux finir. » *Fragments philos.*, tom. I.

saire (1); » toutefois, il n'a jamais complètement modifié les notions qu'il avait conçues de la substance et de l'accident, de la cause et de l'effet. Interprète plus ou moins fidèle de Leibnitz et de Kant, il ne voit partout que des forces, des phénomènes et des rapports entre les forces et les phénomènes : la substance est l'être en tant qu'il n'a point de cause, « qu'il ne suppose rien au delà de soi relativement à l'existence; » le phénomène est le produit de la substance; l'énergie intrinsèque et inhérente à la substance constitue l'essence de la liberté (2); le rapport du phénomène à la substance dépend de la nature même de la cause : une cause nécessaire agit nécessairement, et comme agir c'est créer, une cause nécessaire crée nécessairement (3); de même, puisqu'il y a des connaissances nécessaires, universelles, communes à toutes les intelligences, il faut aussi qu'il y ait une raison supérieure, faisant « son apparition en nous, quoiqu'elle ne soit point nous, qu'à aucun titre elle ne puisse être confondue avec notre personnalité : » cette raison est « impersonnelle (4), » elle a son principe en Dieu et son rayonnement dans l'homme, elle illumine toutes les intelligences; c'est une « révélation nécessaire et

---

(1) *Fragments philos.*, tom. I. — Le Concile du Vatican a condamné ces deux propositions. Canons 3, 4, 5.

(2) « L'idée fondamentale de la liberté est celle d'une puissance qui, sous quelque forme qu'elle agisse, n'agit que par une énergie qui lui est propre. » *Fragments philos.*, t. I.

(3) « Il faut abandonner la définition que créer c'est tirer du néant. » *Introduction à l'hist. de la philos.*, leçon 5. — Causer c'est créer ; mais avec quoi? avec rien? Non, sans doute; tout au contraire, avec le fond même de notre existence. » *Ibid.* — « Dieu, s'il est une cause, peut créer; et s'il est une cause absolue, il ne peut pas ne pas créer. » *Ibid.*

(4) *Cours de l'hist. de la philos.*, leçon 24.

universelle, » un « médiateur, » un « Verbe homme à la fois et Dieu tout ensemble; » ou plutôt, c'est « le Dieu du genre humain (1). » Si ce langage est celui d'un philosophe qui veut traduire sa pensée à l'aide de mots intelligibles, Victor Cousin est panthéiste; car il n'admet pas la création *ex nihilo*, et la lumière de notre raison est, à ses yeux, une émanation de la lumière infinie ou du Verbe divin. Si ces phrases, souvent harmonieuses, ne renferment que des périodes sonores et des formules vides de sens, Victor Cousin est artiste et poète, mais, il faut en convenir, il n'est pas philosophe.

La théorie de la raison impersonnelle se traduit finalement dans l'auteur *Du vrai, du beau et du bien*, par un idéalisme d'autant plus dangereux qu'il semble plus modéré. L'âme où descend la raison « comme un hôte qui lui apporte des nouvelles d'un monde inconnu (2), » devient le foyer et le centre de l'inspiration, de l'enthousiasme, des révélations : elle est tout l'homme, et le corps, lui, n'est plus qu'un voisin fort incommode s'il n'est pas un pur phénomène, une simple apparence. M. Renan, qui est idéaliste à ses heures, trouve là un titre de gloire : « Il faut, dit-il, approuver complètement M. Cousin d'avoir proclamé que l'âme est l'essence même et le tout de l'homme puisque ce qui existe est évidemment ce qui est libre, conscient, indivisible et sans étendue : c'est l'âme qui est et le corps qui paraît être (3). » Nous devons, au contraire, blâmer fortement une doctrine dont la moindre conséquence est de détruire la vraie notion de l'homme et qui, en dernière analyse, prête des armes au scepticisme au lieu de le

(1) *Fragments philos.*, p. 36 et 37, 1847.
(2) *Fragments philos.*, loc. cit.
(3) *Essais de morale et de critique*, 2ᵉ édit., 1860, p. 64.

combattre. Cette âme, en effet, d'où tire-t-elle ses idées ? Écoutons M. Cousin : « Les idées qui possèdent l'universalité et l'unité, dit-il, ne viennent pas des choses matérielles, changeantes et mobiles ; elles s'y appliquent, et par là nous les rendent intelligibles. D'un autre côté, ce n'est pas l'esprit humain qui constitue les idées, car l'homme n'est point la mesure de la vérité (1). » Et il en fournit deux raisons, qui sont deux pétitions de principe : l'abstraction, selon lui, ne donne point l'universel, et le fini ne comprend point l'infini. Il faut s'entendre. L'abstraction qui se fait par « addition » au sens de Locke, ne s'élève point au-dessus du contingent ; mais il n'en est pas ainsi de l'abstraction qui procède par « soustraction » de limites. Le fini ne comprend pas l'infini d'une manière adéquate et formelle ; mais il en contient le vestige et il sert de marchepied pour y atteindre (2). Si la proposition de M. Cousin est vraie, et s'il faut une équation parfaite entre l'objet et le sujet, on doit admettre ou que l'âme est infinie puisqu'elle peut connaître l'absolu, ou qu'elle ne peut connaître l'absolu, puisqu'elle est finie ; en d'autres termes, il est nécessaire de se ranger soit parmi les panthéistes, soit parmi les sceptiques. Dans cette dernière catégorie se trouvent plusieurs des victimes, qui ont subi l'ascendant de Victor Cousin (3); les autres ont dû au christianisme de se soustraire aux pernicieuses conséquences de l'idéalisme.

Amédée de Margerie résume avec talent cette page si délicate de la philosophie. Nous le citons, en retranchant certains éloges qui nous paraissent exagérés. Il voit surgir à l'ombre du chef de l'éclectisme et se grouper sous

(1) *Du vrai, du beau et du bien*, édit. 1855, p. 72.
(2) Voir notre *Philosophia scholastica*, 3ᵉ édit., t. I, p. 340, etc.
(3) Cf. M. Baunard, *Le doute et ses victimes dans le siècle présent*.

son aile « au moins quatre générations de maîtres diversement et inégalement célèbres. La première, contemporaine de son enseignement à l'école normale, eut pour représentants principaux M. Damiron, M. de Rémusat, et surtout Jouffroy, noble et rare esprit qu'il nous faudra considérer avec une attention spéciale, bien que ce méditatif indépendant et solitaire, très personnellement et très amèrement préoccupé des problèmes de la vie, ne puisse être classé sans beaucoup de réserves dans l'école où il fit ses premières armes. A la seconde appartiennent M. Garnier, le dernier représentant, au christianisme près, de la philosophie écossaise en France ; M. Vacherot, destiné, après avoir édité M. Cousin, à présenter parmi nous une des variétés les plus hardies de la philosophie négative. A la troisième, Émile Saisset, M. Jules Simon, M. A. Jacques, qui eût pu être un des meilleurs psychologues de notre temps, et qui aima mieux compromettre son talent et son avenir à engager contre le christianisme et le catéchisme une lutte ouverte dont on n'a pas oublié l'incroyable violence. A la quatrième, M. Lévêque, M. Lemoine, M. Caro, qui n'aurait, ce semble, pour devenir un philosophe chrétien, qu'un peu plus de décision à donner à sa pensée, M. Janet qui, après la mort de quelques-uns de ses amis et dans le silence de quelques autres, se place par son talent à la tête du spiritualisme rationaliste de notre temps. Cette école philosophique dont la grande école normale fut, au commencement de la Restauration et pendant toute la durée de la monarchie de Juillet, la pépinière plusieurs fois renouvelée, occupait, il y a vingt-cinq ans, presque toutes les chaires publiques. Elle portait, si je l'ose dire, le sceau de l'État ; et l'on a quelque raison de croire qu'il n'était pas fort aisé à qui ne récitait pas son symbole et ne portait pas son drapeau, de se faire une place dans l'enseignement universitaire. Depuis, elle a cessé de régner, pour bien des causes dont quelques-unes appartiennent à l'histoire politique. Mais elle n'a point été remplacée; et bien qu'affaiblie, elle n'a pas cessé de vivre (1). » M. de Margerie écrivait cette dernière phrase vers l'année 1870. Il tiendrait aujourd'hui un autre langage, en voyant des positivistes à la tête de l'enseignement supérieur.

La plupart des écrivains que nous venons de nommer partagèrent les goûts de M. Cousin, et, à son exemple, ils se livrèrent de préférence à l'étude de l'histoire ou à la critique des systèmes. Damiron a publié, de 1834 à 1862, des *Essais sur l'histoire de la philosophie en France pendant les trois derniers siècles*; Charles de Rémusat, malgré les agitations de sa vie politique, a su trouver assez de loisirs pour composer de longs ouvrages sur saint Anselme, Abélard et Bacon (2); Jouffroy a traduit les *Esquisses* de Dugald-Stewart et les *Œuvres complètes* de Thomas Reid; Adolphe Garnier a édité les *Œuvres philosophiques* de Descartes (3); M. Vacherot et M. Jules Simon ont complété les travaux de Cousin sur *Proclus* en écrivant l'*Histoire de l'école d'Alexandrie*; Émile Saisset a fait de patientes recherches sur les précurseurs et les

---

(1) *Philosophie contemporaine*, Paris, 1870, p. 68 et 69.

(2) De Rémusat, 1797-1875, a été ministre des Affaires étrangères, sous la présidence de M. Thiers. Ses principaux ouvrages philosophiques sont : *Saint Anselme; Abélard; Bacon, sa vie, son temps, sa philosophie; Essais de philosophie; De la philosophie allemande; Philos. religieuse; Histoire de la philosophie en Angleterre.*

(3) A. Garnier, né en 1801, a remplacé Th. Jouffroy. Ses principaux écrits sont intitulés : *Précis de Psychologie; la Psychol. et la Phrénol. comparées; Critique de la philos. de Thomas Reid; Traité de morale sociale; Traité des facultés de l'âme*, etc.

disciples de Descartes, sur le panthéisme de Spinoza et sur le scepticisme d'Ænésidème, de Pascal et de Kant (1); Amédée Jacques, un des fondateurs de *la Liberté de penser*, a composé un *Mémoire* sur le sens commun et a contribué à faire connaître les *Œuvres* de Leibnitz (2); M. Charles Lévêque a rédigé pour la *Revue des cours publics* une série de *Leçons* sur Albert le Grand et saint Thomas (3). Des savants de toute nuance, amis ou adversaires de l'éclectisme, libres penseurs, indifférents ou catholiques sincères, spiritualistes ou positivistes se sont exercés dans le même genre de littérature philosophique. Qu'il nous suffise de citer ici M. Willm, auteur de l'*Histoire de la philosophie allemande*; M. Ravaisson, qui s'est fait remarquer par un rapport sur la *Philosophie en France au XIX° siècle*; MM. Barthélemy Saint-Hilaire, Bouillet, Barni et Tissot, les traducteurs d'Aristote, de Plotin, de Bacon et de Kant; Rousselot et Hauréau, Charles Jourdain et Montet, Nourisson, Francisque Bouillier, Adolphe Franck, Amédée de Margerie, Waddington, Ferraz et Chauvet, qui, en se plaçant à des points de vue divers, ont étudié soit la vie, soit les œu-

---

(1) Emile Saisset, 1814-1863, membre de l'Académie des sciences morales et politiques, a professé à l'École normale, au Collège de France et à la Faculté des lettres de Paris. Cf. *Mélanges d'histoire; Précurseurs et disciples de Descartes; Spinoza et le spinozisme; le scepticisme; l'esthétique en France*, etc.

(2) Amédée Jacques, né à Paris en 1813, a occupé d'abord plusieurs chaires de l'Université; il a fait ensuite de longs voyages en Amérique. Il a composé, avec MM. Simon et Saisset, un *Manuel de philosophie*.

(3) Ch. Lévêque, né en 1818, a professé au Collège de France le cours de philosophie grecque et latine. Cf. *Le premier moteur et la nature dans le système d'Aristote; la Science du Beau; du Spiritualisme dans l'Art; la Science de l'invisible; les Harmonies providentielles*, etc.

vres des philosophes anciens et modernes (1); Renouvier, Schérer, Havet et les autres dont nous avons parlé dans le chapitre précédent, et que nous avons classés parmi les partisans de la critique allemande (2).

Les principaux chefs du spiritualisme, les seuls qui nous occupent en ce moment, abusent de la méthode historique, et, dans l'étude du passé, ils ne savent pas s'affranchir de l'esprit de parti et des préjugés d'école. M. Cousin les dépasse tous dans son enthousiasme pour Platon et les Alexandrins; il voit partout, et dans saint Augustin, et dans saint Thomas, des traces visibles de l'ontologisme, voire même du panthéisme. Voici ses propres paroles : « Saint Thomas lui-même, qui ne connaissait guère Platon, et qu'Aristote retient assez souvent dans un certain empirisme, entraîné par le christianisme et par saint Augustin, s'échappe à dire « que notre raison naturelle est une sorte de participation de la raison divine, et que c'est à cette participation que nous devons nos connaissances et nos jugements, et que voilà pourquoi on dit que nous voyons tout en Dieu. » Et il y a dans saint Thomas bien d'autres passages semblables, d'un platonisme peut-être excessif, qui n'est pas celui de Platon, mais des Alexandrins (3). » Cette page est

---

(1) Rousselot, né en 1815 : *Études sur la philosophie dans le Moyen-Age.* — Hauréau, de l'Institut, né à Paris en 1812 : *Hist. de la philosophie scolastique.* — Ch. Jourdain, né à Paris en 1817 : *La philos. de saint Thomas d'Aquin.* — Nourisson, *Philosophie de Leibnitz et de Bossuet.* — Fr. Bouillier : *Hist. du cartésianisme.* — Ad. Franck, *Histoire de la logique et dictionnaire des sciences philosophiques.* — A. de Margerie, *Philos. contemporaine.* — Waddington, *Psychol. d'Aristote.* — Ferraz, *Psychologie de saint Augustin.* — Chauvet, *Théories de l'entendement humain dans l'antiquité*, etc.

(2) Voir plus haut, p. 68 et 87. — Ravaisson; de Margerie.

(3) *Du vrai, du beau et du bien*, 1855, p. 77. Il est injuste d'accuser

lourde; cependant là n'est point son grand défaut. Elle renferme un contre-sens. L'Ange de l'École, dans l'article visé par M. Cousin, enseigne que nous ne voyons point les choses immédiatement dans les idées divines, au sens des platoniciens, mais que notre intelligence les saisit dans une lumière créée ou « participée; » comme notre œil voit les objets matériels « dans la lumière du soleil (1). »

Chose étrange! Ces partisans de la méthode historique, ces admirateurs du passé, qui cherchent des appuis dans les docteurs de l'Église, accordent peu de valeur à la Bible, au plus ancien, au plus authentique et au plus sérieux de tous les livres. Leur logique est exclusive et ils sont presque tous rationalistes passionnés, soit qu'ils traduisent leur haine par un langage violent ou railleur, comme Amédée Jacques, Charles Mallet, Bordas-Demoulin, Charles Huet, Bartholmèss (2), soit qu'ils cachent leur venin sous des formes douces et onctueuses, comme l'auteur de la *Religion naturelle*. Cette logique rationaliste est, nous l'avons déjà dit, leur point de ralliement. En *métaphysique* et en *morale*, ils se divisent et se fractionnent à l'infini. Nous tâcherons de les grouper autour de deux personnages assez connus : Jouffroy et Damiron.

---

saint Thomas d'être peu versé dans la connaissance de Platon, mais on est forcé d'avouer que M. Cousin ne comprend point saint Thomas.

(1) *Sum. Theol.*, p. 1, q. 12, a. 11, ad 3um. M. Cousin a retranché la comparaison : « Sicut etiam omnia sensibilia dicimus videre et judicare in sole, id est, per lumen solis. »

(2) Ch. Mallet, *Manuel de philosophie*, à l'index. — Bordas-Demoulin, *Essais de réforme catholique*, etc., à l'index. — Ch. Huet, *La science de l'esprit*, à l'index. — Bartholmèss, *Dictionnaire des sciences philos.* — Coquerel, Fontanès, Réville, Vinet, Secrétan, etc.

II. — Le scepticisme de Jouffroy, ou les théories négatives de l'école spiritualiste contemporaine.

La théorie intellectuelle de M. Cousin est vague et obscure. On y voit jouer, il est vrai, les deux ressorts de la méthode, l'analyse et la synthèse, l'induction et la déduction; on y trouve la conception des êtres suprasensibles ajoutée à la perception des phénomènes. Mais si l'on demande au chef de l'éclectisme d'où émanent ces conceptions, il répond en hésitant que l'origine de nos connaissances les plus élevées est « mystérieuse, » inexplicable, qu'elle se dérobe à nos regards comme les « sources du Nil : » c'est, dit-il, une espèce de « révélation » de la raison impersonnelle. S'il en est ainsi, que faut-il croire de la réalité des êtres dont nous concevons l'idéal? Dieu qui se manifeste à nous sous les trois formes du vrai, du beau et du bien; l'espace et le temps, où les corps se meuvent et se succèdent; en un mot tous les concepts absolus et nécessaires, tous les types dont les objets sont des copies imparfaites et des images affaiblies, ne sont-ils que des créations de l'esprit, et n'ont-ils aucune existence en dehors de nos idées? Victor Cousin, toujours plus poète que philosophe, plus orateur que logicien, ne semble pas soupçonner le vice de son système, et il proclame hautement que son « spiritualisme » nous montre « par delà les limites de ce monde » un Dieu, « auteur et type de l'humanité (1). » Charles de Rémusat est moins affirmatif. Dans son opuscule sur la *Philosophie religieuse*, il nous apprend que Dieu est, pour lui, une idée, un concept de la raison pure ; mais

---

(1) *Du vrai, du beau et du bien*, 1855, p. vii.

dans son ouvrage intitulé, *le Passé et le Présent*, il nous avertit de ne pas le prendre au sérieux, attendu qu'il change souvent d'opinion. M. Vacherot, le « métaphysicien » de l'école spiritualiste (1), est plus hardi dans ses négations. Il admet un Dieu de la nature et un Dieu de l'esprit : le premier est la totalité des êtres, le deuxième est l'idéal de la souveraine perfection. Ce dernier, « qu'un philosophe contemporain nous représente relégué sur le trône désert de son éternité silencieuse et vide, n'a pas d'autre trône que l'esprit, ni d'autre réalité que l'idée (2). » Il est « une catégorie de l'idéal, » suivant l'expression d'un autre sophiste moins métaphysicien et moins sérieux que M. Vacherot (3). Jouffroy doute, et, en vrai sceptique, il ne nie rien et n'affirme rien de l'existence et de la nature des êtres qui ne tombent pas sous l'intuition des sens ; il se place et par les qualités de son esprit, et par la nuance de son système, à la tête d'une série d'écrivains, qui tiennent le milieu entre Victor Cousin et Auguste Comte, ou représentent une philosophie intermédiaire entre l'idéalisme et le positivisme. A ce double titre, il doit fixer notre attention.

(1) Sur la métaphysique, voir l'abbé Noirot, Magy, Blanc Saint-Bonnet, Charma, Lefranc, Gratacap.

(2) *La métaphysique et la science*, tom. II. Voir plus haut, p. 86. Cf. M. E. Caro, l'*Idée de Dieu*, 5º édit., ch. V ; P. Gratry, *Étude sur la sophistique contemporaine*.

(3) « Sous une forme ou sous une autre, Dieu sera toujours le résumé de nos besoins supra-sensibles, la catégorie de l'idéal, c'est-à-dire la forme sous laquelle nous concevons l'idéal, comme l'espace et le temps sont les catégories des corps, c'est-à-dire les formes sous lesquelles nous concevons les corps. En d'autres termes, l'homme placé devant de belles choses, bonnes ou vraies, sort de lui-même, et, suspendu par un charme céleste, anéantit sa chétive personne, s'exalte, s'absorbe. Qu'est-ce que cela, si ce n'est adorer. » Renan, *Études d'hist. relig.*, p. 412.

Théodore Jouffroy (1), qui vécut à peine 46 ans, de 1796 à 1842, était un montagnard du Jura. Son caractère énergique et l'éducation religieuse qu'il devait aux soins de sa famille et à la sollicitude d'un prêtre vertueux, semblèrent le mettre à l'abri du doute et de l'incrédulité; mais il s'exposa au péril, et il perdit, avec la foi de son enfance, la paix de l'âme et la grâce de la vertu. Les leçons de Cousin à l'École normale, les lectures imprudentes et malsaines, l'étude assidue de Descartes, de Reid et de Kant, les exemples d'une génération élevée dans l'indifférence ou dans l'impiété furent des écueils pour sa raison elle-même. Il devint sceptique en philosophie le jour où il cessa de croire à Dieu et à l'Église. Il ne fut pas du nombre de ces esprits légers, qui, à l'exemple de Montaigne et de Viardot (2), trouvèrent dans le doute un oreiller commode pour reposer leur tête. Aux yeux des hommes, la fortune lui sourit, et il parcourut l'une des carrières les plus brillantes et les plus enviées : nommé maître de conférence à l'École normale en 1817, il se montra, dès le début, supérieur à M. Cousin par la netteté de l'exposition et la vigueur de la logique; sous le ministère de 1828, il occupa une chaire de philosophie à la Faculté des lettres; quatre ans plus tard, le Collège de France réclama l'honneur de le compter parmi ses

---

(1) Théod. Jouffroy : *Equisses de philosophie morale* de Dugald-Stewart, et *Œuvres complètes* de Reid, traductions et préfaces; *Cours de droit naturel; Cours d'esthétique; Mélanges philosophiques; Nouveaux mélanges*, etc. — Cf. Mignet, *Notice sur Jouffroy*; Gonzalez, *Historia de la filosofia*, t. III; A. de Margerie, *Philos. contemporaine*; Taine, *Les philosophes classiques*; Damiron, *Essai sur l'histoire de la philosophie*; Ad. Garnier, *Dict. des sciences philos.*; Janet et Caro, *Revue des Deux-Mondes*; Baunard, *Le doute et ses victimes dans le siècle présent*; Tissot, *Biographie universelle*; Haffner; Stœckl, etc.

(2) *Libre examen*, par L. Viardot, 1874, p. 5.

maîtres les plus autorisés; l'Académie des sciences morales lui ouvrit ses portes, le conseil de l'instruction publique voulut s'éclairer de ses lumières, et les électeurs de Pontarlier, sa terre natale, le choisirent pour député. Mais le vain prestige des honneurs ne lui fit jamais perdre « le souci des questions » qu'il avait autrefois résolues à l'aide du catéchisme, et comme, dans ses recherches, il voulait se servir désormais des seules lumières de la raison, il se consuma en efforts inutiles, endura des tourments indicibles et mourut avant d'avoir tranché ce qu'il appelait « le problème, » ou « l'énigme » de nos destinées : « Comment vivre en paix, disait-il, quand on ne sait ni d'où l'on vient, ni où l'on va, ni ce qu'on a à faire ici-bas; quand on ignore ce que signifient l'homme et l'espèce, et la création; quand tout est énigme, mystère, sujet de douleurs et d'alarmes? Vivre en paix dans cette ignorance est une chose contradictoire et impossible (1). » Ses angoisses augmentèrent avec les années, et le déclin de la vie, suivant ses propres expressions, avait, à ses yeux, des « aspects mélancoliques, » un « pâle soleil » et un « rivage glacé (2); » en face de la mort, il ne donna point, comme le prétend M. Garnier, le spectacle d'un stoïcien calme et inébranlable, et s'il n'ouvrit point sa porte au ministre de l'Évangile, s'il ferma ses fenêtres pour rester dans les ténèbres, c'est qu'il mourait en rationaliste orgueilleux et en sceptique désespéré.

Le scepticisme de Théodore Jouffroy a la même source que le scepticisme d'Emmanuel Kant; c'est-à-dire l'abus

---

(1) *Mélanges philos.*, 3º édition, 1860, p. 338.
(2) Discours prononcé à la distribution des prix du collège Charlemagne, 1840.

de la critique ou du « contrôle » appliqué à la raison humaine. Il se résume dans ce passage, que nous lisons en tête des *Œuvres* de Thomas Reid : « L'esprit humain n'a jamais pu réfléchir sur lui-même, sans se demander si ce qui est vrai pour lui est vrai absolument et en soi... Ce que nous regardons comme la vérité est-ce vraiment la vérité? Ce problème, l'esprit se le pose en vertu de ses lois. La raison, qui contrôle tout, se contrôle elle-même... Mais de ce que la raison élève ce doute sur elle-même, s'en suit-il que la raison qui peut l'élever, puisse le résoudre? Nullement. Le cercle vicieux serait évident; il suffit d'énoncer la question pour le prouver. Si la raison doute d'elle-même au point de sentir le besoin d'être contrôlée, elle ne peut se fier à elle-même quand elle exerce ce contrôle. Cela est si évident que ce serait faire injure au bon sens d'insister (1). » Et il ajoute, dans ses *Mélanges*, qu'un « acte de foi aveugle, mais irrésistible, est le fondement de toute croyance (2). » C'est une erreur profonde. Nous admettons dans l'ordre objectif des premiers principes « indémontrables (3), » de plus, nous croyons, dans l'ordre subjectif, à la rectitude de la raison. Sans cette double condition, toute certitude est impossible. Or, en agissant ainsi, nous ne faisons point un acte de foi aveugle; car l'entendement est fait pour connaître le vrai, comme la volonté est faite pour aimer le bien, et, dans certaines circonstances, son objet se présente à lui avec les caractères de l'évidence la plus absolue. En d'autres termes, non-seulement le doute est opposé aux lois fondamentales et aux aspirations irrésis-

---

(1) Traduction des *Œuvres de Reid*, préface.
(2) *Mélanges philosophiques*, édit. 1860, p. 168.
(3) S. Thomas, *Sum. theol.*, 1ª 2æ, q. 91, a. 2, et 2ª 2æ, q. 23, a. 7, ad 2um.

tibles de notre nature; mais il est des cas où tout contrôle est inutile et où nous voyons clairement la vérité.

Le scepticisme est le trait saillant, le caractère distinctif de Jouffroy; mais ce penseur original a d'autres particularités qu'il est bon de signaler. — Si son rationalisme est moins poétique et moins attrayant que celui de M. Cousin, il est plus systématique et plus dangereux; il a même écrit des pages, qui, à côté d'aveux et d'éloges en apparence assez sincères, contiennent des attaques haineuses et calculées (1). — La méthode écossaise, dont il use avec une logique plus inflexible que Royer-Collard et Maine de Biran, le conduit à deux erreurs capitales : il limite d'abord l'objet des sciences rationnelles aux seules vérités de *sens commun*, et il condamne le philosophe à « regarder » ce que tout le monde « voit » sans jamais découvrir aucun horizon lumineux au delà des bornes où l'intelligence du vulgaire est confinée (2); il infère de là que nous ne pouvons rien savoir de positif sur la nature de l'âme (3), et, en général, sur la réalité de tous les êtres que l'expérience ne peut atteindre. — Il admet deux vies essentiellement distinctes dans leurs fonctionnements et dans leurs principes, la vie « physiologique » et la vie « intellectuelle, » l'une appartenant au corps seul, l'autre formant toute la personne humaine; il

(1. *Mélanges philosophiques* : Comment les dogmes finissent, ou problème de la destinée humaine, etc.
(2) « Il y a longtemps qu'on a remarqué la différence qui existe entre *voir* et *regarder* puisque toutes les langues ont deux mots pour exprimer ces deux actes de la vision... La science n'est autre chose que l'éclaircissement successif des différents points de cette immense provision d'idées, accumulées dans l'intelligence par la manifestation des choses; et ce qui opère l'éclaircissement, c'est le regard après la vue. » *Mélanges*, édit. 1860, pp. 115 et 117.
(3) *Esquisses de philos. morale*, préface.

continue ainsi la tradition cartésienne, reprise par Maine de Biran, et, comme ses devanciers, il pose sans la résoudre, une redoutable question : d'où découle la vie « physiologique; » faut-il en chercher la source dans la disposition de l'organe, ou dans un principe à la fois supérieur à la matière et inférieur à l'âme? Il fraie la voie aux « *organicistes* » et aux « *vitalistes;* » mais il se cantonne dans le doute, et, en vrai partisan de la méthode écossaise, il se contente de voir des phénomènes, de les regarder, de les classer, sans saisir la vraie nature de leur cause : il reste « à la porte de la science. » — Par tempérament et par éducation, il est un homme « intérieur, » suivant la pensée de M. Taine (1); mais, mystique d'un nouveau genre, il exclut Dieu de sa morale et de son culte : « L'homme, dit-il, naît d'abord animal; mais bientôt ses penchants se manifestent; or, le plus noble de tous les penchants est celui qui nous porte à faire le bien pour le bien, à remplir le devoir pour le devoir, avec le seul désir de nous conformer à l'ordre universel (2); » le respect de cet ordre est donc la maxime fondamentale, la règle absolue de toute morale naturelle. Le mal, c'est l'obstacle à nos penchants; de l'effort que nous faisons pour vaincre un tel obstacle naît la liberté ou la personne humaine. On se demande que peut être un ordre universel, dont Dieu n'est ni le principe, ni la fin. Il est impossible de le concevoir; cependant les spiritualistes parlent sans cesse de l'ordre, du devoir, du bien, du bonheur, et, comme les stoïciens, ils relèguent la divinité

---

(1) *Les philos. classiques*, édit. 1868, p. 206. — Jouffroy nous assure qu'il possède « à un assez haut degré le sens psychologique et une grande inclination pour la science des faits intérieurs. » *Nouveaux mélanges*, p. 132.

(2) *Cours de droit naturel; Cours d'esthétique*, etc.

au dernier plan, s'il ne la bannissent pas de leur code religieux. Damiron nous en fournit un exemple frappant.

III. — Tendances pratiques du spiritualisme: Damiron et les moralistes contemporains (1).

L'histoire de l'esprit humain, sauf de légères nuances, est la même dans tous les siècles. Quand une école s'est dévoyée dans le domaine de la métaphysique, elle cherche un point d'appui dans la morale, et, dégoûtée des hautes spéculations de la pensée, elle use le reste de ses forces à critiquer autrui, à élaborer des plans, à manier le sophisme et à gérer la chose publique. Toujours, sur les ruines intellectuelles, on voit surgir des Zénon, des Sénèque et des Marc-Aurèle, des Juvénal, des Térence et des Perse, qui prêchent les bonnes mœurs, les foulent aux pieds, ou font rire à leurs dépens. Ces moralistes de circonstance pullulent à notre époque. Les uns, à la suite de Kant, cherchent dans la morale un étai pour les débris de leur métaphysique ; les autres, sous le regard de Spencer, travaillent à doter l'humanité d'une *sociologie*, ou d'une science des mœurs qui doit répondre à nos plus nobles aspirations, sans tenir compte de Dieu, de l'âme et de la vie future. Damiron se place à la tête des premiers, non par la supériorité de son intelligence, mais par les tendances de sa philosophie.

(1) Voir les nombreux ouvrages sur la morale et les moralistes; en particulier : *Les moralistes et les philosophes*, par M. Ad. Franck; *Études morales sur le temps présent*, par M. E. Caro; *Nouvelles études morales*, par le même; *Dict. des sciences philos.*, art. Morale; *Hist. de la philosophie morale et politique*, par M. P. Janet; *la Liberté, le Devoir, la Religion naturelle*, par M. J. Simon; *Système du monde moral*, par M. L. Lambert; *Des principes de la morale*, par M. Wiart; *La méthode morale*, par M. Charaux, etc.

Cousin n'eut pas d'élève plus docile, ni Jouffroy de condisciple plus loyal que Jean Philibert *Damiron* (1). Ce philosophe, d'une valeur assez secondaire, mais d'une honnêteté très vantée, naquit en 1794, au milieu de la tourmente révolutionnaire. Il occupa des chaires en plusieurs collèges de province et de la capitale, à l'École normale et à la Sorbonne. Il mourut en 1862, vingt ans après M. Jouffroy et cinq ans avant M. Cousin. Fidèle aux traditions de son maître, il a beaucoup parlé, beaucoup écrit, il a fait de l'histoire, de la logique, de la psychologie, et même un peu de théodicée; il a loué l'enseignement universitaire et il a recueilli des documents utiles sur les philosophes modernes, excepté sur les scolastiques dont il n'a peut-être pas soupçonné l'existence. Toutefois, s'il passe à la postérité, il ne le devra ni à son talent d'historien, ni à ses qualités de penseur, mais à ses goûts prononcés pour la morale : « Ce qui lui donne un rang à part, quoique un peu secondaire, dans l'école de M. Cousin, dit M. Charles, c'est qu'il en est le *moraliste* et, pour ainsi dire, le prédicateur. En toute chose, c'est la question morale qui l'intéresse; c'est elle qui inspire ses travaux, il ne la perd pas de vue, et entend qu'on le sache bien, dût-il le répéter un peu trop souvent. Cette religion du devoir lui sert de principe de critique dans ses ouvrages historiques (2). »

Or, la morale enseignée par le « prédicateur » de l'école

---

(1) Damiron, *Œuvres*, en particulier : *Cours de philosophie*, comprenant la logique, la psychologie et la morale; *Essai sur l'histoire de la philosophie* au xvii⁰ siècle, au xviii⁰ siècle, au xix⁰ siècle; *Dix ans d'enseignement; de la Providence; Mémoires*, etc. — Cf. Gonzalez, *Hist. de la filosofía*; Ad. Franck, *Moralistes et Philosophes*; Charles, *Dictionnaire des sciences philosophiques*, etc.

(2) *Dict. des sciences philos.*, art. Damiron.

éclectique et codifiée, pour ainsi dire, dans ses *Cours de philosophie,* c'est la morale de Cousin, de Jouffroy et des nombreux auteurs de *Manuels* universitaires à l'usage des collèges (1), c'est la morale rationaliste et indépendante prêchée non par un sectaire passionné, de la trempe d'Amédée Jacques, mais annoncée avec une douceur presque évangélique par un honnête homme, qui professe l'existence de Dieu et l'immortalité de l'âme (2). En voici le résumé :

La morale n'est pas une science « par elle-même et de son chef : » c'est une science « dérivée, » une science « seconde, » ou plutôt un « art ; » elle suppose « un antécédent scientifique, une science première, qui lui donne son principe, sa raison et son point de départ. » Cette base nécessaire est la « psychologie » seule, ou la connaissance de l'homme et de sa nature. « La science des mœurs rend sans doute à la science psychologique le service de la développer en leçon de sagesse et en précepte de conduite ; mais elle lui doit de son côté sa raison d'être et son évidence, ses titres et son *autorité* (3). » Elle a pour but d'analyser le bien « *psychologique,* » c'est-à-dire le bien de l'âme humaine (4).

Ce bien, « considéré dans sa plus haute généralité, » n'est jamais que « le développement légitime » de notre « libre activité, et des facultés qui en dérivent ; par là

(1) Voir, par exemple, le célèbre *Manuel à l'usage des collèges,* par A. Jacques, J. Simon, E. Saisset, 1846, et le *Traité élémentaire à l'usage des classes,* par P. Janet, 2ᵉ édit., 1881.
(2) Damiron, pour fortifier sa morale y joint deux discours sur l'immortalité de l'âme. *Cours de philos.,* 2ᵉ partie, Morale, 2ᵉ édition, 1842. C'est cette édition que nous citons.
(3) *Leçons de philos.,* Morale, p. v et vi.
(4) Suivant Damiron, la morale s'occupe du bien envisagé « psychologiquement. » *Ibid.,* p. lvii.

même il suppose un travail, un effort, et il devient « vertu, » ou « puissance réelle et excellente ; » en tant qu'il est perçu par la « conscience, » il produit « une émotion agréable, » et ainsi, à l'aide du « sentiment, » il est la source certaine « du bonheur ; » en d'autres termes, le bonheur « est la conséquence nécessaire du sentiment du bien (1). »

Deux mobiles nous portent à agir avec une force également irrésistible ; à savoir, « l'obligation et l'attrait : » le premier, « *né de la raison, dont il a l'autorité*, est impérieux et sacré, et s'exprime par ces mots : Il faut, *voilà la loi ;* » le second, « né de la sensibilité, entraînant et facile, se formule en ces termes : *Il me plaît*, je désire. » De là découlent deux morales, l'une du devoir, l'autre de l'amour ; mais elles sont trop exclusives, et la véritable, celle de M. Damiron, tient à la fois du devoir et de l'amour. Elle est forte et de son « autorité et de ses légitimes séductions, elle vaut mieux que le stoïcisme, qui pèche par trop de sévérité ; mieux aussi que l'épicurisme qui pèche par trop de relâchement. L'un se fait respecter sans se faire aimer, l'autre se fait aimer sans se faire respecter. Pour elle, elle inspire en même temps le respect, l'amour ; elle prend l'homme par toute sa nature ; elle est vraiment la morale humaine (2). »

Cette éthique est jugée. Qu'on parle de « prière (3), » de bonnes « œuvres, » « d'infinies extases, » « d'indicibles adorations (4), » il est impossible de donner le change,

---

(1) *Ibidem*, p. 291 et 292.
(2) *Ibidem*, p. 320, 326 et 327.
(3) *Ibidem*, p. 231, 239. Prier, pour Damiron, « n'est autre chose que s'élever, s'adresser à l'ordre en la personne de Dieu et se montrer disposé à y conformer sa vie. » *Ibid.*, p. 237.
(4) *Ibidem*, p. 42, 43, etc.

et jamais on n'effacera des œuvres de Damiron les deux propositions suivantes : la morale n'est pas une science ; la morale tient son autorité de la psychologie. Ce qui veut dire, en termes plus précis : la morale est *relative*; la morale est *indépendante*. Nous répondons, avec saint Thomas : l'éthique est une vraie science; elle suppose la métaphysique, mais elle n'en découle pas comme une simple « conclusion. » Ses lois, ses principes sont éternels, immuables, nécessaires; son objet, ou le bien moral, ne dérive point d'une nature contingente ; la félicité qu'elle poursuit comme fin dernière, ne consiste point dans l'épanouissement de nos facultés, sous l'influence du devoir accompli, ou au souffle d'un amour passager ; elle embrasse une série de connaissances et constitue un ordre particulier que la raison ne fait pas et dont elle est même incapable de saisir toute l'étendue, à l'aide de ses seules forces natives. L'homme, envisagé en lui-même, ne jouit d'aucun droit sur ses semblables, et son intelligence, malgré ses nobles prérogatives, ne peut être la source d'où émanent le bien et le mal, le juste et l'injuste, c'est-à-dire la morale avec « ses titres et son autorité. »

En résumé, le spiritualisme *rationaliste*, le seul dont il s'agit dans ce chapitre, est en morale, comme en logique et en métaphysique, une philosophie légère et superficielle, plus vague et plus mobile que le positivisme. Damiron, marchant sur les traces de Royer-Collard, de Maine de Biran, de Cousin et de Jouffroy, tombe dans une erreur capitale en assignant une place à la sensibilité parmi les puissances supérieures de l'âme humaine, et en abaissant l'intelligence au niveau des facultés, qui sont l'apanage des brutes dépourvues de raison. Tout s'embrouille, tout se confond dans la tête du philosophe universitaire. L'esprit, la liberté, la moralité, le droit, le devoir sont, à ses yeux, des termes communs dont l'application ne se borne ni à Dieu, ni à l'homme ; il n'admet partout « que degrés et que nuances, » suivant la pensée de Leibnitz, de Havet, de Schérer, de Darwin et des transformistes de tous les siècles : « L'esprit dans les animaux, dit-il, ne déroge pas à la loi essentielle aux esprits ; placé au dernier rang du monde intellectuel, il est cependant de ce monde, il en suit le système, il en reproduit dans le peu qu'il fait la marche constante et une. Dans la courte carrière qu'il a à parcourir, il procède de la même manière que l'entendement le plus élevé ; il ne va pas aussi loin, mais il va par les mêmes règles. Et en général, de Dieu à l'homme, de l'homme à l'animal, il n'y a pas deux natures, deux essences de pensée, il n'y en a qu'une qui partout et sous toutes les formes est toujours la pensée ou la faculté de juger. La différence est dans *le degré*..... La brute n'est pas libre *autant* que l'homme, mais elle l'est *comme* l'homme, elle l'est en proportion de tout le reste de ses facultés (1). »

Une telle philosophie a beau s'exhiber sous la forme séduisante d'un beau langage, semblable à un « corps bien habillé et bien embaumé (2), » elle ne peut faire que des dupes, et finalement elle produit au dehors ce qu'elle recèle en elle-même, la confusion et l'erreur.

(1) *Cours de Philosophie*, Psychologie, tome II, 1837, p. 207 et 209.
(2) Taine, *Les philos. classiques*, p. 289.

III.

Décadence de l'éclectisme.

L'école éclectique n'existe plus; mais son esprit et ses tendances, surtout au sein de l'Université, trouvent toujours des représentants qui ne veulent ni descendre plus bas dans les régions du positivisme, ni s'élever plus haut dans les sphères où la raison fait alliance avec la foi. Le vieux rationalisme n'est pas mort, et, sous le nom vague de philosophie spiritualiste, il fait sans cesse de nouveaux adeptes et se transmet de génération en génération. Il s'émiette de jour en jour et se divise en mille fragments comme les épaves d'un navire au milieu du naufrage; cependant, s'il ne vise plus au monopole dans la direction des études, il s'arroge le droit de régenter saint Thomas et ses disciples, quand il n'affecte pas de les traiter avec dédain. Cette antipathie, née du préjugé et de l'ignorance chez plusieurs, de la passion et de la mauvaise foi chez un certain nombre, est commune aux rationalistes absolus qui rejettent ouvertement toute religion positive, et aux spiritualistes modérés qui sont pleins de déférence pour le christianisme, quand ils n'en font pas eux-mêmes profession.

Les uns, à l'exemple de M. Rousselot et de M. Hauréau (1), consacrent de longues veilles à étudier la scolastique dans les manuscrits « poudreux » du moyen âge, et, sans attacher d'importance au réveil dont ils sont témoins, ils proclament sur un ton d'ailleurs assez joyeux que le règne de saint Thomas est à jamais fini.

---

(1) M. Rousselot, *Étude de la philosophie dans le moyen âge;* M. Hauréau, membre de l'Institut, *Histoire de la philosophie scolastique.*

Les autres, empruntant le beau langage de M. Caro et visant peut-être eux-mêmes au titre de restaurateurs, se scandalisent et s'alarment quand ils voient renaître « une école nouvelle et bruyante de théologiens qui font profession de mépris pour la raison laïque (1), » et semblent rêver « la conquête intellectuelle de la France » au profit « d'une théologie violente, » tandis que des sectaires d'une espèce différente travaillent à la même conquête au profit « du matérialisme et du scepticisme (2); » une pensée les console et les rassure : la philosophie spiritualiste, « malgré des apparences contraires, est seule debout en France, au XIX° siècle; » et certes, il ne faut pas s'en étonner, car elle seule est vraiment « conséquente avec elle-même, homogène, liée dans ses parties essentielles, elle seule rallie, avec une multitude d'adhésions silencieuses, une petite armée d'intelligences autour de son drapeau noblement relevé par M. Royer-Collard, et soutenu depuis, non sans gloire, à travers bien des vicissitudes, par des mains habiles et vaillantes (3). » M. Ravaisson, de son côté, prétend que « la scolastique croyait tout expliquer et n'expliquait rien, » avec ses puissances mystérieuses, « *qualités occultes* agissant sans moyens intelligibles, *formes subs-*

---

(1) M. Caro veut parler, sans nul doute, des théologiens traditionalistes, dont l'école n'existe plus.

(2) E. Caro, *Études morales sur le temps présent*, édition de 1875, p. 4 et 5.

(3) *Ibidem*, p. 3. M. Caro ajoute, en parlant de la philosophie spiritualiste : « Elle seule se présente au jugement de l'avenir avec un ensemble de dogmes et de principes très solides, sinon très nouveaux, et consacrés par la double autorité de la conscience qui est l'histoire individuelle, et de l'histoire, qui est la conscience du genre humain. » *Ibid.*, p. 3.

tantielles efficaces et créatrices à elles toutes seules (1). »
M. Janet va plus loin : il félicite Descartes d'avoir exorcisé les « monstres scolastiques, » ou les produits bâtards de l'abstraction : « A la voix de Descartes, dit-il, les vieilles qualités occultes du moyen âge s'enfuirent comme des ombres qui craignent le jour. Les formes substantielles, les accidents réels, les antipathies et les sympathies, je ne sais quels monstres scolastiques qui formaient un monde dans le monde, et dont se repaissait l'imagination alourdie des vieux docteurs en même temps que l'imagination aventureuse des illuminés et des charlatans, de telle sorte qu'une limite précise n'avait pu être fixée entre la physique et la magie, — tous ces agents mystérieux, équivoques, produits bâtards de l'abstraction et du rêve, furent exorcisés, et la science dans sa vraie idée s'empara pour la première fois des esprits (2). » Ce partisan outré des exorcismes ne croit pas plus à l'Évangile qu'à l'enseignement de saint Thomas, et, préférant les lumières de sa raison à l'autorité de la parole divine, il veut soumettre les vérités de la foi à toutes les rigueurs de sa critique, et il aime mieux tomber dans l'erreur que d'abdiquer les droits de la libre pensée (3).

Nous avons multiplié ces citations à dessein, pour montrer ce que valent dans nos adversaires les reproches dont ils ne cessent de nous accabler : plusieurs de nous

---

(1) M. F. Ravaisson, *La philosophie en France au XIXᵉ siècle*, p. 4.
(2) M. P. Janet, *L'idée de force et la philosophie dynamiste*, Revue des Deux-Mondes, mai 1874, p. 89.
(3) Voir *Les problèmes du XIXᵉ siècle*, p. 4. — « Dans l'ordre de la pensée et de la foi, on ne peut être assuré de posséder la vérité qu'à condition de lui avoir fait subir toutes les épreuves de la critique ; une vérité dont on n'a pas douté est une vérité problématique. » — « Nous

sont, à leurs yeux, des théologiens violents, leur foi est intolérante, et ils ont perdu « l'esprit vivant du christianisme en perdant la charité (1). » Le lecteur est édifié sur ce point. Étudions en elle-même la philosophie spiritualiste, et, sans demander à M. Caro, ce qu'il faut entendre par des dogmes et des principes ni très nouveaux ni très anciens, voyons comment le rationalisme moderne envisagé sous toutes ses formes, soit en France, soit chez les nations voisines, est conséquent avec lui-même, homogène, lié dans ses parties essentielles.

I. — Les doctrines spiritualistes en France, à notre époque :
MM. Ravaisson, Janet, Caro.

Les disciples de saint Thomas n'ont point perdu « la charité ; » c'est pourquoi, en abordant cette étude, nous déclarons aux partisans du spiritualisme que notre but est de combattre la fausseté de leur système, et non pas d'attaquer la droiture de leurs intentions, ou de les poursuivre sur un terrain étranger au domaine de la philosophie. Nous voulons tirer de leur exemple une nouvelle preuve en faveur de notre thèse : la supériorité de la philosophie chrétienne.

Les spiritualistes, quels que soient du reste leurs sentiments religieux, partent d'une fausse notion de la liberté, affectent en philosophie une indépendance à peu

---

ne pouvons oublier que si nous avons avec les théologiens des croyances communes, nous avons aussi des principes absolument différents. Comme eux, nous croyons à Dieu et à l'âme ; mais, pour eux, la liberté de penser est un crime ; pour nous, c'est le droit et la vie, et nous aimons mieux l'erreur librement cherchée que la vérité servilement adoptée. »

(1) M. E. Caro, *Études morales sur le temps présent*, p. 4.

près absolue, et se tiennent à l'écart des influences salutaires qui devraient les orienter; aussi les voit-on se diviser à l'infini et enseigner les opinions les plus contradictoires, en leur donnant le titre pompeux de doctrines spiritualistes. Ils imitent ceux qui rangent des marchandises de toute espèce sous une seule étiquette. Il en est même qui réprouvent aujourd'hui leur enseignement de la veille, et mettent leurs croyances philosophiques en opposition avec leur foi religieuse. Plusieurs se taisent depuis longtemps et paraissent se recueillir; d'autres écrivent sans cesse, mais ils sont insaisissables comme leurs théories et mobiles comme leurs pensées; un plus grand nombre sont encore au début de leur carrière, ou ne s'élèvent pas au niveau des penseurs, qui, par l'originalité du talent, méritent de figurer dans la catégorie des philosophes. MM. Ravaisson, Janet et Caro sont les seuls dont nous ayons à nous occuper, soit à cause de leurs écrits, soit à cause des hautes fonctions qu'ils occupent dans l'enseignement supérieur (1).

M. Félix *Ravaisson* (2), né à Namur en 1813, a été nommé inspecteur général de l'enseignement supérieur, en 1853, et membre du conseil de l'instruction publique. L'Académie des Inscriptions et Belles-Lettres l'a choisi

---

(1) MM. *Boutroux, Lachelier, Marion* et *Ollé-Laprune* sont, avec MM. Ravaisson, Janet et Caro, les principaux représentants du spiritualisme et du criticisme, au sein de l'Université. — Cf. M. Boutroux, *De la contingence des lois de la nature;* M. Lachelier, *Le fondement de l'induction;* Marion, *Locke, sa vie et ses œuvres;* Ollé-Laprune, *La philosophie de Malebranche.*

(2) M. F. Ravaisson, *Essai sur la métaphysique d'Aristote; De l'habitude; La philosophie en France au XIXe siècle,* etc. — Cf. M. Amédée de Margerie, *Philosophie contemporaine,* 1870, 231, etc.; G. Vapereau, *Dictionnaire des contemporains;* Ad. Bitard, *Dictionnaire général de biographie contemporaine,* 1878.

pour président en 1877. Son *Essai sur la métaphysique d'Aristote* et son rapport sur *la Philosophie en France au XIX° siècle* lui ont assigné une place à part parmi les philosophes universitaires. Il est, avec le traducteur d'Aristote, M. Barthélemy Saint-Hilaire, le chef du petit groupe de spiritualistes qui tiennent en estime la méthode et les principes du stagirite, et ne partagent pas l'enthousiasme immodéré de Cousin pour l'idéalisme de Platon et des Alexandrins.

Tandis que M. *Barthélemy Saint-Hilaire* (1), dans les préfaces et dans les notes qui enrichissent ses traductions, loue les théories péripatéticiennes sur la sensibilité et la mémoire, le bien et le mal, le temps et l'espace, la puissance et l'acte, la matière et la forme (2), M. Ravaisson aborde avec hardiesse les grandes thèses de la causalité, et, grâce à l'Évangile dont il subit l'influence, non-seulement il reconnaît la nécessité d'une cause première et d'une cause finale, principe et terme de toutes choses, mais il pénètre dans les profondeurs intimes de la nature de Dieu, et il trouve dans l'amour la raison suprême de l'ordre, de l'harmonie, de la beauté qui ré-

---

(1) Barthélemy Saint-Hilaire, né en 1805, chef du cabinet de M. Cousin en 1840, directeur du Collège de France en 1849, secrétaire général de M. Thiers, sénateur inamovible, a traduit la *Politique* d'Aristote, la *Logique*, la *Psychologie*, les *Opuscules*, la *Morale*, le *Poétique*, la *Physique*, la *Météorologie*, le *Traité du ciel*, le *Traité de la production et de la destruction des choses*; il a de plus composé les ouvrages intitulés : *De l'École d'Alexandrie, Les Védas, Du Bouddhisme, Le Bouddha et sa religion, Mahomet et le Coran, Philosophie des deux Ampère,* etc.

(2) « Voilà cette théorie fameuse de la matière et de la forme si souvent reprochée à Aristote et que l'on critiquera sans doute plus d'une fois encore. Pour moi, je la trouve simple et vraie; elle n'a pas même le tort d'être obscure. » *Physique*, p. 28.

gnent au sein de l'univers (1) ; comme Barthélemy Saint-Hilaire, il condamne hautement les procédés *a priori* de l'école éclectique, il voit dans Aristote un précurseur des Harvey, des Grimaud, des Bichat, des Claude Bernard, et s'il admet une différence entre la science grecque et la science moderne, c'est une différence de degrés et non pas de nature (2) ; il partage les préjugés rationalistes de son ancien collègue de l'Université, et il professe, à son exemple, que la philosophie doit jouir d'une indépendance absolue, mais il témoigne plus de respect pour le christianisme qu'il appelle la « pensée constante de nos ancêtres, » pensée « d'amour et de dévouement, » source d'héroïsme pour la chevalerie du moyen âge (3).

M. Ravaisson combat à la fois et le matérialisme et l'idéalisme : « Le matérialisme, dit-il, en s'imaginant arriver par voie de simplification analytique de l'accidentel

---

(1) « La liberté est le dernier mot des choses, et, sous les désordres et les antagonismes qui agitent cette surface où se passent les phénomènes, au fond, dans l'essentielle vérité, tout est grâce, amour et harmonie. » *La philosophie en France au XIXe siècle*, p. 266.

(2) « Entre la science grecque et la science moderne, il y a bien une différence de degrés, mais il n'y a pas une différence de nature. » Barthélemy Saint-Hilaire, *Phys. d'Aristote*, p. 167.

(3) *La philos. en France*, p. 265. — M. Barthélemy Saint-Hilaire, dans la préface de la *Métaphysique*, p. 14, nous donne sa profession de foi rationaliste en ces termes : « La philosophie grecque, dans toute sa durée, n'a jamais eu auprès d'elle une autorité ombrageuse et persécutrice qui prétendit lui imposer violemment des solutions toutes faites dont elle ne devait pas s'écarter. Il n'y a jamais eu dans son sein ces discussions déplorables et parfois homicides où la raison et la foi religieuse ont été aux prises. Dans la Grèce, la pensée a joui d'une liberté absolue, parce qu'elle n'a pas connu de livres sacrés, gardiens du dogme national. » — « De là, noble Grèce, s'écrie M. Hauréau, l'incomparable majesté de toutes les œuvres que tu as transmises. Tu n'avais pas de livres sacrés ! » *Hist. de la philos. scol.*, 2e p., t. I, p. 5.

à l'essentiel, ne fait que tout réduire aux conditions les plus générales et les plus élémentaires de l'existence physique, qui sont le minimun de la réalité. L'idéalisme, ne voulant arriver par la génération, qui élimine comme accidentels les caractères spécifiques et différentiels, à ce qu'il y a de plus élevé dans l'ordre intelligible et à l'idéal de la perfection, ne fait que tout réduire, par une marche contraire à celle qu'il a cru suivre aux conditions logiques les plus élémentaires qui sont le minimum de la perfection et de l'intelligibilité (1). » C'est le langage d'un spiritualiste, qui, dans l'ordre intellectuel, s'affranchit au besoin des influences malsaines; aussi M. Ravaisson se déclare-t-il « étranger à la philosophie éclectique. » Mais comment se tient-il dans un juste milieu entre les systèmes opposés, et quelle solution donne-t-il aux deux problèmes fondamentaux qui divisent les écoles : l'origine des êtres contingents, et l'origine de la connaissance humaine? Sa pensée ordinairement assez claire, malgré la rudesse de l'écorce dont elle s'enveloppe, devient ici d'une obscurité, qui semblerait calculée s'il s'agissait d'un esprit moins élevé et d'un cœur moins loyal.

Nous avons dans la puissance, dans l'intelligence et dans l'amour de Dieu la cause efficiente, ou le premier principe, la cause formelle, c'est-à-dire le prototype, la cause finale, la raison suprême de toutes choses. Faut-il en dire autant de la cause matérielle qui est le fonds même des existences contingentes? ou bien devons-nous admettre la création *ex nihilo*? Voici comment s'exprime M. Ravaisson : « Il semble, dit-il, qu'on ne saurait comprendre l'origine d'une existence inférieure

---

(1) *Hist. de la philos. au XIXᵉ siècle*, p. 243.

à l'existence absolue, sinon comme le résultat d'une détermination volontaire, par laquelle cette haute existence a d'elle-même modéré, amorti, éteint, pour ainsi dire, quelque chose de sa toute-puissante activité. Les stoïciens, dans leur langage tout physique, définissaient la cause première, ou la Divinité, un éther embrasé, au maximum de tension; la matière, ce même éther étendu. Ne pourrait-on dire, d'une façon à peu près semblable, que ce que la cause première concentre d'existence dans son immuable éternité, elle le déroule, pour ainsi dire, détendu et diffus, dans ces conditions élémentaires de la matérialité, qui sont le temps et l'espace; qu'elle pose ainsi, en quelque sorte, la base de l'existence naturelle, base sur laquelle, par ce progrès continu qui est l'ordre de la nature, de degré en degré de règne en règne, tout revient de la dispersion matérielle à l'unité de l'esprit. Dieu a tout fait de rien, du néant, de ce néant relatif qui est le possible; c'est que, ce néant, il en a été d'abord l'auteur, comme il l'était de l'être. De ce qu'il a annulé en quelque sorte et anéanti de la plénitude de son être (*se ipsum exinanivit*) il a tiré, par une sorte de réveil et de résurrection, tout ce qui existe (1). » M. Ravaisson ne veut imiter ni les panthéistes absolus, qui détruisent la personnalité humaine, ni les spiritualistes, qui, à la suite de Janet et de Saisset (2), se retranchent dans le doute, ni les philosophes chrétiens qui admettent la création *ex nihilo*;

---

(1) *Histoire de la philosophie en France au XIXe siècle*, p. 262 et 263.
(2) « Pour nous, dit M. Janet, le panthéisme ne consiste essentiellement ni dans la doctrine de l'unité de substance, ni dans la négation de la création *ex nihilo*, et ce n'est pas sur ces deux points que nous lui ferons la guerre. Il consiste exclusivement dans la confusion et l'absorption des deux personnalités. La création *ex nihilo* est un

il pense que Dieu a tout tiré d'un néant « relatif, » d'une possibilité dont il est « l'auteur, » d'une portion de son être annulée, en quelque sorte, et anéantie. Les partisans du système de l'émanation ou du panthéisme mitigé ne tiennent pas un autre langage.

M. Ravaisson s'exprime en termes encore moins précis, quand, pour échapper à l'idéalisme, il cherc un point d'appui dans la conscience : « En résumé, dit-il, c'est par une opération synthétique qu'à l'aspect d'un fait, nous ne le rapportons pas simplement à un fait qui le précède, nous ne le résolvons pas seulement en un fait plus général et plus simple, ce sont là les deux degrés de la détermination de ce qu'on appelle la cause physique, mais nous les rapportons à une véritable cause, c'est-à-dire à l'action d'une perfection supérieure. Mais à cette opération synthétique, qui est spécialement, par opposition à l'analyse, la méthode philosophique, il y a un principe nécessaire. Ce principe est la méthode proprement dite (si à une opération simple et indivisible on peut donner encore le nom de méthode), de la haute philosophie, de la métaphysique! C'est la conscience immédiate, dans la réflexion sur nous-mêmes et par nous-mêmes sur l'absolu auquel nous participons, de la cause ou raison dernière (1). » Autrement dit, les notions d'infini, d'absolu, ne sont point des concepts purement subjectifs au sens des idéalistes; car la synthèse, d'où ces notions procèdent, émane elle-même d'une opération

mystère incompréhensible que nous ne voulons ni affirmer ni nier; elle est en dehors de la science. » — « L'action de la cause première nous est et nous sera toujours incompréhensible. » *Revue des Deux-Mondes*, 15 mai 1868, et 1er mai 1874. — E. Saisset, *Méditations*.

(1) *Hist. de la philos. en France au XIXe siècle*, p. 245 et 246.

primordiale, simple et indivisible qui nous met en rapport avec Dieu, la plus parfaite de toutes les réalités. Cette opération, appelée conscience, est le fruit spontané de la puissance d'aimer ou d'agir, qui est le fond même de notre nature ; par elle, nous saisissons l'absolu, non pas dans l'harmonie de l'univers, mais dans les merveilleuses beautés et dans les nobles inclinations de notre âme. On se trompe quand on appelle l'auteur de cette théorie « le dernier des péripatéticiens. » D'après Aristote, les notions absolues sont des produits de l'abstraction, et non pas de la synthèse ; le premier regard de l'intellect n'est pas une réflexion, mais une intuition ; l'objet de cette intuition n'est ni l'âme elle-même, ni l'Être absolu auquel nous participons ; il est l'essence des êtres matériels. La « conscience immédiate » de la cause dernière, dont parle M. Ravaisson, ressemble plutôt à la vision implicite, confuse et mystérieuse que Gioberti et les ontologistes admettent à la base de leur système. Si telle n'est point la doctrine du philosophe universitaire, avouons que son langage n'est pas en harmonie avec sa pensée. On objectera peut-être que cette conscience saisit l'absolu en nous-mêmes, en tant que nous sommes des participations, des « images » de la souveraine Perfection, suivant les paroles de saint Thomas d'Aquin. Soit ; mais il n'en est pas moins vrai que la conscience n'est ni le principe de la méthode, ni le premier critérium de certitude. Il y a la vue directe avant la réflexion, comme il y a l'abstraction avant la synthèse. M. Ravaisson est psychologue, et il déplace le milieu de la science humaine. Ce milieu est le monde des corps, et non pas le monde des esprits. L'expérience le démontre, ce que l'intellect perçoit avant tout, c'est l'essence des choses matérielles, « *quidditas rerum materialium* (1). »

En somme, l'auteur de l'essai sur la *Métaphysique d'Aristote* et du rapport sur la *Philosophie en France au XIXe siècle* n'est pas seulement un historien qui analyse un ouvrage avec une grande sagacité, et s'assimile la pensée d'autrui avec une promptitude remarquable ; il est, de plus, un des rares métaphysiciens de notre époque, et sa belle intelligence paraît à l'aise dans les hautes spéculations. Mais il ne sait pas s'affranchir des préjugés rationalistes, et il n'a pas une connaissance assez approfondie de la métaphysique de saint Thomas. C'est en particulier pour ces deux raisons qu'il hésite dans sa marche et côtoie les abîmes, qu'il parle de la scolastique en termes peu nobles et se tient dans un isolement pénible, n'ayant ni assez de génie pour se frayer une voie nouvelle à travers les systèmes, ni assez de confiance pour se mettre à l'école des grands docteurs du moyen âge.

M. Paul Janet fait moins d'honneur au corps universitaire à titre de métaphysicien ; mais il lui rend d'autres services. Il vulgarise ce qu'on appelle en France la philosophie du baccalauréat, et, dans ce but, il publie une foule de traités d'une lecture facile, ou il écrit des manuels à l'usage des classes. Il se sent, du reste, beaucoup d'expérience et d'aptitude pour ce genre de composition (2). Il est, en effet, un des vétérans de l'enseignement public. Né à Paris en 1823, il entrait à l'École normale à l'âge de 18 ans, et, quatre ans après, il professait la philosophie au collège de Bourges ; en 1848, il était envoyé à la Faculté de Strasbourg, et, neuf ans plus

---

(1) « Intellectus humani, qui est conjunctus corpori, proprium objectum est quidditas, sive natura in materia corporali existens. » S. Thomas, *Sum. theol.*, p. I, q. 84, a. 7.

(2) *Traité élémentaire de philosophie à l'usage des classes*, 1881, p. 5.

tard, il occupait la chaire de Logique au lycée Louis-le-Grand ; en 1864, il entrait à la Sorbonne pour y enseigner l'histoire de la philosophie, et l'Académie des sciences morales et politiques lui ouvrait ses portes (1).

Il est inutile de suivre la pensée de M. Janet à travers toutes ses variations ; il n'y a là rien de neuf, rien d'original. Les travaux historiques du professeur de Sorbonne offrent plus d'intérêt ; on y trouve, à défaut d'impartialité et de vigueur dans la critique, des documents précieux et des détails instructifs sur le mouvement de l'esprit humain dans l'antiquité et dans les temps modernes ; la morale et la politique y tiennent une large part (2), cependant la dialectique de Platon et de Hegel, le médiateur plastique de Cudworth, le matérialisme de Büchner et de Viardot y ont aussi leur place (3). Mais là encore nous ne distinguons rien de remarquable. Si les œuvres de M. Janet nous présentent un objet d'étude vraiment curieux, c'est à un autre point de vue : elles résument, avec le dernier ouvrage de M. Vacherot (4), l'état du spiritualisme en France à l'époque où nous sommes arrivés : « Après trente-cinq années d'enseignement, dit l'auteur

---

(1) M. P. Janet, *La famille, Leçons de philosophie morale; Histoire de la philosophie morale et politique; Études sur la dialectique dans Platon et dans Hegel; Essai sur le médiateur plastique; la Philosophie du bonheur; Le matérialisme contemporain; La crise philosophique; Le cerveau et la pensée; Éléments de morale; Les problèmes du XIXe siècle; La morale; Petits éléments de morale; Traité élémentaire de philosophie à l'usage des classes; Les causes finales*, etc. Un *Traité général de philosophie* doit couronner l'édifice et nous donner la pensée définitive de M. Janet.

(2) Outre les ouvrages déjà cités, voir *La philosophie sociale en Angleterre*, 1871, *Revue des Deux-Mondes*.

(3) Voir, en particulier, *Le matérialisme contemporain*, édit. 1875.

(4) *Le nouveau spiritualisme*, par M. E. Vacherot.

du *Traité élémentaire*, nous avons cru faire une œuvre utile aux jeunes gens » en réunissant dans un tout substantiel « ce que nous tenons pour les résultats les plus clairs et les plus assurés de la science philosophique (1). »

Or, le résultat le plus clair et le plus assuré pour l'histoire, c'est que le spiritualisme rationaliste se sent vaincu et bat en retraite. Pendant que les uns, selon l'aveu de M. Vacherot, se perdent dans les théories de l'immanence et du déterminisme (2), à la suite de Lotze et de Fouillée (3), les autres s'avancent prudemment dans la voie des concessions ; après avoir attaqué de front les positivistes modernes et raillé les scolastiques du moyen âge, ils se rapprochent des uns et des autres, et substituant à l'éclectisme idéaliste un syncrétisme assez hybride, ils essaient de concilier des méthodes et des systèmes qui se heurtent et se repoussent. Suivons M. Janet dans cette singulière évolution.

Il commence par une déclaration ; et il faut lui en savoir gré. Depuis « une vingtaine d'années, » dit-il, la philosophie a changé d'aspect ; « des faits nouveaux, des problèmes nouveaux, de nouveaux besoins d'observation et de critique se sont produits ; le moment est venu de faire une part à la nouveauté (4). » Or, cette part, il la fait d'abord en faveur des positivistes, et son

---

(1) M. P. Janet, *Traité élémentaire de philosophie à l'usage des classes*, 2ᵉ édition, 1881, préface.

(2) *Nouveau spiritualisme*, 2ᵉ partie, VII, L'immanence divine, et conclusion, I, *L'évolution fatale*, etc.

(3) M. A. Fouillée, *La liberté et le déterminisme*.

(4) *Traité élémentaire de philosophie*, p. v. Nous citons l'édition de 1881. — Cette évolution vers le positivisme se fait sentir dans les ouvrages de MM. Vacherot, Renan, Schérer, Renouvier, Liard, Fouillée, Boutroux, Lachelier, etc., etc. Voir plus haut, p. 87.

Traité élémentaire est, dans une certaine mesure, la justification de leur méthode. A chaque page, l'étude des faits remplace les brillantes théories de M. Cousin; on croit presque lire un ouvrage de Bain, de Taine, de Luys et de Spencer sur la physiologie ou la sociologie; la description du corps humain, de la charpente osseuse, des muscles, des nerfs, spécialement de l'encéphale (1), l'énumération et la classification des phénomènes de la vie, depuis son dernier degré jusqu'à son parfait épanouissement, les notions d'économie sociale et domestique, de médecine et de gymnastique, les conseils sur la production, la circulation et la consommation de la richesse, les leçons de musique, de poésie et de « danse » absorbent une place si considérable dans ce gros manuel de neuf cents pages (2), qu'on se prend à douter parfois si l'auteur se préoccupe des grands problèmes de la philosophie. Rassurons-nous, la métaphysique n'est pas oubliée. Elle ne peut l'être, puisque M. Janet se dit toujours spiritualiste et ne veut « rien sacrifier » de la tradition à laquelle il se fait gloire d'appartenir; mais voilà que cette métaphysique se trouve reléguée à la fin, comme un appendice, et forme à peine quatre-vingt-dix pages, dont vingt seulement concernent la théodicée (3). Il est facile au professeur de s'attarder sur les questions de physiologie, d'esthétique, d'économie, et de trouver mille prétextes pour omettre l'appendice. C'est un secret que personne n'ignore.

M. Janet se rapproche des positivistes, non-seulement pour la méthode, mais aussi pour le fond de la doctrine.

---

(1) Voir de la page 14 à la page 27.
(2) Cf. p. 1-776; surtout, p. 33-90, 115-131, 690-712, 736-753, 763-775, etc.
(3) Cf. p. v, 777-804, *Métaphysique et Théodicée*.

Dans les hautes questions de la métaphysique, il incline de plus en plus vers un scepticisme, qui, sous les apparences de la modération et de la réserve, cache un venin subtil et dangereux. Tantôt, après avoir exposé les divers systèmes des philosophes, il refuse, faute d'espace, de déclarer son sentiment (1); tantôt il se heurte contre les difficultés et s'esquive en disant : « C'est incompréhensible (2). » Souvent il donne des définitions équivoques, et il semble déguiser à dessein sa manière de penser (3). Toutefois, pour être juste, il faut lui laisser son titre de spiritualiste rationaliste; il y tient, et il le mérite.

L'évolution de M. Janet vers la scolastique n'est pas moins curieuse, et, disons-le, elle est pour nous plus consolante. Non content de citer saint Augustin, saint Thomas, Bossuet avec respect, l'auteur du *Traité élémentaire* adopte deux des points fondamentaux de la philosophie chrétienne : la distinction des facultés de la vie *animale* et de la vie *rationnelle* (4), et l'union *substantielle* de l'âme et du corps. Selon son habitude, il voit là bien des mystères et ne parle pas le langage d'un homme convaincu; il s'obstine toujours à diviser les puissances supérieures en trois classes, l'entendement, le sentiment et la volonté; de plus, dans la grande controverse des organicistes, des vitalistes et des animistes,

(1) *Psychologie*, p. 841, etc.
(2) *Théodicée*, p. 860, 861, etc.
(3) Voir surtout, en Théodicée, la notion de la personnalité divine, p. 858-860.
(4) Cette division, dit-il, « est la plus conforme à la tradition, elle est aussi celle qui s'accorde le mieux avec les progrès les plus récents de la psychologie, et qui permet le plus aisément d'en profiter. » *Psychol.*, p. 31.

il évite de se prononcer pour l'unité du principe vital (1). Ses aveux, ses hésitations n'attestent pas moins le progrès de la scolastique et la décadence du spiritualisme. Citons, en terminant, la page où il explique la doctrine d'Aristote et de Bossuet sur la nature du composé humain : « Si l'âme humaine, dit-il, n'est pas un esprit pur, si elle n'est pas dans le corps *comme le pilote dans son navire* (2), elle n'est donc pas seulement, comme le dit Descartes, *une chose qui pense*, ou, comme Bonald, *une intelligence servie par des organes*; elle est quelque chose de plus ; elle doit être rattachée au corps par quelque endroit : elle est, selon l'expression d'Aristote, *la forme du corps* (3). Elle est, dit-il encore, *quelque chose du corps...* L'union des deux substances n'est pas *accidentelle, extrinsèque*. Elle est, comme disait la scolastique, *substantielle*. C'est ce que Leibnitz exprimait en disant qu'il y a entre l'âme et le corps un lien substantiel, *vinculum substantiale*. Il n'entendait pas par là une substance intermédiaire entre l'âme et le corps, unissant les deux autres, mais une pénétration intime et réciproque de l'une dans l'autre (4). »

M. Émile *Caro* ne subit pas seulement l'influence du christianisme, il est chrétien; de plus, son admiration pour Claude Bernard ne l'empêche pas de professer hautement les doctrines spiritualistes. Mais, malgré ses promesses, il n'a point exposé son système de philosophie, et ce n'est pas en qualité de métaphysicien ou de vulga-

---

(1) Cf., p. 841. Pour l'organicisme, le vitalisme et l'animisme, M. Janet se contente de renvoyer à Ravaisson, à Bouillier, à Claude Bernard, à Chauffard.
(2) Aristote, *Traité de l'âme*, II, 1.
(3) Aristote, *Traité de l'âme*, II, 1.
(4) *Psychologie*, p. 830.

risateur qu'il nous intéresse; c'est à titre de moraliste et de critique (1). Sans être un Vauvenargues ou un La Bruyère, il excelle dans l'art de peindre une époque, d'analyser un système, de flageller un vice, de démasquer une erreur.

Il naquit à Poitiers en 1826; il termina ses études, à Paris, au collège Stanislas, et fut admis à l'École normale en 1845; après avoir enseigné avec distinction à Angers, à Rennes, à Rouen et à Douai, il revint à Paris en 1857. Depuis cette époque, il a rempli dans la capitale les hautes fonctions de maître de conférences, d'inspecteur général et de professeur à la Faculté des lettres. L'élégance de sa parole et la délicatesse de ses formes ont toujours attiré à ses leçons un auditoire brillant et sympathique. En 1856, M. Fortoul le choisit comme l'interprète le plus autorisé et le plus orthodoxe, pour exposer à Anvers, devant la société littéraire de cette ville, les doctrines philosophiques et religieuses de l'Université. L'Académie française, de son côté, a tenu à honneur de le compter parmi ses membres.

M. Caro n'est pas un philosophe chrétien, dans le sens rigoureux attaché à ce mot; il appartient du moins par ses tendances, sinon par le fond de ses idées, à cette classe de rationalistes mitigés ou *libéraux*, qui assignent à la révélation et à la science deux domaines non-seulement distincts, mais entièrement séparés, où la foi et

---

(1) Les principaux ouvrages de M. Caro sont intitulés : *Saint Dominique et les dominicains*; *Vie de Pie IX*, sous le pseudonyme de Saint-Hermel; *Essai sur le mysticisme*; *Problèmes de morale sociale*; *Études morales sur le temps présent*; *Nouvelles études morales*; *L'idée de Dieu et ses nouveaux critiques*; *Le matérialisme et la science*; *La philosophie de Gœthe*; *Les jours d'épreuve*; *Le pessimisme au XIXe siècle*; *La fin du XVIIIe siècle*; *M. Littré et le positivisme*; etc.

la raison se meuvent isolément, sans tenir compte d'harmonie mutuelle, d'intérêts communs, de droits ou de devoirs réciproques (1). Son critérium est trop étroit. Aussi tous ses ouvrages portent-ils l'empreinte d'un esprit plus habile à guerroyer dans le champ d'autrui qu'à se défendre sur son propre terrain, plus soucieux de confondre l'erreur que de formuler un *credo*. Il manie l'arme de la critique avec une rare dextérité. C'est là son vrai mérite. Il s'est fait également la réputation d'un casuiste très judicieux et d'un directeur fort recherché (2).

Il est un homme de son temps; c'est pourquoi son attention se porte de préférence sur la nouvelle école, qui, au nom de la *science*, déclare la guerre à la philosophie, comme le spiritualisme, au nom de la raison, déclare la guerre à la théologie. Ses adversaires sont habiles, et ils savent employer au besoin l'audace ou la ruse; ils accumulent les objections contre la métaphysique, et ils invoquent tour à tour à l'appui de leur système, les progrès de l'esprit « positif, » les lumières de la nouvelle « critique » hégélienne et les résultats de la méthode « historique. » Tous leurs sophismes se résument dans ce double enthymème : L'objet de la métaphysique échappe à nos investigations; donc la philosophie n'est pas une science distincte (3). L'esprit humain crée l'objet de la métaphysique; donc la philosophie ne peut être que la pensée des autres sciences (4). M. Caro,

(1) On peut consulter outre les ouvrages déjà cités, les nombreux articles de M. Caro, dans la *Revue des Deux-Mondes*, dans la *France*, dans la *Revue de l'Instruction publique*, etc., etc.

(2) Voir dans les *Nouvelles études morales sur le temps présent*, le chapitre intitulé : La direction des âmes au XVIIe siècle.

(3) D'après les positivistes, la philosophie a pour objet les conceptions les plus abstraites de toutes les sciences.

(4) « La philosophie est moins une science qu'un côté de toutes les

avec sa grande sagacité et son tact parfait, sait démêler ces sophismes, les examiner dans tous les sens, en peser la valeur et en montrer les conséquences.

Chose remarquable! Il emploie souvent contre le positivisme les arguments dont se servent les théologiens pour confondre le rationalisme. La raison, disent les théologiens, est incapable de répondre à toutes les exigences de notre nature; la science, dit M. Caro, ne peut satisfaire toutes les aspirations du cœur humain. Voici en quels termes il expose les prétentions de la nouvelle école : « Si l'ancien positivisme est mort en tant que système, nous avons reconnu qu'il est plus puissant que jamais comme tendance. Il a légué aux nouvelles générations le problème dans lequel est venu se résoudre tout l'effort de cette laborieuse école et que nous avons eu déjà l'occasion d'indiquer : la science positive est-elle en mesure d'être l'institutrice unique de l'humanité, l'arbitre de ses pensées et de ses mœurs? Pourra-t-elle donner à l'homme tout ce qu'il est en droit d'espérer pour la vie de l'imagination et du cœur, que l'on ne veut apparemment pas proscrire, pour les ambitions de la pensée, et les aspirations vers la justice, aussi facilement qu'elle le fait pour la conquête graduelle des forces de la nature, pour l'extension du pouvoir humain sur la matière, pour l'ornement et l'amélioration du séjour de l'homme et les satisfactions presque illimitées de son bien-être? Suffit-elle à tout? Répond-elle à toutes les conceptions du bonheur que l'homme peut se faire, à toutes les conditions de sa destinée? La *foi scientifique* que Littré oppose, sous ce nom expressif et dans un sens très limité, aux

sciences. Elle est l'assaisonnement sans lequel les mets sont insipides, mais qui à lui seul ne constitue pas un aliment. » Renan, *Dialogues et fragments*, p. 287.

croyances philosophiques et religieuses, est-elle de nature à les remplacer dans tous leurs emplois et leurs applications légitimes, après qu'elle les aura détruits (1)? »
A la suite de cet exposé, M. Caro démontre l'impuissance du positivisme et par l'exemple de M. Littré, et par des arguments empruntés à l'histoire, à l'expérience et à la raison.

Quand il veut réfuter, dans la personne de M. Vacherot ou de M. Renan, les étranges théories de l'idéalisme ou de la fausse critique, il cherche, à travers les nuances les plus variées et les plus insaisissables, la pensée de son adversaire, il la met en relief et par-là même il en montre l'absurdité : « Allons, dit-il, au fond de la théorie. Y a-t-il tant de distance de la négation pure et simple de Dieu à cette liberté laissée à chaque homme de se faire un Dieu à sa taille et comme au niveau de son esprit? Voyez se produire les plus étranges conséquences, et d'abord comme il va naître de là une théodicée aristocratique! Il y aura là le Dieu des grandes races et celui des races inférieures, résultat physiologique des aptitudes que chacune de ces races apporte dans son tempérament. Il y aura le Dieu des grands esprits et celui des esprits inférieurs, le Dieu des *parties simples* et celui des *parties cultivées* de l'humanité. Il y aura le Dieu des petites gens, Dieu bourgeois; il y aura le Dieu des bonnes gens, Dieu voltairien. Il y aura le Dieu de la haute culture intellectuelle qui élirait domicile sous la coupole de l'Institut, s'il était plus assuré d'exister. L'humanité, dit quelque part M. Renan, n'est pas un corps simple et ne peut être traitée comme tel. L'homme doué des dix ou douze facultés que distingue la psy-

---

(1) *M. Littré et le positivisme*, 1883, p. 201-202.

chologie est une fiction; dans la réalité on est plus ou moins homme. On a de Dieu ce dont on est capable et ce qu'on mérite (1). M. Renan, en théologie, est grand partisan des coutumes de l'ancien régime. Sur la part de tous, il prélève des majorats au profit de quelques élus (2). » Cette manière d'exécuter un rival n'est pas la plus profonde; mais, avec les partisans de la nouvelle critique, elle est la plus habile. Il faut savoir gré à M. Caro de mesurer, mieux que personne, la taille des écrivains dont il analyse les ouvrages, et de proportionner ses moyens de défense avec la nature de l'attaque.

En somme, l'école éclectique n'existe plus depuis longtemps, et le vieux rationalisme de Victor Cousin ne peut être appelé un système « homogène; » cependant, malgré sa décadence, il compte toujours parmi ses représentants des personnalités d'une valeur réelle, et si un jour, après avoir revêtu un caractère plus scientifique et s'être dépouillé de ses anciens préjugés, il fait alliance avec la philosophie chrétienne, il fournira un large contingent dans l'œuvre de restauration que l'Église poursuit avec un zèle infatigable.

II. — **Les doctrines spiritualistes et rationalistes en dehors de la France, à notre époque: Allemagne, Suisse, Italie, Hollande, Angleterre, Portugal, Espagne.**

Si le cadre de ce modeste travail le comportait, nous suivrions les traces du spiritualisme dans les *sciences* expérimentales, et nous verrions comment Le Joyaud, Alix, Jean-Baptiste *Dumas* et tant d'autres se sont élevés au-dessus du matérialisme dans la conception de l'uni-

(1) *Avenir de la métaphysique.*
(2) *L'Idée de Dieu*, 5ᵉ édition, 1873, p. 71.

PREMIÈRE PARTIE. CH. II. L'ÉCLECTISME. 163

vers (1); il serait aussi très intéressant de constater, avec E. *Saisset* et Charles *Lévêque*, dans quelle mesure les théories idéalistes du *beau* et du sublime ont contribué à ralentir le progrès du sensualisme dans la littérature et dans les arts (2). Mais il faut nous renfermer dans le domaine de la philosophie. Nous ajouterons seulement quelques détails sur le spiritualisme rationaliste en dehors de la France. Il trouve ici sa place; car il se rattache à la fois au criticisme et à l'éclectisme.

L'idéalisme de Kant, dont nous avons étudié la marche dans le chapitre précédent, est ordinairement plus radical dans ses négations, plus audacieux dans ses attaques, plus téméraire dans ses affirmations que notre école universitaire; d'un autre côté, les philosophes allemands traitent M. Cousin en disciple et le prennent sous leur protection (3). Tenneman, après avoir consacré la moitié d'un volume à ses compatriotes, expédie l'école française en ces deux méchantes phrases : « Victor Cousin, éditeur de Descartes, de Proclus, traducteur de Platon, disciple de Royer-Collard, et familier avec les

---

(1) Le Joyaud, *Principes naturels ou notions générales et particulières des forces vivantes et primordiales.* — Alix, *Nouveau système de l'univers.* — J.-B. Dumas, *Leçons sur la philos. chimique*, etc. — L. Grandeau, *La science moderne et le spiritualisme.* — M. Magy, *La science et la nature.*

(2) E. Saisset, *L'esthétique française.* — Ch. Levêque, *L'art moderne et le spiritualisme; Revue des Deux-Mondes; La science du beau*, etc. — Pour la littérature et l'histoire, Cf. Désiré Nisard, Augustin Thierry, Michelet, Thiers, Henri Martin, etc.

(3) Cf. Schelling, *Jugement sur la philosophie de M. Cousin;* Tenneman, *Manuel*, t. II, p. 360. M. Cousin, plus indulgent que Tenneman, a traduit le *Manuel* où il est traité avec la plus grande désinvolture. *Manuel de l'histoire de la philosophie*, traduit de l'allemand de Tenneman, par V. Cousin. Nous citons la 2e édition, de 1839. A l'index, *Quocumque idiomate*, 1845.

recherches les plus récentes de la philosophie *allemande*, a fondé une nouvelle école, en prenant pour principe fondamental l'interrogation méditative de la conscience ; il est à la tête des hommes distingués qui ont le plus contribué à répandre un nouveau spiritualisme vivement combattu par l'ancien empirisme. A cette école appartiennent Maine de Biran, Royer-Collard, Bérard, Virey, Jouffroy, Kératry, bar. Massias, J. H. Droz, et même le suisse Bonstetten (1). » Quoi qu'il en soit, on retrouve l'ancien esprit et les nouvelles tendances du spiritualisme français dans la fraction de l'école allemande qui s'attache, depuis un certain nombre d'années, à la réfutation du matérialisme : d'une part, l'activité spontanée et l'amour infini que Maine de Biran pose à la base et au sommet de la philosophie, remplacent le mécanisme logique de Hegel et les forces aveugles de Büchner ; d'autre part, les procédés de l'induction que M. Janet s'efforce de mettre en honneur, sont le plus souvent substitués aux hypothèses gratuites et à la marche *à priori*. A la tête de ce mouvement figurent *Lazarus* (2), *Drobisch* et *Lotze* (3). Ce dernier, dans ses traités de logique, de métaphysique et d'esthétique, de psychologie, de physiologie et de médecine, poursuit toujours le même but : saisir un lien entre le panthéisme idéaliste et le matérialisme absolu, qui sont comme les deux pôles de la philo-

(1) *Manuel*, traduction de V. Cousin, p. 360-361.

(2) « M. Lazarus paraît tenir le milieu entre l'école idéaliste et les sectateurs de l'empirisme. » Reinach, *Revue philosophique*, 1878, p. 604.

(3) Lotze, né à Bautzen en 1817, professeur à Gœttingue, a composé de nombreux ouvrages, dont voici les principaux titres : *Logique; Métaphysique; Sur l'idée du beau; Conditions du beau dans l'art; Psychologie médicale; Physiologie générale de la vie corporelle; Pathologie et thérapeutique générales considérées comme des sciences naturelles et mécaniques.*

sophie allemande. Dans l'ordre expérimental, il reconnaît, avec Büchner, la liaison naturelle et mécanique des phénomènes sensibles; mais, non content d'admettre un ordre supérieur, il place au sommet de la métaphysique une activité infinie, un amour sans limite, où toute existence vient se résoudre et s'absorber. Il s'efforce de donner à sa méthode une allure scientifique; cependant il aboutit à des conclusions idéalistes qui contredisent et l'expérience et la raison.

Le suisse Bonstetten, au contraire, semble plus favorable aux doctrines positives (1). A l'entendre parler, il n'est ni « matérialiste, » ni « kantiste, » ni « écossais, » ni « condillacien; » ses essais, pense-t-il, sont des recueils d'observations psychologiques « assez neuves. » Cette nouveauté ne nous frappe point, et, à notre avis, Bonstetten est un éclectique d'une nuance tempérée. Il tient à la fois de Leibnitz qu'il connaît peu, de Bonnet qu'il admire beaucoup, et de Stewart, dont il rappelle assez « la manière et l'esprit. » Il ne veut être le disciple de personne; néanmoins, il est de même « crû » et de même nature que les Royer-Collard (2). Un autre suisse, Ernest *Naville*, s'attache de préférence à Maine de Biran (3). M. *Secrétan*, de Lausanne, est un des défenseurs les plus acharnés de la morale indépendante et de la libre-pensée (4).

(1) Charles-Victor de Bonstetten, membre du conseil souverain de Berne, bailli de Sarnen, naquit en 1745 et mourut en 1832. Cf. *Recherches sur la nature et les lois de l'imagination; Études de l'homme; Pensées sur divers objets de bien public*, etc. — Michaud, *Biographie universelle*.

(2) Damiron, *Essai sur l'histoire de la philosophie en France*.

(3) E. Naville, *La vie éternelle; Le Père céleste; Maine de Biran; La philosophie italienne*, etc.

(4) M. Secrétan, *Philosophie de la liberté; Discours laïques*, 1877,

En Italie, sur ce sol poétique, où le matérialisme n'a jamais poussé de profondes racines, les théories spiritualistes se sont développées sous toutes leurs formes. Elles doivent à l'influence du catholicisme et à la trempe du génie national d'être, dans l'ensemble, moins absolues et moins irréligieuses que le panthéisme allemand. Elles ont, en général, plus de ressemblance avec le spiritualisme français; elles en reproduisent toutes les nuances, sans en avoir la portée au double point de vue historique et scientifique (1). Ce sont des ébauches imparfaites, des essais isolés qui attestent un mouvement intellectuel privé d'une direction supérieure, une perturbation universelle semblable à la révolution politique. A part Rosmini et Gioberti, dont nous ferons connaître les vastes projets de restauration (2), l'Italie ne possède, en dehors des écoles où la philosophie de saint Thomas est enseignée, aucun écrivain assez original, aucun maître assez influent pour grouper autour de lui de nombreux disciples et ambitionner le triomphe d'Emmanuel Kant et de Victor Cousin; on y trouve, en revanche, des talents de second ordre si habiles à s'emparer d'une idée, à utiliser une découverte, qu'on serait tenté parfois de leur en attribuer le bénéfice. Quand M. Ferri, leur apologiste, les regarde comme les penseurs les plus éminents de la Péninsule, il cède à son enthousiasme pour les Mamiani et à ses pré-

etc. — « M. Ch. Secrétan procède de Kant. Il accepte les enseignements de la *Critique de la raison pure*. La détermination de l'absolu n'est pas affaire de science. » *Revue philos.*, 1878, p. 642.

(1) Cf. L. Ferri, *Essai sur l'histoire de la philosophie en Italie au XIXe siècle*; R. Mariano, *La philosophie contemporaine en Italie*; A. Véra, *Essais de philosophie hégélienne*; B. Poli, *Suppléments au Manuel de l'histoire de la philosophie*, par Tenneman; Ferrari; Conti; Spaventa; Martini; Berlinaria; Galli; etc.

(2) Voir la dernière partie, ch. I, *Essais divers*.

jugés contre les thomistes (1). L'*Essai* historique de cet écolier de Paris, devenu professeur à l'Institut de Florence, sera poursuivi un jour, espérons-le, avec plus de compétence et moins de partialité; bornons-nous, en ce moment, à quelques aperçus généraux.

Galuppi, dont la longue carrière s'étend de 1770 à 1846, combat à Parme, à Pavie, à Milan, à Naples, le sensualisme de *Genovesi*, de *Gioia*, de *Romagnosi*, et il professe avec Royer-Collard, Vincent *Tedeschi*, Antoine *Cattara-Lettieri*, Agatino *Longo*, Vincent di *Grazia* et Alphonse *Testa*, un système d'une nuance mitigée, qui tient à la fois de Charles Bonnet et d'Emmanuel Kant, de Thomas Reid et de Victor Cousin. Il cherche à unir, dans sa méthode, l'observation des faits psychologiques, l'étude de l'histoire et la critique de la connaissance humaine, il étend le domaine de l'expérience, en attribuant au sens intime la puissance de percevoir directement la substance de notre âme; de plus, il admet un élément *à priori* dans la formation de nos concepts, et il place l'absolu à la base de toute réalité; enfin il se déclare partisan de la morale du devoir (2). Il semble affecter, comme plusieurs Italiens, de puiser ses inspirations en Allemagne; mais, en réalité, ses procédés in-

---

(1) *Essai sur l'histoire de la philosophie en Italie au XIX° siècle*, par Louis Ferri, ancien élève de l'École normale supérieure de Paris, 1869 : « Seuls, les thomistes de Rome, enveloppés dans le linceul de la scolastique, demeurent immobiles dans le mouvement général. Défenseurs obstinés de la théocratie et de l'ancien régime, ils poursuivent leur guerre implacable, mais désormais impuissante, à la liberté et au progrès. » Tom. I, p. VIII, et tom. II, p. 291. Ce langage étrange nous donne la mesure de l'auteur. M. Mariano ne parle pas autrement. *La philos. contemp.*, p. 155.

(2) Principaux ouvrages philosophiques de Galuppi : *Essai philos. sur la critique de la connaissance; De l'analyse et de la synthèse; Lettres*

tellectuels sont ceux de l'école française. Il est éclectique. Il faut en dire autant de Balthazar *Poli*, de Salvator *Mancino* et de Joseph *Bianchetti* (1). Ils préfèrent tous au dogmatisme et à la spéculation l'étude des systèmes et les recherches historiques.

Galuppi assigne à la philosophie un double fondement : la perception directe des objets matériels et l'intuition immédiate de la substance de l'âme ; d'autres se plaçant à un point de vue plus élevé, font dériver nos connaissances ou de l'analyse réflexe de l'idée d'être, ou de la vision *à priori* de l'acte créateur. Ils sont *idéalistes* avec Rosmini, ou *ontologistes* avec Gioberti ; mais, dépassant leurs guides dans la voie de l'erreur et s'affranchissant de toute autorité, ils personnifient, dans l'ordre intellectuel et social, le génie de la révolution italienne. A leur tête figurent Michel *Baldacchini*, Simon *Corleo*, Antoine *Maugeri*, Auguste *Conti*, Balthazar *Labanca*, François *Puccinotti*, Sylvestre *Centofanti* et l'ancien ministre de Pie IX devenu ministre de Cavour, Terenzio *Mamiani* (2). Ce dernier est, d'après M. Ferri, un « esprit laïque émancipé et reprenant le drapeau de l'idéalisme des mains de deux illustres représentants du clergé

---

philosophiques; Hist. de la philosophie; Éléments de philosophie; Introduction à l'étude de la philosophie ; Leçons de logique et de métaphysique ; Introduction aux leçons de logique et de métaphysique ; Philos. de la volonté; Considérations sur l'idéalisme, etc.

(1) Cf. Poli, *Premiers éléments de philosophie;* Mancino, *Éléments de philosophie;* Bianchetti, *Opuscules philosophiques.*

(2) Cf. M. Pougeois, *Pie IX, sa vie, son histoire, son siècle;* L. Ferri, *Essai sur l'hist. de la philos. en Italie*, t. II. — Baldacchini, *Traité sur le scepticisme.* — Corleo, *Philosophie universelle.* — Maugeri, *Système psycho-ontologique.* — Conti, *Évidence, amour et foi*, etc. — Labanca, *Leçons de philosophie rationnelle.* — Puccinotti, *Écrits historiques et philosophiques.* — Centofanti, *De la vérité des connaissances*

et de la religion (1). » Il abandonne, en effet, Galuppi son premier maître, pour se ranger au nombre des disciples de Rosmini et de Gioberti, mais il ne devient pas un chef d'école, et s'il porte un étendard, c'est celui de la révolte. Il poétise l'ontologisme ; il n'y ajoute aucune idée originale. Il applique à la genèse des mondes, aux étapes de la vie, au développement des sociétés, à l'origine et à la puissance du savoir les utopies modernes sur le progrès et la liberté; il ne modifie pas dans leur essence les théories de ses devanciers. Ses ouvrages offrent un seul intérêt à l'historien, ils lui révèlent la conséquence où l'ontologisme aboutit; à savoir, la suppression de tout intermédiaire entre l'homme et Dieu, d'abord dans la spéculation et ensuite dans la pratique, ou le rationalisme transcendental avec la morale indépendante pour corollaire indispensable (2). De plus, les *Confessions d'un métaphysicien* renferment, sur l'origine des choses, des propositions qui rappellent l'émanatisme; c'est « le torrent de la matière » qui s'échappe de sa source, le semblable qui donne naissance « au général, » le divers qui sort « du particulier. » A chaque page il est parlé de « loi préétablie de la création; » mais nulle part le dogme n'est affirmé en termes précis.

---

humaines. — Mamiani, *De l'ontologie et de la méthode,* à l'index; *Dialogues de sciences premières,* à l'index; *Confessions d'un métaphysicien; Théorie de la religion et de l'État; De la rénovation de l'ancienne philosophie italienne,* etc. Cf. Vapereau, *Diction. des contemporains.*

(1) *Essai sur l'hist. de la philosophie,* t. II, p. 25.

(2) Mamiani admet la « conjonction » et non pas l'identification des deux termes de la connaissance; c'est pourquoi M. Ferri ne le range pas au nombre des panthéistes. Cf. tom. II, p. 53. Mais nous ne pensons pas que la théorie des *Confessions* diffère essentiellement de l'émanatisme. — M. Ferri lui-même rejette ouvertement la création *ex nihilo. Ibid.,* p. 211, etc.

L'idéalisme italien revêt une forme plus absolue et se rapproche de l'hegélianisme, dans les œuvres d'Auguste *Véra*, de Raphaël *Mariano*, de Bertrand *Spaventa*, de Marianne *Florenzi* et de Camille de *Meis* (1). M. Véra, né dans une petite ville de l'Ombrie, en 1817, séjourna en France, en Suisse et en Angleterre, avant de professer à Milan et à Naples. Non-seulement il embrassa les théories subversives de Mamiani, son protecteur, mais il enseigna, dans la patrie de Sanseverino, toutes les rêveries de l'école allemande. Il faut, dit-il, chercher la raison suprême de toutes choses dans l'*idée*, et non pas dans le mouvement, selon la pensée de Trendelenburg, ni dans l'amour, comme le prétendent Lotze et Ravaisson. L'idée « est la force, la puissance, la nécessité (2); » l'idée « est supérieure à la création; » l'idée « fait l'histoire; » l'idée « est l'esprit du monde; » l'idée « est Dieu lui-même (3). » Supprimez l'idée, « et il n'y aura plus que l'accident, et un accident qui envahit et atteint le tout, la cause comme l'effet, l'être créateur comme l'être créé, et plus l'être créateur que l'être créé (4). »

L'Italie, enfin, devait avoir, à l'exemple de l'Allema-

---

(1) Véra, *Essais de philosophie hegélienne; Introduction à la philosophie de Hegel; L'Hegélianisme et la philosophie; Problème de la certitude*, etc. — Mariano, *La philosophie contemporaine en Italie; Essais de philosophie hegélienne*. — Spaventa, *Principes de philosophie; Essais de critique philos.; Philosophie de Gioberti*, etc. — Florenzi, *Lettres; Réflexions; Philosophèmes; Essai sur la nature; Essai sur la philos. de esprit*, etc. — De Meis, *Pensées et biographie*. — M. Véra est mort converti; 1885.

(2) *Philosophie de l'esprit*, de Hegel, traduction de M. Véra, 1867, p. XLIV, etc.

(3) *Essais de philosophie hegélienne*, III, *Introduction à la philosophie de l'histoire*, p. 153, etc.

(4) *Philosophie de l'esprit*, p. XLIV, etc.

gne et de la France, plusieurs partisans du *scepticisme critique*. Les principaux sont Joseph *Ferrari* et Ausonio *Franchi* (1). Ils se rattachent par la méthode à la philosophie de Kant et de Hegel ; ils voient partout des oppositions, des antinomies, des contradictions qu'ils déclarent insolubles pour la raison humaine. Ils se rapprochent par les tendances sociales de l'école française du dernier siècle, et finalement ils réduisent la science à la classification des phénomènes ou des faits sensibles. Leur naturalisme sert de transition entre l'idéalisme de Mamiani et le positivisme de Villari, de Moleschott et de Tommasi. Bonaventure *Mazzarella* proclame aussi l'impuissance de la raison humaine ; mais il demande la solution des problèmes philosophiques au sens moral et religieux (2). Ainsi s'agite l'esprit d'erreur à côté du foyer d'où émane la lumière la plus pure et la plus éclatante.

Les autres pays ne sont pas restés en dehors du mouvement intellectuel, dont nous avons suivi les traces en Allemagne, en France, en Suisse, en Italie.

La Hollande et les contrées du Nord, initiées d'abord au kantisme sous la direction de van *Bosch* (3), de *Kinker* (4), de *Heumann* (5), de van *Hemert*, ont dans *Scholten* un interprète intelligent du spiritualisme rationaliste. L'Angleterre, malgré ses préférences pour les doctrines positivistes, compte au nombre de ses philosophes plusieurs métaphysiciens, par exemple l'écossais Charles

---

(1) Ferrari, *Philosophie de la révolution ; Essai sur le principe et les limites de la philos. de l'histoire ; l'Hist. de la raison d'État*, etc. — Franchi, *La philos. des écoles italiennes ; La religion du XIXe siècle*.

(2) Mazzarella, *Critique de la science ; De la critique*.

(3) Bosch, *Ethica philosophiæ criticæ*.

(4) Kinker, *Essai d'une introduction*, etc.

(5) Heumann, *Principes moraux de philosophie critique*, etc.

Carlyle, Nitsch, Willich (1), *Ferrier, Hodgson* (2). Le premier que M. Taine appelle, dans une méchante satire, un « débris d'une race perdue, » une « sorte de mastodonte égaré dans un monde qui n'est point fait pour lui, » professe une espèce d'idéalisme mystique où la méthode morale d'Emmanuel Kant, transformée par l'enthousiasme et la poésie, est substituée à tous les procédés ordinaires de l'expérience et de la raison. Le descendant des puritains voit dans la matière une « manifestation de l'esprit, » dans l'univers un « vêtement de Dieu; » il attribue aux corps eux-mêmes une existence spirituelle; il compare l'homme à une armée enflammée qui sort du vide, se hâte « orageusement à travers la terre, » puis se replonge dans le « vide (3). »

En Portugal, le spiritualisme a une forme plus modérée, un caractère plus officiel. Le *Cours élémentaire* de Joaquim *Alves de Sousa*, professeur au collège national de Coïmbre, est fait sur le modèle de nos manuels français (4). C'est à peu près la même division générale, la même classification des facultés, le même esprit, la même

(1) Carlyle, né en 1795, auteur de nombreux ouvrages. Cf. *Sartor resartus; The French revolution; On Heroe; Essays; The Past and the present Time*, etc. — Nitsch, *General and introductory view of Kant's principles concerning man*. — Willich, *Elements of the critical philosophy*, etc.

(2) Ferrier, *Institutes of Metaphysic;* Hodgson, *Le temps et l'espace; La théorie et la pratique; La philos. de la réflexion.* Voir M. Penjon, *Revue philos.*, 1876, p. 130, etc. Les métaphysiciens anglais procèdent surtout de Kant et de Hume.

(3) *L'idéalisme anglais*, étude sur Carlyle, 1864, p. 4.

(4) *Curso de philosophia elementar para uso das escholas,* par Joaquim Alves de Sousa, professor do lycen nacional de Coïmbra, obra approvada pela juncta consultiva de instruccao publica; quarta ediçao, 1879. Nous devons cet ouvrage à l'obligeance de M. Crispim Caetano Ferreira Tavares. Nous tenons à l'en remercier.

méthode. Alves de Sousa est éclectique (1). L'auteur d'un autre cours élémentaire, *Costa e Almeida*, professeur au lycée de Porto, atteste que le Portugal a subi également dans une certaine mesure l'influence de Krause, le disciple de Schelling (2).

La philosophie espagnole est restée chrétienne. Le rationalisme a pourtant rêvé et rêve encore la conquête des intelligences dans le pays de Balmès, de Donozo Cortès, de Gonzalez et d'Orti y Lara ; des esprits malades et indisciplinés s'efforcent de réaliser le vœu d'Émile Saisset et d'établir à Madrid, comme à Berlin, à Paris, à Londres, un centre de propagande révolutionnaire (3). Le cardinal Gonzalez signale ces tentatives dans son *Histoire de la philosophie*, et en fait ressortir les traits dominants (4). On y remarque une double direction, succédant à l'essai infructueux de *Jovellanos* en faveur du sensualisme de Locke et de Condillac (5) : la première représentée par *Castelar, Canalejas, Pi y Margall*, manifeste des tendances pour la critique de Hegel et le panthéisme de Feuerbach ; la deuxième, introduite et acclimatée en Espagne par *Sanz del Rio, Giner, Salmeron*, Gonzalez *Serrano, Eguilaz*, s'effectue sous l'impulsion de Schelling et de Krause (6).

(1) « Alves de Sousa é um eclectico. » Tavares, *Guia do verdadeiro philosopho*, p. 16. — Alves de Sousa s'exprime ainsi, en parlant des facultés de l'âme : « São tres as faculdades da alma : a sensibilidade, causa dos phenomenos affectivos ; o intendimento, causa dos intellectuaes ; e a vontade, causa dos volitivos ; » tome I, pp. 13 et 14.
(2) Costa e Almeida, *Curso elementar de philosophia*, 3ª ed., p. 472. — Tavares, p. 11. — Cf. Arhens et Tiberghien.
(3) E. Saisset, *Le scepticisme*, avant-propos.
(4) *Historia de la filosofia*, tome III, p. 489.
(5) Jovellanos (1744-1812), *Tradado teorico-practico de ensenanza*.
(6) « Las principales direcciones racionalistas son la direccion hegeliana y la direccion krausista » Gonzalez, p. 489.

L'une est plus spéculative ; l'autre s'applique avant tout à propager les théories sociales de la révolution. Elles s'accordent sur un point avec tous les systèmes dont nous venons d'étudier les nuances, elles rejettent l'alliance féconde de la raison et de la foi, de la science et de la révélation, de la philosophie et de la théologie.

CONCLUSION.

Le rationalisme, désigné sous le nom vague d'éclectisme ou de spiritualisme, aboutit aux mêmes résultats que l'idéalisme transcendental. Jamais peut-être on ne dépensa plus de forces vitales, jamais on n'eut recours à plus de calculs humains pour le triomphe d'une idée. Tous les moyens semblent légitimes pour établir le règne absolu, ou du moins, pour affirmer l'indépendance de la raison. Les uns cherchent l'appui de l'autorité civile, oubliant qu'ils font un crime à l'Église de défendre ses droits et son autonomie ; les autres utilisent tous les organes de la presse, afin de répandre dans l'univers les produits de leur intelligence. L'histoire, la littérature, les arts, les sciences à tous leurs degrés et sous toutes leurs formes, l'éducation de la jeunesse, l'économie sociale et domestique, la religion elle-même en plusieurs de ses membres, et la plupart des grandes institutions ressentent l'influence que les chefs de l'école exercent souvent avec le prestige du talent, l'éclat de la renommée et les grâces du langage. Au reste, les esprits sont disposés en faveur d'une doctrine si séduisante, et le vent souffle au rationalisme.

Et cependant que reste-t-il, après soixante années d'un labeur incessant? Sans doute, les progrès sont réels dans le domaine de l'expérience et sur des points particuliers de la métaphysique; mais la philosophie spiritualiste, dans son ensemble, est à l'état de chaos, et ses éléments ne sont pas même élaborés pour entrer dans la formation d'un tout homogène. Les questions les plus fondamentales sont toujours agitées et sans cesse résolues en sens contradictoire. L'esprit se trouve violemment ramené au point de départ, quand il croit toucher au terme. Sous le titre pompeux de spiritualisme, de rationalisme, on voit se produire les systèmes les plus étranges. C'est une mêlée où les partisans de Reid et de Kant, de Schelling, de Fichte et de Hegel, les psychologues et les idéologues, les sceptiques et les ontologistes se coudoient et se heurtent sans pouvoir se donner la main et s'entendre, sinon dans leur haine ou leur dédain à l'égard de la philosophie traditionnelle. On ne s'accorde ni sur les problèmes de la certitude, ni sur l'origine de la connaissance et la valeur objective des idées, ni sur la nature de Dieu et l'action de la Providence dans le gouvernement des sociétés humaines.

En résumé, les spiritualistes consacrent une page de leurs *manuels* à démontrer, contre les positivistes, que la philosophie a tous les caractères d'une science spéciale. Il faut conclure de là que le spiritualisme rationaliste n'est pas, ne peut pas être la vraie philosophie. Il manque *d'unité*, c'est-à-dire de l'élément le plus indispensable pour constituer la science. Il est né de la révolution qui divise les intelligences et il affirme que sa nature est d'être et de rester indépendant. En d'autres termes, les adversaires dont nous combattons l'erreur capitale, ne disent pas : La philosophie est une science déjà faite, et le travail du sage se borne à la perfectionner. Ils répètent sans cesse : la philosophie est la libre *recherche*, et mieux vaut s'égarer seul au milieu des ténèbres, que de parvenir à la pleine possession de la lumière, à l'aide d'un guide étranger. Ils s'égarent, en effet, et leur aveuglement est si profond, qu'ils ne voient pas l'abîme où ils se précipitent. Au lieu de former une grande et puissante école, ils ne savent même pas protéger les débris de leur système contre les coups des *positivistes*.

CHAPITRE TROISIÈME.

LE POSITIVISME.

Une formule devenue célèbre résume ainsi le panthéisme idéaliste : Dieu ne se connaît, Dieu n'est réel que dans l'homme. Une école plus radicale, dont le berceau est la patrie de Bacon, de Hobbes, de Locke et de Hume, érige en axiome la proposition suivante : L'âme ne vit, l'âme ne pense que dans la matière. C'est le dernier fruit de la révolution philosophique, le dernier degré de l'humiliation pour l'esprit humain.

Cette école, malgré les efforts de Thomas Reid, d'Emmanuel Kant, de Victor Cousin et de leurs disciples, a compté et compte toujours de nombreux adeptes. La philosophie qu'elle enseigne est appelée *positive*; mais elle est, avant tout, *négative*, et, sous ses formes variées, elle se résume dans cette seule proposition : il ne faut rien croire, rien admettre que sur la foi de l'expérience; par conséquent la métaphysique, ou l'étude des êtres réels par excellence, ne peut revêtir aucun caractère scientifique.

Au point de vue social, le positivisme continue son œuvre de destruction, et, suivant la pensée de M. Caro, il trouble plus que jamais les consciences morales et religieuses, en remettant en question les principes dont l'humanité a vécu et vit encore, dans sa partie la plus saine ; il travaille avec une activité fébrile à faire « une civilisation de toutes pièces, » et à « recréer l'homme à son image (1). » Envisagé dans sa partie théorique, il est arrivé au terme de son évolution ; il n'existe même plus à l'état de système homogène, et ses chefs, depuis la mort de M. Littré, n'ont ni assez de zèle, ni assez de talent pour entreprendre une direction intellectuelle et poursuivre le triomphe d'une idée spéculative. L'historien peut donc tracer la vraie physionomie de cette école, en suivre toutes les tendances et en saisir les aspects divers.

Nous ne sommes plus en présence d'une philosophie difficile à comprendre, et nous n'avons plus à combattre des adversaires qui visent à la profondeur du raisonnement et à l'élévation de la pensée. Mais comment s'orienter à travers le plus étrange conflit d'opinions qui ait jamais existé ? Où trouver des points de ralliement dans un mélange informe de négations téméraires, de doutes calculés, de variations perpétuelles ? Autour de quels chefs peut-on ranger des écrivains dont les œuvres respirent trop souvent la haine et la révolte ? On remarque toutefois, dans ce fractionnement universel, trois groupes principaux qui se détachent assez sensiblement les

---

(1) *M. Littré et le positivisme*, préface, p. i et iv. — Lange, *Histoire du matérialisme*.

uns des autres et se distinguent par le caractère, l'attitude et les tendances, sinon par la méthode, les vues d'ensemble et les résultats généraux. Les uns nient ouvertement l'existence des êtres métaphysiques, ou du moins, s'ils n'osent pas traiter de chimères les vérités rationnelles et les dogmes révélés, ils sapent par la base ce qu'ils appellent l'ancienne métaphysique; les autres, absorbant toutes les réalités dans un vaste naturalisme, rêvent un état social où toute personnalité, toute distinction doivent à jamais disparaître; plusieurs affectent de se maintenir dans la neutralité, et, se confinant sur le terrain de l'expérience, ils ne nient rien, ils n'affirment rien de Dieu et de l'âme, de la Providence et de l'immortalité. La *négation* des *matérialistes*, l'*utopie* des *socialistes*, la *neutralité* des *positivistes*; telle est la division naturelle du dernier chapitre que nous avons à écrire sur la révolution philosophique (1).

I.

Négation des matérialistes (2).

La vieille école sensualiste de Condillac, de Soave, d'Helvétius et de Bonnet se divisa en deux fractions, au

(1) Principales sources : Lange, *Histoire du matérialisme; Histoires de la philosophie* et *Revues* citées plus haut, ch. I et II; *Œuvres* des matérialistes, des socialistes et des positivistes; *Le positivisme et la science expérimentale*, par l'abbé de Broglie; *Aux positivistes*, par G.-D. Laverdant; *Les doctrines positivistes en France*, par l'abbé A. Guthlin; *M. Littré et le positivisme*, par E. Caro, 1883; *Le matérialisme contemporain*, par P. Janet, 1875; *Philos. contemp.*, par A. de Margerie; *Le positivisme anglais*, par H. Taine; *Rapport sur la philosophie*, par F. Ravaisson; *Aug. Comte et le positivisme*, par Stuart Mill.

(2) Lange, *Histoire du matérialisme*.

commencement de notre siècle. Plusieurs philosophes suivirent l'exemple de Jovellanos (1), de Dugald-Stewart, de Laromiguière, de Destutt de Tracy, de Gioia, de Romagnosi, de Galluppi (2) et de Bonstetten : ils firent un premier pas vers le spiritualisme, et, comme on l'a vu, ils frayèrent la voie aux psychologues qui devaient substituer l'induction à la simple expérience. D'autres, au contraire, prenant pour point de départ la méthode trop étroite et les principes trop exclusifs de l'empirisme, ne reculèrent ni devant les négations les plus audacieuses, ni devant les conséquences les plus funestes du matérialisme absolu. Ils ont une espèce de *métaphysique ;* une métaphysique « renversée, » comme on l'a dit. Et c'est en cela surtout qu'ils diffèrent des *positivistes.* S'ils ne rejettent pas tous directement l'existence de Dieu et de l'âme, du moins prétendent-ils trouver dans la matière seule la cause suffisante et adéquate de tous les phénomènes qui se rapportent à l'étendue et à la pensée.

Ils se divisent en plusieurs groupes, qu'on peut désigner sous les noms de *phrénologistes*, de *physiologistes*, de *dynamistes*, de *transformistes*. Les uns, en effet, à la suite de *Gall* et de *Spurzheim*, cherchent le principe des connaissances intellectuelles et des dispositions morales dans la conformation physique du cerveau ; les autres, à l'exemple de *Broussais*, voient dans les organes matériels la cause efficiente, et non pas le simple instrument ou la condition accidentelle des phénomènes qui appartiennent à la vie végétative, sensitive et rationnelle : ils étendent

---

(1) Jovellanos, 1744-1812. Voir le cardinal Gonzalez, *Historia de la filosofía*, t. III, p. 488.

(2) *Essai sur l'hist. de la philos. en Italie*, par L. Ferri, t. I, liv. I, ch. 1.

l'organicisme de Bichat à tous les degrés de l'activité humaine (1) ; un certain nombre, surtout depuis *Büchner*, abandonnent l'hypothèse des physiologistes, mais ils attribuent tous les faits « psychiques » à une aptitude et à une force inhérente à la matière ; plusieurs, comme *Lamark*, *Darwin* et *Hæckel*, expliquent l'origine et l'expansion de la vie par une série de transformations, qui s'effectuent sous l'influence d'un double principe : la sélection naturelle et l'émulation vitale (2). Mais, en résumé, tous les matérialistes sont ou *physiologistes* ou *dynamistes;* car tous, sans exception, assignent pour cause à la pensée ou le fonctionnement des organes ou le mouvement des nerfs. Nous ne tenterons ni d'analyser leurs nombreux écrits, ni de suivre les mille variations de leur pensée ; nous essaierons seulement d'esquisser leur *histoire*, de mettre en relief les principaux points de leur système et d'en faire la *critique*.

I. **Précis historique.** — **Les chefs du matérialisme contemporain (3); les nuances diverses de leur système.**

L'Angleterre, l'Allemagne et la France, c'est-à-dire les grandes nations où les révolutions religieuses et sociales exercent la plus pernicieuse influence, ont le triste privilège de figurer au premier rang dans l'histoire du matérialisme contemporain.

En Angleterre, la philosophie négative revêt ordinairement la forme du *scepticisme* de Hume, et elle garde à

---

(1) *Hist. générale de la philos.*, t. II, p. 338-339.
(2) *Philos. scholastica*, edit. tertia, t. II, p. 482-484. — Cf. Huxley et Tyndall.
(3) Lange, *Histoire du matérialisme*.

l'égard des croyances religieuses une attitude assez respectueuse ; en Allemagne, elle affecte la rigueur *scientifique*, surtout depuis Büchner, et elle se donne comme la dernière expression du progrès moderne ; en France, elle est souvent blasphématrice, *impie* et agressive avec Louis Viardot. Mais, sous ses nuances les plus variées, elle conserve toujours la même méthode et s'inspire du même esprit : la méthode de Bacon et l'esprit de Hume. Cette double descendance est, au témoignage de Comte et de Huxley (1), un fait d'une telle évidence, qu'il est superflu d'en reprendre la démonstration.

Toutefois c'est en France, à la suite de la grande Révolution et dans les quarante premières années de notre siècle, que le matérialisme s'est développé le plus librement sous le nom spécieux de *naturalisme* scientifique ; c'est en France aussi qu'il a constamment fait école, malgré les résistances du spiritualisme, et qu'il a compté de nombreux défenseurs dans les lettres, les arts et les sciences. Pendant que l'Allemagne subissait la domination de Kant et de Hegel, et que l'Angleterre avait à peine « un partisan de l'expérience contre vingt philosophes *à priori* (2), » la France accueillait les transfuges des nations voisines, servait d'asile aux utopistes sans crédit et permettait aux disciples d'Helvétius, de Diderot et de Lamettrie de propager librement les doctrines sub-

---

(1) Huxley, *Hume, sa vie, sa philosophie.* — Cf. *Hist. gén. de la philos.*, t. II, p. 432-436. — « J'ai l'espoir, dit Huxley, qu'il n'y a rien dans ce que j'ai pu dire qui soit en contradiction avec le développement logique des principes de Hume. »

(2) « Quand j'ai écrit mon livre, dit Stuart-Mill, j'étais à peu près seul de mon opinion, et, bien que ma manière de voir ait trouvé un degré de sympathie auquel je ne m'attendais nullement, on compte encore en Angleterre vingt philosophes *à priori* et spiritualistes contre chaque partisan de la doctrine de l'expérience. » *Lettre* à M. Taine.

versives qui devaient entretenir dans son sein le ferment de la révolte et de l'impiété.

Cabanis, Lamarck, Gall, Spurzheim et *Broussais*, dont l'éducation appartient au siècle de Voltaire (1), marquent la transition entre l'idéologie de Condillac et le dynamisme de Büchner, l'organicisme de Bichat et le transformisme de Darwin, la marche capricieuse des encyclopédistes et la méthode régulière de l'école positive. A l'exemple des sensualistes du siècle précédent, ils semblent réduire toute la philosophie à l'étude des origines, spécialement à l'étude des origines de la pensée et des facultés ou des organes; mais ils affectent plus de précision et de rigueur dans les procédés scientifiques. Ils donnent à ces problèmes délicats une solution matérialiste et ils cherchent dans le seul fonctionnement de l'organisme la raison de tous les faits physiologiques. Ils sont moins affirmatifs, quand il s'agit du principe de la vie et de la cause de l'univers. Tantôt ils tiennent le langage réservé des positivistes, tantôt ils paraissent admettre, du moins comme probable, l'existence de l'âme et de Dieu; mais ils évitent de se prononcer ouvertement sur la personnalité de ce double principe, ou, inclinant vers le naturalisme et vers le panthéisme, ils se montrent favorables aux théories de l'immanence et de l'évolution. Leur système, s'il faut donner ce nom à un mélange informe de propositions incohérentes, contient le germe du socialisme, du matérialisme et du positivisme; envisagé en lui-même, il est vague et indéfini, surtout dans la partie métaphysique.

Cabanis (2), né en 1757, dut sa réputation à la témérité

(1) Cabanis, 1757-1808; Lamarck, 1744-1829; Gall, 1758-1828; Spurzheim, 1776-1833; Broussais, 1772-1838.

(2) Cabanis, *Traité du physique et du moral de l'homme; Lettre à*

de ses opinions plutôt qu'à la valeur de son talent. Son caractère irascible et indomptable rendant son éducation impossible dans la famille et au collège, il fut abandonné, jeune encore, au milieu du tourbillon de Paris. Il lut les œuvres de Locke et suivit les cours de Brisson ; il connut Mirabeau, Condillac, Turgot, Diderot, d'Alembert, le baron d'Holbach et Thomas ; il fut présenté à Voltaire qui daigna l'encourager, et il fournit à son ami Condorcet un poison très actif pour mettre fin à ses jours et prévenir le supplice de l'échafaud. Il était sénateur quand il mourut, en 1808. Rien n'égale ses prétentions en philosophie. Il traite Platon de rêveur, de fanatique et d'ignorant ; il sait mieux la physiologie que Bichat et il donne à Condillac des leçons d'économie animale (1). Descartes, malgré les services qu'il a rendus à l'esprit humain, est, à ses yeux, un penseur assez médiocre ; ne s'avise-t-il pas, en effet, d'établir une distinction réelle entre le « physique et le moral. » Or, le contraire est évident : les opérations de l'esprit, les inclinations de la volonté, les impressions sensibles sont des produits de l'organisme cérébral, comme la digestion est un produit de l'estomac : « Le cerveau digère les impressions » et fait « organiquement la sécrétion de la pensée (2). » Hâtons-nous de le dire ; ce grossier matérialisme est atténué dans la

---

M. Fauriel sur les causes premières, etc. — Lange, *Hist. du matérialisme*, trad. de M. Pommerol, 1879. — Lire cet auteur avec précaution. La phrase suivante nous le fait mieux connaître que toutes les critiques : « La vieille paix pourrie entre la science de la nature et la théologie, que déjà Huxley et plus récemment Darwin avaient ébranlée, est définitivement rompue. » Avant-propos du tome II, p. 5.

(1) *Traité du physique et du moral.*

(2) « Nous voyons les impressions arriver au cerveau... Le cerveau entre en action, il réagit sur elles, et bientôt il les renvoie métamorphosées en pensées. » *Ibidem.*

Lettre à Fauriel. Cabanis persiste à croire que le jeu des organes explique tous les phénomènes de l'ordre moral; mais si son langage est sincère, il n'est pas éloigné d'admettre, au moins comme probable l'existence des causes premières, et, bien qu'il ne s'énonce pas en termes assez philosophiques sur la vraie nature de l'âme et de Dieu, il attribue au principe de la vie « l'immatérialité, l'innéité, la persistance après la mort, » et il reconnaît, au dessus des phénomènes de l'univers, une « nature, » ou un être doué « d'intelligence et de volonté (1). ».

Le Picard Antoine *de Lamarck*, dont la longue existence embrasse les 85 ans de notre histoire qui s'écoulèrent de 1744 à 1829 (2), fait un pas de plus que Cabanis vers le matérialisme. Suivant son opinion, l'origine même de la vie et la formation de l'organe ne supposent pas nécessairement l'action immédiate et l'intervention directe d'un principe immatériel. Il est, avec le naturaliste *Bory de Saint-Vincent*, l'un des plus hardis défenseurs des *générations spontanées*, et il ouvre la voie aux partisans du *transformisme*. Darwin et Spencer ne sont pas plus autorisés à méconnaître son influence (3), que Gall et Spurzheim ne sont en droit de rejeter avec dédain la paternité de *Lavater* et de nier les rapports de la phrénologie et de la *physiognomonie* (4).

(1) *Lettre à M. Fauriel sur les causes premières avec des notes*, par Bérard.
(2) De Lamarck, *Flore française; Recherches sur les causes des principaux faits physiques; Recherches sur l'organisation des corps vivants; Hydréologie; Philosophie zoologique.* — Cf. Barthélemy Saint-Hilaire, *Discours;* G. Cuvier, *Éloge;* A. Lemoine, *Dict. des sciences philos.;* Lange, *Hist. du matérialisme.* — Lamarck regarde comme injurieuse l'épithète de matérialiste et d'athée.
(3) Cf. L. Büchner, *L'homme selon la science*, 1878, p. 150.
(4) Lavater, de Zurich, né en 1741, mort en 1801, auteur de l'*Art de connaître les hommes par la physionomie*.

Lamarck représente, avec l'allemand Lorenz *Oken*, cette classe nombreuse d'esprits ardents et ambitieux qui s'éprenant, à l'exemple de Schelling, d'un amour passionné pour la « nature, » entreprennent de réformer les sciences d'après les produits de leur imagination et d'imprimer aux intelligences une direction nouvelle (1). Tandis que *Feuerbach*, déduisant d'une fausse logique le matérialisme et l'athéisme, aboutit au socialisme des positivistes et à la religion humanitaire (2), il édifie sur des hypothèses gratuites et chimériques un transformisme naturaliste, où les causes premières et les causes finales n'ont aucune action appréciable et aucune influence déterminante. Il explique l'origine, le progrès et le fonctionnement de la vie à l'aide de deux principes assez analogues à la *lutte* et à *sélection* de Darwin; à savoir, l'*opposition* et l'*effort*. La matière, dit-il, n'est point homogène; il règne même une violente opposition entre les éléments qui cherchent non pas à s'unir, mais à se séparer. Toutefois, malgré la résistance de la nature, les éléments se groupent et forment des êtres vivants, grâce à l'activité prodigieuse d'une force organisatrice, qui se confond, suivant toute apparence, avec la chaleur et l'électricité. La vie, qui est le fruit *spontané* de l'organisation, se transforme sous l'influence persistante du même fluide; la résistance amène l'irritabilité, l'irritabilité engendre le sentiment, le sentiment fait naître le besoin, le besoin produit l'organe. Ainsi, sans

(1) Lorenz Oken, 1779-1851 : *Doctrine de la philosophie naturelle*, Iéna, 1809; *Examen de la génération; de l'Univers*, etc. — Oken prenant pour point de départ l'absolu de Schelling, en déduit un transformisme naturaliste universel.

(2) « L'homme seul, dit *Feuerbach*, est le sauveur véritable, l'homme seul est notre dieu, notre juge, notre rédempteur. »

recourir aux causes finales, on comprend pourquoi certains animaux possèdent des pieds, des yeux, des ailes; c'est qu'ils ont senti le besoin de marcher, de voir, de voler. M. Renan ne trouve rien de plus simple, de plus naturel; pour lui, comme pour Lamarck, « le besoin crée l'organe, » et « l'organe crée le besoin. »

Cet étrange paradoxe est une insulte à la raison et au bon sens. Nos adversaires en conviennent, sans doute; mais leur thèse ne peut se soutenir, s'ils ne font violence à toutes les règles de la logique. Ils veulent supprimer les causes intelligentes et libres; le reste leur importe assez peu. Aussi leur *déterminisme* est-il à peine plus spécieux que le *fatalisme* de Démocrite.

Lamarck essaie d'expliquer l'origine et les fonctions de l'organe à l'aide du fluide organisateur, des milieux favorables où les corps sont placés, de la résistance inhérente aux éléments simples et de l'effort qui naît de l'irritabilité et du besoin. *Gall* aborde un autre problème de la méthode somatique : il étudie la *localisation* de l'organe.

Ce problème est demeuré sans solution, et nous pouvons le regarder comme l'un des écueils des phrénologistes et des physiologistes de toutes nuances. Lange en fait l'aveu; mais il se hâte de jeter le blâme sur le moyen âge : « Même les hommes instruits, dit-il, retombent toujours, comme par désespoir, dans les théories, depuis longtemps réfutées par les faits, d'une localisation de l'activité du cerveau, suivant les différentes fonctions de l'intelligence et du cœur. Nous nous sommes prononcé à plusieurs reprises contre le préjugé qui regarde le simple maintien de conceptions surannées comme une entrave aussi forte à la science qu'on l'admet ordinairement; mais ici l'on dirait, en vérité, que le fantôme de l'âme, apparaissant sur les ruines de la scolastique, embrouille constamment toute la question. Nous pourrions aisément prouver que ce fantôme, s'il nous est permis de désigner ainsi les derniers échos des vieilles doctrines de la psychologie scolastique, joue encore un grand rôle chez les hommes, qui s'en croient complètement débarrassés, chez nos chefs du matérialisme; bien plus, toute leur conception de l'activité du cerveau est entièrement dominée par les idées vulgaires que l'on avait jadis sur les facultés imaginaires de l'âme. Nous croyons pourtant que ces idées, s'il surgit seulement une conception positive et raisonnable de ce que l'on doit réellement attendre des fonctions du cerveau, disparaîtront avec une rapidité égale à la tenacité avec laquelle elles se maintiennent présentement (1). » Gall figure assurément parmi ces malheureuses victimes des préjugés scolastiques, car il absorbe une partie notable de sa longue existence dans la recherche des organes et des centres où nos inclinations, nos sentiments et nos facultés puisent leur origine (2).

Il naquit dans le duché de Bade, en 1758, et fit ses études à Strasbourg et à Vienne; chassé de cette ville à cause de ses opinions, il erra dans une partie de l'Allemagne, prêchant partout sa doctrine, sans parvenir à

(1) *Histoire du matérialisme et critique de son importance à notre époque*, 1879, p. 344 et 345.
(2) Gall, *Recherches sur le système nerveux; Introduction au cours de physiologie du cerveau; Anatomie et physiologie du système nerveux; Fonctions du cerveau*. — Partisans : Spurzheim; Dumoutier; A. Ysabeau, *Physiognomonie et phrénologie rendues intelligibles pour tout le monde*. — Adversaires : Lelut, *La phrénologie*; Flourens, *Examen de la phrénologie*; A. Garnier, *La psychologie et la phrénologie comparées*; J. Muller, *Système nerveux*; Récamier, *Lettre sur la phrénologie*; Vulpian; Longet; Camille Dareste; Gratiolet; Lange, t. II, p. 345, etc.

former un noyau de disciples sérieux ; il vint à Paris vers la fin de 1807, et le bon accueil qu'il y reçut l'engagea à se faire naturaliser Français. Ses leçons à l'Athénée excitèrent l'engouement d'un public avide de nouveauté ; mais à l'enthousiasme succéda l'indifférence, et à l'époque de sa mort, en 1828, il était confondu parmi les modestes habitants de Montrouge. Il eut toutefois des défenseurs, et, pendant que *Bory de Saint-Vincent* vulgarisait la théorie des générations spontanées (1), *Spurzheim* parcourait la France, l'Allemagne, l'Angleterre et les États-Unis pour gagner des adeptes à la cause des phrénologistes (2). *Dumoutier* l'a secondé dans son œuvre de propagande, et, assez récemment, M. *Ysabeau* a occupé ses loisirs à composer un livre pour rendre intelligible à « tout le monde » le système de Lavater et de Gall (3).

La *phrénologie* ou la *cranioscopie*, dont les partisans de Büchner parlent avec un sourire dénotant un peu d'ingratitude, est appuyée sur ces deux hypothèses, qui servent de base à tout matérialisme, soit mécanique soit dynamique : la matière, suivant l'opinion de Locke, est capable de penser ; les facultés de l'âme, y compris le jugement et la volonté, sont de pures abstractions ou des termes usuels désignant les divers modes de l'activité humaine. Or, tous ces modes d'activité supposent

(1) Bory de Saint-Vincent, 1780-1846, *Dictionn. classique d'hist. naturelle*.

(2) Spurzheim, né à Longueil, près de Trèves, en 1776, mort du typhus à Boston, en 1833, a collaboré à l'*Anatomie du cerveau*, et a composé des traités sur *la Folie*, sur *les Principes de l'éducation*, sur *la Nature morale et intellectuelle de l'homme*. Il a donné le nom de phrénologie à la théorie de Gall.

(3) *Physiognomonie et phrénologie rendues intelligibles pour tout le monde*, par A. Ysabeau, ancien professeur d'histoire naturelle.

des centres qui, selon toute apparence, doivent se localiser dans le cerveau, c'est-à-dire dans la partie la plus noble et la plus importante de l'organisme; il semble donc naturel à Gall de chercher, à l'aide de l'observation ou de la cranioscopie, les protubérances du cerveau et les circonvolutions où nos penchants et nos facultés prennent naissance et se développent. Sa théorie se résume dans les propositions suivantes, extraites de l'ouvrage sur *les Fonctions du cerveau*. — « Les qualités morales et les facultés intellectuelles sont innées. — L'exercice ou la manifestation des facultés ou qualités morales dépend de l'organisation. — Le cerveau est l'organe de tous les penchants, de tous les sentiments et de toutes les facultés. — Le cerveau est composé d'autant d'organes particuliers qu'il y a de penchants, de sentiments, de facultés qui diffèrent essentiellement. — La forme de la tête et du crâne, qui correspond dans la plupart des cas à la forme du cerveau, suggère des moyens pour découvrir les qualités et les facultés fondamentales. » Afin de s'orienter plus aisément dans leur exploration, les phrénologistes divisent la topographie du crâne en plusieurs régions : il y a la région cérébelleuse, la région postérieure du cerveau, la région moyenne, la région antérieure. Chacune d'elles a des protubérances, dont le degré de développement annonce la nature, l'ascendant et la prédominance de nos inclinations naturelles. Les phrénologistes varient relativement au nombre des organes et à leur place respective sur la carte topographique du crâne humain (1); mais c'est là un détail acci-

---

(1) Le nombre des organes cérébraux et des facultés correspondantes varie de vingt-sept à quarante-deux, d'après les phrénologistes : il y a, par exemple, les organes de l'amativité, de l'attachement, de l'habitativité, de l'estime de soi, de la circonspection, de la bienveillance,

dentel. Tous s'accordent dans les questions principales, et regardent l'ensemble de la théorie comme une découverte merveilleuse. La plupart des esprits sérieux en jugent autrement.

Les savants les plus habiles et les plus versés dans l'étude de la physiologie, comme Lelut, Flourens, Muller, Récamier, Vulpian, Longet, Camille Dareste, Gratiolet; les philosophes spiritualistes, à la suite d'Adolphe Garnier; Lange et plusieurs écrivains, d'ailleurs très indulgents pour le matérialisme; Sanseverino, Liberatore et les scolastiques, démontrent que le phrénologisme est contraire aux données de l'expérience et de la raison, qu'il est un produit de l'imagination ne reposant sur aucun fondement solide, qu'il détruit l'unité du composé humain et aboutit finalement au matérialisme en assignant pour principes à nos facultés des organes matériels, localisés dans les circonvolutions du crâne et privés soit de rapport mutuel, soit de centre commun.

Broussais, qui publia son *Traité de l'irritation et de la folie* en 1828, l'année où Gall terminait sa carrière, tenta de corriger la phrénologie, ou plutôt de lui substituer une *physiologie* plus savante (1). Il était né à Saint-Malo en 1772, et, après de longs voyages, il s'était fixé à Paris où il avait eu pour maîtres Bichat et Pinel. Il était à la tête de l'école de médecine et comptait de nombreux

---

de la vénération, de la fermeté, de la merveillosité, de l'imitation, de l'idéalité, de la gaieté, de l'individualité, de l'étendue, de la pesanteur, du coloris, de la localité, du calcul, de l'ordre, du temps, de la mélodie, du langage, de la comparaison, de la causalité, etc.

(1) Broussais, *Traité sur l'irritation et la folie; Traité de physiologie pathologique; Annales de la médecine physiologique.* — Cf. Mignet, *Éloge de Broussais;* A. Lemoine, *L'âme et le corps;* Michaud, *Biographie universelle*, etc.

disciples, quand M. Cousin, de son côté, exécutait sa brillante campagne en faveur du spiritualisme (1). Il mourut en 1838, laissant un petit billet que ses amis ont regardé comme « l'expression de sa foi. » Il se déclare *déiste* et semble rejeter l'inculpation d'athéisme ; mais il maintient son opinion sur la nature de l'âme, qu'il appelle « un cerveau agissant et rien de plus. »

Broussais, dans sa théorie physiologique, procède de Haller, de Bichat, de Cabanis et de Gall ; mais il essaie de compléter ses devanciers, et, malgré son ignorance en chimie, il prétend expliquer par « *l'irritation* » le fonctionnement des organes et les phénomènes de la vie sensitive, intellectuelle et morale. Les tissus, dit-il, sont composés de fibres ; quand les fibres se contractent, il y a excitation, irritation ; si l'excitation se produit dans la pulpe cérébrale, elle est une perception, un jugement, une volition. En général, toute émotion vient d'une stimulation de l'appareil nerveux.

Ce grossier matérialisme excita d'énergiques protestations, et *Magendie* lui-même, sans être partisan des doctrines spiritualistes, se déclara l'adversaire de Broussais (2). Ses hautes fonctions de professeur de médecine au Collège de France, la méthode critique dont il fit usage dans sa polémique et dans son enseignement, ses tendances pour le scepticisme des positivistes, l'étendue de ses connaissances et les qualités de son esprit lui

---

(1) On compte parmi les disciples de Broussais : « MM. Boisseau, Bégin, Roche, Treille, Clerc, Goupil, Sarlandière, Lallemand, Bouillaud, Scoutetten, V. Duval, Ducamp, Richond des Brus, Montègre, Quémont de Dieppe, les deux Gaubert, Sanson, Jourdan, etc. »

(2) Magendie, né à Bordeaux en 1782, mort à Paris en 1855 : *Éléments de physique; Journal de physiologie; Recherches physiologiques; Phénomènes physiques de la vie.*

assurèrent une place d'honneur parmi les physiologistes les plus distingués de l'Europe contemporaine (1). Le recueil de ses leçons, sur les *phénomènes physiques de la vie*, parut en 1842, une année avant la publication des *Annales médico-psychologiques* (2), et il marqua le commencement d'une nouvelle phase dans l'évolution de la méthode somatique.

Vers le milieu de notre siècle, le matérialisme tenta de résoudre, à l'aide de ses principes, le problème que le spiritualisme agitait, surtout depuis Maine de Biran ; à savoir, l'*unité* du principe vital, ou la raison fondamentale des *rapports* intimes que l'expérience découvre entre le *moral* et le *physique*. Dès lors on vit se renouveler la querelle de Bichat, de Barthez et de Stahl, ou des *organicistes*, des *vitalistes* et des *animistes* (3).

---

(1) « Les recherches de Flourens, Magendie, Leuret et Longet, dans le domaine de la physiologie et particulièrement de la physiologie du cerveau et du système nerveux, firent grande sensation parmi les hommes compétents de l'Allemagne et préparèrent l'apparition ultérieure de Vogt et de Moleschott. » Lange, t. II, p. 101.

(2) Les *Annales médico-psychologiques* furent publiées sous la direction de MM. Baillarger, Cerise, Brierre de Boismont et Moreau.

(3) Consulter sur l'organicisme : Descartes, *Traité de l'homme;* Rostan, *De l'organicisme;* Academia medicinalis Parisiensis, *Bulletin*, t. XXV, an. 1860; Bichat, *Recherch. physiol. sur la vie et la mort, Anat. générale*; Claude Bernard ; Fouquet, *Discours sur la clinique;* Bouillaud; Piorry; Poggiale, *Bulletin de l'Académie de médecine;* Bérard, *Cours de physiologie;* Haller, *Mémoire sur la sensibilité et l'irritabilité*, etc., etc. → Sur le vitalisme : Facult. de médecine de Montpellier; Barthez, *De principio vitali;* Lordat, *Exposition de la doctrine médic. de Barthez;* Maine de Biran, *Essai d'anthropologie;* Arhens, *Cours de physiologie;* Th. H. Martin, *Philosophie spirit. de la nature;* Jouffroy; Peisse; Barthélemy Saint-Hilaire; Lemoine; Lévêque; Flourens; Bouchut; Garreau; Saisset, *L'âme et la vie;* Guntherus; Baltzerus; Janet, *Le matérialisme contemporain*, etc., etc. — Sur l'animisme : F. Ravaisson, *La philosophie en France au XIXᵉ siècle;* Bouillier, *Du principe vital et de*

L'organicisme rencontra une vive opposition parmi les défenseurs de la philosophie spiritualiste, et il fut attaqué avec vigueur par des hommes de mérite ayant à leur tête Émile Saisset, Charles Lévêque, Adolphe Garnier, Francisque Bouillier, Albert Lemoine, Adolphe Franck et Paul Janet; mais il eut aussi de zélés partisans, surtout dans l'école de médecine de Paris, où l'autorité de Bordeu et de Bichat avait assuré son triomphe.

Les organicistes sont d'accord sur un point : ils soutiennent que la vie, du moins à ses derniers degrés, est une propriété inhérente à l'organe matériel. Ils admettent cette proposition tirée du *Traité de l'homme* de Descartes : « Lorsque le corps a tous ses organes disposés à quelques mouvements, il n'a pas besoin de l'âme pour les produire. » Ils se divisent, quand ils cherchent à expliquer la liaison qui existe entre les diverses fonctions de l'être organisé : les uns se prononcent pour l'unité du principe vital, tout en professant que ce principe ne diffère pas des propriétés de la matière; les autres, à la suite de *Fouquet* (1), enseignent que les organes pris séparément sont des centres de vie et d'activité, dont le simple groupement constitue l'autonomie et l'identité des êtres vivants; plusieurs enfin, s'appuyant sur les der-

---

l'âme pensante; Richard de la Prade; J. P. Tessier; Boyer; Blondin; Franck; Tissot; Rémusat; Récamier; Chauffard, *La vie;* Charles Jourdain, *Philosophie de S. Augustin;* Stahl, *Theoria medica vera;* Frédault, *Traité d'anthropologie.* Parmi les scolastiques : S. Thomas, *De Anima, Sum. theol.;* Suarez, *De Anima;* Sanseverino, *Anthropologia;* Liberatore; Ventura. — Aristote, *De motu.* — Parmi les SS. Pères : S. Grégoire de Nysse, *Tract. de format. hominis;* S. Augustin, *De spiritu et anima;* S. Athanase, *Contra Apollin.;* S. Ambroise, *Exposit. Evang.;* S. Jean Chrysostome, *Homilia XIII*, etc., etc.

(1) Fouquet, *Discours sur la clinique.*

niers progrès de la science et s'autorisant des expériences de *Claude Bernard*, de *Virchow*, de *Vulpian* et de tous les savants modernes qui sont plus ou moins imbus dans leurs ouvrages de l'esprit matérialiste ou positiviste, substituent le système *cellulaire* ou l'*hylozoïsme* universel à l'organicisme proprement dit : suivant leur opinion, la nature est un immense réservoir d'éléments qui sont autant d'organes rudimentaires, de cellules infiniment petites où la vie se cache à l'état de germe ; ces éléments s'unissent, obéissant aux lois d'un *déterminisme* extérieur et intérieur, et de leur union résulte la vie avec l'ensemble de ses propriétés et de ses fonctions. Les plantes et les animaux peuvent donc se définir : une société de cellules dont les groupements et les tendances « se manifestent fatalement, nécessairement, aveuglément (1). » Telle est la dernière expression du matérialisme contemporain, dont P. Bert, professeur à la faculté des sciences de Paris, et L. Luys, membre de l'Académie de médecine, se font les échos et les interprètes (2). La thèse de Vulpian qu'ils développent sous toutes les formes du langage, se résume toujours dans cette proposition : les phénomènes de la vie, en apparence très variés, sont les simples mouvements des forces vives ou des activités cérébrales, cérébelleuses et spinales, inhérentes aux éléments qui composent les réseaux du *sensorium*. Ces mouvements s'épurent, se perfectionnent, se « *spiritualisent*, » à mesure qu'ils approchent des régions centrales ;

---

(1) M. Vulpian. Le même auteur ajoute : « La fatalité existe dans le monde organique comme dans le monde inorganique. » *Leçons sur la physiologie du cerveau.*

(2) P. Bert, *Leçons sur la physiologie comparée de la respiration*, 1870 ; *Leçons de zoologie*, 1881. — L. Luys, *Le cerveau et ses fonctions*, 5ᵉ édition, 1882 ; Leblais ; Soury, etc.

ils s'amplifient et se « *matérialisent,* » en descendant vers les régions extérieures. De cette double marche résultent le *processus* de la sensibilité et le *processus* des activités volontaires (1). L'un et l'autre s'effectuent d'après les lois d'un déterminisme rigoureux qui ne laisse point de place au libre arbitre : « Les divers *processus* de l'activité cérébrale, dit M. Luys, se résument, en dernière analyse, en un mouvement circulaire d'absorption et de restitution de forces. — C'est le monde extérieur, avec toutes ses sollicitations, qui entre en nous par la voie des sens, sous forme d'incitations sensorielles ; et c'est le même monde extérieur qui, modifié, réfracté par son conflit intime avec les *tissus* vivants qu'il a traversés, sort de l'organisme et se réfléchit au dehors en manifestations variées de motricité volontaire (2). »

Ce matérialisme des physiologistes est restreint aux faits « psychiques, » résultant des fonctions de la substance organisée ; il ne s'étend pas à l'ensemble des problèmes qui sont agités dans la métaphysique sur la nature, l'origine et la destinée des êtres envisagés soit en eux-mêmes, soit dans leurs rapports mutuels ; plusieurs de ses plus au-

---

(1) « Les *processus* de la motricité volontaire parcourent dans leur évolution des phases inverses à celle des *processus* de la sensibilité. — Tandis que ces derniers, à mesure qu'ils se rapprochent des régions centrales du *sensorium*, s'épurent, se perfectionnent, se *spiritualisent* de plus en plus par l'action métabolique des divers milieux des substances nerveuses à travers lesquels ils se propagent, — les autres, au contraire, conçus à l'état d'ébranlements psychiques au moment de leur genèse, s'amplifient, se *matérialisent* de plus en plus à mesure qu'ils descendent des régions supérieures. » L. Luys, *Le cerveau*, édit. 1882, p. 257.

(2) *Ibidem*, p. 258. — Cf. P. Bert ; Alf. Fouillée, *La liberté et le déterminisme* ; Lange, *Histoire du matérialisme*, t. II ; Leblais, *Matérialisme et spiritualisme* ; Soury, *Revue philos.*, 1876, etc.

dacieux défenseurs semblent reculer à la vue des abîmes creusés sous leurs pas, et l'accusation d'athéisme leur paraît injurieuse. L'allemand, Louis *Büchner*, n'imite pas cette réserve, qu'il attribue à un scrupule de « bigots » et de « rigoristes, » et qu'il regarde comme une conséquence de vieux « préjugés » et un reste de « craintes puériles; » il reproche même à Huxley de s'effrayer de sa propre audace et de s'inquiéter des « froncements de sourcil de ses compatriotes (1); » plus hardi que ses devanciers, il se déclare ouvertement matérialiste et athée, et son ouvrage, intitulé *Force et matière*, lui a valu le triste honneur de figurer à la tête des sectaires, qui, au nom de la fausse science, poursuivent de leur haine et les théologiens et les philosophes.

Cette œuvre malsaine, qui vit le jour en 1855 et fut suivie d'une foule de publications de même valeur (2), passe à juste raison pour le « catéchisme » des matérialistes contemporains. Charles *Darwin* l'a complété sur un point dans son travail de l'*Origine des espèces* (3), et Louis *Viardot* l'a rendu plus accessible au public il-

---

(1) « M. Huxley, effrayé sans doute de sa propre audace et inquiété des froncements de sourcil de ses compatriotes bigots et rigoristes, a cru nécessaire tout récemment d'éloigner de lui l'accusation banale, mais malheureusement toujours redoutée, de matérialisme; par là, il a amoindri, dans une certaine mesure, la hardiesse par laquelle, six ans auparavant, il avait attaqué les préjugés de son temps et les craintes puériles de l'ignorance. » L. Büchner, *L'homme selon la science*, 1878, p. 362.

(2) L. Büchner, médecin, naturaliste et philosophe, né à Darmstadt en 1821 : *Force et matière; Nature et esprit; Esquisses physiologiques; Nature et Science; L'homme selon la science*, traduction Letourneau, 1878, etc.

(3) Ch. Darwin naturaliste anglais, né à Shewsbury, en 1809 : *De l'origine des espèces par voie de sélection naturelle*, 1859 ; *L'origine de l'homme*, 1871, etc.

lettré en publiant l'*Apologie d'un incrédule* (1); mais ils ne l'ont pas modifié dans les parties essentielles. La dernière forme du matérialisme est donc exprimée dans ces ouvrages, qui se rattachent à trois dates coïncidant avec la décadence du rationalisme; c'est-à-dire, aux années 1855, 1859 et 1870. Les auteurs diffèrent cependant par des nuances assez frappantes, et chacun d'eux porte l'empreinte du caractère national. Büchner se déclare au nom de la *science* ennemi juré de toute philosophie, où le mot « Dieu » signifie une réalité et non une chimère (2). Darwin, qui représente avec *Tyndall* et *Huxley* la fraction la plus hardie des naturalistes anglais, se persuade que ses opinions ne peuvent « blesser les convictions religieuses » de ses compatriotes, et c'est seulement dans son dernier ouvrage qu'il ose étendre le transformisme à l'origine de l'homme (3). Viardot blasphème, et, pour se donner « une assez bonne compagnie, » suivant le mot spirituel de Sainte-Beuve, il entasse pêle-mêle une foule de témoignages empruntés souvent à des sources fort douteuses, et parfois même falsifiés avec calcul.

(1) L. Viardot, littérateur français, né à Dijon en 1800 : *Apologie d'un incrédule*, 1870. Ce libelle a paru depuis sous le titre de *Libre examen*. L'ouvrage du même auteur, sur les *Musées d'Italie*, a été mis à l'index en 1865.

(2) « Toute science et surtout toute philosophie, qui est en quête de la réalité et non de l'apparence, de la vérité et non de l'hypocrisie, doit être nécessairement athée. » *L'homme selon la science*, p. 388. — « Aussitôt qu'un livre de philosophie emploie le mot « Dieu, » à moins qu'il ne s'agisse de critique ou d'une citation, on peut sans crainte le jeter de côté, car on n'y trouvera rien qui puisse faire avancer réellement la science. » *Ibidem*, p. 388.

(3) « Je ne puis croire que les opinions exposées dans ce volume blessent les convictions religieuses de qui que ce soit. » *Origines des espèces.*

L'élève de *Virchow*, Louis Büchner, subit à la fois l'influence de *Vogt* et de *Moleschott* (1). Ces deux champions du matérialisme allemand luttaient déjà contre l'idéalisme, et s'efforçaient de donner une forme scientifique aux théories de Feuerbach, quand parut l'ouvrage sur la *Force et la matière*. Vogt, à l'exemple de Cabanis, voit dans « la pensée » une sécrétion qui est au cerveau ce que « la bile » est au foie ; mais étant initié aux hautes études de la physiologie par les savantes recherches de Flourens, de Longet, de Magendie et de Leuret, il reconnaît la nécessité de la *force* pour expliquer le mouvement de la matière et les phénomènes de la vie. Il est dualiste, et parfois, au milieu des assertions contradictoires et des saillies piquantes échappées à sa verve caustique, il énonce des propositions en harmonie avec l'enseignement de Trendelenburg : il admet dans les êtres organisés un principe matériel et un principe formel. De son côté, Moleschott devançant Luys, Leblais, Soury et la plupart des matérialistes français (2), cherche dans « le phosphore » l'agent de la pensée (3) ; mais il rejette la vieille hypothèse matérialiste de l'émission, et dans la vibration, ou dans « la phosphorescence » des éléments nerveux, il attribue une part

---

(1) Rudolph Virchow, médecin et homme politique, né à Schivelbein, en 1821 : *Pathologie cellulaire; Gœthe naturaliste*, etc. — Carl Vogt, naturaliste et homme politique, né à Giessen, en 1817, collaborateur d'Agassiz : *Scènes de la vie des animaux; Leçons sur l'homme; Lettres physiologiques; Science et superstition*, etc. — Jacques Moleschott, physiologiste, né à Herzogenbuchsée, en 1822, réfugié à Turin, sénateur : *Essai de chimie physiologique; La circulation de la vie; La lumière et la vie; Esquisses physiologiques*, etc.

(2) *Le cerveau et ses fonctions*, par J. Luys, IIᵉ partie, l. ıı, Phosphorescence organique des éléments nerveux.

(3) « Sans phosphore, point de pensée. » Moleschott.

efficace à l'activité du sujet pensant, c'est-à-dire à la force inhérente aux organes matériels. Louis Büchner est donc prétentieux, quand il vise à l'originalité (1). Son mérite est d'avoir condensé et coordonné dans un volume les doctrines les plus accréditées parmi les matérialistes de notre temps. Son style est terne, et son argumentation, à peu près nulle. Il ne prouve pas ; il nie, il affirme avec le ton d'un maître, ou plutôt d'un régent. Il suffira, pour le faire connaître, d'énoncer ses principaux aphorismes.

L'axiome qui domine dans la nouvelle école, se résume en ces mots devenus célèbres : « *Point de force sans matière; point de matière sans force* (2). » — Non-seulement la force ne peut exister sans la matière; mais elle est une de ses propriétés intrinsèques et « essentielles. » — La matière, ou « la base » de l'univers, ne peut pas non plus se concevoir sans la force, qui est le principe de l'activité, du mouvement et de la vie. — Elles sont l'une et l'autre éternelles et immortelles, c'est-à-dire « incréées » et « indestructibles. » — Elles se transforment cependant et se combinent pour former l'univers; mais, dans leur évolution, elles obéissent à des lois nécessaires et aveugles. — Le mécanisme de l'univers est un vaste « déterminisme, » d'où il faut exclure toute cause efficiente et finale, distincte de la matière et de la force. — Dieu et l'âme sont de pures abstractions, et les croyances représentent des produits,

---

(1) « Nous ne pouvons reconnaître la prétention de Büchner à l'originalité philosophique. » Lange, *Hist. du matérialisme*, t. II, p. 107.

(2) Büchner, *Force et matière;* Vogt; Moleschott; du Bois-Reymond. — Cf. Spicker; Schaffhausen; Leblais; Soury; Cournot; Enrico Ferri; Lombroso; Poletti; de Dominicis. — Edm. Perrier, *Anatomie et physiologie animales;* H. Baillon, *Anatomie et physiologie végétales*, etc.

des résultats d'une certaine « réflexion, » d'une certaine « méditation (1). » — Les vertus sont les fruits de la «.civilisation, » de la « graduelle élévation de l'homme au-dessus de l'animalité (2). » — Les phénomènes de la biologie, suivant l'expression de Huxley, se rapportent tous immédiatement à la « physique (3). » — La pensée n'est point une sécrétion, et il est faux de la comparer à la bile; toutefois elle résulte des forces combinées du cerveau, et elle ne suppose pas l'existence d'un principe spirituel (4). — L'homme tout entier appartient à ce monde terrestre; son origine, son développement, ses destinées, son bonheur ont leur raison d'être dans les lois qui régissent les autres corps (5).

Ce système diffère de l'atomisme de Démocrite; parce que, selon Büchner, l'étendue dimensive est *continue*. Il se distingue également du mécanisme de Descartes; car, suivant la pensée du matérialiste allemand, l'action et l'influence d'un Dieu créateur et conservateur est remplacée dans le monde par les propriétés de la force. C'est à ces propriétés qu'il faut attribuer l'origine spontanée de la vie et la *transformation* successive des espèces, l'harmonieuse disposition et l'ordre mathématique dont

---

(1) « La croyance en Dieu est le produit, le résultat d'une certaine réflexion, d'une certaine méditation. » *L'homme selon la science*, 1878, p. 388.

(2) *Ibidem*, p. 387.

(3) *Ibidem*, p. 362.

(4) « La pensée est un mouvement de la matière. » Moleschott. — « Il existe le même rapport entre la pensée et les vibrations électriques des filaments du cerveau qu'entre la couleur et les vibrations de l'éther. » Huschke.

(5) « La question : « Où allons-nous ? » ne peut être comprise que dans le sens de cette vie terrestre ou dans la seule pensée d'un avenir et d'un perfectionnement terrestre. » *L'homme selon la science*, p. 196.

l'univers nous offre le spectacle. La force est « *créatrice,* » « *répulsive,* » « *attractive.* »

Là sont en germes les théories transformistes, que Darwin et ses disciples s'efforcent de mettre en honneur depuis 1859. — La force est créatrice, et, en cette qualité, elle *produit la vie* et la développe au sein de la nature. — La force est répulsive, et, comme telle, elle engendre la *concurrence vitale* ou la *lutte pour l'existence.* — La force est attractive, et, grâce à cette propriété, les êtres vivants s'attirent et sont doués d'une *sélection naturelle.* — Dans la lutte, le plus fort triomphe et le plus faible périt. — La sélection naturelle qui s'effectue entre les vainqueurs, amène le progrès, et, à l'aide d'une transformation graduelle, la vie se développe et atteint dans l'homme son plus haut degré de perfection. — Il est vrai que la *réversion* des races peut occasionner une décadence partielle et momentanée; mais elle n'entrave pas cette marche ascendante, dont l'histoire de notre globe atteste l'existence.

Ici les transformistes sortent du domaine de la philosophie et se transportent sur le terrain de l'expérience, où nous n'avons pas à les suivre (1). Constatons seulement que jamais peut-être on ne vit figurer, dans une lutte intellectuelle, un plus grand nombre de champions. Il n'est pas permis, depuis plusieurs années, de se livrer

---

(1) Consulter sur le transformisme envisagé au point de vue expérimental : M. Lavaud de Lestrade, *Transformisme et darwinisme,* 1885; M. Faivre, *La variabilité des espèces;* M. Hamard, *L'âge de la pierre et l'homme primitif;* M. Gaudry, *Considérations sur les animaux fossiles;* Cuvier; Pasteur; de Quatrefages, *Unité de l'espèce humaine;* Buffon, *Hist. naturelle;* Linné, *Philos. botanica ;* Flourens, *Examen du livre de M. Darwin;* P. Janet, *Le matérialisme contemporain;* Fée; Laugel; Claparède; M. Edwards; Ehrenberg; Berthelot; Broca; Bertrand; Daubrée; Grave; Carus; Tiédemann; Bremser; Burdach; Mantegazza.

à l'étude des sciences naturelles, sans se déclarer le partisan ou l'adversaire des théories évolutionnistes, et sans chercher à résoudre à l'aide des données plus ou moins problématiques de la géologie une des questions qui appartiennent, en réalité, au plus haut domaine de la métaphysique (1). Le matérialisme concentre ses forces sur ce point et y attache ses destinées. Il a fait des recrues importantes surtout en Angleterre, en Allemagne et en France. Thomas *Huxley*, professeur d'histoire naturelle, à Londres (2); Charles *Lyell*, qui enseigne la perpétuité du globe terrestre, dans son ouvrage sur l'*Ancienneté de l'homme*; Ernest *Hœckel*, professeur de zoologie à l'université d'Iéna (3); *Vogt*, qui avait d'abord admis la stabilité des espèces; l'adversaire de M. Pasteur, Georges *Pouchet*, de Rouen; MM. *Broca, Mortillet, Hovelacque, Perrier, Musset, About, Renan* et la plupart des écrivains hostiles à la religion appartiennent, au moins par leurs tendances, à l'école darwinienne. Bien plus, le transformisme a trouvé des adeptes dans les rangs des spiritualistes. A leur tête figurent le naturaliste anglais, Alfred *Wallace*, qui explique le progrès des espèces en ajoutant à la sélection naturelle l'intervention de certaines intelligences supérieures à l'homme et inférieures à Dieu; *Saint-Georges-Mivart*, qui attribue l'évolution du règne animal à des principes inconnus; Van *Baer*, professeur à Saint-Pétersbourg, le comte de *Saporta*, M. *Gaudry* et

---

(1) « Dans un ouvrage qui a paru en Allemagne, il y a déjà une dizaine d'années, la simple énumération des publications relatives à la théorie de Darwin occupe plus de 29 pages in-8°. » M. Lavaud de Lestrade, *Transformisme et darwinisme*, p. 5.

(2) Huxley, né à Ealing en 1825 : *La place de l'homme dans la nature*, etc.

(3) Cf. Lange, *Histoire du matérialisme*, t. II.

tant d'autres qui soutiennent, en se plaçant à divers points de vue, la variabilité perpétuelle et la transformation successive des êtres vivants.

L'apologiste de l'incrédulité, Louis Viardot, résumant cette théorie après Darwin (1), Hæckel, Huxley, Broca et Guarin de Vitry, dit que l'origine simienne de l'homme est un fait acquis à l'histoire et que non-seulement la formation du monde matériel, mais la genèse de la vie parvenue à son plus haut degré de développement ne nécessite l'intervention d'aucun agent suprasensible (2). Cette assertion est fausse, et le matérialisme ne résiste pas à une critique impartiale.

II. — **Critique du matérialisme contemporain. — Les découvertes les plus récentes de la science, comme les données les plus sûres de la raison, condamnent le matérialisme (3).**

Le matérialisme est appelé un « étrange système ; »

---

(1) « La pensée que des animaux aussi distincts qu'un singe ou un éléphant et un oiseau-mouche, qu'un serpent, une grenouille, un poisson aient pu descendre tous de mêmes parents, paraîtra *une énormité à ceux qui n'ont pas suivi le récent progrès de l'histoire naturelle*. En ce qui regarde l'homme, c'est se mettre, au point de vue intellectuel, *au rang des sauvages*, que de le considérer comme l'œuvre d'un acte séparé de la création. » Darwin.

(2) *Libre examen.*

(3) De Quatrefages, *Darwin et ses précurseurs français*; P. Janet, *Le matérialisme contemporain*; A. de Margerie, *La philos. contemporaine*; Gratacap, *La mémoire*; Lange, *Histoire du matérialisme*. — Lange, qui représente une nuance assez vague, tenant à la fois du kantisme et du positivisme, se montre en général très indulgent pour les matérialistes. On peut cependant le consulter avec fruit. — L'abbé Grosse, *Antiphilosophisme*; Jéhan, *Anthropologie*; Bersot; Flourens; Pasteur; Saisset, *L'âme et la vie*. Voir tous les philosophes scolastiques : *Psychologies; Histoires de la philosophie*, etc.

il faut plutôt le regarder comme un amas informe de sophismes et de contradictions. Il ne sera pas difficile d'en fournir la preuve.

Quel *but* se proposent les partisans de la nouvelle école? Ils veulent, disent-ils, « travailler à la fois à la paix intérieure des familles et au progrès général de la société. » Rien de mieux. Mais que faire pour réussir dans une entreprise aussi délicate? Il faut répandre la science dans toutes les classes, instruire les plus déshérités de la fortune, fortifier les facultés intellectuelles, discipliner la vivacité des imaginations; en un mot, il faut ouvrir l'esprit « aux vérités naturelles. » C'est le plus sûr « *moyen* » de détruire l'obstacle qui s'oppose au bonheur universel, « l'exagération mystique (1). » *La guerre à Dieu au nom de la science*, voilà tout le programme. Or, ce programme est non-seulement étroit; il contient une pétition de principe évidente. Le trouble existe au sein des familles et de la société; la concorde doit s'établir sur le terrain de la science. C'est la vérité qui nous délivrera de la guerre et de la tyrannie. Mais les horizons de la science se bornent-ils au monde visible, et, au-dessus des phénomènes dont la variété charme nos regards, ne doit-on pas admettre une vérité immuable, éternelle, nécessaire? Là est la question. Les matérialistes l'esquivent, au lieu de la résoudre; ils supposent que toute réalité se confine dans l'ordre expérimental, ils n'en fournissent aucune preuve. C'est leur premier sophisme.

Du reste, s'il en était ainsi, la pacification au sein de la famille, le progrès dans la société deviendrait impos-

---

(1) *Leçons de zoologie professées à la Sorbonne, enseignement secondaire des jeunes filles*, par M. Paul Bert, député, professeur à la faculté des sciences de Paris, membre du conseil supérieur de l'instruction publique, 1881, préface, p. II.

sible, ou serait l'effet d'une occurrence fortuite. Une entente générale ne peut se concevoir sans des bases communes, sans des principes régulateurs; une marche ascendante de l'humanité nécessite des notions universelles, les aspirations vers un monde idéal, un libre déploiement et une sage combinaison de nos forces physiques, intellectuelles et morales. Or, tout cela fait défaut dans les théories matérialistes; en dehors de nous, il y a des *phénomènes*, rien de plus; au dedans de nous, la connaissance est *relative*, comme le sentiment, l'intérêt, le plaisir; dans l'évolution des êtres envisagés soit en eux-mêmes, soit dans leurs rapports mutuels, tout cède à des lois capricieuses, qui s'exercent avec une aveugle cruauté et *déterminent*, sans vue d'ensemble, sans finalité ultérieure, l'existence des choses et leur modalité (1).

Büchner et ses partisans ne montrent pas plus de respect pour la logique, dans la classification des êtres. Il n'y a rien, disent-ils, en dehors de la *matière*, de la *force* et du *phénomène*. Cette assertion est grave, et, avant d'y souscrire, nous sommes en droit d'exiger des définitions et des preuves. Nos instances sont inutiles. La matière, affirme-t-on, est « la base » de l'univers; la force est « une propriété » de la matière; le phénomène est la matière rendue sensible et « apparente » sous l'action de la force (2); on n'enseigne rien sur la nature

---

(1) Viardot, *Libre examen*. — A. Fouillée, dans un article publié par la *Revue des Deux-Mondes*, le 15 mars 1883, avoue que, pour les matérialistes, tout se résume en trois mots : le « *phénoménisme*, » le « *relativisme* » et le « *déterminisme*. » Nous laissons à la nouvelle école la responsabilité de ces termes barbares.

(2) On désigne, par le nom vague de phénomène, « tout ce qui tombe sous les sens, tout ce qui peut affecter notre sensibilité d'une manière quelconque, soit au physique, soit au moral. » Littré et Ch. Robin, *Diction. de médecine*, 1858, art. Phénomène.

de cette base, de cette propriété, de ce phénomène. A la vérité, ce silence est prudent, et les matérialistes ne peuvent le rompre sans se confondre eux-mêmes. En effet, la matière est essentiellement passive ou active. Il est impossible d'échapper à ce dilemme. Si la matière est passive et inerte, si elle sert de fondement, de substratum au phénomène de l'étendue qui frappe nos regards, elle ne peut être, en même temps, le principe de la force, de l'activité, du mouvement, de la vie; autrement elle serait à la fois passive et active par essence, elle serait le sujet de deux modes contradictoires, de deux propriétés opposées, la force et l'étendue; elle serait corps et âme, matière et esprit, elle se donnerait et recevrait le mouvement. Mais le vieil aphorisme d'Aristote et de saint Thomas a toujours été et restera toujours vrai : « *Omne quod movetur, ab alio movetur; et etiam, idem non potest esse movens et motum secundum idem* (1). » Si, d'autre part, la matière est essentiellement active, elle ne peut être, pour les raisons que nous venons d'exposer, un principe passif, un sujet de l'étendue, une base de l'univers; et alors, le monde visible est une apparence sans réalité, une pure chimère, un rêve de notre imagination : le matérialisme n'est plus qu'un *dynamisme* déguisé. En d'autres termes, l'argumentation de Büchner et de ses défenseurs est radicalement fausse, parce qu'elle repose sur une hypothèse absurde; à savoir, sur la possibilité d'une théorie différant à la fois et du « mécanisme » de Démocrite, et du « monadisme » de Leibnitz, et du « dualisme » d'Aristote. Nous sommes donc en droit de répondre par une fin de non-recevoir à des adversaires qui se placent, dès le début, en dehors de

---

(1) S. Thomas, *Sum. theol.*, p. I, q. 2, a. 3.

toutes les règles du raisonnement; mais poursuivons notre critique. Il n'est pas sans intérêt et sans utilité de dévoiler les sophismes qui font tant de dupes, surtout depuis l'apparition des ouvrages de Büchner et de Darwin.

Il n'existe rien, disent les partisans de la nouvelle école, il ne peut rien exister en dehors de la matière, de la force et du phénomène. Ils l'assurent, ils ne le prouvent pas; ou plutôt, ils en fournissent des raisons qui démontrent l'impuissance de leur méthode et font ressortir avec évidence la témérité de leurs négations. D'une part, ils se rangent volontiers au nombre des métaphysiciens, ils tranchent les plus hauts problèmes de la philosophie, ils dotent la matière et la force de tous les principaux attributs de la divinité, ils dépouillent l'âme de ses facultés au profit du corps et ils lui enlèvent ses plus nobles prérogatives, pour enrichir l'instrument qu'elle anime de sa vie et dont elle se sert dans ses opérations; d'autre part, ils admettent une méthode étroite, exclusive, absolument incapable de les introduire dans les sphères de la métaphysique, ils ne veulent rien voir sous les phénomènes, rien chercher au delà du domaine de l'expérience, rien vénérer, servir et aimer au-dessus du monde matériel, rien espérer, rien désirer qui ne soit enfermé dans les limites de la vie présente. Leur méthode et leur théorie se combattent, se heurtent et se détruisent. Entrons dans les détails.

Les matérialistes préconisent, et à juste titre, les merveilleux progrès du génie humain dans les sciences naturelles, physiques et mathématiques. A les entendre, l'univers n'a plus pour nous de secret. Claude Bernard et Vulpian, Lyell, Ueberweg et Berzelius, Fechner, Wundt et tant d'autres dont la renommée est universelle, ont fait de précieuses découvertes sur la nature et l'influence des forces « physico-chimiques, » sur la formation du cosmos et la transmission de la vie, sur les lois de la gravitation et les vastes proportions du système planétaire, sur les propriétés du fluide « électro-magnétique » et les rapports intimes des nerfs cérébraux avec les phénomènes les plus élevés de l'ordre intellectuel et moral. Les théories des anciens sont désormais surannées.

Nous verrons, dans le dernier chapitre de cet ouvrage, ce qu'il faut penser de la nouveauté des découvertes modernes; examinons ici les conséquences étranges que les matérialistes en tirent.

C'est un fait, disent-ils, que la matière ne périt pas. Elle subit sans cesse l'action de la force; elle ne change pas de nature. Ainsi : « Une particule de fer est et demeure la même chose, qu'elle parcoure l'univers dans l'aérolithe, qu'elle roule comme le tonnerre sur la voie ferrée d'une locomotive, ou qu'elle circule dans le globule sanguin par les tempes d'un poëte (1). » Soit, la matière ne périt pas. Les scolastiques eux-mêmes l'ont enseigné (2), à la suite d'Aristote, et ils ont devancé, sur ce point, les savants de notre siècle. Que faut-il induire de là? Une seule chose. La matière ne varie pas comme le phénomène; elle est donc un principe et non un accident, un sujet et non un mode. Telle n'est point la logique de nos adversaires. Voici leur argument : la matière ne périt pas; donc, la matière est éternelle; donc,

(1) M. du Bois-Reymond. Cf. M. P. Janet, *Le matérialisme contemporain*, 1875, p. 22.

(2) Les scolastiques définissent la matière : « Primum subjectum, quod *idem permanet*, et ex quo fiunt omnes res corporeæ. » Voir la *Philos. scholastica*, 3° édit., t. I, p. 416.

Dieu n'existe pas. En d'autres termes, l'être *par soi*, l'*ens a se*, est la matière. Ce raisonnement ou plutôt ce sophisme repose sur une notion absolument fausse et erronée. Le premier être, suivant la belle expression d'Aristote, est un « acte pur, » sans mélange de potentialité, le premier moteur est immobile, et la substance simple doit avoir une priorité de nature, sinon de temps, sur la substance composée; il ressort de là, par une conclusion rigoureuse, que l'être « *par soi* » est simple et immatériel.

Les partisans de la nouvelle philosophie ne sont pas plus avisés, quand ils expliquent la formation de l'univers. La création *ex nihilo*, pensent-ils, avait sa raison d'être dans les vieilles cosmogonies; autrefois, en effet, les peuples se persuadaient que sur la terre, « immobile et plate, » s'arrondissait un firmament solide, « dans lequel voyageaient alternativement deux grands luminaires, pour les éclairer de jour et de nuit (1). » Il n'en est plus ainsi; la science a « percé d'un regard sur l'immensité des cieux, et posé, d'une main non moins sûre, les grandes lois qui régissent l'univers (2). » La terre est ronde, les étoiles sont d'une grosseur prodigieuse, et il est impossible, à l'aide des télescopes les plus puissants, de découvrir aucune limite; l'espace est infini, comme le temps et la matière (3). Or, ces trois « infinités, » dans lesquelles se meuvent tous les êtres ne permettent pas désormais au Dieu créateur de prétendre

---

(1) L. Viardot, *Libre examen*, 1874, p. 14.
(2) *Ibidem*, p. 15 et 16.
(3) « Trois infinités — l'espace, le temps, la matière, — également sans commencement et sans fin, composent par leur indissoluble union, ce qu'un moderne appelle, d'une heureuse expression, « la trinité de la nature. » *Ibidem*, p. 25.

au bienfait de l'existence et d'exercer son action au sein de la nature (1). Le vieil adage, *ex nihilo nihil fit*, apparaît avec une vérité plus formidable que jamais, et, suivant l'expression de Büchner, les cieux ne racontent désormais que « la gloire de Newton et de Laplace. » En somme, on s'est trompé sur la forme de la terre ; donc, on s'est trompé sur la création ; malgré la puissance de nos télescopes, on ne découvre pas les limites de l'univers ; donc l'univers est sans limites. La matière, le temps, l'espace sont infinis ; donc, Dieu n'existe pas. Il est inutile d'insister. Büchner et Viardot écrivent une apologie et un catéchisme à l'usage des incrédules ; ils n'ont pas la prétention de raisonner. C'est là leur excuse. Hasardons seulement deux ou trois critiques. Le télescope sert la cause de la philosophie, au lieu de la compromettre ; car une terre plate, suspendue sous une voûte arrondie, peut résulter plus facilement d'une force aveugle que l'univers entier avec toutes ses merveilles. De même, nous ne voyons point comment il répugne d'admettre une Puissance, une Intelligence et un Amour infinis, quand nos adversaires proclament à haute voix une triple absurdité ; à savoir, l'infinité de la matière, du temps et de l'espace. Enfin, les cieux chantaient leur hymne et les lois de la gravitation présidaient au mouvement des astres, alors que Newton n'était point et ne pouvait ni essayer un calcul, ni entendre une harmonie. Du reste, l'immortel astronome anglais devait confondre lui-même l'audace des matérialistes, en les mettant au défi d'analyser la structure de l'œil (2), et,

---

(1) « Comment admettre la création de mondes infinis comme l'espace, sans commencement, sans fin, sans limites. » *Ibidem*, p. 18.

(2) Newton, *Optique* : « Celui qui a fait l'œil, connaissait très bien les lois de l'optique. »

à plus forte raison, de contempler l'ordre de l'univers, sans reconnaître la nécessité des causes finales et l'intervention d'une intelligence supérieure. L'astronomie, comme la physique, refuse son appui aux fauteurs de la nouvelle école ; il faut en dire autant de la zoologie et de la physiologie.

Toute matière est vivante, nous dit-on ; ou plutôt, nulle matière n'est vivante. Les corps sont bruts et appartiennent, d'après les expériences de Claude Bernard et de Vulpian, à une minéralogie universelle, d'où il faut exclure les distinctions de règnes, de genres et d'espèces. La vie ne représente aucune réalité objective, sinon une série de phénomènes, qui, se produisant selon les lois d'un mécanisme rigoureux et d'un déterminisme fatal, apparaissent graduellement à la surface des choses et se transforment sous l'influence combinée des agents naturels ou des forces extrinsèques et intrinsèques.

Cette question est la plus profonde et la plus importante de la philosophie matérialiste ; mais il est impossible de la résoudre par les procédés de la méthode somatique. Il s'agit d'établir l'*unité* de la *force*. La matière est une dans tous les corps ; en est-il ainsi du principe formel ? Est-ce la même force qui produit la lumière et la chaleur, les vibrations de l'air et la circulation du sang ; qui se manifeste à des degrés divers, sous des nuances infiniment variées, dans le minéral, dans la plante, dans l'animal ; qui devient un sentiment, une pensée, une volition, dans les nerfs cérébraux ; qui révèle spontanément les phénomènes de la vie, et soutient la lutte pour l'évolution successive et le progrès universel ? La science expérimentale est incapable de résoudre ce problème dans un sens affirmatif, et cela pour deux raisons. D'un côté, la force qui engendre la pensée, ne tombe point sous le regard de l'observateur, suivant ces remarquables paroles de J.-B. Dumas : « Aujourd'hui on veut faire de la pensée une simple sécrétion du cerveau, un produit chimique. Mais la chimie *connaît ses limites*, et ce n'est pas elle qui prétend les franchir (1). » D'un autre côté, les faits de l'expérience démontrent la variété des types et la stabilité des espèces. Le système des générations spontanées, le transformisme et les théories sur l'identité des forces physiques reposent sur des hypothèses gratuites (2); la philosophie traditionnelle, au contraire, se trouve en parfaite harmonie avec les données générales de la science. Les individus progressent. Les espèces ne se transforment pas (3). Mais supposons l'unité de la force; faut-il pour cela supprimer les causes finales, nier l'âme humaine et rejeter l'existence de Dieu? Telle n'est point la pensée de Claude Bernard, de Vulpian, de Gaudin (4), de Darwin et d'un grand nombre de savants modernes. Telle n'est point, non plus, la conclusion rationnelle qui ressort d'une argumentation en apparence fort séduisante, mais au fond peu sérieuse. La force, qu'elle soit une ou multiple,

---

(1) Réponse de J.-B. Dumas, directeur de l'Académie française, au discours de M. Taine, séance du 15 janvier 1880.

(2) « Nous regardons comme définitivement condamnée la doctrine des générations spontanées. » De Quatrefages, *Revue des Deux-Mondes*, 1861, p. 157. — « Les expériences de M. Pasteur contre les générations spontanées sont décisives et sans réplique. » Flourens. — Cf. Liebig, *Apologie du Christianisme;* Longet, *Traité complet de physiologie*, etc.

(3) E. Faivre, *La variabilité des espèces et ses limites*, 1868.

(4) M. Gaudin, *L'architecture du monde des atomes*, 1873 : « Dans les germes et dans leurs produits, il existe un manque de symétrie dans l'axe, qui dénote une *intention formelle*, ou, pour mieux dire, une *toute-puissance créatrice*, » p. 3.

n'est point, comme on l'a vu, la propriété de la matière ; l'ordre ne résulte point d'un ensemble de phénomènes « liés à des circonstances physiques. » Si la vie, même à son plus haut degré de perfection, ne fonctionne pas sans le secours du système nerveux ; cela prouve que le cerveau est « la *condition*, » et non « le *facteur* » de la pensée ; si les expériences que Vulpian, Claude Bernard (1) et Paul Bert ont pratiquées par « l'*inoculation* » et « la *vivisection* » sur les vers, les chevaux et les chiens, démontrent la fausseté du spiritualisme rationaliste, qui sépare totalement la force et la matière, l'âme et le corps, elles s'accordent avec le spiritualisme chrétien qui unit dans une seule substance le principe matériel et le principe formel. L'être vivant se divise, se greffe, se multiplie ; il se compose de parties « indépendantes, » il naît et grandit, décroît et meurt. Soit ; mais quel rapport existe entre ces faits et les inductions suivantes : la vie est un phénomène, une manifestation de la force physique ; l'être vivant ne diffère pas du corps brut, sinon par un mode purement accidentel ; l'univers est un vaste système de minéralogie, un mécanisme universel obéissant aux lois d'un déterminisme absolu. En réalité, l'argumentation sophistique et tapageuse des matérialistes n'infirme aucunement l'assertion de saint Thomas : « Il est manifeste, dit-il, que la vie ne convient pas au corps en tant qu'il est corps ; autrement tout corps vivrait (2). »

(1) Claude Bernard, physiologiste, né en 1813, disciple de Magendie : *Leçons de physiologie expérimentale ; Leçons sur la physiologie et la pathologie du système nerveux ; Introduction à l'étude de la médecine ; Leçons sur les propriétés des tissus vivants ; Leçons de pathologie expérimentale*, etc.

(2) « Manifestum est quod esse principium vitæ vel vivens, non

Les partisans de la méthode positive ne se contentent pas de violer les règles de la logique, ils insultent le bon sens le plus vulgaire, quand ils cherchent dans les rapports de l'intelligence avec l'organisme physique et la grosseur du crâne, ou avec les nerfs cérébraux, les éléments striés et la moelle épinière (1), la raison unique et la cause totale de la *pensée*, c'est-à-dire d'un phénomène immatériel par essence et indépendant des lois qui régissent les corps. De ces rapports intimes ressort la vérité des théories scolastiques sur la vraie nature du composé humain, sur la part effective de la sensation dans la genèse de l'idée ; mais il est impossible d'en déduire que les actes de nos deux facultés supérieures sont les produits d'une force *mécanique*, essentiellement inhérente à un sujet matériel : « On sait, dit Fontenelle, que dans l'action des forces mécaniques, l'effet se proportionne toujours exactement à sa cause ; mais, dans nos

convenit corpori ex hoc quod est corpus ; alioquin omne corpus esset vivens aut principium vitæ. » *Sum. theol.*, p. I, q. 75, a. 13.

(1) Voir les expériences de Vulpian, de Müller, de Cuvier, de Gall, de Vicq-d'Azyr. — « C'est la *materia* organisée qui vit ; nulle materia organisée sans vie, nulle vie sans materia organisée. Poursuivant l'analyse, une certaine partie de materia organisée, materia *nerveuse*, qui, aux propriétés du monde inorganisé, en joint une dernière ; nulle materia nerveuse sans cette propriété, nulle qualité nerveuse sans cette materia. » *De la matière, de la vie et de l'esprit*, par André Nuyter, 1874. — « Les chapeliers savent très bien que les classes cultivées ont besoin de plus grands chapeaux que les classes du bas peuple. » Büchner, *Force et matière*. — Le P. Caussette répond : « Le bon sens populaire s'est rappelé la place occupée par les perruques et les toupets dans les chapeaux des classes cultivées, et a tourné le dos sans répondre. » *Bon sens de la foi*. — Gratiolet ajoute : « Quel dommage que cette méthode soit si incertaine ! nous aurions des intelligences de 1,000 grammes, de 1,500 grammes, de 1,800 grammes. Mais ce n'est pas tout à fait aussi simple. »

mouvements volontaires, ce principe n'a plus lieu. Une boule, par exemple, que j'aurai jetée ne communique à une seconde boule qu'un mouvement proportionnel à celui que ma main aura imprimé à la première; mais que je dise à quelqu'un à l'oreille : Il y a des archers qui vous guettent au coin de la rue pour vous prendre ; aussitôt mon homme se met à courir à toutes jambes. On voit bien qu'il n'y a aucune proportion entre ce peu de paroles dites à l'oreille, ou, si l'on veut, entre l'ébranlement qu'elles causent au cerveau de cet homme, et l'impétuosité de la course qui en est l'effet. Qu'est-ce donc qui s'interpose entre ces deux choses? Une idée de danger et ensuite une volonté de fuir, laquelle imprime aux jambes ce mouvement violent. Or, cette idée qu'une faible impression de l'air vient d'exciter, cet acte de vouloir qui fait à son tour sur le corps des impressions si puissantes, démontrent dans l'âme un principe interne d'action auquel le corps obéit. » Et il ajoute : « Donc notre âme est immatérielle. » Cette induction est si légitime, si évidemment conforme à toutes les données de l'expérience et de la raison, qu'il est inutile d'insister.

CONCLUSION.

Le matérialiste, qui représente la forme la plus radicale, sinon la plus perfide, des doctrines positives, étudie et analyse avec soin les phénomènes du monde sensible, il parvient même, grâce à ses longues et patientes recherches, à réaliser de merveilleuses découvertes; mais il enferme toute réalité dans le monde étroit, où sa méthode le confine, et, malgré son dédain pour les procédés rationnels, il élabore une métaphysique dont l'objet est une entité purement matérielle.

Le spiritualiste moderne tombe dans un extrême opposé. Partisan de la méthode psychologique, il relègue l'âme humaine dans un monde idéal, et, brisant le lien substantiel qui l'unit à notre corps, il ne peut ni assigner une raison suffisante aux phénomènes qui émanent d'un double principe, ni répondre par des arguments sérieux aux sophismes de ses adversaires. Il réfute une erreur par une erreur.

Entre ces deux systèmes également faux, il existe une philosophie solide dans ses principes, large dans sa méthode, sûre dans ses conclusions, conforme au bon sens, à la saine raison et à l'enseignement des siècles; elle unit dans la même substance composée, l'âme et la matière, le substratum de l'étendue et le principe de la force. Cette philosophie, supérieure au matérialisme et à l'idéalisme, est assurée du triomphe définitif; parce que, suivant l'expression de M. Bersot, elle est sage dans ses spéculations métaphysiques (1). Cette supériorité n'est pas moins évidente, si, des hauteurs de la pensée, nous descendons dans le domaine de la pratique.

(1) « La sagesse, recueillant toutes les vérités, affirme que l'homme est à la fois esprit et corps, esprit associé passagèrement à un corps, pour recevoir et lui renvoyer son influence, et former avec lui un tout naturel. La vérité ne détruit pas la vérité. » E. Bersot, membre de l'Institut.

II.
Utopie des socialistes (1).

Les théories positives, surtout depuis le dernier siècle, semblent avoir pour corollaire ou plutôt pour objectif la grande erreur du *socialisme*, et les révolutions modernes correspondent en politique, selon la pensée de Biran, « à la suprématie des sensations et des passions dans la philosophie et la morale. » L'expérience est là pour l'attester. En 1793, les ennemis les plus acharnés de l'ordre social étaient les partisans de Hobbes, de Locke, de Condillac, de Rousseau, de Condorcet et de Turgot; l'insurrection de 1848 n'a pas eu de promoteurs plus hardis que Lassalle, Vogt, Moleschott, Fourier, Proudhon, Leroux, Reynaud et Saint-Simon.

Les chefs du socialisme ne sont pas tous matérialistes; ils professent plutôt une espèce de *panthéisme* vague, où l'homme tient souvent la place de la divinité. Cependant leurs théories philosophiques, s'il faut donner ce nom à des *utopies* dénuées de tout fondement, se rattachent au positivisme et par la méthode et par les tendances. La métaphysique et le christianisme ne sont pas toujours complètement sacrifiés, « mais ils sont subordonnés aux

---

(1) Consulter les *Histoires de la philosophie contemporaine;* les *Œuvres* des socialistes; les *Ouvrages* de MM. Baudrillart, Tissot, Batbie, Lavergne, Maret, Mastier, Gratien-Arnault, Jannet; les importantes *Études* de MM. Périn, Bastiat, Montégut, Le Play; le livre de M. l'abbé Méric sur les *Erreurs sociales,* 1884; la *Revue politique et littéraire;* la *Morale positive* de M. Clavel; la *Philosophie sociale* de M. Bertauld; la *Morale dans la démocratie* de M. Barni; l'*Histoire de la science politique* de M. Janet; le *Communisme jugé par l'histoire* de M. Ad. Franck; les *Études sur les réformateurs* de M. Reybaud; l'*Histoire du communisme* de M. Sudre, etc.

intérêts de la vie présente; on cherche avant tout le progrès positif, le bonheur temporel, la satisfaction des appétits grossiers (1); » et, comme l'individu pris séparément ne peut réaliser cette félicité terrestre, on a recours au nombre, à l'association, à la force collective. De là est né le *socialisme*, qui a servi d'ébauche à la « *sociologie* » d'Auguste Comte et d'Herbert Spencer.

Le projet de reconstruire l'édifice social sur de nouvelles bases est fort ancien, et l'idée du progrès universel ne date ni de Condorcet, ni de Leibnitz, ni de Pascal. De plus, le socialisme fermentait en Angleterre, en Amérique, en Allemagne, en Russie, quand il fit explosion chez nous à l'occasion des troubles de 1848. Il a toujours été et il est toujours l'antagoniste de l'Église et l'ennemi des institutions chrétiennes. Avant de constater sous quelles formes il se révèle au xixe siècle et par quels moyens il étend ses conquêtes, il faut en étudier la nature et en découvrir le venin.

I. — Théories socialistes : métaphysique; morale; politique. — Reynaud; Proudhon.

Les socialistes contemporains ont reproduit, du moins en substance, les théories de Jordano Bruno et de Spinoza, de Machiavel, de Jean Bodin, de La Boëtie, de Thomas Morus, de Mariana, de Grotius et de Nood, de Hobbes, de J.-J. Rousseau et de Condorcet (2); ils les

---

(1) « La pensée dominante, exclusive même du socialisme, fut de réaliser ici-bas l'ordre parfait et la félicité que le moyen âge réservait à une existence toute surnaturelle : au lieu du ciel, la terre. » M. F. Ravaisson, *La philos. en France*, p. 41.

(2) *Histoire générale de la philosophie*, t. II, p. 302-304. — Cf. H. Baudrillart, *J. Bodin et son temps, Tableau des théories politiques et des idées économiques au seizième siècle*, Paris, 1853; Ed. Demolins, *Le mouvement communal et municipal au moyen âge*, Paris, 1875.

ont systématisées et réduites en un seul tout que l'on peut appeler à la fois le symbole et le code de la révolution.

Leurs tendances générales sont en opposition directe avec celles des économistes. Au lieu de favoriser les intérêts privés et le bien des individus, ils absorbent le particulier dans le général, la famille dans l'État, la propriété exclusive dans la communauté; partisans exagérés du communisme des anciens, ils placent dans la totalité, le nombre, la collection ou la multitude, la raison d'être de toutes choses et la source même du droit et du devoir; dans la recherche du vrai, ils substituent aux procédés rationnels l'enthousiasme irréfléchi et le sentiment vague des faux mystiques; ils ne reculent ni devant les rêveries choquantes du monisme et de la palingénésie, ni devant les monstrueuses conséquences d'une morale sans Dieu et d'une politique arbitraire (1).

Le panthéisme de la nouvelle école présente des nuances assez diverses. Les uns, à la suite de Saint-Simon, admettent, sans l'expliquer et surtout sans la prouver, la vieille théorie de l'identité absolue qui se résume dans la formule suivante : *Dieu est tout ce qui est; tout est en lui, tout est par lui, tout est lui;* les autres, à l'exemple de Pierre Leroux, professent une espèce d'émanatisme, où tous les êtres, soumis aux lois d'un progrès sans limites, apparaissent comme une portion de la substance infinie, une manifestation nécessaire et distincte des attributs divins. Charles Fourier et ses disciples semblent placer trois principes à l'origine des choses : Dieu, la matière et la mathématique; mais, en réalité, ils sont partisans d'un hylozoïsme bizarre. Le

(1) « La révolution s'est radicalement séparée non-seulement du christianisme, mais de toute religion passée, présente et à venir. » Proudhon, *De la justice dans la Révolution et dans l'Église*, t. I, p. 214.

monde qui, suivant leur opinion, doit vivre 80,000 ans, se compose d'êtres animés, les planètes tiennent conseil, produisent avec de l'arôme les métaux, les plantes, les fruits, elles sont soumises à la maladie, à la souffrance ; les âmes elles-mêmes sont une portion de la terre ; à la mort, elles passent dans un corps très subtil, et, dans une série de transmigrations ou d'existences différentes, au nombre de 1620, elles parcourent des espaces immenses et vont habiter d'un astre dans un autre. Tous ces changements s'effectuent sous l'influence des passions (1).

Cette palingénésie trouve son complet développement dans les œuvres de Reynaud. Comme elle est destinée, dans la nouvelle école, à remplacer le dogme de l'immortalité, il est bon d'en dire quelques mots.

Jean *Reynaud*, né à Lyon en 1806 et mort à Paris en 1863 (2), ouvrit à l'École des mines un cours de droit

---

(1) Voici, d'après l'auteur des *Prælectiones philosophicæ*, la théorie des passions que Charles Fourier développe dans ses ouvrages : « L'*attraction passionnelle* se divise en trois catégories : la première renferme les passions *sensitives*, la seconde les passions *affectives*, la troisième les passions *mécanisantes*. Les passions *sensitives* sont celles qui ont pour but le luxe ou le plaisir des cinq sens : elles sont donc au nombre de cinq. Les passions *affectives* sont celles qui tendent à former des groupes ou des séries de groupes ; elles sont au nombre de quatre, savoir : la passion de l'*amitié*, celle de l'*ambition*, celle de l'*amour* et celle de la *famille*. Les passions *mécanisantes* sont ainsi appelées, parce qu'elles servent à constituer le mécanisme des caractères et des instincts, de l'ensemble desquels doit résulter l'harmonie universelle. Ces passions sont : 1° la *cabaliste*, sentiment de l'émulation, goût de l'intrigue, des coteries, etc..... ; 2° la *papillonne*, besoin de variété, de situations contrastées ; 3° la *composite*, sorte d'enthousiasme résultant de deux excitations simultanées, l'une provenant des sens et l'autre de l'âme. La *composite* est le principe des *accords* comme la *cabaliste* est le principe des *discords*. » Page 285.

(2) J. Reynaud, *Ciel et Terre* ; Caro, *L'Idée de Dieu* ; Th.-H. Martin,

administratif ; il fut d'abord un des apôtres les plus zélés de l'église saint-simonienne, mais le cynisme d'Enfantin le dégoûta de la secte ; il devint président d'une commission scientifique sous le ministère de Carnot, et il siégea parmi les défenseurs de Cavaignac, à l'Assemblée nationale. Son activité prodigieuse, tempérée par les formes d'une modération calculée, en aurait fait un propagateur habile et un ennemi dangereux, s'il avait défendu des idées en opposition moins ouverte avec la raison et le bon sens.

Jean Reynaud combat en même temps le matérialisme de Broussais et la philosophie chrétienne, le paganisme des anciens et le christianisme du moyen âge ; il résume dans une phrase son nouveau système de « théologie philosophique : » Je suis, dit-il, « une substance anonyme que le vent promène à travers l'immensité, je me suis fixé tout à l'heure sur cette planète où je cherche à me développer en me rendant utile, et j'aspire à y ouvrir mes ailes pour reprendre mon voyage vers des astres meilleurs (1). » Les âmes, produites par « une mystérieuse expansion » de l'essence divine (2), ou sorties du néant par « une opération incessante du créateur (3), » circulent dans l'univers comme le sang « dans le corps des animaux (4) ; » elles sont retardées souvent dans leur évolution ; mais le progrès général suit son cours, et, tôt ou tard, chaque individu obéit au « souverain principe

---

La vie future suivant la foi et la raison. — J. Reynaud a collaboré à l'*Organisateur*, au *Globe*, aux *Prédications saint-simoniennes*, aux *Missions de province*, à la *Revue encyclopédique*, à l'*Encyclopédie nouvelle*, etc. L'ouvrage *Ciel et Terre* a été mis à l'Index en 1865.

(1) *Ciel et Terre*, p. 181. Nous citons la 6ᵉ édition.
(2) *Ibidem*, p. 281.
(3) *Ibidem*, p. 180.
(4) *Ibidem*, p. 243.

de la perfectibilité (1). » L'homme, selon toute apparence, doit encore se perfectionner sur notre planète avant d'émigrer dans une autre sphère (2); ce degré de développement s'effectue déjà sous « le rayonnement » du génie de la France, et consiste à établir le règne de la liberté à la place de « la tyrannie » et du « terre à terre » que « le vieux génie romain » a si longtemps maintenus sur notre globe (3).

L'abolition de la tyrannie, le progrès dans la liberté, par le travail; voilà le programme. Mais rien de plus vague, de plus indéfini. Reynaud se maintient presque toujours dans le domaine de la métaphysique et de la spéculation. Un révolutionnaire plus radical, le fameux Proudhon, s'attaque audacieusement aux grands problèmes de la morale et de la politique.

Pierre *Proudhon* (4), fils d'un pauvre tonnelier de Besançon et simple ouvrier typographe, dut sa fortune à la hardiesse de ses paradoxes et à la violence de ses diatribes. Il aimait le bruit, et volontiers il aurait tiré dans la rue un coup de pistolet, « pour assembler les passants et les occuper de sa personne (5). » Sa haine et son orgueil ne connurent point de bornes, et il consacra son talent, du

(1) *Ciel et terre*, p. 136.
(2) *Ibidem*, p. 79.
(3) *Ibidem*, p. 13.
(4) Proudhon, né à Besançon en 1809, mort en 1864 : *De la création de l'ordre dans l'humanité; Système des contradictions économiques; Solution du problème social; Le droit au travail; Démonstration du socialisme; Confessions d'un révolutionnaire; Gratuité du crédit; La révolution sociale démontrée par le coup d'État; Manuel des opérations de la Bourse; De la justice dans la Révolution et dans l'Église; Le représentant du peuple; Le peuple; La voix du peuple*, etc. — Cf. M. Méric, *Les erreurs sociales*.
(5) G. Vapereau, *Diction. universel des contemporains*, art. Proudhon, 1858.

reste incontestable, sa verve caustique et l'ascendant de son crédit à guerroyer contre Dieu et contre la société. Il est resté le type du blasphémateur impudent et du démolisseur impitoyable. Pour lui, Dieu, « c'est le mal; » la propriété, « c'est le vol. » Il veut établir un ordre nouveau, « sans considération aucune de la divinité (1), » et fonder le droit sur une base unique, le sentiment de la « dignité » humaine. Il condamne à juste titre l'égoïsme de Bentham et l'utilitarisme de Stuart Mill ; bien plus, la morale de l'intérêt général ne lui semble pas encore assez élevée, il place la perfection de la vertu et l'essence même de la justice dans la défense énergique de la dignité humaine : « Être prêt en toute circonstance, dit-il, à prendre avec énergie, et au besoin contre soi-même, la défense de cette dignité, voilà la justice (2). »

Une réflexion suffira pour montrer le vide de cette théorie sonore. Le christianisme nous fait aussi un devoir de reconnaître notre noblesse, de nous respecter, de prendre soin de notre honneur; mais en quoi consiste pour nous la vraie dignité? Proudhon rejette la spiritualité de l'âme et la vie future; il abolit la propriété et supprime le crédit, il avilit la famille en y introduisant le plus honteux concubinage (3), il préconise le système de l'éducation sans Dieu, il fait dépendre le bien et le mal de la volonté humaine, et il confond la morale avec la légalité. Combien plus sublime est la dignité de l'homme, telle que nous la montre le génie des philosophes chrétiens.

(1) *La justice dans la révolution*, t. I, p. 216.
(2) *Ibidem*, p. 216.
(3) Proudhon semble préférer le concubinage au divorce : « L'homme qui change de femme, dit-il, fait conscience neuve; il ne s'amende pas, il se déprave. » *De la justice*, t. IV, p. 246.

Proudhon, comme tous les socialistes, n'a pas d'expression assez vive pour flétrir les vices de l'état social; or, le remède qu'il propose, c'est l'abolition totale des institutions séculaires. Il imite le médecin qui, pour guérir son malade, ordonne de le tuer. Le bien sur la terre est toujours mélangé de mal. La sagesse consiste non pas à détruire le bien pour faire disparaître le mal, mais à combattre le mal pour favoriser l'expansion du bien. La révolution, sous toutes ses formes, méconnaît cette règle élémentaire; c'est pourquoi elle se consume en efforts inutiles et renouvelle sans cesse des tentatives qui sont infructueuses, quand elles ne sont pas criminelles. Elle est ridicule, quand elle n'est pas sanguinaire.

II. — **Formes du socialisme : école de Saint-Simon; école de Charles Fourier; école de Pierre Leroux.**

Les systèmes les plus dangereux se jugent par les conséquences où ils aboutissent. L'économie politique ayant pour unique base la morale égoïste de *Bentham* (1), aboutit aux monstrueuses théories de *Malthus* (2); le socialisme qui veut réaliser le bonheur des peuples sur la terre, en dehors des influences salutaires du christianisme, ne poursuit pas seulement une chimère, il est la justification de tous les attentats dont l'humanité est témoin, surtout depuis un siècle.

(1) Bentham, jurisconsulte et publiciste anglais, 1748-1832 : *Introduction aux principes de morale; Théorie des devoirs*, etc. — Cf. Jouffroy, *Cours de droit naturel;* Janet, *Traité élém. de philos.*
(2) Malthus, célèbre économiste anglais, 1766-1834 : *Essai sur le principe de population; Principes d'économie politique*, etc. — Cf. M. Mignet, *Notice sur Malthus.*

Il n'entre point dans notre plan d'exposer les formes diverses que les théories sociales ont revêtues à notre époque. Certains utopistes, comme Robert *Owen* en Angleterre et en Amérique (1), *Cabet* en France (2), *Lassalle* en Allemagne et en Suisse (3), se préoccupent assez peu de rattacher immédiatement leur projet de réforme à un système de philosophie spéculative; plusieurs rejettent tout principe éternel et immuable, font dériver les lois de la volonté humaine, cherchent la science du droit dans la force physique et varient leur ligne de conduite suivant l'occurrence et l'opportunité. Ils visent aux moyens de se créer des partisans; ils n'ambitionnent pas l'honneur d'avoir des disciples. Ils sont politiques, et non philosophes; d'autres cependant essaient de faire école et s'efforcent d'appuyer leur système de gouvernement sur la métaphysique ou la théologie que nous venons d'esquisser. A leur tête figurent Saint-Simon, Fourier et Leroux.

Henri de *Saint-Simon* (4), descendant du célèbre auteur des *Mémoires*, était né à Paris en 1760. Il chercha

(1) Robert Owen, né à Newtown en 1771 : *Le nouveau monde moral.* Owen est un des fondateurs des sociétés coopératives.

(2) Cabet, communiste, né à Dijon en 1788, mort en 1857 : *Voyage en Icarie; Le populaire.*

(3) Lassalle se rattache à l'extrême gauche hégélienne : « C'est encore, dit M. Janet, l'hégélianisme extrême qui, dans Lassalle et ses disciples, aboutissait au socialisme révolutionnaire. L'école de Proudhon représente assez bien chez nous cette espèce de philosophie raisonneuse, violente et chimérique. » *Le matérialisme contemporain*, p. 11.

(4) Saint-Simon, 1760-1825 : *Introduction aux travaux scientifiques du XIXe siècle; De la réorganisation de la société; Le système industriel; Le catéchisme des industriels; Opinions littéraires, philosophiques et industrielles; Le nouveau christianisme.* — Cf. Hullard, *Saint-Simon, sa vie et ses travaux;* Olinde Rodrigues, Enfantin, etc.

d'abord la fortune dans la carrière des armes. Il se livra ensuite à des spéculations commerciales. Il ne réussit pas, et, réduit à la misère, il tenta, mais inutilement, de se donner la mort. Outré de dépit contre la société, il conçut l'idée de la réformer, ou plutôt de la détruire. Le talent, la verve, l'enthousiasme ne lui faisait pas défaut; aussi parvint-il à grouper autour de lui un grand nombre d'esprits exaltés, qui poursuivirent avec acharnement la réalisation de ses projets. *Enfantin* se montra le plus ardent de tous (1); mais il froissa Reynaud en réclamant l'abolition du mariage et en préconisant le culte du vice. Bientôt la scission devint complète, la police interdit les assemblées, et l'association fut dissoute.

Saint-Simon, partant du fameux principe, *Dieu est tout ce qui est, tout est en lui, tout est par lui, tout est lui*, proclame la nécessité d'établir la paix la plus absolue et l'égalité la plus parfaite dans la *religion*, dans la *famille* et dans la *société*.

Suivant son opinion, l'humanité est passée par trois phases depuis l'origine des temps : à savoir, le *fétichisme*, le *polythéisme* et le *monothéisme*. A la première phase correspond l'état sauvage, la guerre entre les familles, l'anthropophagie et l'adoration abjecte de la nature inanimée; dans la deuxième phase, les cités se forment, les idées se développent, les mœurs s'adoucissent et l'esclavage succède à l'anthropophagie; pendant la troisième phase, les nationalités se forment, la force morale prend la place de la force brutale, le christianisme

(1) Enfantin, communément *le Père Enfantin*, né à Paris en 1796 : *Économie politique; Morale; Le livre nouveau; Correspondance philosophique et religieuse; Réponse au Père Félix; Un dernier mot au Père Félix*. — Le saint-simonisme a compté parmi ses adeptes Augustin Thierry, Olinde Rodrigues, Bazard, Auguste Comte, etc.

apparaît et réalise dans le monde un véritable progrès. Toutefois, cette religion n'établit pas encore l'égalité parfaite au sein de la grande famille humaine; de plus, elle élève l'esprit au détriment du corps, elle ordonne même d'humilier la chair, de la mortifier, de la faire souffrir. Le monothéisme n'est donc pas le dernier degré de la civilisation ; il doit disparaître et céder le rang au *panthéisme* saint-simonien.

Dans cette dernière période, il n'y aura plus de dissensions, et les hommes seront appelés à prendre part à la communion générale ou au banquet de la fraternité universelle. Pour obtenir cet heureux résultat, il est urgent de réformer la famille, où les hommes concentrent leurs affections au détriment de la fraternité, il faut émanciper la femme de l'autorité du mari, soustraire les enfants au foyer domestique, admettre la liberté du divorce (1).

Quand toutes les familles, grâce à l'éducation commune, seront fondues dans une seule société, chaque membre sera classé d'après son mérite et ses capacités : il y aura les *artistes* ou les prêtres, les *savants* ou les théologiens, les *industriels* ou les théurgiens. Un chef unique, investi de l'autorité absolue et désigné sous le nom de *Père suprême*, déterminera l'entrée dans l'une des trois classes, fixera les limites de la propriété individuelle et fera la juste répartition des biens. Son arbitrage remplacera l'hérédité naturelle et le droit de tester. De la sorte, le vrai bonheur sera réalisé sur la terre.

---

(1) Il est facile de saisir les analogies qui existent entre Saint-Simon et J.-J. Rousseau. Ce dernier dit, en parlant de l'enfance : « L'éducation publique, sous des règles prescrites par le gouvernement et sous des magistrats établis par le souverain, est donc une des maximes fondamentales du gouvernement populaire ou légitime. » *L'Émile*.

Charles *Fourier* caressa le même rêve (1); mais il se sépara de Saint-Simon sur des points importants. Il naquit à Besançon en 1768, et il exerça longtemps la profession de négociant dans sa ville natale; imbu des idées socialistes qui agitaient l'Europe et surtout la France, il résolut, à son tour, de doter l'humanité d'une nouvelle organisation sociale. Il exposa son dessein dans le livre qu'il publia en 1808, avec le titre de *Théorie des quatre mouvements et des destinées générales*. Après sa mort, qui arriva en 1837, de nombreux disciples continuèrent son œuvre et profitèrent de la licence de la presse pour fonder deux organes révolutionnaires : la *Démocratie pacifique* et la *Phalange*. Ces feuilles, rédigées par des hommes de talent (2), contribuèrent, dans une large mesure, à propager les doctrines qui amenèrent la révolution de 1848.

Fourier ne trouve pas le système de Saint-Simon assez radical. Le Père suprême et les trois classes de citoyens lui rappellent trop la royauté et les castes. Il les sacrifie à l'avantage de l'égalité et de la liberté. Il ne prend pas, non plus, pour point de départ, l'identité de tous les êtres; il professe plutôt un grossier naturalisme, où le libre développement et l'entière satisfaction des appétits sensuels sont envisagés comme le terme final du progrès humanitaire et comme la raison dernière de toute asso-

---

(1) Fourier, *Théorie des quatre mouvements; Traité de l'association; La fausse industrie; Le nouveau monde industriel; Le phalanstère*, etc. — Cf. V. Considérant, *Destinée sociale*; Mme Gatti de Gamond, *Fourier et son système*. Les disciples de Fourier tentèrent en vain d'établir un phalanstère à Condé-sur-Vesgre.

(2) Les principaux apôtres du fouriérisme sont : Victor Considérant, Pellerin, Hennequin, Laverdan. Ce dernier est devenu, après sa conversion, l'un des plus zélés défenseurs de l'Église catholique.

ciation. C'est le cynisme de *Stendhal* (1) transporté de la morale privée dans la morale publique.

Les passions, dit Fourier, sont toujours bonnes, et la sagesse consiste à favoriser leur libre essor, au lieu de les réprimer, comme font les prêtres, les législateurs et les moralistes. Les passions, semblables aux éléments constitutifs des êtres matériels, se groupent et se développent suivant les lois fatales et mathématiques de « l'*attraction;* » sous l'action puissante de cette attraction, les individus doués des mêmes inclinations s'unissent et se combinent pour former des « *séries;* » ces dernières, à leur tour, s'attirent et composent des « *phalanges* » de quinze cents personnes, au moins, réunissant dans une parfaite harmonie les tons divers ou les degrés des passions humaines.

La phalange doit loger dans un vaste édifice appelé « *phalanstère*. » Là, tous les goûts seront satisfaits; le travail exécuté en commun deviendra facile et agréable; il sera, du reste, accompagné de symphonies musicales et entrecoupé de spectacles, de fêtes, de repas somptueux. L'homme, en un mot, jouira de la vraie félicité.

Ce naturalisme était trop révoltant, ces utopies trop absurdes pour recueillir tous les suffrages des révolutionnaires. Pierre *Leroux* élabora, sous une forme en apparence plus rationnelle et plus modérée, un autre système d'organisation sociale et forma une nouvelle école dite « *humanitaire* (2). » Son communisme rappelle

(1) Stendhal (Henry Beyle) développe dans son roman, *Le rouge et le noir*, la théorie sensualiste la plus éhontée. Pour lui, le plaisir est l'unique bien, la mortification est un crime et un attentat.

(2) Pierre Leroux, né à Paris en 1798, mort en 1871, sous le règne de la Commune, ouvrier typographe, rédacteur du *Globe*, fondateur

les doctrines panthéistes et les théories égalitaires de la famille saint-simonienne à laquelle il avait appartenu. Partant de l'idée que tous les êtres participent nécessairement à la substance divine, sans être néanmoins identifiés avec elle, il arrive, par une série de transformations, à un état où tous les « despotismes, » c'est-à-dire toutes les inégalités disparaissent dans la famille, dans la société, dans la répartition des biens.

Il se sépare de Saint-Simon quand il s'agit de la difficulté capitale ; à savoir, le moyen d'établir cette égalité absolue et cette liberté sans limites. Il n'admet pas plus l'intervention du « Père suprême » qu'il ne croit à l'efficacité de « l'attraction personnelle. » Son facteur à lui, c'est l'amour ou la « *fraternité* » universelle. Pour obtenir la liberté et l'égalité, il faut, dit-il, prêcher la fraternité, resserrer les liens entre les hommes et entre les nations, convier l'univers à une communion de pensées, d'affections, de jouissances. C'est alors que nous obtiendrons notre fin dernière, le bonheur sur la terre.

Ce communisme revêt une forme indéfinie et se prête à toutes les nuances ; il a, de plus, une apparence de grandeur assez éblouissante ; il résume, enfin, ce qu'il y a de séduisant dans les utopies de J.-J. Rousseau, de Saint-Simon et de Fourier. C'est pourquoi nous le trouvons reproduit à peu près intégralement dans une foule d'élucubrations qui appartiennent à toutes les branches de la littérature contemporaine, depuis le journal de la rue jusqu'au roman du salon, depuis la chanson de la

---

avec Viardot et George Sand de la *Revue indépendante*, représentant du peuple, membre de l'Assemblée législative, a laissé un grand nombre d'ouvrages, en particulier : *Réfutation de l'éclectisme, De l'humanité, D'une religion nationale, Projet d'une constitution, Ploutocratie, Du Christianisme, De l'égalité, Malthus et les économistes,* etc.

taverne jusqu'à la tragédie du théâtre (1). Mais, s'il a pour lui la faveur d'une classe assez nombreuse, il a contre lui la réprobation de tous ceux qui se laissent guider par les lumières de la saine raison.

Le socialisme, en effet, est dénué de fondement. Il s'appuie sur le panthéisme, le naturalisme et le positivisme, c'est-à-dire sur une triple erreur. Ses défenseurs, méconnaissant la hiérarchie des êtres et faisant de l'homme une émanation de la divinité ou un produit spontané de la nature, proclament une indépendance en opposition manifeste avec l'ordre et la subordination que le Créateur a établis et maintient dans le monde. Ils marchent à la décadence au lieu de poursuivre le progrès, quand, au mépris des plus nobles aspirations de l'âme, ils se confinent dans les limites étroites de la vie présente et s'efforcent de réaliser la félicité suprême, sans recourir à l'influence salutaire de la religion. Leur politique, comme celle de tous les positivistes, ne peut être ni une science, ni un art; elle n'est appuyée sur aucun principe immuable, et, au lieu d'un ensemble de règles générales et de lois émanées d'une autorité légitime, elle présente un amas d'utopies conçues par la passion en des jours de haine et d'anarchie.

Les socialistes rêvent une égalité chimérique, et ils s'abusent étrangement sur la nature humaine, quand ils croient à la fraternité universelle, à la paix constante, à la satisfaction de tous les appétits. Ils ignorent où ils

---

(1) Les communistes de 1871 envoyèrent une députation aux funérailles de Pierre Leroux, en déclarant qu'ils rendaient hommage, « non pas au partisan de l'idée mystique, » dont ils portaient la peine, « mais à l'homme politique, qui, le lendemain des journées de Juin, » prit « courageusement la défense des vaincus. » *Journal officiel* du 15 avril 1871.

feignent d'ignorer que la liberté la plus saine et les joies les plus pures sont précisément celles qu'ils réprouvent. L'homme est à Dieu et pour Dieu avant d'être à la société et pour la société. L'orienter vers un autre but, c'est le violenter et le faire souffrir.

Ajoutons que les théories sociales de la révolution se trouvent en opposition évidente avec l'expérience. Il n'est point vrai que l'humanité, subissant les conditions du transformisme, passe graduellement du fétichisme au polythéisme, du polythéisme au monothéisme, du monothéisme au panthéisme. Le progrès n'a point suivi une marche ascendante, et, dans tous les cas, il a des limites, puisque les créatures qui obéissent à ses lois sont essentiellement finies et bornées. Enfin, les tentatives socialistes ont été criminelles dans leur mobile, désastreuses dans leur résultat. Il en sera ainsi de l'organisation savante que les disciples de Spencer ou les positivistes patronnent sous le nom de *sociologie*.

III.

Neutralité des positivistes (1).

La sociologie est la dernière forme que les doctrines positives ont revêtue à notre époque. Elle se rattache à l'école des positivistes proprement dits, ou à cette classe de philosophes qui affectent de tenir la *neutralité* dans toutes les questions métaphysiques, et cherchent à se cantonner dans le domaine de l'expérience.

Le positivisme, dans son sens le plus restreint, est

(1) Consulter les ouvrages cités dans ce chapitre, principalement à la page 178; voir aussi l'article de M. Émile Charles, sur le positivisme, dans le *Dictionnaire des sciences philosophiques*.

assez nettement défini par les deux chefs qui l'ont implanté en France, Auguste Comte et Émile Littré : « Toute science, disent-ils, consiste dans la coordination des faits (1); » l'absolu est « inaccessible à l'esprit humain, » et il ne peut, en conséquence, devenir l'objet « ni de démonstration, ni de réfutation (2).. » En d'autres termes, il faut étendre la méthode empirique à tous les problèmes de l'esprit humain et rejeter hors de la science tout ce qui dépasse les données de l'expérience ; les spiritualistes et les matérialistes se trompent, les uns en affirmant, les autres en niant la réalité des êtres suprasensibles. La vraie sagesse demande que nous restions *neutres* sur le terrain de la métaphysique.

Jamais neutralité ne fut moins bien gardée. Pour s'en convaincre, il suffit d'esquisser l'*histoire* et d'analyser les *œuvres* des principaux chefs de l'école. Les disciples sont trop nombreux pour qu'il soit possible d'en parler, et, du reste, ils sont, pour la plupart, dépourvus de toute originalité.

I. — Principaux chefs du positivisme : Comte, Stuart Mill, Littré, Herbert Spencer, Taine.

Auguste *Comte* (3). — L'Angleterre, comme nous l'avons observé à diverses reprises, est le foyer du positi-

---

(1) Auguste Comte. — Voir le *Cours de philosophie positive.*
(2) Émile Littré, *Conservation, Révolution, Positivisme, Paroles de phil. positive.*
(3) Auguste Comte, *Œuvres*, en particulier : *Cours de philosophie positive; Système de politique positive*, ou *Traité de sociologie instituant la religion de l'humanité; Synthèse subjective; Calendrier positiviste; Bibliothèque positiviste.* — Cf. MM. Robin et Robinet, *Monographies;* Ad. Franck, *Philosophie et religion;* M. l'abbé de Broglie, *Le positivisme et la science expérimentale*, etc.

visme contemporain, et David Hume est, en philosophie, « le principal précurseur » de la nouvelle école ; cependant, Auguste Comte fait beaucoup d'emprunts à Saint-Simon, et sa doctrine dérive à la fois du scepticisme matérialiste et des utopies socialistes.

Ce personnage, dont la réputation a été surfaite et la valeur exagérée, naquit à Montpellier en 1798. Son indiscipline le fit expulser de l'École polytechnique. Il se croyait de rares aptitudes pour exercer une haute magistrature intellectuelle, parce qu'il en avait un vif désir ; aussi se sépara-t-il de Saint-Simon, qui voulait le réduire à la condition de simple disciple, et essaya-t-il, dès 1826, d'ouvrir un cours de philosophie positive. Un premier accès d'aliénation le condamna au silence pendant deux années ; il reprit ensuite ses leçons, et, malgré son caractère despotique, il groupa autour de lui un certain nombre d'admirateurs et de disciples dévoués (1). Toutefois, il ne put obtenir d'Arago lui-même la chaire qu'il convoitait à l'Ecole polytechnique, et il fut réduit, pour subsister, à recevoir une subvention de ses amis.

A partir de 1845, il entra dans une phase où la plupart de ses partisans refusèrent de le suivre ; il y en eut même qui attribuèrent sa nouvelle évolution à un état voisin de la folie et à un enthousiasme, dont rien ne pouvait calmer l'ardeur passionnée et irréfléchie. Toujours est-il que le positiviste de la veille, oubliant ses principes sur la neutralité, résolut d'établir une religion

---

(1) Les amis d'Auguste Comte lui assignent un rang à part dans la famille des hommes célèbres, et M. Littré pense « qu'il fut illuminé des rayons du génie et qu'il mérite une grande place à côté des plus illustres coopérateurs de cette vaste évolution, qui entraîna le passé et qui entraînera l'avenir. »

avec ses pontifes, ses rites et ses symboles; à l'adoration des trois personnes divines, il substitua le culte du *Grand Milieu*, du *Grand Fétiche* et du *Grand Être*, c'est-à-dire de l'espace, de la terre et de l'homme (1). Quand il mourut, en 1857, il semblait tourner ses regards vers la véritable Église, et, plus d'une fois, il fit ses délices de la lecture de l'*Imitation*.

A son point de départ, Auguste Comte ne voit dans la philosophie que la généralisation des sciences particulières et la « coordination du savoir positif; » plus tard, il se dégage des entraves de la méthode empirique et s'élève par degrés non-seulement à une métaphysique, mais encore à une religion. De là un ferment de discorde dans l'école : les uns l'accompagnent dans la marche ascendante de sa pensée; les autres ne gardent que sa conception de la science humaine.

M. Caro a exposé ces divergences dans une page que nous lui empruntons : « En France, dit-il, il faut citer en première ligne les adeptes fidèles qui ont suivi Auguste Comte jusqu'au bout, tels que le docteur *Robinet* et M. *Laffitte*, et, d'autre part, ceux qui ont accompagné M. *Littré* dans son schisme antithéologique, tels que M. *Wyrouboff* et le docteur Charles *Robin*. L'Église orthodoxe compte à Paris quelques centaines d'adhérents, tout au plus; quelques groupes existent aussi en province; on en signale en Suède et dans certaines contrées

---

(1) D'après Auguste Comte, nous devons « vénérer au premier rang l'entière plénitude du type humain, » ensuite « la terre bienveillante, dont le concours volontaire, quoique aveugle, est toujours indispensable à la suprême existence, » et enfin « les astres, surtout le soleil et la lune. » Cf. *Synthèse subjective, Traité de sociologie instituant la religion de l'humanité*. A. Comte appelle aussi l'espace et l'immensité le Grand Destin et le Grand Être.

de l'Allemagne du Sud. En Angleterre, il faut faire la même distinction qu'en France, selon que les positivistes ont suivi Comte dans la dernière évolution de sa pensée et qu'ils acceptent son système complet, philosophique, social et religieux, ou qu'ils se refusent à le suivre dans sa transformation et s'attachent exclusivement au *Cours de philosophie positive*. Miss Harriet *Martineau*, la chère disciple, Richard *Congrève*, qui depuis a fait une évolution dans le sens piétiste, et le docteur *Bridges* ont été d'abord les grands fidèles. Le docteur Bridges, notamment, a maintenu avec beaucoup de vivacité, dans une polémique qui a eu son heure en Angleterre, l'unité indissoluble de la doctrine d'Auguste Comte, prenant à partie Stuart Mill, qui prétendait faire dans cette doctrine deux parts indépendantes l'une de l'autre, « l'une renfermant de grandes vérités avec un petit nombre d'erreurs, l'autre où quelques suggestions heureuses surnagent au milieu d'un véritable chaos d'incohérences. » Mais *Stuart Mill* lui-même et un grand nombre de penseurs anglais, quelques-uns de premier ordre, MM. *Bain*, *Bailey*, *Lewes*, *Herbert Spencer*, ont reçu fortement l'empreinte de l'idée positiviste, au moins au commencement de leur carrière philosophique. Ceux-là se sont dégagés très librement de cette influence dans ce qu'elle avait d'étroit et de trop particulier. Aucun pourtant ne désavouerait, j'en suis sûr, l'influence d'origine. — A côté de ces positivistes de la première ou de la deuxième heure, en France et en Angleterre, il faut remarquer la place d'une multitude flottante et toujours croissante de positivistes d'intention et de fait, hommes de science politique, hommes du monde, qui, sans avoir approfondi la doctrine, se sont ralliés à ces deux propositions qu'ils ont nettement saisies à travers les complications et les obscurités de détail et où, d'ailleurs, se résume la philosophie de l'école : exclure la métaphysique et réduire la connaissance à la science positive, qui doit suffire à tout, étant la seule qui puisse donner des résultats véritables et se placer en dehors des erreurs possibles et des contradictions (1). » De tous les partisans plus ou moins avoués d'Auguste Comte, *Mill*, *Littré* et *Spencer* sont ceux qu'il nous importe de connaître. Il convient, toutefois, de leur adjoindre M. *Taine*, qui, tout en montrant une grande indépendance, aboutit dans ses œuvres philosophiques à peu près au même résultat que les positivistes.

Stuart *Mill* (2). — John Stuart Mill, né à Londres en 1806, était fils du célèbre James *Mill*, historien, économiste et philosophe écossais (3). Son père, qui fut l'ami dévoué de Bentham et l'ardent propagateur de la morale utilitaire, l'initia, dès son bas âge, à la culture des sciences positives, et développa sa raison au détriment des autres facultés. Ce système d'éducation, joint aux luttes de chaque jour, exerça une fâcheuse influence sur le caractère de John Stuart ; mais il dirigea son esprit vers l'étude de la logique et lui valut sa réputation. Dans un voyage en France, le jeune anglais choisit pour maître Auguste Comte, et, sans adopter toutes ses idées, il devint l'un des propagateurs les plus zélés de son sys-

---

(1) *M. Littré et le positivisme*, Paris, 1883, p. 138-141.

(2) Stuart Mill, ses *Œuvres*, en particulier : *Système de logique ; Auguste Comte ; Examen de la philos. de W. Hamilton ; Psychologie de M. Bain ; Principes d'économie politique ; Du gouvernement représentatif ; Essais*, etc. — Cf. Lachelier, *Du fondement de l'induction* ; Taine, *Le Positivisme anglais* ; Ribot, *La Psychologie anglaise* ; P. Janet, C. de Rémusat, *Revue des Deux-Mondes* ; R. Millet, etc.

(3) James Mill, 1773-1836 : *Analyse des phénomènes de l'esprit humain ; Éléments d'économie politique*, etc.

tème, et quand la mort le surprit, en 1873, il travaillait au triomphe de son école.

Stuart Mill a exposé la *logique* du positivisme avec une inflexible rigueur, et en a montré toutes les conséquences soit en métaphysique, soit en morale ; placé par son intelligence et son savoir à la tête des philosophes que les anglais appellent *associationistes*, il s'est appliqué, en suivant les règles de sa méthode, à réduire toutes nos idées à des perceptions sensibles et tous nos jugements, même les plus absolus, à des groupements de sensations qui s'effectuent à la présence des phénomènes et se fixent par l'*habitude*. Selon la remarque de M. Ravaisson, il est en cela plus fidèle que son maître « au principe positiviste, qui est de s'en tenir aux seuls faits ; » il relève et critique vivement « chez Auguste Comte cette préoccupation constante, que trahit l'emploi continuel des mots *système*, *systématiser*, *systématisation*, et autres de même valeur. Il s'en étonne, puis il y voit l'effet d'une inclination naturelle de l'esprit français, toujours ami de l'ordre et de l'unité (1). »

Malgré cette fidélité apparente, l'auteur du *Système de logique* ne se tient pas dans la neutralité si chère aux positivistes ; à chaque instant il abandonne Hobbes et Locke pour marcher à la suite de Berkeley dans la voie du scepticisme idéaliste, et il déclare que l'objet même de la science positive, le fait extérieur et matériel, échappe à nos investigations : « Nous ne connaissons de la matière que les sensations qu'elle nous cause et l'ordre dans lequel ces sensations apparaissent ; » en conséquence, nous ne pouvons avoir de certitude sur la réalité objective de nos perceptions les plus élémentaires, et

(1) *La philosophie en France au XIX° siècle.*

nous sommes condamnés au doute absolu (1). De temps en temps, au contraire, il semble admettre la possibilité d'une métaphysique, et, à travers « les fissures » de la muraille qui nous enferme, il entrevoit « des rayons » projetant de la lumière sur des êtres inconnus.

Émile *Littré* (2). — Le plus célèbre positiviste de l'école française nous offre l'exemple de variations encore plus étonnantes.

M. Littré appartenait à une famille de révolutionnaires, et il « avait été formé à l'école et dans le culte de la Convention (3). » Né à Paris en 1801, il fit de solides études à Louis-le-Grand; au sortir du lycée, la vie lui apparut déjà pleine d'incertitude, il songea d'abord à l'école polytechnique, ensuite il embrassa la carrière médicale, mais il négligea de prendre le grade de docteur et montra des préférences pour la linguistique; plus tard la politique lui sourit, et, après s'être mêlé aux luttes de 1830, il entra dans la rédaction du *National*; il accueillit avec joie la révolution de 1848, et il se fit élire conseiller municipal de Paris; il manifesta le même enthousiasme à la chute du second empire, et, en 1871, il fut nommé député de la Seine; en 1875, il entra dans la franc-maçonnerie et reçut le titre de sénateur inamovible; il était depuis longtemps membre de

---

(1) Voir en particulier le *Système de logique*.

(2) Emile Littré, ses *Œuvres*, en particulier : *Analyse raisonnée du cours de philosophie positive; Application de la philos. positive au gouvernement des sociétés; Conservation, Révolution, Positivisme; Paroles de philos. positive; Auguste Comte et la philos. positive; Fragments de philos. positive; Revue de philos. positive*, en collaboration avec M. Wyrouboff; *Dictionnaire de médecine*, en collaboration avec M. Robin; *Dictionnaire de la langue française*, etc. — Cf. M. *Littré et le positivisme*, par E. Caro, 1883.

(3) *M. Littré et le Positivisme*, p. 9.

l'Académie des inscriptions, et l'Académie française lui avait offert un fauteuil en 1871, malgré l'énergique protestation de Mgr Dupanloup.

Cette vie en apparence si agitée n'absorba point M. Littré, et ne l'empêcha pas de consacrer une partie notable de son temps à la défense de son système philosophique.

Ce fut en 1840, après la lecture des œuvres d'Auguste Comte, que le nouvel apôtre du positivisme acheva de s'initier aux doctrines de l'école et résolut de leur consacrer son talent et ses veilles (1). Il entreprit d'éclaircir la pensée souvent nuageuse du maître et de condenser sa phrase trop délayée; il imprima aussi à plusieurs disciples une impulsion marquée vers le matérialisme, et, au risque de passer pour schismatique en refusant de suivre Comte dans son évolution religieuse, il admit l'humanité seule comme « idéal de nos pensées, centre de nos affections, but de notre activité et de nos services, objet de nos fêtes (2); » de plus, il compléta la classification des sciences, en y ajoutant l'économie politique, la théorie cérébrale et la psychologie, ou l'étude « subjective de l'humanité, » l'esthétique et la morale.

M. Littré est un érudit de premier mérite, et il doit sa renommée à ses patients labeurs, plutôt qu'à la promp-

---

(1) C'est à partir de 1845 que parurent la plupart des ouvrages philosophiques de M. Littré.

(2) La religion de l'humanité, dit M. Littré, « est la religion démontrée, la base religieuse de la société de l'avenir. C'est elle seule qu'il faut connaître, aimer, servir. » *Conservation.* — Pour le matérialisme de M. Littré, consulter l'édition de 1858 du *Dictionnaire de médecine*, articles *Ame, Homme*, pag. 54, 693, etc. — L'âme est définie « l'ensemble des fonctions du cerveau et de la moelle épinière, » et l'homme est appelé « un animal mammifère de l'ordre des primates, famille des bimanes, etc. »

titude et à la pénétration de son esprit; il ne sait rien
« par intuition, » et il est contraint de tout apprendre
« par expériences chèrement achetées et par tentatives
« redoublées (1). » Il marche à tâtons, comme un voyageur dans une demi-obscurité. Il a sans cesse besoin
d'un guide sûr, et ce guide lui fait souvent défaut; c'est
pourquoi, sous les apparences d'un positiviste aux convictions arrêtées, pensant et agissant à la façon d'un
stoïcien, il est en proie à la souffrance morale (2), et il
éprouve comme Jouffroy la maladie du doute. Il est
déiste, au début de sa carrière philosophique; ensuite il
laisse « aller toute sa religion naturelle » et il devient
« négateur; » plus tard, il s'attache aux conceptions
positivistes et s'en déclare le zélé défenseur; mais, instruit par l'expérience, il corrige ses théories matérialistes et il avoue que ses rêves sur les destinées des
sociétés humaines sont de vaines utopies (3); enfin il
s'affranchit de ses idées d'autrefois, « devenues des
erreurs à ses yeux, acceptées imprudemment un jour,
sans contrôle suffisant, sous l'autorité du positivisme
et le patronage d'Auguste Comte (4). » Il ne sait pas
éviter le danger de se contredire, qu'il appelle « la plaie
des esprits d'aujourd'hui. »

Dans ses dernières années, M. Littré a reconnu les
grandeurs et les bienfaits du christianisme (5), il a per-

(1) *Études et Glanures*, p. 425.

(2) A une époque de sa vie, M. Littré, « hanté par des idées noires, » hésita « entre le mariage, un voyage lointain et le suicide. » M. Caro, p. 24.

(3) Comparer les deux premières éditions de l'ouvrage intitulé *Conservation, Révolution, Positivisme*, le *Dictionnaire de médecine* et le *Dictionnaire de la langue française*.

(4) M. Caro, p. 112 et 113.

(5) *Revue de philosophie positive*, 1880.

mis au prêtre de s'asseoir à son chevet et il a reçu le saint baptême. Depuis lors, l'école positiviste n'a plus en France de chef accrédité et c'est à l'Angleterre qu'elle demande ses plus fermes appuis.

Herbert *Spencer* (1). — Né à Derby en 1820, d'une famille protestante, Herbert Spencer reçut une brillante éducation. Il était ingénieur civil à dix-sept ans; en 1847, il abandonnait sa carrière et se livrait entièrement à des travaux littéraires et philosophiques. Non-seulement ses compatriotes, mais les Français, les Russes et les Américains professent pour lui une admiration voisine de l'enthousiasme; plusieurs le regardent comme « un vaste et puissant esprit. »

Il est impossible de le nier, Herbert Spencer a subi l'influence d'Auguste Comte, et, de concert avec Stuart Mill, George Lewes (2), Alexandre Bain (3) et Samuel Bailey, il a puissamment contribué à la diffusion des doctrines positives, il a développé la théorie de la connaissance, que le chef de l'école a presque toujours négligée, et il s'est rendu célèbre par ses études sur la *sociologie* (4); mais, oubliant lui aussi la neutralité de con-

---

(1) Herbert Spencer, *OEuvres*, en particulier : *Statique sociale; Principes de psychologie; Essais scientifiques, politiques et spéculatifs; Éducation intellectuelle, morale et physique; Principes fondamentaux; Classification des sciences; Principes de biologie; Génération spontanée; Discussions récentes sur la science; Étude de la sociologie; Sociologie descriptive*, etc. — Voir les principales *Revues*, surtout la *Revue des Deux-Mondes*, articles de M. P. Janet, etc.

(2) George Henry Lewes, né à Londres en 1817, littérateur et physiologiste : *Revues; La philosophie des sciences, d'Aug. Comte; Histoire de la philos., de Thalès à Comte*, etc.

(3) Alexandre Bain, né à Aberdeen en 1818, écrivain et professeur : *Logic deductive and inductive; Mind and Body; The sens and the intellect; The emotions and the will*, etc.

(4) Cf. *Étude de la sociologie; Sociologie descriptive*, etc.

vention, il s'est permis des aveux compromettants et il a fait de nombreuses excursions dans le domaine de la métaphysique : « Personne, parmi les penseurs plus ou moins directement issus du positivisme, dit M. Caro, n'a plus vaillamment accepté la nécessité de ce concept de l'inconnaissable et des conséquences qu'il implique, personne n'en a plus clairement et résolûment dégagé le sens véritable et la portée que ce vaste et puissant esprit, M. Herbert Spencer. Mais c'est en même temps la destruction logique du positivisme. En voici l'exact résumé : les arguments à l'aide desquels on démontre que l'absolu est inconnaissable expriment imparfaitement la vérité; ils l'expriment uniquement sous le côté logique; sous le côté psychologique, c'est différent. Toutes les propositions de ce genre omettent ou plutôt excluent un fait de la plus haute importance. A côté de la conscience définie dont la logique formule les lois, il y a une conscience indéfinie qui ne peut être formulée. Il y a tout un ordre de pensées réelles quoique indéfinissables, qui sont des affections normales de l'intelligence. On dit que nous ne pouvons connaître l'absolu; mais dire que nous ne pouvons le connaître, c'est affirmer implicitement qu'il y en a un. Quand nous nions que nous ayons le pouvoir de connaître l'essence de l'absolu; nous en admettons tacitement l'existence, et ce seul fait prouve que l'absolu a été présent à l'esprit, *non pas en tant que rien, mais en tant que quelque chose...* Un sentiment toujours présent d'existence réelle et substantielle fait la base même de notre intelligence. Le relatif est inconcevable s'il n'est pas en relation avec un absolu réel : autrement ce relatif deviendait absolu lui-même et acculerait l'argument à une contradiction... En examinant l'opération de la pensée dans ses conditions et dans ses lois, nous voyons également comment il nous est impossible de nous défaire de la conscience d'une réalité cachée derrière les apparences, et comment de cette impossibilité résulte notre indestructible croyance à cette réalité (1). » Un langage à la fois si franc et si sérieux, émané de l'un des organes les plus autorisés de l'école positiviste, est une preuve évidente que le système tout entier repose sur une hypothèse chimérique, à savoir, sur la possibilité de se maintenir en équilibre entre la négation et l'affirmation et de garder la neutralité devant les grands problèmes de la métaphysique.

Hippolyte *Taine* (2). — Plusieurs critiques assignent une place à M. Taine dans les rangs des positivistes; d'autres se réjouissent de le compter désormais au nombre des spiritualistes. Nous laissons de côté ce procès de tendance, pour juger de sang-froid les œuvres philosophiques du célèbre écrivain.

M. Hippolyte-Adolphe Taine naquit à Vouziers en 1828; il fut admis à l'École normale à l'âge de vingt ans; en 1864, l'École des Beaux-Arts lui confia une chaire importante. Dans cette haute position, il s'est acquis une brillante renommée et il est parvenu, malgré une vive opposition, à se faire ouvrir les portes de l'Académie française.

M. Taine est à la fois littérateur, artiste, historien,

---

(1) Herbert Spencer, *Premiers principes*, ch. IV, p. 93-103. Voir M. Caro, p. 158-159.

(2) H. Taine, *Œuvres*, en particulier : *Les philosophes classiques du XIXᵉ siècle en France; l'Idéalisme anglais, étude sur Carlyle; le Positivisme anglais, étude sur Stuart Mill; Philosophie de l'art; Philosophie de l'art en Italie; l'Idéal dans l'art; Philosophie de l'art dans les Pays-Bas; Philosophie de l'art en Grèce; De l'intelligence*, etc. Cf. M. l'abbé Empart, *L'empirisme et le naturalisme contemporain*.

philosophe, et dans le vaste domaine, où son intelligence se meut sans effort, il cherche à se pratiquer des voies nouvelles et il affecte de ne point marcher dans les sentiers battus. Il dirige de préférence les saillies de sa verve contre le spiritualisme officiel (1); mais il exerce aussi sa critique au détriment de la saine morale ou des dogmes religieux, et il s'attire les censures de l'Index (2). L'idéalisme de Carlyle est à ses yeux le rêve d'un insensé, et l'empirisme de Stuart Mill lui semble trop absolu (3); il essaie de prendre position entre le spiritualisme qui admet un monde « invisible, intangible, incorporel, » et le positivisme qui considère « les causes ou forces, notamment les causes premières, comme des choses situées hors de la portée de l'intelligence humaine (4). »

Il existe, en effet, un système intermédiaire, qui n'est ni le spiritualisme, ni le positivisme; mais M. Taine ne le connaît pas, ou du moins il ne s'y attache pas, et finalement il aboutit aux mêmes conclusions que Bain et Lewes. Dans son ouvrage fondamental, qu'il intitule *De l'Intelligence* et qu'il dédie à l'orientaliste Franz Woepke, il ne nie pas la possibilité de la métaphysique; mais, à son avis, cette science n'est point faite. En d'autres termes, nous ne savons encore rien de Dieu, de l'âme, de la vie future (5). Il admet la légitimité de l'induction, la va-

---

(1) Cf. *Les philosophes classiques*.
(2) *Histoire de la littérature anglaise*, à l'Index, 1866.
(3) *L'idéalisme anglais, étude sur Carlyle; Le positivisme anglais, étude sur Stuart Mill*.
(4) *Les philosophes classiques*, édition de 1868, p. VI-VII. C'est cette édition que nous citons.
(5) « Ici nous sommes au seuil de la métaphysique; à mon sens elle n'est pas impossible. Si je m'arrête, c'est par sentiment de mon insuffi-

leur du principe de causalité, la rectitude de nos puissances ; mais la science se borne, pour lui, à enregistrer « de tout petits faits bien clairs, importants, significatifs, amplement circonstanciés et minutieusement notés (1) ; » les mots « *faculté, capacité, pouvoir,* » ne sont que « des noms commodes au moyen desquels nous mettons ensemble dans un compartiment distinct, tous les faits d'une espèce distincte (2) ; » la cause première est une formule, « un axiome éternel, » qui, placé au sommet des choses, « au plus haut de l'éther lumineux et inaccessible, » se prononce lui-même et compose, « par ses ondulations inépuisables, l'immensité de l'univers (3). »

Après avoir exposé son système à ses amis, M. Taine alla dormir, invitant son lecteur à l'imiter (4). Nous pourrions suivre ce conseil. Cependant prenons le positivisme plus au sérieux, et tâchons d'en exprimer le venin.

II. — Le positivisme est un matérialisme déguisé, qui ne résiste pas à la critique.

Le matérialisme est faux ; nous l'avons démontré. Or, le positivisme n'est autre chose qu'un matérialisme déguisé sous des formules sonores, coordonné dans toutes ses parties et réduit à sa forme scientifique la plus rigoureuse. Une simple exposition suffira pour mettre ce fait dans toute son évidence.

sance ; je vois les limites de mon esprit, je ne vois pas celles de l'esprit humain. » *De l'intelligence,* 1870, t. II, p. 492.

(1) *Ibidem,* t. I, p. 4.
(2) *Ibidem,* p. 3.
(3) *Les philosophes classiques,* p. 370.
(4) « Il était tard ; mes deux amis me renvoyèrent, et j'allai dormir. Il y a deux heures, cher lecteur, que vous avez envie d'en faire autant. » *Ibidem,* p. 371.

La *logique* des positivistes, avec sa *méthode* empirique, ne renferme aucun élément qui ne soit en germe dans les œuvres de Hobbes, de Hume, de Locke, de Hartley, et, comme on l'a dit, James Mill est l'anneau intermédiaire qui soude les deux extrémités d'une même « chaîne philosophique (1). » A l'exemple de Hume et de Hartley, Stuart Mill et Herbert Spencer réduisent toutes nos idées à des sensations, qui ont entre elles de simples rapports de concomitance et ne se déduisent pas les unes des autres; il en résulte que l'effort de l'entendement consiste à unir des sensations à des sensations et que la science n'est rien, sinon une « trame d'efforts intérieurs » ou de faits accessibles à l'observation (2); les principes eux-mêmes avec leur apparence d'absolue nécessité appartiennent à « une certaine classe d'expérience : » nous lions toujours ensemble les éléments qui les composent, et soit en vertu d'une longue « *habitude* (3), » soit à cause des lois de « *l'hérédité* (4), » nous ne pouvons concevoir d'opposition entre ces éléments; par exemple, nous ne comprenons pas que trois et trois puissent jamais donner sept. En est-il ainsi pour toute intelligence? Nous ne saurions l'affirmer.

Tout découle de là. Pour les positivistes, comme pour les matérialistes, la proposition de Locke est vraie : nous ne pouvons saisir ce qui dépasse la portée des sens, la cause, l'essence, la substance nous restent inconnues; nous savons seulement la signification attribuée à ces

---

(1) Huxley, *Hume, sa vie, sa philosophie*, traduction de M. Compayré, 1880, Préface, p. xxxviii.
(2) Stuart Mill, *Système de logique*. — D'après M. Taine, nos idées générales elles-mêmes « se réduisent à des signes. » *De l'Intelligence.*
(3) Stuart Mill, *Ibiasm.*
(4) Herbert Spencer, *Premiers principes.*

mots. Par conséquent, *définir* c'est préciser l'acception d'un terme, et non pas exprimer la nature d'une chose; ou encore, c'est décrire les circonstances qui se trouvent constamment unies à certains faits, et non pas caractériser les propriétés essentielles d'où découlent les accidents et les modes. *Prouver*, ce n'est pas déduire une conséquence de prémisses certaines; c'est aller des cas observés aux cas non observés, « avec des formules commémoratives, » dont nous faisons usage « pour la commodité (1). » La méthode *inductive* elle-même, dans laquelle tout raisonnement vient se résoudre, est une opération « instinctive, dont le mécanisme » consiste à unir une suite de faits à d'autres suites de faits semblables, sans que, pour cela, il soit nécessaire de sortir du domaine de l'expérience et de recourir à une faculté supérieure.

La *métaphysique* ne peut être une science; c'est pourquoi Dieu ou la cause première, l'âme humaine et en général toutes les substances spirituelles sont pour nous autant de « fantômes » créés par la « conscience, » la substance matérielle, de son côté, est un « fantôme » créé par les « sens. » Nous pensons, dit M. Taine, « qu'il n'y a ni esprit ni corps, mais simplement des groupes de mouvements présents ou possibles. Nous croyons qu'il n'y a point de substances, mais seulement des systèmes de faits. Nous regardons l'idée de substance comme une illusion psychologique. Nous considérons la substance, la force et tous les êtres métaphysiques des modernes comme un reste des entités scolastiques. Nous pensons qu'il n'y a rien au monde que des faits

---

(1) Stuart Mill, *Système de logique.*

et des lois, c'est-à-dire des événements et leurs rapports (1). »

Les hommes de génie, les Aristote, les Thomas d'Aquin, les Bossuet, les Leibnitz ont, il est vrai, placé la métaphysique au sommet des sciences humaines; mais en cela ils n'ont fait qu'obéir aux lois de l'histoire. En effet, le genre humain, d'après Comte et Littré, doit passer par trois étapes : dans la première, appelée *théologique*, l'intelligence peu développée cherche la cause des choses en des êtres mystérieux, supérieurs au monde, agissant en dehors des lois physiques et modifiant à leur gré le cours de la nature; durant la deuxième étape, dite *métaphysique*, l'humanité ne sort point tout à fait de l'enfance, cependant elle soupçonne que l'ordre de l'univers, avec sa constance et son harmonie, est le produit de causes efficientes, ou de puissances occultes distinctes des phénomènes, mais agissant d'après des lois constantes et uniformes; dans la troisième étape, nommée *positive*, les causes métaphysiques sont éliminées de la science avec les êtres surnaturels, et l'esprit, parvenu à son plus haut degré de culture, se borne à classer les phénomènes et à observer les circonstances physiques suivant lesquelles ils se produisent. Ce dernier état est définitif et marque le terme du progrès pour notre espèce. En vain observe-t-on que telle n'a point été la marche de l'humanité, que la philosophie grecque, par exemple, a été matérialiste avant d'être spiritualiste, M. Littré prend la défense d'Auguste Comte, et n'hésite pas à ranger l'hypothèse des trois étapes parmi les découvertes les plus ingénieuses et les plus fécondes.

---

(1) *Le positivisme anglais*, p. 114. Cf. *Les philos. classiques; de l'Intelligence*, etc.

Le positivisme seul mérite le nom de science; cela signifie que l'on ne doit tenir compte ni de l'âme, ni de Dieu dans la spéculation d'abord, et ensuite dans la pratique. Mais bannir l'âme et Dieu de la métaphysique et de la morale, c'est être à la fois matérialiste et athée. Cette proposition est si évidente, qu'elle n'a besoin d'aucune démonstration. M. Renan, il est vrai, n'est point de cet avis; il pense, au contraire, que la réserve ou la neutralité du positiviste est un hommage à la Divinité : « L'énorme malentendu, dit-il, qui si souvent transforme en blasphémateurs de la divinité ses plus pieux et plus sincères adorateurs est avant tout une erreur de grammaire. On ne s'entend pas sur les mots. Quel hymne vaut le poème de Lucrèce? Quelle vie de saint offre un plus parfait idéal de l'ascétisme et de la perfection morale que celle de tel penseur de nos jours à qui je ne connais qu'un seul travers d'esprit, celui de se croire athée? Ah! que les prières basses et presque toujours intéressées de l'homme vulgaire sont un moindre hommage à la Divinité que cette réserve exagérée qui retient parfois sur ¹ lèvres du savant scrupuleux le mot que tant d'autres profanent par l'hypocrisie et la légèreté (1). » Ainsi, d'après M. Renan, dire que Dieu est un « vieux mot, » et non pas un principe substantiel et nécessaire, affirmer que son existence même est inaccessible à la raison humaine, c'est commettre une erreur de grammaire et chanter une hymne de louange; pour parler plus clairement, il existe une simple nuance entre l'athée et le théiste, et encore cette nuance est-elle en faveur de l'athée contre le théiste. M. Renan, ne l'ou-

---

(1) *Essais de morale et de critique*, 1860, p. 66-67. M. J. Fabre tient à peu près le même langage : *Notions de philosophie*, 1874.

blions pas, n'admet aussi qu'une nuance entre le vrai et le faux, le oui et le non ; là est son unique excuse.

Les positivistes, du moins en France, ajoutent à leur théorie une classification des sciences humaines. La *mathématique*, l'*astronomie*, la *physique*, la *chimie*, la *biologie* et la *sociologie* (1), avec l'économie politique, une théorie cérébrale, une psychologie, une esthétique et une morale pour couronnement (2) ; voilà, d'après M. Comte et ses disciples, l'encyclopédie de nos connaissances positives. Il est bien entendu que ces sciences, même les plus élevées, comme la morale et la psychologie, ont pour objet adéquat des phénomènes ou des faits relevant de l'expérience : la psychologie, disent les positivistes avec Hume et Huxley, est une partie de la science de la vie ou biologie : « elle diffère des autres parties de cette science, uniquement en ce qu'elle a pour objet les phénomènes psychiques, et non les phénomènes physiques de la vie ; de même qu'il y a une anatomie du corps il y a une anatomie de l'esprit. Le psychologue dissèque les phénomènes psychiques, et par l'analyse les ramène aux états élémentaires de la conscience, de même que l'anatomiste distingue dans les membres des tissus et dans les tissus des cellules (3). » Encore une fois, c'est le matérialisme avec toutes ses conséquences les plus rigoureuses.

Il faut en dire autant de la *sociologie*, la science de l'école par excellence. Elle est uniquement basée sur l'observation. L'autorité de Dieu, le libre arbitre, les

(1) Classification d'Auguste Comte.
(2) Classification des disciples de Comte.
(3) Huxley, *Hume, sa vie, sa philosophie*; traduction Compayré, 1880, p. 60. — Voir sur le même sujet l'italien Ardigo, *Psicologia come scienza positiva*.

châtiments et les récompenses de la vie future, les notions métaphysiques du bien et du mal, du vice et de la vertu n'entrent pour rien dans l'organisation sociale de Comte et de Spencer. Tout y dépend des circonstances de temps et de lieu, du tempérament, des inclinations de la multitude, de l'habileté et des expédients du pouvoir législatif, exécutif et judiciaire.

De plus, les positivistes sont infidèles à leur méthode, quand ils s'efforcent de classer les sciences. La coordination du savoir humain suppose une dépendance, un ordre, une harmonie; or, tout cela ne peut être sans des principes absolus et universels; donc, ou le positivisme est faux, ou l'encyclopédie des sciences est impossible.

CONCLUSION.

En somme, le positivisme, à cause de sa parenté avec le matérialisme et le socialisme, est, comme ces deux erreurs capitales, en opposition avec les plus nobles aspirations de notre âme et il contredit les données de la saine raison (1). Il faut admettre d'autres chants pour calmer ici-bas nos douleurs, ouvrir à nos regards des horizons moins bornés, et laisser pressentir à nos cœurs d'autres destinées au delà de la tombe; sinon, tout s'affaisse en nous et autour de nous, tout devient élément de désordre et principe de mort (2).

Les positivistes ne peuvent prétendre à l'honneur de

(1) Pour la réfutation du positivisme, voir les deux articles précédents.

(2) Cf. M. Caro, *M. Littré et le positivisme;* M. de Champagny, *Discours à l'Académie française.*

doter l'humanité d'une science qui réponde à tous nos désirs et remplace avec avantage l'ancienne métaphysique. Le criticisme et l'éclectisme ne sont pas capables, non plus, d'atteindre ce résultat. C'est pourquoi la sagesse demande que nos esprits s'orientent vers la *Philosophie chrétienne* (1).

(1) Cf. L'Encyclique *Æterni Patris*.

DEUXIÈME PARTIE.

RESTAURATION DE LA PHILOSOPHIE CHRÉTIENNE.

Aperçu général.

L'un des organes les plus autorisés du rationalisme contemporain, M. Hauréau, pense que la Scolastique finit « son temps » le jour où la philosophie proclame son entière indépendance et rend à la théologie « dédain pour dédain (1); » il prédit même que la voix de Léon XIII restera sans écho, sa tentative sans succès. Après tout, dit-il, où est le danger, et pourquoi recourir à saint Thomas (2)?

Il est permis de ne point partager l'opinion de M. Hauréau. La restauration de l'ancienne philosophie est nécessaire soit à cause de l'insuccès de toutes les autres tentatives, soit à cause de l'impuissance du faux spiritualisme en présence du mouvement qui pousse les esprits au matérialisme, au socialisme et au positivisme. Cette restauration se poursuit avec zèle, et si des entraves de plus d'un genre contrarient son action, elles n'arrêtent point sa marche. Il faut l'avouer, toutefois, les débuts ont été lents et pénibles.

Le XVIIIe siècle s'était terminé au milieu d'un véritable débordement d'impiété. La philosophie était devenue ouvertement hostile à la religion et s'était déchaînée

---

(1) *Histoire de la philosophie scolastique*, 1re partie, 1872, p. 549.
(2) *Id.*, 2e partie, 1880, t. I, p. 462.

contre elle avec fureur. Au fond des cloîtres, surtout dans l'ordre de Saint-Dominique et dans les contrées privilégiées où la Révolution avait exercé moins de ravages, des disciples fidèles professaient encore la doctrine de saint Thomas; mais leur auditoire était fort restreint, et le clergé séculier lui-même, imitant le monde laïque, avait en général répudié l'enseignement du moyen âge pour s'attacher aux idées nouvelles. On vit même des Condillac renchérir sur le sensualisme de Locke et s'arrêter juste à temps, dans le développement logique de leur système, pour ne pas tomber dans les abîmes du matérialisme (1).

Cet aveuglement ne pouvait être de longue durée, et l'excès du mal devait faire comprendre aux moins clairvoyants que l'esprit humain faisait fausse route. Aussi, quand il fut permis, après la tourmente révolutionnaire, de reprendre les travaux interrompus, on vit se dessiner un mouvement de retour aux saines idées philosophiques et de réaction contre les doctrines impies qui avaient si longtemps prévalu.

Cependant les traditions, en cette matière comme en beaucoup d'autres choses, étaient tombées dans l'oubli, et les ouvrages des scolastiques dormaient dans la poussière des bibliothèques, inconnus de ceux-là même qui ressemblaient le plus aux anciens par la fermeté des croyances et l'attachement à l'Église.

Nous voyons donc à l'origine des hésitations et des tâtonnements; on cherche son chemin au milieu de la nuit; la droiture des intentions ne suffit pas à préserver de l'erreur, et les plus beaux talents, abandonnés à eux-

---

(1) *Œuvres* de Condillac. Voir le tome II de l'*Histoire générale de la philosophie*, ch. *Du sensualisme*.

mêmes, restent impuissants à reconstruire un corps complet de doctrine en harmonie avec les enseignements de la vérité. Plus tard, on remontera définitivement aux sources fécondes du Docteur Angélique, et la science entrera dans une période de pleine et franche restauration.

Nous étudierons successivement ces deux phases de la *Philosophie chrétienne* au XIXe siècle.

CHAPITRE PREMIER.

ESSAIS DIVERS OU PREMIÈRES TENTATIVES DE RETOUR A LA PHILOSOPHIE CHRÉTIENNE.

Des tendances diverses se font remarquer parmi ceux qui, au commencement de notre siècle, essaient de réagir contre l'impiété et de donner une nouvelle impulsion aux études philosophiques. Plusieurs, comme il arrive toujours en pareille occurrence, se placent sur le terrain de la conciliation, et tentent d'accommoder à l'enseignement des séminaires les deux systèmes en apparence les plus modérés, ceux de Descartes et de Reid; d'autres pensant combattre plus efficacement les grandes erreurs de l'époque, le rationalisme et le matérialisme, proclament l'impuissance de la raison et des sens, ou placent la source immédiate des idées nécessaires et absolues soit dans la tradition, soit dans les facultés affectives, soit dans la vision de l'infini.

De là, nous pouvons rattacher à cinq groupes tous les

philosophes qui n'appartiennent pas à la Scolastique proprement dite : les cartésiens, les écossais, les traditionalistes, les mystiques et les ontologistes.

I.

Nuance cartésienne.

La catégorie des Cartésiens, que nous signalons en premier lieu, n'est peut-être pas la plus riche en penseurs distingués ; mais elle est importante, à cause de l'influence que ses chefs exercèrent sur l'enseignement classique des séminaires. Toute une génération fut formée à cette école et puisa les éléments de la science dans un manuel du xviiie siècle, plusieurs fois refondu et appelé vulgairement *Philosophie de Lyon* (1). Ainsi, pendant que Royer-Collard inaugurait la psychologie de Reid dans les chaires de l'Université, d'autres professeurs prenaient pour guide l'ouvrage d'un janséniste, le P. *Valla*, qui professait à Lyon sous l'épiscopat de Montazet (2).

La philosophie du P. Valla eut un meilleur sort que

(1) Voici l'avertissement au lecteur, qui parut en tête de l'édition de 1813 : « In his Institutionibus illud idem opus habes, Lector, quod anno 1782 ad usum lugdunensis diœceseos editum, propterea Philosophiam lugdunensem vulgò dixerunt. Quia verò ejusdem auctoris theologicas Institutiones summus pontifex Pius VI, anno 1792, Romæ decreto proscripsit, indè facilè accessit timor ne fortè irrepserit error in aliquam philosophicarum Institutionum partem. Ideò præsentem hanc novam editionem revolverunt tres doctissimi theologi, quibus religioni fuit ut quidquid vel umbram suspicionis afferre posset sedulò amoverent. Ergo inoffenso pede decurres, benevole Lector, hunc cursum philosophicum, quem aliundè et peritia, et methodus, brevitasque, necnon et facilitas, satis commendant. »

(2) Joseph Valla, 1720-1790 : *Institutiones theologicæ*, à l'Index, 1792 : *Institutiones philosophicæ*.

sa théologie : elle ne fut pas censurée. Nous n'osons pas dire si elle méritait un plus heureux succès. Du moins est-elle demeurée comme le type le plus achevé de tous les essais entrepris à cette époque, dans le but d'harmoniser le cartésianisme avec les principes chrétiens. C'est un abrégé clair, concis, méthodique, dont la forme sèche et classique a l'avantage de préciser nettement la pensée de l'école. L'auteur s'en tient autant que possible aux pures doctrines de ses devanciers; pour lui, le jugement est un acte de la volonté, plutôt que de l'intelligence (1), le doute méthodique est irréprochable et les éloges du P. Guénard n'ont rien d'exagéré (2). Il hésite cependant à suivre le chef du rationalisme moderne dans ses étranges assertions sur la nature et la possibilité des essences métaphysiques; il les déclare nécessaires, immuables, indépendantes de la volonté divine (3). Il néglige aussi la fameuse preuve de l'existence de Dieu par l'idée. Mais, en psychologie, il revient complètement aux théories de l'école. Il enseigne que l'âme pense essentiellement et sans interruption, que Dieu seul est la cause efficiente de nos idées, que les notions des choses spirituelles ne viennent des sens ni directement, ni indirectement, enfin qu'il y a des idées innées : « Dantur ideæ innatæ (4). » L'union de l'âme et du corps s'explique, suivant son opinion, par l'occasionalisme de Male-

---

(1) « Judicium est actus voluntatis, potius quam intellectus. » Edit. 1813, dissert. II, c. I, art. 2.
(2) *Ibidem*, dissert. IV.
(3) *Ibidem*, *Metaphys. gener.*, c. I et II.
(4) *Metaphys. special.*, p. II, *De spiritu creato*, dissert. II, c. I, art. 3, c. IV, art. 2 et 3. Ces propositions sont reproduites dans l'édition de 1827, publiée avec cette indication : « Editio tertia in lucem prodit, D. Doney curante, in collegio bisuntino philos. professore, cum amplissimis annotationibus. »

branche : Dieu forme des pensées dans notre esprit à l'occasion des mouvements du corps; il produit des mouvements dans le corps à l'occasion des pensées de l'esprit (1).

La cosmologie ne trouve point sa place dans le manuel du P. Valla, et c'est en vain que nous y cherchons le grave problème de la composition des êtres matériels. Cette façon de procéder, d'ailleurs fort commode, a trouvé de nombreux imitateurs, et, pendant de longues années, l'usage a prévalu d'omettre dans les cours une des parties les plus difficiles de la philosophie. Il eût été pourtant très utile d'étudier la nature, les propriétés et les lois qui régissent les corps; puisque les matérialistes concentraient sur ce point tous leurs efforts, et gagnaient du terrain dans le domaine des sciences physiques et naturelles. Mais on se persuadait que tout serait sauvé, si l'on parvenait à mettre en pleine évidence les fameuses propositions : « Dantur ideæ innatæ; mens humana essentialiter cogitat (2). »

Les *Institutiones philosophicæ* du P. Valla ont servi de modèles à un grand nombre de traités élémentaires et d'ouvrages de polémique. Il est facile d'y reconnaître les mêmes tendances, le même esprit, les mêmes procédés; cependant la note s'adoucit peu à peu dans la plupart, la doctrine se modifie, le cadre s'étend, les propositions les plus irritantes disparaissent ou revêtent une forme nouvelle. La transition s'annonce, et, en dépit de ceux qui appellent toujours le cartésianisme « la grande philosophie (3), » les esprits clairvoyants s'acheminent vers

---

(1) *Ibidem*, c. V, art. 1.
(2) *Institut. philos.*, édit. 1813, t. II, p. 115.
(3) Nous lisons ce passage, dans un compte rendu de conférences pour l'année 1882. — « Troarn dit qu'il faut n'avoir lu ni Descartes,

une restauration plus sérieuse. Il s'opère une évolution en faveur des saines doctrines, qui ont toujours des représentants surtout en Italie, en Espagne, en Allemagne et en Belgique. Parmi les auteurs de cette nuance intermédiaire figure Mgr Bouvier, évêque du Mans (1). Il omet, il est vrai, la théorie intellectuelle de saint Thomas ; mais il évite de se prononcer dans les questions délicates, notamment sur l'origine de la connaissance humaine. Il aime mieux s'accuser humblement d'ignorance (2). Il conserve toujours certaines préférences pour la nouvelle école, sans doute parce qu'il est peu versé dans l'étude d'Aristote et de saint Thomas. Comme tant d'autres, il s'effraye à la pensée des « espèces impresses, » qu'il prend pour des images matérielles s'échappant des corps et allant se fixer dans l'âme (3); néanmoins il ne se passionne pour aucune théorie, et son but évident est d'enseigner une philosophie qui puisse s'adapter à la théologie. Plusieurs, à la même époque, partagent cette manière de voir, et, au lieu de

---

ni Malebranche, ni Fénelon pour ignorer que la nécessité de croire ou l'impossibilité de douter, est la dernière raison qu'ils apportent pour attribuer à l'évidence la certitude. C'est précisément le contraire que dirait un lecteur attentif de la *grande philosophie*. La théorie *cartésienne* de l'évidence est l'opposé de la *théorie fidéiste* de l'école de *Reid*. »

(1) *Institutiones philosophicæ*, auctore J. Bouvier, vicario generali et superiore seminarii cenomanensis, editio tertia, 1830. Cette édition que nous citons, reproduit encore plusieurs thèses cartésiennes.

(2) « Sola igitur restat idea, seu objecti repræsentatio in mente impressa, et perceptio quæ propriè idearum est visio, et quæritur an Deus illius sit causa efficiens et totalis. Plerique philosophi, cum P. *Malebranche*, partem affirmantem tenent, et sententiam suam probare nituntur alias opiniones confutando; alii vero negant et nihil solidum stabilire possunt. Nos autem nec affirmare, nec negare volumus : malumus ignorantiam nostram fateri. » T. II, p. 211.

(3) *Ibidem*, p. 212.

systématiser les doctrines d'une école, ils s'efforcent d'harmoniser la raison avec la foi, la science avec la révélation (1).

II.
Nuance écossaise et éclectique.

Il existe une autre série de philosophes, qui est intimement liée au groupe précédent; mais qui s'en distingue par une nuance assez marquée. Les écrivains de cette catégorie subissant la nécessité d'un programme officiel, ou obéissant à des sympathies naturelles, relèguent les cartésiens au deuxième plan, et prennent pour premiers maîtres les chefs de l'école écossaise et de l'éclectisme français.

L'un d'eux, homme de talent et de mérite, débute ainsi dans son cours élémentaire : « Je tiens à dire les auteurs qui m'ont été de plus grand secours : ce sont Reid, Duguald-Steward, Royer-Collard, Cousin, Damiron, Jouffroy, Gerusez et d'autres d'un autre temps. Je dois beaucoup à Reid, surtout pour la théorie de *la Perception*; beaucoup à M. Damiron, surtout pour la théorie de la *Sensibilité*; aux autres çà et là; à M. Cousin, partout, si en philosophie le point est la méthode, le choix et l'indépendance (2). » Combien d'autres devraient imiter cette franchise et faire le même aveu !

Trois principaux caractères distinguent cette philosophie de transition qui cherche un appui dans l'école écos-

(1) Cf. *Dissertations sur le cartésianisme, Nouvelle dissertation*, 1832, par M. Lebrec, professeur de philosophie au petit séminaire de Coutances, plus tard supérieur du grand séminaire et vicaire général; P. Fournier, *Institutiones philosophicæ*, etc.

(2) *Résumé de psychologie*, par A. Tollemer, prêtre, licencié ès-lettres, principal du collège de Valognes, 1838.

saise. Et d'abord, l'innéité de la *faculté* est substituée à l'innéité de l'idée, sous le nom de sens commun, ou d'instinct naturel. Ainsi pensaient plusieurs philosophes du dernier siècle, par exemple le P. *Buffier* : « *Le sens commun*, dit celui-ci, tel que je l'ai exposé, n'est point une idée innée, comme quelques-uns pourraient se l'imaginer, et on ne le peut dire sans confondre les notions des choses. Car qui dit *idée* dit une pensée actuelle, et ici il s'agit seulement d'une disposition à penser, de telle manière, en telle conjoncture. D'ailleurs, l'idée n'est qu'une simple représentation des choses ; et il s'agit ici d'un jugement qu'on porte sur les choses et sur leur existence. Peut-être au fond n'est-ce là que ce qu'ont voulu dire ceux qui se sont déclarés si fortement pour les *idées innées*, sans avoir jamais assez démêlé les termes dont ils se servaient ; mais s'ils entendent par des *idées innées* ce que je veux dire par le *sens commun*, je ne disputerai pas sur un mot ; et comme ils ne pourront se dispenser d'admettre avec moi le *sens commun* pour première règle de vérité, je consentirai volontiers à admettre avec eux les *idées innées*, que j'avais rejetées, en les prenant dans leur signification véritable (1). » Plusieurs combattent même ouvertement la théorie cartésienne sur l'origine de la connaissance. De ce nombre est M. *Blatairou*, professeur à la Faculté de Bourges (2).

(1) *Traité des premières vérités et de la source de nos jugements*, par le P. Buffier, S. J., nouvelle édition, 1843, p. 23. — Le P. Buffier vécut de 1661 à 1737. — Voir sur le sens commun le *Cours de philosophie chrétienne*, par M. l'abbé Delalle, chanoine honoraire de Nancy, plus tard évêque de Rodez, t. I, p. III, ch. II, 2, Paris, 1848.

(2) Cf. *Institutiones philosophicæ*, 1818 : « Talis est, ni fallamur, dit-il en terminant son chapitre sur l'origine des idées, vera de origine idearum nostrarum doctrina qua pariter profligatur sive Inneïstarum sive Sensualistarum sententia. Inneïstarum enim doctrina, præterquam

En second lieu, les *sens* sont multipliés à l'infini, depuis le sens physique jusqu'au sens divin. Il est à peine question de jugement privé, de perception claire ; on parle sans cesse de foi instinctive, de sentiments primordiaux. Le point de départ de la science est évidemment déplacé. Il n'est plus dans l'idée perçue avec évidence ; mais dans le sentiment ou l'inclination irrésistible. Ainsi, d'après M. *Roques*, toutes nos idées se ramènent à quatre séries, qui tirent leur origine de quatre sentiments : les idées sensibles viennent des sensations, les idées des opérations et des facultés de l'âme ont leur origine dans le sentiment de ces mêmes opérations, les idées de rapport naissent du sentiment des rapports, les idées morales sont dues au sentiment moral (1). Bien entendu, il reste toujours à définir ce qu'il faut entendre par sentiment.

Enfin, le désir d'une restauration sérieuse se manifeste partout, et, à l'exemple de M. l'abbé Roques, chacun semble disposé à omettre les disputes oiseuses, « en présence de tant de questions importantes » auxquelles on ne peut suffire (2). Mais deux choses manquent pour orienter les esprits et diriger le mouvement : la vraie philosophie n'est point assez connue, et l'encyclique *Æterni Patris*, du 4 août 1879, n'est point là pour servir de ralliement à des esprits d'ailleurs bien disposés et soumis en tout aux volontés du Souverain Pontife. En voici des exemples.

quod nullo fundamento innitatur, minime necessaria est ad explicandam intelligentiæ humanæ formationem; Sensualistarum autem sententia huic explicationi est omnino impar. » T. I, p. 434.

(1) *Cours de philosophie*, par l'abbé Roques, ancien professeur de philosophie, 1877, t. I, p. 73-84.

(2) *Ibidem*, p. 289.

Un prêtre distingué du diocèse de Bayeux, M. *Noget-Lacoudre*, s'éloigne visiblement de la philosophie moderne sur un grand nombre de points, et il donne plusieurs définitions, qui peuvent s'harmoniser avec celles des anciens (1); il se prononce hardiment contre la théorie de Descartes sur la nature des êtres corporels (2), et il refuse de placer dans l'étendue l'essence de la matière. Mais souvent il se contente d'exposer les opinions de Descartes et de Locke, sans paraître soupçonner qu'il existe un système intermédiaire, plus conforme à la raison et à l'expérience (3).

L'auteur du manuel, très connu dans les séminaires sous le titre de *Compendium philosophiæ*, n'évite pas complètement ce défaut, du moins dans ses premières éditions, et il paraît voir dans la théorie de l'abstraction un sensualisme mitigé, assez semblable à celui de Locke; cependant il se propose avant tout de discipliner l'intelligence de son élève et de l'initier à la connaissance de la vérité. S'il n'est point scolastique, dans le sens que nous attachons à ce terme, il faut l'attribuer aux circonstances, et non pas à une intention formelle de défendre un système et de s'inféoder à une école (4).

(1) *Institutiones philosophicæ*, in seminario Bajocensi habitæ anno 1836-1840, auctore A. Noget-Lacoudre, editio secunda, 1842. Voir, par exemple, la définition de l'idée, t. I, p. 31.

(2) *Ibidem*, t. II, p. 63 : « Corpora resolvuntur in elementa simplicia. »

(3) Voir : sur la notion de l'infini, t. II, p. 52, etc.; sur l'essence de l'âme humaine, t. II, p. 291 : « Opiniones cartesianorum et lockianorum. »

(4) *Compendium philosophicæ ad usum seminariorum*, auctore M... S^{ti} Sulpitii presbytero. La première édition parut en 1847. Une dixième édition, publiée en 1877, a été revue avec soin par M. E..., chanoine honoraire d'Orléans. Dans l'édition de 1851, l'auteur a fait cette déclaration : « Cum opus istud instruendis junioribus clericis susceperimus, quorum recta institutio ad Ecclesiæ præsules pertinet, nostrum offi-

A la nuance que nous venons de signaler, se rattache une classe nombreuse d'écrivains et de professeurs dont la philosophie, pareille à une riche mosaïque, se compose d'un ensemble de propositions extraites des principaux auteurs, en particulier de Descartes, de Reid et de Cousin, de Platon, d'Aristote et de saint Thomas. Leur but est de tenter une concilation entre la philosophie et la religion, ou au moins de ne pas froisser le sentiment chrétien. En tête figurent M. *Rattier*, avocat, ancien professeur à l'école de Pont-Le-Voy (1); M. Amédée *de Margerie*, dont la *Théodicée*, conçue sur un vaste plan, contient des pages d'une remarquable beauté (2); M. l'abbé *Pasty*, auteur d'un ouvrage trop peu connu sur l'*Idée de Dieu* (3); M. Charles *Jourdain*, dont les travaux philosophiques jouissent, à bon droit, d'une grande notoriété, et que l'Institut compte parmi ses membres après l'avoir inscrit au nombre de ses lauréats (4); un professeur dis-

cium est illud subjicere pastorum correctioni, et imprimis Principis pastorum, supremi Ecclesiæ capitis, cui commissum est à Christo sacræ fidei depositum. Si quid igitur in hujus operis decursu nobis excidisset quod tantillùm fidei sit contrarium aut minùs consonum, illud corrigere et emendare parati sumus, ut nihil in eo reperiatur quod ad majorem Dei gloriam æternamque animarum salutem conferre non valeat. » Præfatio.

(1) *Cours complet de philosophie*, mis en rapport avec le programme universitaire et ramené aux principes du catholicisme, 4 vol., Paris, 1843.

(2) *Théodicée, études sur Dieu, la création et la Providence*, par Amédée de Margerie, professeur de philosophie à la Faculté des lettres de Nancy, 2e édition, 2 vol., Paris, 1865; *Philosophie contemporaine*, 1870.

(3) *L'Idée de Dieu, son origine et son rôle dans la morale*, par M. l'abbé Pasty, chanoine honoraire d'Orléans, docteur en théologie, docteur ès-lettres, 2 vol., Paris, 1881.

(4) *La philosophie de saint Thomas d'Aquin*, par Charles Jourdain, ouvrage couronné par l'Institut, 2 vol., Paris, 1858; *Notions de philosophie*, par le même auteur, 12e édition, Paris, 1870.

lingué du lycée Charlemagne, M. *Bénard*, esprit concíliant et habile pédagogue (1) ; M. l'abbé *Gille*, prêtre de l'Immaculée-Conception, et M. l'abbé *Dagorne*, chanoine de Saint-Brieuc, dont les *Cours de philosophie*, du reste assez semblables pour le fond et pour la forme, reproduisent en partie l'enseignement de saint Thomas et l'adaptent autant que possible à un programme étroit dans son cadre et vicieux dans sa marche (2).

Nous sommes ici au seuil de la Scolastique. Que faudrait-il pour le franchir? Peut-être deux choses : se dégager d'une entrave et s'affranchir d'un préjugé. L'entrave, nous l'avons signalée ; c'est le programme. Le préjugé, c'est que l'ancienne philosophie ne répond point suffisamment aux exigences de notre époque. Elle a non-seulement besoin d'être rajeunie, comme les thomistes eux-mêmes en sont persuadés ; mais elle doit subir de profondes modifications, si elle veut s'harmoniser avec la science contemporaine, surtout en cosmologie et en psychologie.

CONCLUSION.

Que faut-il penser de ces tentatives de conciliation qui datent de l'époque où M. *de Chateaubriand* et Mᵍʳ *de Frayssinous* inaugurent, dans la poésie et dans l'élo-

(1) Cf. *Précis de philosophie*, 9ᵉ édit., Paris, 1876 ; *Questions de philosophie ; Nouveau manuel de philosophie ; De la philosophie dans l'éducation classique*, etc. P. de Boylesve, *Cursus philos.*

(2) *Cours de philosophie*, rédigé conformément au programme officiel, par E. Gille, prêtre de l'Immaculée-Conception, professeur de philosophie à l'institution Saint-Vincent-de-Paul de Rennes, 2ᵉ édit., 1878. — *Cours de philosophie*, par l'abbé Dagorne, chanoine honoraire de Saint-Brieuc, supérieur du petit séminaire de Dinan et professeur de philosophie, 3ᵉ édit., 1881.

quence, une ère de résurrection pour la France et pour l'Europe (1)? La critique ne s'en montre pas toujours satisfaite. Plusieurs désirent une étude plus approfondie, une solution plus nette des grands problèmes de la métaphysique ; un certain nombre demandent une connaissance plus sérieuse du passé, spécialement du moyen âge, plus d'unité dans la méthode, plus d'assurance dans la marche ; les uns regardent comme dangereux d'enseigner aux jeunes gens une philosophie qui dérive plus ou moins directement des théories de Descartes et de Reid ; les autres refusent même le nom de science à ce qu'ils appellent un amas de propositions, dépourvues de lien logique et déduites de principes parfois contradictoires.

Le rôle de l'historien est de rappeler ces griefs de la veille, qu'ils soient, oui ou non, exagérés. Aujourd'hui tout catholique, guidé par l'expérience et instruit par l'autorité, souscrit la proposition suivante sans aucune hésitation : la philosophie chrétienne n'est ni exclusive ni stationnaire ; mais son résumé le plus complet et le plus substantiel est contenu dans les œuvres de saint Thomas d'Aquin. Là coule pour tous la source la plus pure et la plus abondante (2). Là est « la grande philosophie. »

III.

Partisans de l'autorité; traditionalistes; fidéistes.

Pendant que Mgr de Frayssinous empruntait des armes à la philosophie moderne pour la défense du chris-

(1) De Chateaubriand, né à Saint-Malo en 1768, mort à Paris en 1848, *Génie du christianisme*, etc. — Mgr de Frayssinous, 1765-1842, *Défense du christianisme*. — Cf. Amédée de Margerie, *Philosophie contemporaine*, 3e partie, *La philosophie chrétienne*.
(2) Encyclique *Æterni Patris* de Léon XIII.

tianisme, et s'appuyait sur l'idée d'infini avec Descartes, sur la notion d'ordre avec Malebranche, sur le témoignage du sens commun avec Reid (1), une phalange d'hommes célèbres, ennemis de toute conciliation, entreprenait de réduire au silence les matérialistes et les rationalistes, en leur montrant l'inanité de la science profane et l'impuissance de la raison humaine (2). Nés à une époque d'anarchie intellectuelle et morale, ils ont été témoins des ravages de l'impiété, et quelques-uns même ont assisté aux scènes sanglantes de la Révolution. Aussi jettent-ils l'anathème au siècle de Voltaire et disent-ils avec leur chef : « O dix-huitième siècle! inconcevable siècle ! Qu'as-tu donc cru? Qu'as-tu aimé et qu'as-tu vénéré? Tout ce qu'il fallait contredire, honnir ou détester (3). »

Rien ne leur manquait, en apparence, pour assurer le succès de leur entreprise. Ils avaient reçu en partage le prestige de la naissance, de l'éducation et du talent. Il y en eut même qui prirent place dans la famille des hommes de génie. Leur but à tous était excellent : ils voulaient affirmer, dès l'origine de la science, la nécessité de sortir des étroites limites de la raison individuelle, et

---

(1) « M. de Frayssinous accepte tous les grands résultats définitivement conquis par la philosophie; il parle de l'idée d'infini comme Descartes, de l'idée d'ordre comme Malebranche, du maître intérieur comme saint Augustin ou Fénelon. Pour l'innéité, il n'en accepte que ce qui s'ajuste au bon sens, ce qui échappe aux démentis de l'expérience, ce qui est nécessaire pour marquer fortement que « l'âme est active, qu'elle est riche de son propre fonds, » et que décrire ses sensations qui se transforment, ce n'est pas même commencer d'expliquer les idées de sa raison. » *Philosophie contemporaine*, p. 256. Cf. Auguste Nicolas, *Études philosophiques*, etc.

(2) De Maistre, 1753-1821; de Bonald, 1753-1840; de La Mennais, 1782-1854; Ventura, 1792-1861; Bautain, 1796-1867; Bonnetty, 1798.

(3) Joseph de Maistre, *Examen de la philosophie de Bacon*, t. I, ch. V.

de s'appuyer sur le fondement de l'*autorité*; mais aucun d'eux ne put se maintenir en de justes bornes, et sous prétexte d'humilier et de confondre l'esprit humain, ils lui portèrent de graves atteintes.

Des écrivains de cette trempe peuvent avoir des marques de ressemblance; toutefois ils ont une liberté d'allure, une originalité de pensée, de langage qui ne permettent pas de les grouper sous un même chef. C'est pourquoi nous parlerons séparément de ceux dont l'influence a été plus décisive, au commencement de notre siècle. Ils sont au nombre de six : Joseph de Maistre, M. de Bonald, de La Mennais, Bonnetty, le P. Ventura et l'abbé Bautain.

I. — Joseph de Maistre : Examen de la philosophie de Bacon; Soirées de Saint-Pétersbourg (1).

Joseph de Maistre, né à Chambéry en 1753, était français d'origine. Le roi de Sardaigne le nomma sénateur en 1788; quatre ans plus tard, il fut envoyé à Saint-Pétersbourg, où il remplit les fonctions de plénipotentiaire et composa une grande partie de ses ouvrages; rappelé à Turin en 1817, il fut ministre d'État et régent de la grande chancellerie. Il mourut en 1821.

Comme tous les esprits supérieurs qui prennent une

---

(1) J. de Maistre, *Œuvres* : *Examen de la philosophie de Bacon; les Soirées de Saint-Pétersbourg; Lettres et opuscules inédits; Considérations sur la France; Essai sur le principe générateur des constitutions politiques; Délais de la justice divine; Lettres à un gentilhomme russe; du Pape; de l'Église gallicane*. Cf. Gonzalez, *Historia de la filosofia*, t. III, p. 460; Ad. Franck, *Philosophie du droit pénal;* Baudrillart, *Publicistes modernes;* Sainte-Beuve, *Revue des Deux-Mondes;* Damiron; Bouchitté; Rohrbacher, *Histoire universelle de l'Église catholique*, édit. 1867, t. XIII et XIV.

part active aux grandes luttes de leur époque, il a excité l'enthousiasme et la haine. Les uns le rangent dans la classe des plus grands génies que Dieu « ait mis ici-bas au service de la vérité (1), » et le comparent aux prophètes, dont les paroles « dévoilaient l'avenir (2); » les autres, et M. Bouchitté est du nombre, l'appellent un « dur panégyriste du bourreau » et un « défenseur fanatique de la vengeance divine (3). »

Nous n'avons point ici à juger le chrétien aux mâles vertus, le diplomate aux calculs profonds, l'écrivain au style nerveux et original, l'éloquent prédicateur des rois et des peuples (4); c'est le philosophe, ou l'auteur de l'*Examen* et des *Soirées* qui nous intéresse. A ce point de vue, Joseph de Maistre a des qualités et des défauts. Il aime la vérité et déteste l'erreur, il s'indigne à la vue des maux que la philosophie a déchaînés dans le monde, et il arme son bras pour la défense des droits de Dieu; mais souvent il s'attaque aux personnes plutôt qu'aux

(1) Rohrbacher, t. XIII, édit. 1867.
(2) *Œuvres posthumes du comte J. de Maistre*, 1851, t. I, p. IX et X : — « Parmi (les) interprètes de la vérité, si visiblement choisis et appelés par elle pour rétablir son empire et relever ses autels, nul n'a paru avec plus d'éclat que le comte de Maistre. » *Ibidem*, p. IX.
(3) La biographie peut nous apprendre « que ce dur panégyriste du bourreau était ému, sur son siège de magistrat, de la seule pensée d'une condamnation à mort; que ce défenseur fanatique de la vengeance divine et des châtiments de la colère du ciel, pratiquait les plus douces vertus du christianisme. » *Dictionn. des sciences philosophiques*, 1875, p. 1013.
(4) « Je prêcherais volontiers les rois et les peuples en face les uns des autres, et mon sermon est tout fait : me tournant du côté des majestés, je leur dirais en m'inclinant profondément : Sires, les abus amènent les révolutions; puis, m'adressant aux peuples : Messieurs, les abus valent mieux que les révolutions. » *Lettres inédites*.

théories, et il gourmande au lieu de discuter. Il frappe trop fort, quand il frappe juste. Il ne blesse pas; il assomme. S'agit-il, par exemple, de Condillac et de Bacon? Voici en quels termes il les exécute, sans autre forme de procès : « L'orgueilleuse médiocrité de Condillac a pu rendre plus piquant de nos jours le projet ridicule de *refaire l'entendement humain*. Au fond, néanmoins, le projet et l'expression appartiennent à Bacon, et c'est purement et simplement un acte de folie et rien de plus. Refaire l'entendement humain pour le rendre plus propre aux sciences, ou refaire le corps humain pour le rendre plus propre à la gymnastique, c'est précisément la même idée. J'honore la sagesse qui propose un *nouvel organe* autant que celle qui proposerait une *nouvelle jambe* (1). »

L'examen de la philosophie de Bacon et les *Soirées de Saint-Pétersbourg* révèlent un génie d'une trempe à part. Les hautes pensées y revêtent une forme majestueuse, et la vigueur du raisonnement y communique au langage une austère beauté. Le but des deux ouvrages est excellent : arracher la philosophie à l'empire du *sensualisme* et confondre les déistes qui proclament l'*indépendance* de la raison humaine. L'auteur, plus érudit que les autres philosophes de son temps, cite Aristote, saint Thomas, Descartes, Bossuet, Malebranche; il place les deux premiers parmi les plus « grandes têtes qui aient existé dans le monde (2), » et il loue les autres, mais avec réserve, notamment Descartes, qu'il accuse d'avoir admis,

---

(1) *Examen de la philosophie de Bacon*, édit. 1855; Œuvres posthumes, t. III, p. 9.

(2) *Examen de la philos. de Bacon*, t. I, ch. I; *Soirées de Saint-Pétersbourg*, 2ᵉ entretien.

pour le besoin de sa cause, un doute « impossible » et
« chimérique (1). »

Il faut, à côté de ces brillantes qualités, signaler des
défauts regrettables. Joseph de Maistre est fort pour l'attaque ; mais, sur les ruines qu'il amoncèle, il n'élève
pas un édifice solide. A vrai dire, il n'a point de système philosophique arrêté, et, dans ses allures indépendantes, ou dans sa course précipitée, tantôt il incline
vers Aristote et saint Thomas, qu'il n'interprète pas toujours avec fidélité, tantôt il donne la main à Descartes et
à Malebranche, dont il ne semble pas assez connaître les
erreurs. Cependant ni les thomistes ni les cartésiens ne
peuvent se flatter de l'avoir dans leur camp ; ses tendances le portent avant tout à substituer l'*autorité* à la
raison. Sans être traditionaliste, il est le père du traditionalisme. Ses ouvrages contiennent en germe les deux
propositions suivantes : certaines *idées*, surtout dans l'ordre moral, renferment un élément *à priori*, qui ne vient
pas d'une cause bornée et contingente ; le *langage*, non-
seulement en fait, mais *en droit*, « n'a pu être inventé ni
par un homme qui n'aurait pu se faire obéir, ni par plusieurs qui n'auraient pu s'entendre (2). » Ces propositions, que les traditionalistes de toutes nuances ont
développées et soutenues pendant un demi-siècle, sont

---

(1) « Lorsque Descartes parle de son doute universel, on peut l'écouter avec les égards dus à un homme tel que lui, et recevoir son doute comme une règle de fausse position qui ne saurait avoir de grands inconvénients. Dans le fond, néanmoins, la règle est impossible et la supposition chimérique ; car il ne dépend de personne de commencer par ce doute, et chaque philosophe s'élance nécessairement dans la carrière avec toute la masse de connaissances qu'il a trouvée autour de lui. » *Examen*, p. 10.

(2) *Soirées de Saint-Pétersbourg*, 2ᵉ entr.

d'une importance capitale et méritent de fixer notre attention.

Nous avons vu que M. de Maistre s'élève d'abord contre la prétention du philosophe anglais de donner un *nouvel instrument*, « avec lequel on puisse atteindre ce qui était inaccessible à nos devanciers. » Il ajoute que « l'esprit humain est ce qu'il a toujours été. Possesseur de vérités éternelles qui sont lui-même, il est de plus *parole* et *action* (1). » Il attaque à juste titre la théorie progressiste de Bacon ; mais il s'appuie sur des raisons qui pourraient le conduire fort loin. Prises en elles-mêmes, les expressions que nous venons de citer ne tendraient à rien moins qu'à identifier l'esprit humain avec la vérité. On y trouve également un germe de traditionalisme, puisque, d'après l'illustre auteur, la parole fait essentiellement partie de l'esprit humain. Au fond, M. de Maistre veut dire qu'on ne peut ni créer ni inventer, parce qu'il ne peut y avoir pour cela de « moyens artificiels (2) ; » on ne peut qu'apprendre à mieux se servir des moyens que l'on possède naturellement. Cela prouve-t-il qu'une nouvelle méthode ne puisse conduire à l'acquisition de nouvelles vérités?

L'auteur de l'*Examen* déclare nettement que l'induction est seulement une forme de syllogisme, et que le syllogisme, « c'est l'homme (3), » attendu que rien n'est plus propre à donner à l'esprit de la justesse et de la subtilité, en le forçant à ne jamais divaguer (4). »

Il poursuit ensuite l'auteur du *Novum Organum* dans ses invectives contre le syllogisme. Il montre que Bacon

---

(1) *Examen de la philosophie de Bacon*, édition de 1836, ch. 1, p. 7.
(2) *Ibidem*, p. 10.
(3) *Ibidem*, p. 20.
(4) *Ibidem*, p. 27.

confond sans cesse le syllogisme avec la forme scolastique ; et que si la forme syllogistique est bannie des expériences de physique et de chimie, sciences que le philosophe anglais regarde comme seules certaines, l'expérience elle-même n'est qu'une proposition faisant partie d'un syllogisme interne ; autrement, elle ne conclurait pas. Cela prouve évidemment l'existence des idées originelles, indépendantes de toute expérience ; car l'homme ne pouvant rien mesurer sans une mesure antérieure à laquelle il se rapporte, l'expérience même lui devient inutile, s'il ne peut la rapporter à un principe antérieur, qui lui sert à juger de la validité de l'expérience ; et ainsi, en remontant, on arrivera nécessairement à un principe qui enseigne et ne peut être enseigné ; autrement il y aurait progrès à l'infini, ce qui est absurde (1). Il combat ensuite la méthode d'exclusion, intronisée par le réformateur de la logique à la place de l'induction vulgaire (2), et il termine ce chapitre par un coup d'œil sur l'essence même du raisonnement et du syllogisme.

Cette théorie est fort curieuse. « Les lois du syllogisme, » dit le célèbre écrivain, découlent de la nature même de notre esprit. En s'examinant lui-même, il voit qu'il est intelligence par les idées primitives et générales qui le constituent ce qu'il est ; verbe ou raison par la comparaison active de ces idées et par le jugement qui rapporte chaque idée particulière à la notion primitive et substantielle ; *volonté* enfin ou amour, « par l'acquiescement et l'action (3). » De là le syllogisme, dont chacune des propositions est l'acte de l'une de ces trois

---

(1) *Examen de la philosophie de Bacon*, édition de 1836, chap. I, p. 31.
(2) *Ibidem*, p. 34 à 38.
(3) *Ibidem*, p. 49.

puissances. Dans la première, en effet, se trouvent les idées générales, ces idées qui ne peuvent être acquises, puisqu'elles sont l'homme, et que demander l'origine de ces idées, c'est demander « l'origine de l'origine ou l'origine de l'esprit (1); » la seconde est le jugement de la raison, opération du verbe qui attache une vérité à la « notion originelle; » enfin, nous voyons dans la troisième le « mouvement ou détermination de la volonté qui acquiesce et forme la croyance (2). » Nous trouvons fort singulière cette idée d'attribuer les trois propositions qui composent un même argument à trois facultés distinctes de l'esprit. Les expressions employées par l'adversaire de Bacon pour inculquer plus fortement la doctrine des idées innées nous paraissent aussi bien étranges; elles exagèrent certainement la pensée de l'auteur et nous surprendraient moins dans la bouche de Hegel que dans celle de M. de Maistre. Des idées qui sont l'homme, cela ressemble fort, si on le prend à la lettre, à l'être-idée du philosophe allemand. De même, que signifient ces expressions : la pensée est une *substance*, et non pas un accident ou une qualité; car elle peut penser à elle-même, et « c'est l'esprit en vertu de sa mystérieuse alliance avec les sens, qui dit : « *je* sens (3); » la *parole* ou le *verbe* est un agent, un être, une substance séparée, « une hypostase enfin (4). » Ce langage, avouons-le, a besoin d'une interprétation bénigne, pour offrir un sens en rapport avec la saine philosophie, et il prouve mieux encore que tous les raisonnements si bien développés dans les pages suivantes, combien les idées

---

(1) *Examen de la philosophie de Bacon*, éd. de 1836, ch. I, p. 48, 49, 50.
(2) *Ibidem*, p. 51.
(3) *Ibidem*, p. 47, note 2.
(4) *Ibidem*, p. 51, note 1.

perdent de leur clarté et de leur précision, quand on s'écarte trop des formes rigoureuses de la méthode scolastique (1).

De Maistre tient beaucoup à ses idées innées, qu'il regarde comme absolument essentielles à l'homme. Il y revient à plusieurs reprises, se proposant par là de réagir contre le matérialisme dont il avait été, à la fin du xviii° siècle, le témoin indigné, et contre le sensualisme qui en est le principe : « Dès le premier moment de son existence, dit-il, l'homme est environné par toutes les idées qui appartiennent à sa nature ; mais l'ordre est tel qu'elles se succèdent avec une étonnante célérité, et qu'elles sont d'abord d'une faiblesse extrême, ne s'élevant que par nuances insensibles à l'état de perfection qui appartient à chaque individu ; d'où il résulte que la mémoire ne pouvant s'en représenter aucune comme antérieure ou postérieure, toutes sont censées non-seulement exister, mais coexister et commencer chez lui à la fois : ainsi il n'y a point de *première impresssion*, point de *première idée*, point de *première expérience*, et tout est simultané. — *Ecce homo* (2). »

Pour lui, les idées innées sont la sauvegarde nécessaire du spiritualisme ; tout système d'après lequel l'homme n'a aucune idée naturelle, constitutive de son essence, et qui assigne à la connaissance une origine sensible, va logiquement à l'athéisme et à la négation de la notion de Dieu (3). En revanche, il rejette nettement le fidéisme et proclame la nécessité de la raison pour que la révélation soit possible (4).

(1) Voir à ce sujet des réflexions très justes et un exemple très ingénieux dans l'appendice du ch. 1er, p. 59 et suivantes.
(2) *Ibidem*, p. 77, note 1.
(3) Tome II, ch. 1, *De Dieu et de l'intelligence*, p. 16.
(4) *Ibidem*, p. 17. — Il y a même une idée affaiblie de la Révélation,

M. de Maistre ne s'exprime pas plus nettement sur la connaissance que nous avons de l'essence des choses, ou sur le rôle des définitions, et, ici encore, il est difficile de saisir sûrement sa pensée. Il observe que les définitions « ne signifient rien, à moins qu'on ne connaisse antérieurement le genre et la différence (1) ; » et, partant de ce principe, il arrive à en faire assez peu de cas. On ne peut, dit-il, chercher la définition d'une chose dont on n'a pas l'idée. Il faut, avant cela, que la chose soit connue et qu'elle ait un nom. Les noms représentent les idées et sont toujours aussi clairs qu'elles, ils ne sont que des idées parlées ; ils expriment et définissent, non pas les choses, mais seulement les idées que nous avons (2). Les essences sont donc indéfinissables, insaisissables par voie de définition : elles ne peuvent être connues que par intuition, ou, ce qui revient au même, par leur nom (3). En conséquence, c'est une erreur de croire que ce qui ne peut être défini n'est point connu ; au contraire, ce qui est parfaitement connu ne peut être défini ; « car plus une chose est connue, et plus elle nous approche de l'intuition, qui exclut toute équation (4). » Enfin, tout être qui connaît, ne connaît les choses que dans leurs analogies et leurs rapports avec lui (5). Qu'y a-t-il au fond de tout cela? Quel est le rôle des mots dans l'acquisition de nos connaissances? Il semble

« dont le but ne serait que d'amener (l'homme) à lire dans lui-même ce que la main divine y traça. » De sorte que « la révélation serait nulle si la raison, après l'enseignement, n'était pas rendue capable de se démontrer à elle-même les vérités révélées. » P. 22.

(1) *Ibidem*, ch. IV, p. 28.
(2) *Ibidem*, p. 130 et 131.
(3) *Ibidem*, p. 134.
(4) *Ibidem*, p. 140.
(5) *Ibidem*, p. 137, 142.

qu'on ne puisse en avoir aucune sans eux. Et si les noms représentent les idées et non pas les choses, quel moyen d'expliquer l'objectivité de nos connaissances? Pourquoi ne pas admettre la connaissance des essences par une autre voie que par l'intuition, à savoir par les propriétés qui en découlent et qui nous sont indiquées par la définition?

C'est dans la seconde partie de son livre que M. de Maistre aborde décidément l'examen de la *philosophie de Bacon*. Il consacre spécialement la première partie à critiquer la méthode du philosophe anglais et ses ouvrages de physique et d'histoire naturelle. Il défend tout d'abord contre Bacon, selon lui, l'existence et l'idée même de Dieu. Il établit fort bien que nous avons l'idée de Dieu, par le seul fait que nous en parlons; et, à ce propos, il fait un retour à sa théorie des mots représentant les idées et non les objets. On ne peut, dit-il, parler d'une chose, nier son existence sans en avoir l'idée; « l'athée nie donc seulement que l'idée de Dieu, qui est dans son esprit, se rapporte à une réalité..... Dieu parle à tous les hommes par l'idée de lui-même qu'il a mise en nous (1). » Il n'aborde pourtant pas la discussion proprement dite des preuves de l'existence de Dieu; il se contente de réfuter l'objection dont nous venons de parler et celles au moyen desquelles Bacon et Voltaire ont voulu ébranler l'argument tiré du consentement universel des peuples (2).

Il soutient énergiquement que l'âme sensible est une substance simple : « Stupide matérialiste! s'écrie-t-il dans le mouvement de son indignation, brute plus brute que les brutes auxquelles tu demandes des arguments,

---

(1) Tom. II, ch. I, p. 19 et 20.
(2) *Ibidem*, p. 24 et suivantes.

tu crois donc que l'âme sensible, la vie, le sentiment, ce qui aime enfin, n'est qu'un mélange d'ingrédients matériels comme un potage de la cuisine? Tu ne serais qu'absurde si tu ne disais que cela, mais ta pensée va plus loin (1). » Ici comme toujours son spiritualisme est exagéré. Il croit avoir besoin pour démontrer que nous pouvons connaître l'âme spirituelle, d'affirmer que nous la connaissons par intuition, et, par conséquent, mieux que la matière ; et pour sauver la substantialité de l'âme, il présente l'intelligence comme une substance et non comme une simple faculté.

Dans les *Soirées de Saint-Pétersbourg*, où le génie a si souvent buriné en traits ineffaçables des pensées hardies et originales jusqu'à friser le paradoxe, M. de Maistre s'est proposé avant tout de justifier le gouvernement temporel de la Providence et de renverser les objections qu'on voudrait tirer de l'existence du mal. Mais beaucoup d'autres questions sont traitées incidemment et ce livre touche par quelques côtés à presque tous les grands problèmes philosophiques. Il est assez difficile toutefois d'en extraire un système complet et suivi ; de plus, l'auteur adopte une forme qui ne permet pas toujours de saisir nettement toutes les nuances de sa pensée.

Il remarque d'abord que l'on pose mal le problème, quand on demande pourquoi les méchants sont heureux et les justes malheureux. Il s'en faut de beaucoup que telle soit la règle générale. *Un sentiment intérieur* nous en avertit, même avant toute étude et toute réflexion. Il étend cette doctrine jusqu'aux sciences naturelles et paraît faire du sentiment intérieur une sorte de critérium aveugle à l'usage des hommes droits, et qu'il ap-

---

(1) *Ibidem*, ch. II, p. 49.

pelle « *conscience intellectuelle* (1). » Revenant ensuite à la question du mal, il montre qu'une loi générale ne peut être injuste si elle est la même pour tous, que d'ailleurs la prétendue impunité du crime, si souvent objectée contre la Providence, est bien loin d'être la règle commune. Beaucoup de coupables sont atteints par la justice humaine; un bien plus grand nombre sont punis par les maladies qui dérivent à peu près exclusivement des fautes morales, personnelles ou commises par les ascendants. A cette occasion, il émet son sentiment sur la nature du principe matériel : il lui refuse toute activité, toute force inhérente et intrinsèque, et il ajoute : « La matière n'est rien. Essayez, s'il vous plaît, d'imaginer la matière existant seule, sans intelligence; jamais vous ne pourrez y parvenir (2). »

Les digressions s'ajoutent aux digressions et s'enchevêtrent d'une manière presque inextricable. Toutefois l'idée-mère qui résume tout et sert de base à l'argumentation, c'est *que tout mal est un châtiment* (3). Mais, avant de tirer les conséquences de ce principe par rapport aux moyens de restreindre l'empire du mal, il revient sur une assertion du premier entretien, celle de la transmission du mal physique par l'hérédité, transmission en vertu de laquelle nous souffrons peut-être aujourd'hui pour des excès commis il y a plus d'un siècle (4). Il établit d'abord le fait naturel de l'hérédité du mal tant physique que moral. Tout être qui a la faculté de se propager ne pouvant produire qu'un être semblable à lui, un être dégradé ne peut avoir

---

(1) *Soirées*, édit. 1872, t. I, p. 17 et suiv.
(2) *Ibidem*, 2ᵐᵉ entretien, p. 71.
(3) *Ibidem*, p. 1.
(4) *Ibidem*, p. 72.

qu'une postérité dégradée. Ainsi se sont formées les races sauvages, descendant « d'un homme détaché du grand arbre de la civilisation par une prévarication quelconque, mais d'un genre qui ne peut plus être répété (1). » Il y a donc des prévarications originelles du second ordre, qui dégradent de nouveau plus ou moins ceux qui les commettent et perpétuent ainsi plus ou moins dans leur descendance les vices comme les maladies. Ces considérations restent inachevées, et une interruption ramène brusquement le comte à une nouvelle digression sur les sauvages et leurs « *langues* (2). » Chez ces peuplades barbares, comme au sein des nations civilisées, il trouve l'altération d'un idiome primitif et, par suite, l'oubli au moins partiel des connaissances infuses, que cet idiome exprimait.

Inutile d'insister; c'est toujours la même théorie. A savoir : le langage comme les idées premières, doit nécessairement dériver d'une source qui est en dehors de l'ordre commun et naturel. Ainsi l'expérience des sens et le travail de la raison se trouvent réduits à l'impuissance sur ce point fondamental. Le but est évidemment dépassé. M. de Maistre ne porte pas seulement des coups terribles au matérialisme et au sensualisme; il ébranle la base même de la philosophie scolastique. D'après saint Thomas, l'abstraction suffit pour expliquer l'origine de toutes nos idées, et si les hommes en *fait* n'ont pas inventé le langage, en *droit* ils auraient pu l'inventer.

---

(1) *Ibidem*, p. 75.
(2) *Ibidem*, p. 78.

II. — De Bonald : Recherches philosophiques; Théorie du pouvoir (1).

L'erreur du traditionalisme, implicitement contenue dans les œuvres de Joseph de Maistre, devient formelle chez M. *de Bonald*.

Ce personnage, dont la mémoire est si justement respectée, a été témoin des graves événements que l'histoire contemporaine a enregistrés de 1753 à 1840, c'est-à-dire pendant près d'un siècle. Il naquit et mourut à Monna, dans l'Aveyron. Sous le premier Empire, il remplit les fonctions de conseiller titulaire dans l'Université; de 1815 à 1830, il fut successivement député et pair de France. L'Académie le reçut parmi ses membres en 1816. Il eut l'insigne honneur de donner à l'Église un fils que le Souverain Pontife revêtit de la pourpre romaine (2).

M. de Bonald est un écrivain de premier ordre; il a moins de vigueur et d'élévation que Joseph de Maistre, il est plus méthodique dans sa marche, plus modéré dans sa polémique. Sa pensée se dessine avec plus de netteté; toutefois il n'échappe point au défaut de son temps, et il emploie des formules qui sont vagues et se prêtent à plusieurs interprétations, quand elles ne sont pas en opposition manifeste avec les règles de la logique. Ainsi, dans son langage et suivant son opinion, la philosophie est « la science de Dieu, de l'homme et de

---

(1) De Bonald, *Œuvres*, en particulier : *Recherches philosophiques sur les premiers objets des connaissances morales; Théorie du pouvoir; Essai analytique sur les lois naturelles de l'ordre social; Législation primitive; Du divorce; Pensées; Mélanges*, etc. — Cf. Gonzalez, *Historia de la Filosofia;* Bouchitté; Rohrbacher, *Histoire universelle de l'Église catholique;* Maine de Biran, etc.

(2) Mgr de Bonald, archevêque de Lyon, né en 1787.

la société (1); » l'homme se définit « une intelligence servie par des organes (2); » chacun de nous « pense sa parole avant de parler sa pensée (3). » Son système est le traditionalisme dans l'une de ses formes mitigées.

Ce système, malgré ses nuances diverses, repose sur les mêmes bases et aboutit aux mêmes conséquences : démontrer d'abord, en s'appuyant sur la faiblesse de la raison, que certaines notions nécessaires et absolues dérivent d'une éducation donnée à l'homme dès l'origine, et se propagent dans le monde par le *langage;* déduire ensuite du fait même de cette éducation divine la valeur objective de ces notions primordiales et en tirer une série de conclusions soit contre les athées, soit contre les rationalistes. Tel est, en abrégé, le thème que M. de Bonald développe avec un talent remarquable dans toutes ses œuvres, surtout dans ses *Recherches philosophiques* et dans sa *Théorie du pouvoir.* Voici son raisonnement.

Les notions de Dieu, de Providence, d'âme et d'immortalité, de droit, de devoir, de récompense et de châtiment sont à la base de la métaphysique et de la morale. Tout dépend de leur valeur intrinsèque. Or, cette valeur ne peut être contestée, puisque toutes ces notions absolues et nécessaires viennent de Dieu et sont transmises à travers les siècles sans altération essentielle. Pour établir cette thèse, il suffit de prouver que l'homme

---

(1) *Recherches philos.*, édit. 1826, t. I, p. 97. Nous citons cette édition.

(2) *Ibidem*, p. 295. — *Du divorce*, discours préliminaire. — M. de Bonald oppose sa définition à celle de Saint-Lambert : « L'homme est une masse organisée et sensible, qui reçoit l'esprit de tout ce qui l'environne et de ses besoins. »

(3) *Législation primitive*, discours préliminaire, p. 35.

ne pense pas sans la parole, et que le langage, « enveloppe » et « véhicule » de l'idée, tient son origine immédiate de Dieu lui-même. Ces deux faits paraissent évidents à l'auteur des *Recherches philosophiques*.

Et d'abord, suivant son opinion, la pensée suppose la parole, et tout rationaliste de bonne foi doit en convenir ; en effet, avant la parole, l'esprit est vide et informe, et même il n'existe ni pour lui ni pour les autres. « Il y avait dans le monde de la géométrie avant Newton, et de la philosophie avant Descartes ; mais, avant le langage, il n'y avait rien, absolument rien que les corps et leurs images, puisque le langage est l'instrument nécessaire de toute opération intellectuelle, et le *moyen* de toute existence morale. Tel que la matière que les Livres Saints nous représentent informe et nue, *inanis et vacua*, avant la parole féconde qui la tira du chaos, l'esprit aussi, avant d'avoir entendu la parole, est vide et nu ; ou tel encore que les corps dont aucun, pas même le nôtre, n'existe à nos yeux, avant la lumière qui vient nous montrer leur forme, leur couleur, le *lieu* qu'ils occupent, leurs rapports avec les corps environnants, etc. ; ainsi, l'esprit n'existe ni pour les autres, ni pour lui-même, avant la connaissance de la parole qui vient lui révéler l'existence du monde intellectuel, et lui apprendre ses propres pensées (1). »

M. de Bonald revient sans cesse à cette comparaison empruntée à la lumière matérielle. Il ne voit pas qu'elle est la meilleure preuve contre sa théorie. « Si je vais, dit-il, dans un lieu obscur, je n'ai pas la vision oculaire, ou la connaissance par le sens de la vue, des corps qui sont près de moi, pas même de mon propre corps ; et

---

(1) *Recherches philosophiques*, t. I, p. 144 et 145.

sous ce rapport, tous ces corps, quoique réellement existants autour de moi, sont à mon égard comme s'ils n'étaient pas. Mais si un rayon de lumière vient tout à coup à pénétrer dans ce lieu, tous les corps en reçoivent leur expression particulière, je veux dire leur forme et leur couleur; chaque objet se produit à mes yeux par les contours et les lignes qui le terminent; j'aperçois tous ces corps; je les distingue tous les uns des autres, je vois et je distingue mon propre corps, et je juge les rapports de figure, de grandeur, de distance, que tous ces corps ont entre eux et avec le mien.

» L'application est aisée à faire. Notre entendement est ce lieu obscur où nous n'apercevons aucune idée, pas même celle de notre propre intelligence, jusqu'à ce que la parole humaine, dont on peut dire aussi, comme de la parole divine, qu'*elle éclaire tout homme venant en ce monde*, pénétrant jusqu'à mon esprit par le sens de l'ouïe, comme le rayon de soleil dans le lieu obscur porte la lumière au sein des ténèbres, et donne à chaque idée, pour ainsi dire, la forme et la couleur qui la rendent perceptible pour les yeux de l'esprit. Alors chaque idée, appelée par son nom, se présente, et répond, comme les étoiles dans le livre de Job au commandement de Dieu : *me voilà*, alors seulement nos propres idées sont exprimées même pour nous, et nous pouvons les exprimer pour les autres. Nous nous entendons nous-mêmes, et nous pouvons nous faire entendre des autres hommes; nous avons la conscience de nos propres idées, et nous pouvons en donner aux autres la connaissance : et comme l'œil éclairé par la lumière distingue chaque corps à sa forme et à sa couleur, et juge les rapports que les corps ont entre eux, et qui sont l'objet des sciences physiques, ainsi l'entendement, éclairé par la parole, distingue chaque idée à son expression particulière, et juge les rapports que les idées ont les unes avec les autres, rapports qui sont l'objet de toutes les sciences morales. L'idée ainsi *marquée* a cours dans le commerce des esprits, où elle ne serait point reçue sans cette empreinte, comme l'expression sans l'idée n'y vaudrait que comme son : semblable à ces monnaies effacées ou étrangères, qui, dans les échanges, ne sont reçues que pour leur poids (1). »

Une fois la première thèse établie, la deuxième ne présente aucune difficulté. Si l'esprit est absolument incapable de parler sa pensée avant de penser sa parole ; ou, en termes plus clairs, si le langage précède la pensée, il ne peut à aucun titre relever de l'homme, et il doit tirer son origine immédiate de Dieu lui-même. « Il a été donné à l'homme, et n'a pas été inventé par l'homme, comme il a toujours été, comme il est encore, partout transmis, et nulle part inventé (2). » Il est partout « le même, quoique les idiomes soient différents (3). »

De là découle, contre les athées et les rationalistes, une longue série de conséquences que M. de Bonald développe dans les *Recherches philosophiques* et dans la *Théorie du pouvoir*.

D'un côté, le langage universel émane d'une autorité infaillible ; d'autre part, il exprime une somme de vérités absolues et nécessaires, qui forment la base de la métaphysique et de la morale : l'existence et les perfections de Dieu, la création et la Providence, la spiritualité et l'immortalité de l'âme, l'origine du pouvoir et du droit (4), la nature du bien et du mal, la nécessité des

(1) *Recherches philosophiques*, t. I, p. 368-371.
(2) *Ibidem*, p. 168.
(3) *Ibidem*, p. 169. Voir p. 159.
(4) Cf. *Théorie du pouvoir*.

récompenses et des châtiments. Sur ces différents points, en particulier sur la Cause première et sur les causes finales (1), l'auteur des *Recherches* a des aperçus qui dénotent un écrivain remarquable, dont le style coloré traduit presque toujours une pensée généreuse ou un sentiment délicat. Ces brillantes qualités ont valu des sympathies au traditionalisme; elles n'ont pu le soustraire à une réprobation universelle. Mais il faut en connaître toutes les nuances avant de voir comment il blesse à la fois la raison et l'autorité, la philosophie et la théologie.

III. — De La Mennais : Essai sur l'indifférence; Esquisse d'une philosophie (2).

Le traditionalisme entre dans une nouvelle phase avec M. de La Mennais. Il n'est pas seulement une arme de défense contre les erreurs de l'époque; il devient un système complet de philosophie, et ses partisans, groupés autour d'un chef, forment une école dont la renommée s'étend au loin dans le monde catholique.

Félicité de La Mennais naquit à Saint-Malo, en 1782, quand de Maistre et de Bonald étaient déjà parvenus à la maturité de l'âge et du génie. Personne n'avait au

---

(1) *Recherches philosophiques*, t. II, ch. x et xi.
(2) La Mennais, *Œuvres*, en particulier : *Essai sur l'indifférence en matière de religion; Défense de l'Essai sur l'indifférence; Esquisse d'une philosophie*, à l'index; *Discussions critiques*, à l'index, etc. Cf. Rohrbacher; Robinet, *Notice biographique;* Madrolle, *Histoire secrète;* Gonzalez, *Historia de la Filosophia*, t. III, p. 438; Ravaisson, *La philosophie en France*, p. 32; Boyer, *Défense de l'ordre social;* Du Plessis de Grenédan; H. Lacordaire, *Considérations sur le système philosophique de M. de La Mennais;* Ad. Franck, *Philosophie du droit;* Damiron; Jules Simon, *Esquisse d'une philosophie;* Renan, *Essais de morale et de critique*, etc.

même degré besoin de se soumettre à une sage direction, et, par malheur, il fut à lui-même son propre maître, puisant à toutes les sources, plus soucieux de fournir des aliments à son intelligence que d'affermir sa volonté dans la pratique du devoir et de l'obéissance. Il fit sa première communion fort tard, et il avait environ trente ans lorsqu'il entra dans les ordres. Il publia en 1817 le premier volume de l'*Essai sur l'indifférence*, qui produisit une vive sensation et rendit l'auteur célèbre « en un jour. » A partir de cette époque jusqu'au moment de sa chute, il rallia autour de lui cette phalange de jeunes écrivains qui avaient à leur tête *Lacordaire*, *de Salinis*, *Gerbet*, *de Montalembert*, et brûlaient du désir de consacrer leur talent à la défense de la vérité. Leur devise était : « Pour Dieu et la liberté, pour le Pape et le peuple (1). »

Tout le monde sait comment cette ligue fut détruite. Après l'Encyclique de 1832, La Mennais, froissé dans son orgueil, se révolta contre l'Église et fit une des chutes les plus lamentables que l'histoire ait jamais enregistrées. D'apologiste du pouvoir, il devint démocrate et siégea sur les bancs de l'extrême gauche parmi les représentants du peuple; le traditionaliste de la veille esquissa un plan de philosophie où la raison est prise pour unique arbitre du vrai et du faux, du bien et du mal; le gentilhomme qui présidait à la Chesnaie une réunion de catholiques ardents, mourut séparé de l'Église, et sa dépouille, comme celle d'un maudit, ne reçut point la dernière bénédiction du prêtre. Terrible leçon

---

(1) Voir le journal *l'Avenir*; *l'Histoire universelle de l'Église catholique*, par M. l'abbé Rohrbacher.

pour le génie, quand il ne sait point s'abriter sous la sauvegarde de l'humilité !

M. Renan, qui montre ici une indulgence un peu intéressée, trace de La Mennais un portrait assez original : « Peu de vies, dit-il, semblent au premier coup d'œil aussi profondément brisées que celle de Lamennais. Des deux parties qui la composent, la seconde ne paraît point sortir de la première, mais en être la contradiction. Et pourtant, j'espère le prouver, peu de vies ont été dominées par un principe plus invariable ; peu de natures ont été plus entières et moins susceptibles de se modifier. Lamennais fut en réalité un caractère simple et tout d'une pièce : il manqua de ce qui fait la diversité d'une carrière, je veux dire l'étendue des connaissances, la variété des études, la flexibilité de l'esprit. Ce fut là son défaut, et ce fut aussi la cause de sa grandeur (1). » La Mennais, au contraire, est un paradoxe vivant, et ses étranges variations attestent un caractère violent, qui passe, sans liaison aucune, de l'affirmation absolue à la négation radicale, de l'amour enthousiaste à la haine passionnée. Pour s'en convaincre, il suffit de mettre en regard les deux ouvrages qui nous intéressent : l'*Essai sur l'indifférence* et l'*Esquisse d'une philosophie*.

L'*Essai* contient une logique *traditionaliste* ; l'*Esquisse* renferme une métaphysique *rationaliste*. D'un côté, la raison est humiliée, anéantie ; de l'autre, elle est prise pour la mesure du vrai.

Voici les principales propositions qui résument la partie philosophique de l'*Essai sur l'indifférence*. La rai-

---

(1) *Essai de morale et de critique*, 1860, p. 143-144. — M. Emile Charles n'est pas moins prodigue de louanges pour La Mennais. Cf. *Dict. des sciences philos.*, art. Lamennais.

son individuelle est incapable de saisir le vrai. « Quand nous venons à porter la main sur l'édifice de nos connaissances, à en sonder curieusement la base, nous ne trouvons que des abîmes, et le doute ténébreux sort des fondements de l'édifice ébranlé. L'homme ne peut, par ses seules forces, s'assurer pleinement d'aucune vérité, parce qu'il ne peut, par ses seules forces, se donner ni se conserver l'être. *Il ne voit*, dit Montaigne, *le tout de rien*, et voilà pourquoi la philosophie, qui veut tout voir et tout comprendre, la philosophie qui rend la raison de chaque homme seul juge de ce qu'il doit croire, aboutit au scepticisme universel, ou à la destruction absolue de la vérité et de l'intelligence (1). » Ce qui nous est aujourd'hui évident, peut nous paraître demain « ou obscur ou erroné (2). » C'est en vain que nous appelons le raisonnement à notre secours. Il est une « fragile barrière contre le doute, » ou plutôt un « impétueux torrent qui brise toutes les digues, emporte et submerge toutes nos certitudes, quand il vient à se déborder sur nos connaissances (3). »

Nous ne possédons en nous aucun remède efficace contre ce mal. « Nul moyen d'éviter cet écueil, dès qu'on cherche en soi la certitude ; et c'est ce qu'il faut montrer à l'homme pour humilier sa confiance superbe : il faut le pousser jusqu'au néant pour l'épouvanter de lui-même, il faut lui faire voir qu'il ne saurait se prouver sa propre existence, comme il veut qu'on lui prouve celle de Dieu ; il faut désespérer toutes ses croyances,

---

(1) *Essai sur l'indifférence en matière de religion*, édition 1825, t. II, p. 122. Nous citons cette édition.
(2) *Ibidem*, p. 131.
(3) *Ibidem*, p. 134.

même les plus invincibles, et placer sa raison aux abois dans l'alternative, ou de vivre de foi ou d'expirer dans le vide (1). »

Dans cet état d'abaissement, nous devons appeler de la raison à l'autorité, du sens privé au sens commun (2); agir autrement, c'est ébranler le monde moral et constituer l'empire du scepticisme universel (3). « En ce moment, où nous ne connaissons encore et ne considérons que l'homme, la plus grande autorité que nous puissions concevoir est l'autorité du genre humain ; par conséquent, elle renferme le plus haut degré de certitude où il nous soit donné de parvenir. Si donc il existait une vérité universellement crue, unanimement attestée par tous les hommes, dans tous les siècles, vérité de fait, de sentiment, d'évidence, de raisonnement, à laquelle ainsi toutes nos facultés s'uniraient pour rendre hommage, cette vérité souveraine, manifestement investie d'une puissance suprême sur notre entendement, viendrait se placer en tête de toutes les autres vérités dans la raison humaine. La nier, ce serait détruire la raison même. Quiconque en effet la nierait, niant par là même le témoignage unanime des sens, du sentiment et du raisonnement, ne pourrait en aucun cas l'admettre, et serait contraint de douter de sa propre existence, qu'il ne connaît que par ces deux moyens. Encore est-ce trop peu dire ; et si l'on a bien saisi les principes exposés précédemment, il sera aisé de comprendre que la vérité dont il s'agit, étant beaucoup plus certaine que notre propre existence, puisqu'elle est attestée par des témoignages beaucoup plus nombreux, il y aurait in-

---

(1) *Essai sur l'indifférence en matière de religion*, éd. 1825, t. II, p. 123.
(2) *Ibidem*, p. 173.
(3) *Ibidem*, p. 173.

comparablement plus de folie à en douter, qu'à douter que nous existons (1). »

L'*existence de Dieu* est le premier dogme que proclame le témoignage du genre humain. « En définissant les caractères de cette vérité sublime, universelle, absolue, » nous nommons Dieu. « Avec quel ravissement, quels transports, ne devons-nous pas voir cette magnifique et resplendissante idée se lever tout à coup sur l'horizon du monde intellectuel, enveloppé d'ombres épaisses, et répandre la lumière et la vie jusque dans ses profondeurs les plus reculées (2) ! »

Ce consentement unanime suppose que le genre humain a « sa *tradition*, conservée dans toutes les familles, chez tous les peuples, et par laquelle il remonte jusqu'à son premier père, ou jusqu'à Dieu, dont l'existence, unanimement attestée de siècle en siècle, n'est pas moins certaine que l'existence du genre humain, que l'existence de l'univers, et en est la raison. Aussi la plus ancienne histoire connue s'ouvre-t-elle par ces mots : *Au commencement Dieu créa :* où nous voyons d'abord Dieu existant seul, avant tout commencement, et les autres êtres recevant de lui l'existence à l'origine des temps. Nulle tradition, de l'aveu même des athées, n'est plus universelle, plus constante; donc aucun fait n'est plus certain. Parcourez la terre en tous sens; des contrées civilisées, des nations savantes, passez au fond des bois chez les hordes sauvages; que pas un peuple, pas une famille n'échappe à vos recherches, entrez dans la tente de l'Arabe, dans la cabane du Nègre, dans la hutte du Cafre et du Samoïède : partout vous retrouverez

---

(1) *Essai sur l'indifférence en matière de religion*, édit. 1825, t. II, p. 174-176.
(2) *Ibidem*, p. 176.

la croyance d'un premier être, père de tous les êtres, partout vous entendrez nommer Dieu (1). »

Cette tradition, comme le *langage* et l'écriture qui la transmettent d'âge en âge, remonte à l'époque où le Créateur entretenait avec l'homme des « communications sensibles (2). » Ainsi, toute certitude de « *droit* » est appuyée, en dernière analyse, sur le motif de l'autorité divine. Le consentement des peuples, isolé de cette autorité suprême, ne donne qu'une certitude de « *fait.* »

L'auteur de l'*Essai* aboutit au traditionalisme par une suite de déductions rigoureuses. Dans le dernier volume de l'*Esquisse*, il ne parle plus de témoignage, de tradition, d'autorité. Il a consommé sa révolte et son apostasie. Son langage est désormais celui d'un rationaliste absolu. Il fait l'apothéose de cette raison qu'il a tant humiliée, et, après l'avoir dépouillée de ses plus nobles prérogatives, il la juge capable de découvrir le plus auguste de tous les mystères, celui de la Trinité (3). Il pose nettement la proposition que M. Fouillée développe avec une érudition plus étendue que sûre, dans son travail sur la *Philosophie de Platon* (4).

Plusieurs ont même formulé contre La Mennais l'accusation de panthéisme. On trouve, en effet, dans l'*Es-*

---

(1) *Essai sur l'indiffér. en matière de religion*, éd. 1825, t. II, p. 179-180.

(2) *Ibidem*, p. 183. — « Rousseau » avoue lui-même que « la parole lui paraît avoir été nécessaire pour inventer la parole. Au fond, l'inventeur du langage aurait inventé la raison humaine. » P. 224, note.

(3) « Le dogme chrétien de la Trinité (est) le résultat du travail de la raison humaine pendant de longs siècles et de son développement progressif. » *Esquisse d'une philosophie*, Préf., p. 13.

(4) *La Philosophie de Platon, exposition, histoire et critique de la théorie des idées*, par Alfred Fouillée, maître de conférences à l'École normale, 2 vol., 1869. Cf. t. II, livre V, *Le platonisme dans le christianisme*.

quisse, plus d'une page où l'infini et le fini, le nécessaire et le contingent sont envisagés comme deux modes de l'être ; la création n'y est pas, non plus, suffisamment distinguée de l'évolution successive et de l'émanation spontanée. Mais, il ne faut pas l'oublier, le langage de l'auteur est toujours imagé, poétique et sentencieux ; il traduit un sentiment, une passion, un éclair passager plutôt qu'une opinion arrêtée ou une idée clairement définie. Si plusieurs phrases sont favorables au « monisme » de Spinoza, il y en a aussi pour les systèmes qui établissent une distinction formelle entre le Créateur et la créature.

La Mennais s'appuie sur la théorie de « l'exemplarisme » divin pour faire ressortir l'harmonie, l'ordre et les rapports qui existent entre tous les êtres. Au sommet est Dieu, la pluralité dans l'unité, la trinité des modes dans une seule substance, la *puissance*, l'*intelligence* et l'*amour* formant un tout souverainement parfait. La création reproduit ce modèle, et les êtres s'échelonnent dans le temps et dans l'espace, portant tous l'empreinte de la main qui les a façonnés et fournissant leur note dans le concert universel : « L'intelligence précède l'amour ; » celui-ci « dérive d'elle et de la puissance ; mais ni la puissance, ni l'intelligence ne peuvent non plus se développer sans lui. Quoique d'essences diverses, ces trois grandes énergies qui s'impliquent l'une l'autre nécessairement, forment une seule unité substantielle, celle de l'Être soit infini, soit fini, et la dernière des créatures, la plus abaissée dans la série où chacune a sa place déterminée par les lois de l'ordre universel, est une comme Dieu, et *trine* comme Dieu (1). »

---

(1) *Esquisse*, édition de 1840, t. II, p. 310.

L'homme est, dans ce monde visible, la plus noble des créatures, et, « par le concours simultané de l'influx divin et du libre arbitre, » il tend sans cesse à s'affranchir de la « tyrannie de l'organisme (1) » et à réaliser le degré de perfection que comporte sa nature (2). Il est une trinité vivante. Ce qu'il y a de primitif en lui, comme dans tous les êtres, « c'est la substance indivisiblement une, laquelle implique trois propriétés essentielles et nécessaires, la force qui la réalise incessamment, la forme qui la détermine, l'amour qui, en unissant la force et la forme, les ramène à l'unité de la substance et constitue proprement la vie (3). » La connaissance ne s'effectue point par raisonnement; elle est le résultat d'une « vision » qui forme le « fond même » ou la « racine » de l'intelligence, et perçoit « simultanément » Dieu et la créature, l'infini et le fini, le nécessaire et le contingent (4).

Les êtres qui sont placés au-dessous de l'homme et font partie de l'univers, portent aussi une image de la trinité, même dans les éléments matériels dont ils se composent. La force de résistance qui est le principe de l'impénétrabilité, rappelle la puissance; la forme ou la figure représente l'intelligence; l'attraction est l'image de la vie et de l'amour. Ainsi tout part du même principe, tout y revient en suivant les modulations d'un rhythme universel.

Cette *Esquisse* renferme des vérités sublimes, exprimées dans un style qui a de l'ampleur et de la magnificence. Mais l'ordre surnaturel y est confondu avec l'ordre na-

---

(1) *Esquisse*, édition de 1840, t. II, p. 324.
(2) *Ibidem*, p. 321.
(3) *Ibidem*, p. 324.
(4) *Ibidem*, t. IV, l. x, ch. I.

turel. Dans l'*Essai*, la théologie absorbe la philosophie; dans l'*Esquisse*, la philosophie absorbe la théologie. La méthode est renversée. L'intelligence, naguère si impuissante, s'élève par ses forces natives à la « vision » simultanée de l'infini et du fini. Elle n'a besoin ni de révélation, ni de raisonnement; elle est en possession immédiate de la vérité. Là, pensons-nous, est l'une des erreurs capitales de La Mennais.

IV. — Bonnetty, Ventura, Bautain (1).

Le traditionalisme exposé dans les *Recherches philosophiques* était restreint dans ses limites et adouci dans sa forme. L'auteur de l'*Essai sur l'indifférence* l'étendit à tous les problèmes de la raison humaine. Il devait, comme tous les faux systèmes, subir de nouvelles transformations.

M. *Bonnetty*, né à Entrevaux, dans les Basses-Alpes, en 1798, a exercé de l'influence sur les destinées du traditionalisme au xixe siècle, et il s'est rendu célèbre par les luttes qu'il a soutenues dans les *Annales de philosophie chrétienne* et dans la revue de l'*Université catholique*. Il a compté parmi ses collaborateurs et ses amis, des hommes d'un grand mérite, comme Mgr de Salinis, M. de Montalembert, M. Jager, Mgr Gerbet; il en a égalé plu-

---

(1) Augustin Bonnetty : *Annales de philosophie chrétienne*, publication importante, qui est devenue, sous la direction de M. l'abbé Guieu, un des organes de la Scolastique; *Université catholique*; *Beauté de l'histoire de l'Église*, etc. — P. Ventura : *La raison philosophique et la raison catholique*; *De la vraie et de la fausse philosophie*; *De methodo philosophandi*; *Essai sur l'origine des idées*; *La tradition*; *Cours de philosophie chrétienne*, etc. — Abbé Bautain : *Philosophie du christianisme*; *Psychologie expérimentale*; *Philosophie morale*, etc. — Pour la réfutation du traditionalisme, voir les *Œuvres philosophiques* du cardinal Zigliara, t. I, *Essai sur les principes du traditionalisme*.

sieurs par l'étendue de sa science et la vigueur de sa polémique, il les a tous édifiés par sa soumission humble et prompte aux décisions de l'Église.

Le traditionalisme de M. Bonnetty est beaucoup moins absolu que celui de La Mennais. Il est restreint aux vérités de dogme et de morale « nécessaires à croire et à pratiquer (1). » Quelles sont ces vérités? M. Bonnetty les énumère : « Dieu et ses attributs, l'homme, son origine, sa fin, ses devoirs, les règles de la société civile et de la société domestique; voilà des vérités que nous ne croyons pas que la philosophie ait trouvées ou inventées, sans le secours de la tradition et de l'enseignement (2). » Les vérités qui sont en dehors « du dogme et de la morale obligatoires pour l'homme, ou qui en dérivent par voie de conséquence, » ne dépassent point les forces et la portée de la raison humaine (3).

Le P. *Ventura* (4), de l'ordre des Théatins, s'efforce de donner au traditionalisme une forme encore plus adoucie.

Cet orateur fameux naquit à Palerme, en 1792. Il eut pour père le baron de Raulica, qui lui fit donner une brillante éducation. Le rôle qu'il joua dans la politique,

---

(1) « Quand nous avons dit que la philosophie ne doit pas rechercher la vérité; par le mot vérité, nous avons entendu seulement les vérités de dogme et de morale nécessaires à croire et à pratiquer, enseignées en philosophie....; mais nous n'avons nullement voulu comprendre le grand nombre de vérités, qui sont en dehors du dogme et de la morale obligatoires pour l'homme, ou qui en dérivent par voie de conséquence. » Bonnetty, *Annales de philosophie chrétienne*, vol. VIII, p. 374.

(2) *Ibidem*, et vol. VII, p. 63, etc.

(3) *Ibidem*, vol. VII et VIII.

(4) Sur le traditionalisme du P. Ventura, voir le cardinal Zigliara, *Œuvres philosophiques*, t. I.

sous le pontificat de Pie IX, son *Oraison funèbre d'O'Connel*, ses *Discours* prononcés à la Madeleine et à Saint-Louis-d'Antin, ses hardiesses de style et de pensée, ses relations avec les savants de l'Institut et de l'Observatoire ont rendu son nom célèbre, surtout en Italie et en France. Il a laissé un grand nombre d'ouvrages qui attestent la fécondité de son esprit. Il est mort en 1861.

D'après le P. Ventura, non-seulement la raison peut, en vertu de ses forces natives, concevoir « l'*idée* » des choses dont les images affectent nos sens ; mais une fois qu'elle possède « la *connaissance* » des vérités nécessaires, elle peut démontrer, défendre, développer ces mêmes vérités : « Le rôle de la raison, dit-il, n'est pas d'inventer, de créer des vérités dont elle n'a aucune idée, mais de développer, de *démontrer*, d'expliquer les vérités connues par l'enseignement domestique et les traditions de l'humanité ; les défendre chez » soi-même « contre ses propres passions et s'y affermir, les venger chez les autres contre leurs passions aussi et les dépouiller des erreurs dont elles pourraient avoir été altérées (1). » Toutefois, ces connaissances élevées sur Dieu, sur la spiritualité et l'immortalité de l'âme, sur les devoirs clairs et précis de l'homme, ne peuvent tirer leur origine de la raison, attendu que les sens n'en reçoivent aucune impression, aucune image (2) ; l'âme les acquiert par une « *révélation* » primitive, transmise à tout le genre humain, et répandue dans tout l'univers au moyen de la « parole (3). »

---

(1) *La tradition et les semi-pélagiens de la philosophie*, ch. I, 6. Cf. Bensa, *Le vrai point de la question entre les traditionalistes et les semi-pélagiens, et les fondements du vrai traditionalisme.*

(2) *La raison philosophique et la raison catholique*, 2º conférence, 3º édition, Gaume, p. 171, note B.

(3) *Essai sur l'origine des idées et sur le fondement de la certitude*, 6.

Le P. Ventura met au service de sa cause toute la force de son éloquence et la vigueur de son style; mais il manque assez souvent de courtoisie dans sa polémique, et dès qu'il sent la faiblesse de ses raisons, il s'appuie sur saint Thomas (1). Le Docteur angélique, précurseur des traditionalistes; c'est une nouveauté qui ne manque pas d'intérêt.

M. l'abbé *Bautain*, né en 1796 et mort en 1867, fut élève de Cousin et condisciple de Jouffroy et de Damiron. Il occupait une chaire à la Faculté de Strasbourg (2), et il jouissait déjà de la brillante réputation que son éloquence et son savoir lui avaient méritée, quand il se sépara du chef de l'éclectisme pour se dévouer sans réserve à la cause dont Joseph de Maistre, de Bonald et La Mennais se montraient alors les plus zélés défenseurs. De retour à Paris, où il était né, il occupa de hautes positions dans le clergé de la capitale, et il fut chargé du cours de morale à la Faculté de théologie. Il resta fidèle pendant toute sa vie à l'engagement qu'il avait pris en 1838, après un voyage de Rome : il fut catholique avant d'être philosophe; il ne voulut être philosophe qu'à la condition de rester catholique (3).

---

(1) « Quant à ces connaissances, auxquelles, fort improprement, on applique le mot d'*idées*, l'homme, comme nous l'avons démontré en nous appuyant sur saint Thomas, ne saurait se les former lui-même; il n'en a, comme le dit encore saint Thomas, que le besoin et l'instinct confus; il doit les recevoir et il les a reçues par une révélation primitive qui, par le langage et la tradition, a été transmise, s'est propagée et établie par tout le monde. » *La raison philos.*, 2ᵉ conférence.

(2) Cf. *Rapport à Monseigneur l'évêque de Strasbourg sur les écrits de M. l'abbé Bautain; Avertissement sur l'enseignement de M. Bautain.*

(3) *Psychologie expérimentale*, par L.-E. Bautain, chanoine honoraire de Strasbourg, professeur de philosophie et doyen de la Faculté des lettres, docteur en théologie, en médecine, ès lettres, etc., t. I.

M. Bautain substitue au consentement universel des peuples le critérium de l'inspiration divine ; il enseigne le *fidéisme* proprement dit, et il s'éloigne du traditionalisme pour se rapprocher du mysticisme.

En dépit des anathèmes de La Mennais contre les psychologues, il consacre une partie de ses leçons à l'étude de l'âme et de ses facultés (1). — Il distingue en nous deux esprits : l'un « *intelligent*, » l'autre « *physique* (2). » Le premier est fait pour recevoir la lumière céleste et comprendre les premiers principes ; le second préside aux fonctions organiques de la vie animale et végétative. — La *raison*, ou l'esprit intermédiaire et mixte, procède de l'union de l'esprit intelligent et de l'esprit physique (3) ; ainsi l'homme est un « abrégé du grand esprit du monde, » qui procède du rapport de l'esprit céleste et de l'esprit terrestre (4). — La raison emprunte à l'esprit intelligent les premières notions, ou les « vérités-principes, » et à l'esprit physique, les données de l'expérience ; elle les combine et forme la science. — Or, l'esprit intelligent est incapable de concevoir les « vérités premières » et d'inventer les termes pour les exprimer ; il doit, sous la direction de l'Esprit-Saint, puiser à la source des Livres inspirés, qui contiennent la parole de Dieu et renferment tous les premiers principes de l'ordre intellectuel et de l'ordre moral. — De la sorte, notre *science* est composée de deux éléments, dont l'un est emprunté à la révélation divine, tandis que l'autre émane des forces natives de l'esprit humain ; de même, l'acte de la connaissance proprement dite

---

(1) Cf. *Psychologie expérimentale*, t. I et II, édit. 1839.
(2) *Ibidem*, t. I, ch. ii, p. 150.
(3) *Ibidem*, ch. iii, p. 185.
(4) *Ibidem*, p. 178-185.

dérive de deux principes, l'inspiration de l'Esprit-Saint et l'activité de la raison.

Cette théorie est subtile par certains côtés, et elle occupe une place à part dans l'histoire de la philosophie contemporaine; c'est pourquoi il est utile, afin d'en donner une pleine connaissance, de citer la page où M. Bautain la résume : « La parole sacrée, dit-il, doit fournir au vrai philosophe les principes, les vérités fondamentales de la sagesse et de la science; mais c'est à lui qu'il appartient de développer ces principes, de mettre ces vérités en lumière : en d'autres termes, de les démontrer par l'expérience, en les appliquant aux faits de l'homme et de la nature; donnant ainsi à l'intelligence l'évidence de ce qu'elle avait d'abord admis de confiance, ou cru obscurément. Il s'agit donc de retrouver dans l'homme, dans l'histoire de l'humanité et du monde les preuves de ce que le Livre des révélations nous dit du monde et de l'homme; il s'agit de faire concourir avec la parole de Dieu les trois moyens de connaître, que la Providence nous a départis, et qui ressortent de la position même de l'homme sur la terre, savoir : les sens, par lesquels nous observons le monde des phénomènes; la raison, qui tire les conséquences de nos observations, juge la parole et les faits de l'humanité; le sentiment intime et la conscience qui éclairent notre intérieur et nous mettent en rapport avec les agents mystérieux qui parlent à l'âme et inspirent la volonté. Au fond de toute science, quelle qu'elle soit, il doit y avoir une *vérité-principe* qui ne se démontre pas; de même que dans tout être, à la base de son existence, comme *substratum* impérissable de ses propriétés et de sa forme, se trouve quelque chose de nécessaire ou de divin. Mais ce principe ou ce germe qui porte dans sa puissance toute l'existence future, ne la manifeste que par un développement successif, et c'est par ce développement qu'il se démontrera avec les trésors de vie qu'il renferme. Ainsi de la Parole divine, principe de la science; elle nous est donnée comme un germe intelligible, comme une idée-mère. Par la foi ou par l'adhésion volontaire elle s'implante dans notre âme et y jette ses racines; mais en même temps qu'elle descend dans la profondeur du cœur, elle tend à s'élever, à se développer dans l'esprit; elle tend à s'y former, à s'y exposer et pour ainsi dire à s'y épanouir en une multitude de conséquences qui manifestent toutes les vérités qu'elle portait en elle : et ce développement harmonique, qui constitue la science, nous donne, par la parole de la doctrine, l'évidence et la conscience de ce que nous avions déjà senti ou goûté au fond de nous-mêmes par le cœur. En invoquant l'appui de la Parole sacrée, nous ne repoussons donc ni la science ni le raisonnement ni l'observation : bien au contraire, nous leur donnons une base solide, impérissable, qui subsistera après que les cieux et la terre auront passé (1). »

Ce système est un mélange de spiritualisme, de fidéisme et de mysticisme.

V. — Critique. — Les traditionalistes de toutes les nuances exagèrent la faiblesse de nos facultés.

Il faudrait un volume pour exposer et réfuter toutes les nuances du traditionalisme. M. de Maistre se contente de poser la base du système, en affirmant que les premiers germes de nos connaissances supérieures sont

---

(1) *Psychologie expérimentale*, Discours préliminaire, p. LXXXVIII et suivantes.

en nous *à priori*, et viennent d'une cause extrinsèque à nos facultés. M. de Bonald concentre son attention sur l'origine et la nécessité du *langage*. De La Mennais enseigne que la raison individuelle est réduite à la plus complète impuissance, et il prend pour point de départ de la science un acte de *foi humaine*, dont l'objet principal est l'existence de Dieu, et le premier motif, la *tradition* universelle de tous les peuples. D'après M. Bonnetty, le traditionalisme doit seulement s'appliquer aux vérités nécessaires et absolues qui appartiennent au dogme et à la morale; dans ce haut domaine, l'homme ne peut rien découvrir avec la lumière de la raison. Suivant le P. Ventura, la connaissance *explicite* et formelle des premières vérités suppose une « révélation » et une « foi » naturelles et humaines (1); mais quand nous sommes en pleine possession de ces vérités, nous pouvons les démontrer et les défendre. Pour M. Bautain, la foi *théologale* et la révélation *surnaturelle* sont requises; sans elles, la science serait privée d'un élément essentiel et constitutif.

Avant d'entrer dans le débat, il convient de réserver la question de *fait*. Sur ce point, toute controverse, toute divergence est impossible entre les philosophes catholiques. Dieu a parlé à l'homme dès l'origine; non-seulement il l'a placé à la tête des créatures visibles et l'a soumis aux lois de sa providence naturelle, il s'est chargé de sa première éducation et l'a conduit par la main, comme une mère conduit son enfant. Le *fait historique* de la révélation ne peut être révoqué en doute, non plus que sa grande influence et son action bienfai-

---

(1) « Nous n'entendons parler que d'une révélation, d'une foi purement *naturelles* et *humaines*, qui n'ont rien à faire avec la révélation chrétienne et surnaturelle. » *La tradition*, ch. VI, 42.

sante dans le développement de l'humanité et dans la destinée des nations.

Les traditionalistes se sont transportés sur le terrain de la *métaphysique*, et, au lieu d'une question de fait, ils ont tranché une question de *droit*, de *principe*, de *possibilité* : ils ont prétendu que la raison, envisagée comme *faculté*, *n'aurait jamais pu et ne pourrait jamais* s'élever, par ses propres forces et à l'aide des créatures, à la connaissance de *Dieu* ou de la *première vérité* (1). A cette thèse fondamentale se rattachent toutes les propositions qui forment l'ensemble du système : il *fallait* une révélation primitive; le langage et la tradition étaient *nécessaires* pour conserver, transmettre et propager cette révélation; sans la parole, l'homme ne *saurait* penser; chacun *doit* débuter dans la science par un acte de foi.

Bornons-nous à l'examen de la thèse générale, puisque la vérité ou la fausseté du traditionalisme en dépend. Commençons par un argument *ad hominem*.

Les partisans de l'autorité ne peuvent rejeter un argument d'autorité; or, l'Eglise a condamné formellement la proposition suivante, et a prononcé l'anathème contre ceux qui la soutiennent :

« Si quis dixerit, Deum unum et verum, Creatorem et Dominum nostrum, per ea, quæ facta sunt, *naturali rationis humanæ lumine certo cognosci non posse;* anathema sit (2). »

Avant ce décret solennel, la Congrégation de l'Index avait publié, avec l'approbation de Pie IX, quatre propositions où la puissance de l'esprit humain, la légitimité

---

(1) « La question entre les *rationalistes* et les *traditionalistes* est celle-ci : *L'homme peut-il, à l'aide du raisonnement seul, s'élever à la connaissance de la vérité?* » P. Ventura, *Tradition*, ch. Ier, 6, p. 28.

(2) Concile du Vatican, II, *De revelatione*, 1.

du raisonnement pour démontrer l'existence de Dieu, l'usage des facultés intellectuelles antérieur à l'acte de foi, la valeur de la méthode scolastique sont nettement affirmés (1).

La raison s'unit à l'autorité pour combattre et condamner le traditionalisme.

Sur ce point délicat, la philosophie chrétienne se tient dans un juste milieu entre le rationalisme et le traditionalisme. Elle enseigne, d'une part, que l'homme blessé et détérioré depuis la chute originelle ne peut, s'il est privé de la révélation, découvrir sans mélange d'erreurs la somme complète de toutes les vérités qui sont indispensables pour la sage direction de sa vie; d'autre part, elle soutient que la raison, même dans l'état présent, n'est pas obscurcie au point de ne pouvoir découvrir aucune de ces vérités universelles et nécessaires, par exem-

---

(1) *Propositiones a SS. Indicis Congregatione Romana editæ (11 junii 1855), et a SS. Pontifice, Pio IX, approbatæ (15 junii 1855).*

I. Etsi fides sit supra rationem, nulla tamen vera dissensio, nullum dissidium inter ipsas inveniri unquam potest, quum ambæ ab uno eodemque immutabili Veritatis fonte, Deo Optimo, Maximo, oriantur, atque ita sibi mutuam opem ferant.

II. Ratiocinatio Dei existentiam, animæ spiritualitatem, hominis libertatem cum certitudine probare potest. Fides posterior est revelatione, proindeque ad probandum Dei existentiam contra atheum, ad probandum animæ rationalis spiritualitatem contra naturalismi ac fatalismi sectatorem allegari convenienter nequit.

III. Rationis usus fidem præcedit et ad eam hominem ope revelationis et gratiæ conducit.

IV. Methodus qua usi sunt D. Thomas, D. Bonaventura et alii post ipsos scholastici non ad rationalismum ducit, neque causa fuit cur apud scholas hodiernas philosophia in naturalismum et pantheismum impingeret. Proinde non licet in crimen doctoribus et magistris illis vertere, quum methodum hanc præsertim approbante vel saltem tacente Ecclesia usurpaverint.

ple l'existence de Dieu et la Providence, la spiritualité et l'immortalité de l'âme.

La question ainsi délimitée ne présente aucune difficulté sérieuse.

Et d'abord, les traditionalistes font un sophisme, quand ils passent d'un fait historique et contingent à une nécessité métaphysique et absolue : la conclusion de l'argument est plus large que les prémisses. De ce que nous devons beaucoup à la révélation, il ne s'ensuit pas que la raison ne puisse rien connaître par elle-même, dans l'ordre supra-sensible.

De plus, il est évident que tout acte de foi, s'il n'est complètement aveugle, repose sur un motif connu et apprécié par la raison. De même, la parole est, en soi, postérieure à la pensée ; autrement le signe précéderait la chose signifiée, l'effet serait avant la cause. Il est donc faux de soutenir que l'esprit humain débute nécessairement dans la science par un acte de foi, et doit penser sa « parole » avant de parler sa « pensée. »

Enfin, de l'aveu même des traditionalistes, nous avons la puissance de connaître Dieu, notre fin suprême, et notre entendement est destiné à se nourrir de l'Infini. Pourquoi l'exercice de cette noble faculté serait-il impossible depuis la chute originelle ? Notre nature est viciée ; mais elle n'est pas détruite. Nous ne voyons pas Dieu face à face ; mais l'univers porte l'empreinte de ses perfections, de sa vérité, de sa bonté, de sa force, de sa grandeur ; il y a autour de nous et en nous des causes et des effets, des limites et des degrés, des séries d'êtres qui dépendent les uns des autres. L'intellect, à l'aide des sens, peut connaître ce monde visible, et, de là, s'élever par ses propres lumières à la connaissance de la première Cause, de l'Être parfait. C'est la conclusion

IV.

*Partisans du sentimentalisme et du mysticisme :
le P. Gratry.*

A toutes les époques d'anarchie intellectuelle, on voit se dessiner une tendance vers le sentimentalisme et le mysticisme. Tandis que plusieurs désespèrent de la raison, d'autres, plus confiants, appellent à son aide une faculté mystérieuse, qu'ils appellent le *sentiment* du vrai.

Cette tendance plusieurs fois signalée se manifeste dans la lutte du rationalisme, du matérialisme et du traditionalisme, dont notre siècle est témoin (2). Des écrivains animés des meilleurs intentions apparaissent tout à coup sur la scène, et disent aux combattants : Arrêtez ; le débat est clos ; nous avons tranché le nœud de la question.

C'est le langage que tenait, il y a cinquante ans, Philippe *Buchez*, qui, tout en faisant de la médecine, de la politique, de la théologie et de l'histoire, entreprit de réformer la philosophie (3). Il avait, dit-il, étudié le

---

(1) Cf. *Œuvres philosophiques* du cardinal Zigliara, t. I. — Le Docteur angélique, dont le P. Ventura invoque le témoignage, dit formellement que le terme mental précède le terme oral. Il démontre aussi par un exemple que personne n'est apte à recevoir l'enseignement s'il n'a déjà des idées : « Si docemur quid est homo, oportet quod de eo præsciamus aliquid, scilicet rationem animalitatis, vel substantiæ, aut saltem ipsius entis, quæ nobis ignota esse non potest. » Qq., disp., *De veritate*, q. XI, a. 1-3.

(2) Voir sur Jacobi, *Hist. générale de la philosophie*, t. II, p. 429, et *Hist. de la philos. contemporaine*, ch. 1; M. l'abbé Roques ; M. l'abbé Bautain, etc.

(3) Buchez, né dans un village du département des Ardennes, ap-

passé et le présent, « il s'était vite persuadé » que tous les scolastiques, saint Thomas en tête, avaient raisonné à la façon des Grecs, c'est-à-dire des païens, et il avait constaté, non sans tristesse et sans étonnement, que la *Philosophie chrétienne* n'existait point à l'état de science : il ne s'était pas trouvé de génie assez puissant pour en choisir tous les éléments et en coordonner toutes les parties (1). Sans doute, de Bonald avait compris l'importance de la révélation et du langage, Saint-Simon avait deviné la marche progressive de l'humanité; cependant ni l'un ni l'autre ne s'était mis en peine de concilier le catholicisme et le progrès, la religion et la démocratie, la morale et la métaphysique. Bordas-Demoulin lui-même avait failli à la tâche. Mais lui, Buchez, a enfin résolu le grand problème ; il a trouvé la base de la Philosophie chrétienne, le fondement de toutes les vérités rationnelles, le « *criterium* » universel de la certitude (2). C'est une idée « si nouvelle et si simple » à la fois (3), qu'il est bon, avant de l'exposer, de présenter des observations préliminaires. Ces précautions une fois prises, aucun motif n'oblige à taire plus longtemps la merveilleuse découverte. Eh bien! le « *criterium* » universel, c'est le *sens moral*, ou plutôt la « loi morale »

---

partenant aujourd'hui à la Belgique, fit ses études de médecine à Paris; il embrassa les idées révolutionnaires, s'associa aux disciples de Saint-Simon et présida l'Assemblée constituante, après la Révolution de 1848. Principaux ouvrages philosophiques : *Essai d'un traité complet de philosophie au point de vue du catholicisme et du progrès*, 1838-1840; *Introduction à la science de l'histoire*, 1842. — Cf. Damiron, *Essai;* Ott, *Manuel;* Geoffroy Saint-Hilaire; Jules Simon, *Revue des Deux-Mondes*.

(1) *Essai d'un traité complet de philosophie*, t. I, 1838, pag. 31, 92, etc.
(2) *Essai*, t. II, 1839, p. 9.
(3) *Ibidem*, p. 9.

gravée dans nos cœurs. Cette loi est « le commencement et la fin de toutes les choses humaines : « La morale est donc la vérité universelle, absolue de ce monde, toujours présente, toujours sensible, indépendante du temps et des hommes, séparée de Dieu même qui l'a donnée (1); » elle existe avant la société (2), elle n'est point postérieure au langage articulé (3), elle précède l'ontologie (4), elle se sert à elle-même de démonstration et de *criterium* (5), elle est le principe « initial des idées (6); » pour tout dire, en un mot, elle est la vraie méthode (7).

Inutile d'objecter que la loi morale ne peut servir de règle, si son existence, sa valeur, ses fondements sont inconnus, c'est-à-dire s'ils ne sont découverts et vérifiés à l'aide d'un *criterium* antérieur à la loi et à la morale; M. Buchez traite de païens ceux qui veulent tout peser avec une esprit froid et raisonneur. Mieux vaut accepter sa méthode; car, appuyés sur elle, nous marcherons à grands pas dans le chemin du progrès, et, semblables à des mots, nous retournerons un jour prendre place « dans la mémoire de Dieu. »

La philosophie bizarre et aventureuse de Buchez ne pouvait avoir de partisans sérieux; aussi les trois volumes indigestes de l'*Essai* ont-ils passé inaperçus. Un mystique de meilleur aloi, le P. *Gratry* (8), a mérité et obtenu un tout autre succès. Qui n'a lu et goûté

---

(1) *Essai*, t. II, 1839, p. 27.
(2) *Ibidem*, p. 96.
(3) *Ibidem*, p. 104.
(4) *Ibidem*, p. 107.
(5) *Ibidem*, p. 109.
(6) *Ibidem*, p. 112.
(7) *Ibidem*, p. 149.
(8) Cf. *Œuvres* du P. Gratry.

les Sources, *la Connaissance de Dieu*, *la Logique*, *la Connaissance de l'âme*, *l'Étude sur la sophistique contemporaine*, *la Philosophie du Credo*, *la Morale et la loi de l'histoire*, *les Sophistes et la critique*? Ces beaux ouvrages, plusieurs fois édités, sont écrits avec élégance, et justifient le titre d'académicien décerné à l'auteur; on y trouve des aperçus nouveaux et des considérations élevées, des pensées nobles et généreuses, une éloquence qui touche le cœur et un amour sincère de la vérité; plusieurs pages révèlent une âme simple, naïve, cachée sous des formes originales, un grand esprit de douceur et de conciliation, même au milieu des polémiques les plus ardentes et les plus passionnées. Les sophistes sont appelés des méchants; mais qu'ils donnent un signe de repentir, et ils seront pardonnés (1).

Auguste Gratry était de Lille. Il naquit en 1805 et passa ses premières années en Allemagne. De retour en France, il fit de brillantes études, et il entra, jeune encore, à l'École polytechnique. Après avoir éprouvé comme Jouffroy les angoisses du doute, il eut le bonheur d'ouvrir les yeux à la lumière de l'Évangile, et, non content d'embrasser le catholicisme qui l'avait un moment effrayé, il se consacra sans réserve au service de Dieu dans le sacerdoce. En 1846, il devint aumônier de l'École normale, dont M. Vacherot était directeur (2). Il a travaillé avec zèle à rétablir, en France, la congrégation de l'Oratoire, et il en a été l'un des membres les plus distingués. Il est mort en 1872.

---

(1) Sur les œuvres du P. Gratry, voir le cardinal Gonzalez, *Historia de la Filosofía*, t. III, p. 444; Émile Charles, *Diction. des sciences philosophiques*; A. de Margerie, *Philosophie contemporaine*; F. Ravaisson, *la Philosophie en France*, p. 128-139.

(2) Cf. *Histoire de l'École d'Alexandrie*.

Le P. Gratry a entretenu des relations intimes avec M. Bautain, à l'école théologique de Molsheim, et, à n'en pas douter, il a subi son influence; mais il a cédé plus encore à ses propres inclinations en faisant une part trop large, dans sa philosophie, aux facultés affectives, à l'inspiration et au sentiment. Dans le haut domaine de la spéculation, comme dans la vie pratique, il n'est pas en parfait équilibre : il procède par bonds, par saillies, et d'ordinaire il ne cherche pas des raisonnements suivis et rigoureux. Il demande à son cœur le *criterium* du vrai, et volontiers il admet l'existence des choses qu'il aime, ou il réalise dans l'avenir ses rêves de bonheur et de progrès. Entrons dans les détails.

Il y a, dit le P. Gratry, une triple source de la connaissance correspondant au triple objet de la science : le *sens externe*, qui nous met en rapport avec le monde matériel; le *sens intime*, qui nous fait saisir l'âme elle-même; le *sens divin*, qui nous permet d'atteindre Dieu (1). Ce sens est supérieur à l'intelligence; toutefois, il consiste dans le pouvoir de « *toucher* » Dieu d'une façon très *obscure*, plutôt que dans la puissance de le voir et de le comprendre (2). Il implique le sens moral et le sens du vrai, ou la faculté de saisir tout ce qui ressemble à Dieu. Ce sens, en un mot, « doit diriger les autres; quiconque en est privé, perd tout (3). »

Cette théorie renferme en substance le système du P.

---

(1) « Cette triple capacité de sentir ces trois choses, le corps, l'âme elle-même et puis Dieu, reçoit trois noms: sens externe, sens intime, sens divin selon l'objet. » *Conn. de l'âme*, p. I, l. III, ch. I.

(2) Cf. P. Thomassin, *Theol. dogm.*, l. I, ch. XIX : « Suprà intellectum est apex mentis, arcanus sensus, *contactus* quidam obscurus, augurium unum, silentium mentis quo *sentitur* Deus magis quam intelligitur, *tangitur* potius quam videtur. »

(3) *Conn. de l'âme*, loc. cit.

Gratry; c'est pourquoi il est utile de citer la page des *sources*, où elle est résumée dans les termes suivants : « Nous avons démontré que le souverain procédé de la raison, celui qui donne la science, est un procédé qui mène, à partir de toute chose, à l'infini, à Dieu ; et que ce procédé donne la science, précisément en tant qu'il mène à Dieu et aux idées éternelles qui sont Dieu. Vous avez compris que ce ne sont pas là seulement de poétiques assertions, mais des vérités logiques précises et scientifiquement établies.

» Mais ce procédé mène à Dieu, nous l'avons encore démontré, parce qu'il part de Dieu, c'est-à-dire du sens divin en nous, et d'un degré quelconque de foi en l'objet infini de ce sens ; et il y mène, en se servant de choses finies, l'âme et la nature, comme signes et comme images pour expliquer ce sens obscur de l'infini que Dieu nous donne par un contact.

» Donc la méthode pratique pour aller à la science consistera d'abord à développer en soi le sens divin ; en second lieu, à connaître son âme, à connaître la nature et ses lois; ce qui renferme toutes les sciences partielles ; puis à remonter toujours, de notre âme, de tout état de l'âme, de toute science partielle, et de toute impression, jusqu'aux idées de Dieu et jusqu'au cœur de Dieu.

» Oui, ceci est la méthode pratique pour arriver à la lumière; rappeler l'esprit à lui-même ; unir son esprit à son cœur, son cœur à Dieu; et tout ramener, sans rien confondre, à cette unité intérieure qui est notre âme et Dieu.

» Et l'homme arrivé là connaît la vie. Il sent et voit qu'aimer Dieu par-dessus toutes choses, aimer tous les hommes comme soi-même, donner son cœur, son âme, son esprit et ses forces pour rendre les hommes meilleurs et plus heureux, c'est la vie, c'est la loi, c'est le bonheur, la justice et la vérité (1). »

Grâce à l'efficacité du sens divin, le double jeu de la méthode inductive et déductive devient possible et même facile. L'intelligence, sans être obligée de s'astreindre à une marche lente et graduelle, s'élance d'un seul bond de l'ordre contingent et relatif dans l'ordre absolu et nécessaire; le calcul *infinitésimal* ne se borne plus à supputer de simples probabilités, il nous introduit dans le domaine de l'être réel et objectif (2); le syllogisme, loin de sembler aride, présente sous une forme symbolique l'image de la Trinité dans l'unité (3) et toutes ses règles se réduisent à une seule : « *Tres unum* sint (4). » Le sens divin nous fait toucher avant tout la première vérité; c'est pourquoi il semble logique de débuter, en philosophie, par la théodicée. Du reste l'infini n'est point contenu dans le fini, et on ne peut le connaître que par voie de transcendance. Les hommes de génie ayant tous reçu en partage le sens du vrai et du beau, les Platon et les Aristote, les Augustin et les Thomas d'Aquin, les Bossuet et les Leibnitz ne sont point en opposition, comme plusieurs le soutiennent; leurs opinions diffèrent souvent par de simples nuances.

L'erreur capitale du P. Gratry est manifeste. Ou le sens divin se rapporte aux facultés affectives, et alors il ne peut être qu'une *disposition*, et non un *criterium* par

---

(1) Cf. *Logique*, édition 1855, t. II, p. 419-420

(2) « C'est en réfléchissant sur la méthode géométrique et algébrique des infiniment petits que nous avons compris l'existence du principal procédé de la raison, dont les logiques élémentaires écrites jusqu'à ce jour ne parlent pas, ou qu'elles ne font qu'indiquer vaguement. » *Logique*, t. I, p. 4.

(3) *Ibidem*, p. 275-293.

(4) *Connaissance de Dieu*.

rapport à la vérité; ou il doit être classé parmi les facultés intellectuelles, et dans ce cas nous jouissons de la vision immédiate de Dieu. C'est l'erreur des ontologistes, qu'il nous reste à faire connaître.

V.

Idéalistes et Ontologistes : Rosmini; Gioberti.

Les tentatives de retour à la philosophie chrétienne dont nous venons de parler, appartiennent surtout à la France; il est, du reste, facile d'y saisir les caractères de notre esprit national : la spontanéité, l'élan, l'éclat de la forme, l'ardeur qui porte à dépasser le but dans la lutte et à combattre de front l'erreur par l'erreur.

Deux philosophes italiens, *Rosmini* et *Gioberti*, ont élaboré des projets de réforme avec plus d'ensemble et plus de suite; aussi ont-ils exercé une influence plus étendue et plus durable. Ils ne sont cependant ni moins absolus, ni moins audacieux. Rosmini prend pour point de départ l'*être idéal*, ou l'*idée* d'être envisagée comme forme native de l'entendement et représentation des choses possibles, avec leurs variétés et leurs nuances infinies. Il est *idéaliste*. Gioberti place à l'origine de la connaissance la *vision* de l'Être déployant son activité et produisant les *existences*, ou l'intuition de l'acte créateur. Il est *ontologiste*. A ces deux chefs d'école se rattachent un grand nombre de disciples, dont plusieurs méritent de figurer dans l'histoire de la philosophie.

I. — Rosmini et les idéalistes (1).

Antoine *Rosmini* a vécu de 1797 à 1855, et il a pris part aux grandes luttes intellectuelles dont nous avons

(1) Antoine Rosmini, *OEuvres*, en particulier : *Essai sur le bonheur;*

raconté les différentes péripéties. Il était né à Roveredo près de Trente, et il appartenait à la haute aristocratie. Il entra dans les ordres en 1821. Laborieux, actif, intelligent, il entreprit de réaliser deux grands projets : la fondation d'un nouvel ordre religieux et la restauration, ou plutôt la réforme de la philosophie chrétienne. Après avoir soutenu de vives polémiques contre Gioberti, il se rapprocha du cabinet de Turin et accepta une mission auprès de Pie IX, qu'il suivit à Gaëte; mais il se rendit suspect à la police napolitaine et il dut se réfugier à Stresa. Il se soumit au jugement de l'Église qui avait condamné deux de ses ouvrages, et il mourut en paix au milieu de la société religieuse dont il était le fondateur.

Rosmini, élevé au sein d'une famille où le culte de l'idéal était en honneur, se passionna dès son bas-âge pour la lecture de Ficin et de Bembo, et il convertit au platonisme l'abbé *Orsi*, qui voulait l'initier à la philosophie de Locke (1). A l'Université de Padoue, il combattit pareillement avec succès le sensualisme mitigé de *Baldi-*

De l'éducation chrétienne; Opuscules philosophiques; Nouvel essai sur l'origine des idées; Rénovation de la philosophie italienne; Principes de la science morale; Anthropologie; La société et sa fin; Cause sommaire de la conservation et de la ruine des États; Philosophie du droit; Opuscules moraux; Traité de la conscience morale; Psychologie; Théodicée; Les cinq plaies de la sainte Église, à l'index; *La constitution selon la justice sociale*, à l'index; *Vincent Gioberti et le Panthéisme; Introduction à la philosophie; Logique; Du principe suprême de la méthodologie; Exposition critique de la philosophie d'Aristote; Théosophie; Correspondances*, etc. — Gonzalez, t. III, p. 464; Ferri, *Essai*; Mariano, *Philos. contemp.*; Ad. Franck; Marc Debrit; Lilla; Nicolas Tommaseo; Haffner.

(1) Cf. L. Ferri, *Essai sur l'histoire de la philosophie en Italie au dix-neuvième siècle*, t. I, p. 77.

notti (1). Ces premiers succès étaient le prélude de victoires plus éclatantes. Le jeune disciple acquit bientôt la réputation d'un maître, il porta un coup mortel à la philosophie de l'expérience que Genovesi, Soavo, Romagnosi, Gioia, Galluppi avaient transplantée dans la Péninsule (2), et il fonda une école qui devint célèbre et compta de nombreux partisans, même en dehors de l'Italie. Il possédait à un haut degré les riches qualités de l'esprit et du cœur qui excitent l'enthousiasme et concilient l'affection ; mais sa théorie a un double défaut : elle est pour ainsi dire noyée dans ses volumineux écrits (3), et finalement elle se résume dans l'idéalisme ; en d'autres termes, elle est *vague* et *fausse*.

Sa place parmi les idéalistes de notre siècle est au premier rang, à côté de Hegel, de Biron et de Schopenhauer (4) ; s'il ne les domine pas tous par la puissance et la pénétration du génie, il sait se prémunir contre les abîmes où ils sont tombés. Il évite le panthéisme de Hegel, le mysticisme de Biran, le pessimisme de Schopenhauer, et il se maintient en équilibre dans la position difficile où il se trouve dès le début de sa méthode. Il fait dériver toutes les sciences de l'idée d'être avec une logique inflexible ; mais il n'emprisonne pas l'esprit humain dans cette idée, comme le font les sceptiques. Il cherche dans l'être idéal la forme primitive de notre entendement, le lien du subjectif et de l'objectif ; mais il

---

(1) Baldinotti, *Tentaminum metaphysicorum libri tres; De recta humanæ mentis institutione libri quatuor.*

(2) Voir plus haut, le chapitre sur le sensualisme.

(3) Les ouvrages de Rosmini forment au moins trente volumes in-8ᵉ de 600 à 700 pages. Cf. L. Ferri, *Essai*, t. I, p. 78.

(4) Voir plus haut, p. I, ch. I, pour Hegel, Maine de Biran et Schopenhauer.

se garde d'identifier l'ordre logique et l'ordre ontologique. Son système se définirait un *idéalisme orthodoxe*, si cette épithète pouvait convenir à une théorie essentiellement vicieuse. En voici l'analyse.

L'être, ou l'objet de toutes connaissances, est un et triple à la fois : un dans son essence et triple dans sa forme, c'est-à-dire *idéal*, *réel* et *moral*. — Nous saisissons ces formes de l'être avec trois puissances de l'âme : l'*intuition*, la *perception* et le *raisonnement*. — De là découle la division des sciences philosophiques : il y a l'idéologie et la logique, ou les sciences de l'idéal et d'intuition ; la psychologie et la cosmologie, ou les sciences du réel et de perception ; l'ontologie et la déontologie, ou les sciences morales et de raisonnement (1).

L'idée d'être se trouve à la base de toutes nos opérations intellectuelles, elle est la lumière de l'entendement, et, unie à l'expérience, elle nous fournit le moyen de discerner les êtres, et de les classer dans un ordre scientifique. — Elle n'est point conçue par une abstraction simple, suivant la pensée de saint Thomas ; elle est en nous *à priori* (2). — Elle est objective, éternelle, immuable et nécessaire ; cependant elle est indéterminée, et comme telle, elle représente l'absolu *possible*, ou l'être sous sa forme la plus indéfinie et la plus illimitée. Sur ce point, les philosophes se sont mépris ; ils n'ont pas saisi les vrais caractères de cette notion primordiale.

L'union de l'idée d'être universel avec la sensation des choses réelles, et non pas, suivant l'opinion de Kant, l'union d'une forme pure de la *sensibilité* avec une intuition de l'expérience, nous donne les jugements synthé-

---

(1) Cf. *Nouvel essai*; *Sistema filosofico*, etc.
(2) *Nouvel essai*. — « D'où vient l'idée de l'être ? Voilà le vrai problème de l'idéologie. » Ch. III, sect. 4.

tiques *à priori* (1). — De ce nombre est le principe de causalité, qui sert de fondement à la démonstration de l'existence de Dieu. — Cette démonstration suppose l'idée de l'Infini réel, concret et individuel; or, cette idée est acquise par voie d'élimination et d'excellence, comme l'enseigne saint Thomas (2). — L'existence de Dieu nous introduit dans le domaine des sciences ontologiques et morales.

L'âme et le monde sont l'objet de l'intuition et de la perception; c'est pourquoi leur existence ne peut être douteuse. — L'âme est unie au corps par le sentiment « actif et substantiel, » qui s'empare des éléments matériels, les pénètre et y développe la vie animale. — Elle entre en possession du *moi* ou de la personnalité, quand elle a conscience d'elle-même et de ses actes. — Elle tient son origine de deux causes : en tant qu'elle appartient à l'espèce humaine, elle est engendrée; en tant qu'elle possède l'intelligence, elle est créée. Cette création est plutôt une transformation qui s'effectue dans l'âme au moment où Dieu nous inonde de ses splendeurs et nous fait entrer en participation de Lui-même, au moyen de l'*être idéal*, qui est la lumière de toutes les créatures intelligentes (3). — L'âme peut se définir : « Un sujet ou principe intellectif et sensitif, doué par sa propre nature de l'intuition de l'être, d'un sentiment

---

(1) *Ibidem*, vol. II, ch. IV, sect. 4.
(2) Logique, 1853, p. 234; *Nouvel essai*, 5ᵉ édition, p. 127, etc.; *Sistema filosofico*, etc. — Rosmini donne quatre preuves de l'existence de Dieu : l'une se tire de l'unité d'essence de l'être; la deuxième, de la nécessité d'un sujet éternel; la troisième, de l'existence des choses réelles; la dernière, de la forme morale de l'être.
(3) « In generatione individui speciei humanæ concurrunt duæ causæ simul operantes, homo generatione et Deus manifestatione suæ lucis : homo ponit animal, Deus creat animam intelligentem in eodem instanti

dont le terme est étendu et de certaines activités qui dépendent de l'intelligence et de la sensibilité (1). »

Le système cosmique rappelle à la fois l'hylozoïsme et le monadisme. Les éléments corporels sont doués d'une activité, qui peut s'appeler de « l'animation » ou une espèce de « sentiment » rudimentaire : « Les éléments corporels, dit Rosmini, se rapprochent en quelque façon des monades représentatives de l'univers admises par Leibnitz. Nos éléments ou plutôt nos principes sensitifs n'ont pas à la vérité la représentation de l'univers, telle que ce grand homme l'attribue à ses monades, car il suppose qu'elles le représentent avec tout ce qu'il contient d'êtres corporels et spirituels, tandis que nos principes sensitifs embrasseraient seulement l'espace solide, illimité et sans mesure, dans lequel subsistent les choses corporelles (2). »

La partie de la déontologie qui forme la morale proprement dite, repose aussi sur l'idée d'être, en tant qu'elle nous permet d'apprécier le bien en général, de distinguer le bien objectif du bien subjectif et de saisir le rapport du bien objectif au bien absolu.

Tel est, en abrégé, le système de Rosmini. Pendant que des disciples dévoués en admiraient les aperçus nouveaux, la belle ordonnance et la merveilleuse fécondité, d'autres l'exposaient dans leurs écrits, ou s'en autorisaient pour appuyer leurs théories philosophiques, religieuses et sociales. Parmi ces derniers figurent *Pes-*

---

quo animal humanum ponitur, creat animam eam illuminando splendore vultus sui, ipsi participando aliquid sui, *ens ideale* quiod est lumen creatuarum intelligentium. » *Anthropol.*, liv. IV, c. v, n. 812, etc.

(1) *Sistema filosofico*, 121. — Cf. L. Ferri, t. I, p. 178.
(2) *Psychologie*, t. I, p. 179.

talozza (1), *Tommaseo* (2), *Tarditi* (3), *Manzoni* (4), *Cavour* (5), *Minghetti* (6), *Allievo* (7), *Monti* et *Garelli* (8).

Le philosophe italien trouva en même temps, surtout dans sa patrie et en France, une opposition redoutable, et d'habiles critiques réfutèrent sa théorie de l'être idéal. Quelques-uns, se plaçant avec Gioberti au point de vue de l'ontologisme, enseignèrent que l'idée n'est pas « l'être insubstantiel, objectif et créé, » mais « la conception immuable de la raison divine (9); » un plus grand nombre, rejetant à la fois et l'ontologisme et l'idéalisme, démontrèrent avec saint Thomas que l'idée d'être, comme toutes les autres notions, est le produit de l'intellect aidé de l'expérience. Il n'y a ici aucune difficulté spéciale; au contraire, l'idée d'être est d'autant plus facile à concevoir, qu'elle est plus simple et que son objet est plus universel.

(1) Alexandre Pestalozza : *Éléments de philosophie; Défense des doctrines de Rosmini.*

(2) Nicolas Tommaseo : *Exposition du système philos. contenu dans le nouvel Essai; Études philos.*

(3) Jean-Michel Tarditi : *Lettres d'un Rosminien.*

(4) Alexandre Manzoni : *De l'invention.*

(5) Gustave Cavour : *Fragments philosophiques.*

(6) Marc Minghetti : *La philosophie de l'histoire.*

(7) Joseph Allievo : *Essais philosophiques.*

(8) Benoît Monti : *Du fondement de la morale et du système des connaissances humaines.* — Vincent Garelli : *Notes sur la philosophie morale.* — On cite encore parmi les écrivains qui relèvent plus ou moins directement de Rosmini : Antoine Rayneri : *Principes de méthodologie, De la pédagogie;* Roger Bonghi : *Abrégé de logique;* Jean-Baptiste Peyretti : *Éléments de philosophie, Essai de logique;* Paganini, *Essai,* etc. Cf. L. Ferri, t. II, p. 370 et 371.

(9) Cf. Gioberti : *Des erreurs philosophiques d'Antoine Rosmini.* — Mgr Hugonin, *le Correspondant,* juillet et septembre 1859; *Études philosophiques, Ontologie ou étude des lois de la pensée,* 1856-1857, t. I, p. II, sect. I, ch. VIII et IX, t. II, p. III, sect. I, ch. XVII et XVIII.

De plus, Rosmini, malgré tous ses efforts pour échapper à l'idéalisme, s'y cantonne nécessairement et en subit les conséquences. D'après son opinion, l'être idéal est, tout ensemble, la forme native de notre entendement et la matière de toute science. En vain appelle-t-il la perception à son aide ; il est absolument illogique de lui attribuer dans l'origine des notions secondaires une vertu qu'elle n'a pas dans la formation de l'idée primordiale. Enfin, si l'être idéal est « objectif, » il ne peut représenter d'abord le possible, qui n'existe pas ; il doit se confondre avec la « conception immuable de la raison divine. » Et alors c'est l'ontologisme substitué à l'idéalisme. Le système de Gioberti est plus radical ; mais il est plus logique.

II. — Gioberti et les Ontologistes (1).

Vincent Gioberti, né à Turin en 1801 et mort à Paris en 1852, reçut le sacerdoce et se livra aux études théologiques avec une rare aptitude ; mais il se passionna pour les idées libérales qui agitaient l'Italie, et il se mêla aux luttes politiques avec toute l'ardeur d'une âme exaltée. Il se fit condamner à l'exil, et, pendant quinze an-

---

(1) Vincent Gioberti, Œuvres, en particulier : *Théorie du surnaturel; Introduction à l'étude de la philosophie; Des erreurs philos. d'Antoine Rosmini; Considérations sur les doctrines religieuses de V. Cousin; Lettre sur les doctrines philos. et relig. de M. l'abbé Lamennais; Du beau; De la primauté morale et politique des Italiens; Du bon; Prolégomènes de la primauté des Italiens; Le Jésuite moderne; Apologie du livre intitulé : le Jésuite moderne; Discours préliminaire sur la théorie du surnaturel; Opuscules politiques; De la révolution politique de l'Italie.* A l'index : « Opera omnia quocumque idiomate exarata. » Dec. S. Offic., 1852. — Cf. Gonzalez, t. III, p. 469; Ferri, *Essai sur l'histoire de la philos.*, t. I, liv. III; Ad. Franck, *La philosophie italienne;* Mariano, *La philos. contemporaine en Italie;* Kleutgen; Haffner, etc.

nées, il chercha un asile à Paris et à Bruxelles. C'est durant cette période de sa vie qu'il publia la plupart de ses ouvrages philosophiques. De retour dans sa patrie, après les événements de 1848, il devint ministre de Charles-Albert et s'efforça de réaliser le rêve de toute sa vie, l'alliance de la Révolution et de l'Église. Déçu dans ses espérances et réduit à un rôle effacé, il demanda de nouveau l'hospitalité à la France et termina ses jours dans l'obscurité.

Gioberti se montra d'abord partisan de l'idéalisme ; mais il le combattit ensuite avec violence, dans un ouvrage intitulé : *Des erreurs philosophiques d'Antoine Rosmini*. La réponse de son adversaire débutait par ces mots : *Vincent Gioberti et le panthéisme*. Le système du philosophe italien reproduit, en effet, sur un grand nombre de points, les utopies de Bruno et de Campanella. Il revêt une des formes les plus rigoureuses de l'*ontologisme* absolu.

Ce système, comme le nom sous lequel on le désigne, est très vague, et plusieurs en abusent pour envelopper dans une même réprobation des hommes qui n'ont souvent ni les mêmes opinions, ni les mêmes tendances. Un de ses défenseurs, qui se cache sous le pseudonyme de *Jean-sans-Fiel* (1), le divise en quatre branches : « Il y a, dit-il, quatre espèces principales d'Ontologisme : l'Ontologisme panthéiste, l'Ontologisme rationaliste, l'Ontologisme de Malebranche et l'Ontologisme de Fénelon et de Bossuet (2). » Il ne faut pas s'étonner d'entendre prononcer ici le nom de Bossuet ; Jean-sans-Fiel aime à se trouver en bonne société, et, à l'exemple

---

(1) *Discussion amicale sur l'ontologisme; De l'orthodoxie de l'ontologisme modéré et traditionnel.*

(2) *Discussion amicale*, 1865, p. 5.

du docteur Ubaghs, il range saint Augustin, saint Anselme, saint Bonaventure, saint Thomas au nombre des ontologistes modérés (1). Il classe dans la première série les panthéistes qui attribuent à l'homme la perception directe de Dieu, « à raison de l'*identité* de notre âme avec la substance divine. » Ceux de la deuxième classe sont, à son avis, les rationalistes qui admettent la perception directe de Dieu, non-seulement dans ses *attributs*, « mais encore dans sa nature intime » ou « dans son *essence* elle-même, » et qui prétendent jouir dès la vie présente d'une « vision analogue à la vision béatifique des saints dans le ciel. » Malebranche et les autres philosophes de la troisième catégorie soutiennent que nous percevons non pas l'essence, mais « les *idées* et les *attributs* » de Dieu (2). Fénelon est à la tête de la quatrième série. D'après son opinion, « nous percevons directement l'être suprême dans ses attributs, et non pas dans son *essence*. Et la cause de cette perception immédiate, ce n'est pas l'identité de notre substance et de la substance divine, c'est la présence de l'infini qui resplendit aux regards de notre intelligence. A l'exemple de Malebranche, Fénelon enseigne encore que nous percevons les types spécifiques des êtres créés, par exemple, le modèle éternel de l'homme, du cheval, de la plante, de la pierre, et de toutes les créatures que nous connais-

(1) Voir dans l'*Histoire universelle de la philosophie*, t. I et II, ce qu'il faut penser de l'ontologisme des Pères et des Docteurs de l'Église.

(2) « Il faut bien remarquer qu'on ne peut pas conclure que les esprits voient l'*essence* de Dieu de ce qu'ils voient toutes choses en Dieu de cette manière. L'essence de Dieu, c'est son être absolu, et les esprits ne voient point la substance divine prise absolument, mais seulement en tant que relative aux créatures et participable par elles. Ce qu'ils voient en Dieu est très imparfait, et Dieu est très parfait. — *Recherche de la Vérité*, l. III, p. II, ch. 6.

sons. Mais dans sa théorie, la vision de ces types n'est pas le seul élément qui entre dans la connaissance du contingent; outre cette intuition, il y a de plus la perception immédiate de la créature elle-même dans son individualité. Ainsi, maintenant que je regarde cet arbre, je vois réellement le type spécifique d'arbre qui réside dans l'être divin, et je perçois de plus cet arbre lui-même dans sa réalité individuelle (1). »

A cette dernière classe appartiennent plusieurs philosophes contemporains, dont personne ne peut nier la valeur et suspecter les intentions. A leur tête figurent un certain nombre de Barnabites, disciples et admirateurs du cardinal *Gerdil* (2), notamment le P. *Vercellone*; Mgr *Baudry*, évêque de Périgueux (3); Mgr *Maret*, archevêque de Lépante et primicier du chapitre de Saint-Denis, dont le dernier ouvrage, publié en 1884 (4), contient un éloge de la philosophie cartésienne (5) et une profession de foi en faveur de l'Ontologisme (6); l'abbé

---

(1) *Discussion amicale*, p. 8.

(2) Cardinal Gerdil, 1718 à 1802, né en Savoie, professeur à Macerata, à Casal, à Turin : *Institutiones Logic., Metaphys. et Ethicæ; Recueil d'   rtations; Essai; Immatérialité de l'âme*. Voir en particulier, d   *Œuvres complètes*, les deux opuscules sur l'Ontologisme. Le ca   nal Gerdil changea d'opinion vers la fin de sa carrière. Cf. Bouillier, *Histoire de la philosophie cartésienne*.

(3) Sur l'Ontologisme de Mgr Baudry, voir les *Études philosophiques*, par Mgr Hugonin, évêque de Bayeux, t. I, p. vii, et les *Prælectiones philosophicæ in majori seminario claromontensi primum habitæ*, édit. 1855.

(4) *La vérité catholique et la paix religieuse*. Cf. *Essai sur le panthéisme; Théodicée chrétienne; Philosophie et religion; Philosophie du clergé*, etc.

(5) « La tradition cartésienne » est « la tradition de la bonne philo« sophie. » *La vérité catholique*, p. 7.

(6) Les idées « universelles, nécessaires et éternelles » ne sont que

Ubaghs, ancien professeur à l'Université de Louvain (1); le P. *Rothenflue*, professeur de philosophie au collège de Fribourg (2); l'abbé *Fabre* (3) et le pseudonyme *Jean-sans-Fiel*.

Dans quelle série faut-il classer Gioberti, le plus actif, le plus influent de tous? Parmi les panthéistes, disent les uns (4). Non, répondent les autres, il ne mérite pas cette injure; dans son système, l'idée est identifiée avec Dieu, mais l'âme n'est pas identifiée avec l'idée. Voici la page où le philosophe italien expose son opinion :
« La construction de la formule idéale, dit-il, se rattache à la recherche de ce que j'appelle *premier philosophique*. Les travaux des philosophes antérieurs ont eu pour objet la recherche de deux choses, qui, au fond, se réduisent à une seule : plusieurs d'entre eux se sont efforcés de trouver la première idée; les autres, la première chose. La première idée est celle dont toutes les autres dépendent d'une certaine manière dans l'ordre de la science; la première chose est celle dont dépendent de même toutes les autres dans l'ordre réel. Je dis d'une certaine manière, parce que les philosophes se partagent en sectes nombreuses relativement à la raison spéciale de cette dépendance. J'appelle *premier psychologique*, la première idée, et *premier ontologique*, la première chose. Mais comme, selon moi, la première idée et la première

« les modes d'une intelligence et d'une raison souveraines, infiniment
« parfaites. » *Ibidem*, p. 185 et 186.

(1) *Précis d'anthropologie psychologique*, Louvain, 1813; *Ontologiæ seu metaphysicæ generalis elementa*, 1845, etc. A Ubaghs se rattachent Mœller, Claessens, Laforêt.

(2) *Institutiones philosophicæ theoreticæ*, 1851 : « Deus est primum
« principium omnis cognitionis *objectivum*. » T. II, p. 211.

(3) *Définition de l'Ontologisme*.

(4) Cf. Rosmini, *Vincent Gioberti et le panthéisme*.

chose sont identiques et que, pour cela, les deux premiers n'en font qu'un, je donne à ce principe absolu le nom de *premier philosophique* et je le considère comme le principe et la base unique de tout le réel et de tout l'intelligible (1). »

Le *premier philosophique* renferme un triple élément, *être*, *création*, *existence*, et il s'énonce en ces termes : « *L'être crée les existences*, » ou l'un produit le multiple. Ce jugement primitif, « qui se fait entendre à l'esprit dans l'acte immédiat qui suit l'intuition, » n'émane point de nos facultés ; Dieu lui-même le forme en nous, quand il se pose « en vue de notre âme (2). » Il exprime l'origine des êtres, de même que la fin suprême de toutes choses se résume dans cet aphorisme : *le multiple retourne à l'un*.

L'être désigne la réalité absolue et nécessaire ; les existences signifient l'universalité des choses contingentes et limitées, qui tirent leur origine de la cause première ; la création est le lien entre Dieu et le monde, le fondement de leurs rapports mutuels. Dans l'ordre ontologique, tout part de l'être et se termine aux existences. Dans l'ordre logique, notre esprit suit la même marche, il va de l'un au multiple, de Dieu aux créatures. Il voit d'abord l'être, l'intelligible « par soi (3), » « l'idéalité absolue (4), » la lumière objective de l'intelligence ; mais il ne pénètre pas dans les mystérieuses profondeurs de son essence infinie. Il le saisit dans son acte créateur,

---

(1) *Restauration des sciences philosophiques, Introduction à l'étude de la philosophie*, traduction des abbés Tourneur et Défourny, t. II, Paris, 1847, p. 2-3.
(2) *Ibidem*, p. 27.
(3) *Ibidem*, p. 54.
(4) *Ibidem*, p. 27.

en tant qu'il réalise « ses propres intellections, » c'est-à-dire « les types de l'ordre contingent (1). » Il devient ainsi « le spectateur divers et immédiat de la création (2), » ou, pour parler sans figure, la perception qu'il a du monde et de lui-même, « est l'intuition assidue d'une création continuelle (3). »

Ces procédés logiques amènent une division des sciences assez ingénieuse. Il y a les sciences de l'*Être*, de la *création*, de l'*existence*. Les sciences de l'Être embrassent le côté intelligible et le côté incompréhensible de l'idée : envisagées au premier point de vue, elles contiennent la philosophie pure, l'ontologie, la théologie naturelle; sous le deuxième aspect, elles comprennent toutes les branches de la théologie révélée. Les sciences de la création regardent ou le mouvement de l'Être vers les existences, ou le mouvement des existences vers l'Être : le rapport descendant nous donne l'arithmétique et la géométrie auxquelles se rattachent les notions du temps et de l'espace; le rapport ascendant nous fournit la connaissance du vrai et du bien, ou la logique et la morale soit naturelles soit révélées. Les sciences de l'existence s'étendent à l'ordre spirituel et à l'ordre matériel : elles renferment la théologie, la cosmologie et la politique, la physique naturelle, l'anthropologie et la cosmologie révélées.

Gioberti eut de nombreux partisans : les uns, dont nous avons déjà parlé (4), ne gardèrent point de mesure et professèrent ouvertement soit le panthéisme, soit le

---

(1) *Ibidem*, p. 55.
(2) *Ibidem*, p. 41.
(3) *Ibidem*, p. 52. Quelques-uns traduisent intuition « *absolue*, » au lieu d'intuition « *assidue*. » C'est à tort, pensons-nous.
(4) Voir plus haut, t. I, ch. II, sur le spiritualisme en Italie.

rationalisme ; les autres ayant à leur tête M*gr* d'*Acquisto*, évêque de Montréal, le P. *Romano*, *Fornari*, *Garzilli*, *Bertini*, *Toscano* et *di Giovanni* (1), essayèrent d'établir l'accord entre l'ontologisme et la saine philosophie.

Cette tentative échoua, malgré les efforts de tant d'hommes distingués, et la grande restauration, projetée par le ministre de Turin, ne fut pas plus heureuse dans les sciences que dans la politique. Il est vrai qu'elle n'était pas appuyée sur des principes plus solides.

La critique de l'ontologisme n'est pas à faire. Le cardinal Zigliara, le P. Kleutgen, le P. Liberatore ont entrepris cette tâche délicate et l'ont exécutée avec une sûreté de jugement qui ne laisse rien à désirer (2). Nous ajouterons seulement quelques observations.

L'ontologisme, sous sa forme la plus modérée, a été, croyons-nous, l'objet d'attaques un peu trop vives, et de jeunes convertis n'ont pas toujours su tempérer leur zèle de néophytes. Ce système, au lieu d'être en opposition très évidente avec la théorie du Docteur Angélique, semble parfois y confiner au point que les méprises de Gerdil, d'Ubaghs (3), de Fabre et de tant d'autres sont faciles à comprendre et surtout à excuser.

(1) Benoît d'Acquisto : *Traité d'idéologie; Éléments de philosophie; Système de la science universelle*, etc. — Joseph Romano : *Éléments de philosophie; Science de l'homme*, etc. — Vito Fornari : *De l'harmonie universelle; Leçon sur l'art de la parole*. — Nicolas Garzilli : *Essai*. — Jean-Marie Bertini : *Idée d'une philosophie de la vie*. — Félix Toscano : *Abrégé de philosophie*. — Vincent di Giovanni : *De l'être un et réel; Principes de philosophie première; Apologie du système*. — Cf. L. Ferri, t. II, p. 372 et 373.

(2) Cf. cardinal Zigliara, *Della luce intellettuale*. — R. P. Kleutgen, *La philosophie scolastique*. — R. P. Liberatore, *Della conoscenza intellettuale*.

(3) Cf. cardinal Zigliara, *Œuvres philosophiques*, t. I, Observations

Hâtons-nous cependant de le dire, l'opposition existe; elle est même radicale. D'un côté, le point de départ de la connaissance est en Dieu; de l'autre côté, il est dans les créatures. Pour l'ontologiste, la lumière intellectuelle qui éclaire notre entendement est la lumière divine elle-même; pour le thomiste, cette lumière est créée, « participée. » Celui-là dit que nous jouissons dès la vie présente d'une vision directe et immédiate de la divinité; celui-ci pense, et à bon droit, que nous saisissons d'abord les objets en rapport avec nos puissances, conformément à l'adage : *Cognitio fit secundum naturam cognoscentis.* D'après l'ontologiste, l'idée d'infini doit être entièrement « positive, » elle ne peut avoir, non plus, d'autre sujet que la raison divine; d'après le thomiste, l'idée d'infini ne présente pas de difficulté spéciale, il suffit pour la former de concevoir l'être, la perfection de l'être, la limite de la perfection, la soustraction de la limite.

Sur ce premier point, la théorie de saint Thomas a l'avantage d'être plus conforme à la nature humaine; elle acquiert un nouveau degré de certitude, si on l'envisage dans la formation du jugement et du raisonnement. Ces deux opérations supposent une réflexion mentale, un acte de *conscience*; sans cet acte il est impossible d'analyser un concept et d'en saisir les éléments, de comparer deux idées entre elles, ou avec un moyen terme, et d'en affirmer les rapports. De plus, dans ce travail, nous procédons toujours du plus connu au moins connu, du plus clair au moins clair; or, l'expérience nous l'atteste, nous ne débutons point par l'idée de l'infini, et nous ne pouvons, malgré tous nos efforts, attacher une importance

sur quelques interprétations de l'idéologie de S. Thomas d'Aquin par Gérard-Casimir Ubaghs.

sérieuse et attribuer une force probante à l'enthymème des ontologistes : nous percevons Dieu clairement; donc, Dieu existe (1).

En résumé, Dieu est la *cause première* de nos idées; il n'est pas le *premier objet* de nos connaissances. C'est l'enseignement de saint Thomas et de son École (2). Cette preuve d'autorité devient un argument direct contre les ontologistes, surtout depuis 1861. A cette époque, la congrégation romaine de l'Inquisition jugea qu'il n'était pas sûr d'enseigner les propositions tendant à soutenir les doctrines dont nous venons de parler (3). Quelques-

---

(1) « Si anima humana gauderet illa perenni visione, quam Ontologi comminiscuntur, destitui non posset conscient. hujus *facti* interni. Atqui nemo conscius sibi est se hac visione gaudere. Ergo hæc, quam Ontologi comminiscuntur, visio inter calentis suæ phantasiæ figmenta amandanda est. » Sanseverino, *Compendium, Ideologia*, c. I, a. 7, n° 16; cf. N. Signoriello.

(2) « Aliquid in aliquo dicitur cognosci dupliciter. Uno modo sicut *in objecto cognito;* sicut aliquis videt in speculo ea quorum imagines in speculo resultant. Et hoc modo anima in statu præsentis vitæ non potest videre omnia in rationibus æternis, sed sic in rationibus æternis cognoscunt omnia Beati, *qui Deum vident, et omnia in ipso*. Alio modo dicitur aliquid cognosci in aliquo sicut *in cognitionis principio;* sicut si dicamus, quod in sole videntur ea, quæ videntur per solem. Et sic necesse est dicere quod anima humana omnia cognoscat in rationibus æternis, per quarum participationem omnia cognoscimus. » *Sum. Theol.*, p. I, q. 84, a. 5.

(3) *A Sanctæ Romanæ et universalis Inquisitionis congregatione postulatum est utrum sequentes propositiones tuto tradi possint?*

I. Immediata Dei cognitio, habitualis saltem, intellectui humano essentialis est, ita ut sine ea nihil cognoscere possit; siquidem est ipsum lumen intellectuale.

II. Esse illud, quod in omnibus, et sine quo nihil intelligimus, est esse divinum.

III. Universalia a parte rei considerata a Deo realiter non distinguuntur.

IV. Congenita Dei tanquam entis simpliciter notitia omnem aliam couns, et Jean-sans-Fiel était du nombre, essayèrent de démontrer que l'ontologisme rigide seul était visé dans le décret de 1861 ; mais plusieurs autres, et des plus distingués, en jugèrent autrement. Leur soumission humble et prompte édifia tous ceux qui en furent témoins, et en même temps, elle marqua la fin de l'ontologisme dans l'enseignement classique. Ainsi, dans l'Église de Jésus-Christ, un simple signe suffit pour mettre un terme aux dissensions et ramener les esprits à l'unité. C'est une marque de supériorité et un gage de succès pour la philosophie chrétienne.

CONCLUSION.

L'ontologisme, sous sa forme la plus modérée, renferme une belle et noble philosophie, qui s'harmonise en plusieurs de ses parties avec les dogmes révélés. Ses défenseurs ne diffèrent souvent des thomistes que par

gnitionem eminenti modo involvit, ita ut per eam omne ens, sub quocumque respectu cognoscibile est, implicite cognitum habeamus.

V. Omnes aliæ ideæ non sunt nisi modificationes ideæ qua Deus tanquam ens simpliciter intelligitur.

VI. Res creatæ sunt in Deo tanquam pars in toto non quidem in toto formali, sed in toto infinito, simplicissimo, quod suas quasi partes absque ulla sui divisione et diminutione extra se ponit.

VII. Creatio sic explicari potest : Deus ipso actu speciali quo se intelligit et vult tanquam distinctum a determinata creatura, homine v. g., creaturam producit.

Feria IV, die 18 septembris 1861.

In congregatione generali habita in conventu S. M. supra Minervam, coram EE. et RR. DD. S. R. E. Cardinalibus contra hæreticam pravitatem in tota republica christiana Inquisitoribus generalibus, iidem EE. et RR. DD. præhabito voto consultorum, omnibus et singulis propositionibus superius enunciatis mature perpensis, proposito dubio responderunt : *Negative.*

des nuances imperceptibles, et ils cherchent à s'appuyer sur l'autorité du Docteur Angélique.

Toutefois ce système, envisagé dans sa méthode spéciale et dans ses principes fondamentaux, s'écarte de la voie traditionnelle et ne réalise pas complètement le projet de restauration, que les philosophes chrétiens poursuivent depuis longtemps avec un zèle infatigable et une persévérance à toute épreuve : « Il est faux *substantiellement*, philosophiquement et théologiquement, » selon la pensée et l'expression du cardinal Zigliara (1).

Il en est autrement de la Scolastique. Elle est susceptible de modification et de progrès sur des points accidentels; mais elle est vraie « substantiellement, philosophiquement et théologiquement. » C'est sur son domaine que les catholiques doivent s'unir et se fortifier, pour défendre la saine doctrine et résister aux menaces de l'ennemi (2).

CHAPITRE II.

RESTAURATION DE LA SCOLASTIQUE.

Un des chefs de l'enseignement universitaire écrivait, en 1882, cette page vraiment étrange : « Il faut le dire, depuis l'abbé Gratry, le clergé français paraît s'être un peu désintéressé de la philosophie. Même l'Église catholique en général paraît avoir eu peur de la pensée.

---

(1) *Œuvres philosophiques*, vol. III, édition 1881, traduction de M. l'abbé Murgue, p. 393.
(2) *Ibidem*, p. 393.

Par un esprit de réaction aussi peu éclairé dans le domaine scientifique que celui qu'elle a affiché sur le terrain politique, elle a cru devoir retourner à la scolastique et en reprendre jusqu'à la forme la plus décriée, celle du syllogisme. Toute la pensée moderne, depuis Descartes, a été condamnée. Les doctrines les plus nobles, qui pouvaient se couvrir cependant de l'autorité de saint Augustin, ont été dénoncées comme suspectes sous le nom d'ontologisme. Le silence s'est fait dans le monde catholique (1). »

Ces phrases, qui traduisent en style un peu lourd la pensée de plusieurs rationalistes modernes, renferment une erreur historique et une erreur philosophique. Non-seulement l'Église s'intéresse à l'étude de la philosophie; mais elle y attache une importance capitale. Que M. Janet lise l'Encyclique *Æterni Patris*, et il en sera persuadé. La Scolastique, dont Léon XIII poursuit la restauration, est une vaste encyclopédie des sciences rationnelles, et non pas exclusivement une méthode logique; de plus, si ses partisans estiment le syllogisme que l'ignorance s'obstine à décrier, ils ne se bornent pas à ce procédé de l'esprit humain, et souvent même ils lui consacrent à peine autant de pages dans leurs ouvrages que M. Janet dans ses *Manuels* élémentaires.

Il est inutile, de reprendre ici l'exposé général de la philosophie scolastique (2), pour réfuter des objections qui n'ont aucune valeur. Bornons-nous à suivre les progrès de la restauration pacifique inaugurée sous les

---

(1) M. Paul Janet, *Revue des Deux-Mondes*, 1ᵉʳ juin 1882 : *Un essai de réalisme spiritualiste*, p. 619.

(2) Pour l'exposé de la Scolastique, voir, dans les deux volumes d'*Histoire générale de la philosophie*, la période du moyen âge, en particulier le siècle de saint Thomas.

auspices de saint Thomas, poursuivie avec zèle par des esprits éclairés, en partie réalisée grâce à une impulsion salutaire et à une sage direction. Le mouvement part d'Italie, d'Allemagne, d'Espagne, de France, de Belgique, il se propage en Angleterre, en Amérique (1), en Asie, et désormais l'Ange de l'École a des disciples sur toutes les plages où s'élève un séminaire catholique (2).

I.

Restauration de la Scolastique en Italie; influence des Souverains Pontifes; Encyclique Æterni Patris de Léon XIII.

Les libres-penseurs italiens ne saluent pas la restauration de la Scolastique avec meilleure grâce et n'en parlent pas avec plus de réserve que les rationalistes français; plusieurs répètent chez eux les accusations mensongères et les fades plaisanteries qu'ils ont apprises chez nous, sur les bancs de l'Université. D'après M. Ferri, ancien élève de l'École normale de Paris, devenu professeur à l'Institut de Florence, les philosophes chrétiens, sans distinction de nuance, traditionalistes et thomistes, se condamnent à l'immobilité et regardent la liberté de penser comme un crime (3); ils sont les ennemis jurés

---

(1) Sur la philosophie en Amérique, voir : P. Hill, S. J., *Elements of philosophy*, Baltimore, 1874; — P. Jouin, S. J., *Elementa philosophiæ moralis*, New-York, 1874.

(2) Sur la Philosophie scolastique au XIXe siècle, voir : le cardinal Gonzalez, *Historia de la Filosofia*, t. III; Mgr Bourquard, *l'Encyclique Æterni Patris;* Haffner, *Esquisse de l'histoire de la philosophie*, VI; M. Ferreira Tavarès, *Guia do Verdadeiro philosopho*, etc.

(3) L. Ferri, *Essai sur l'hist. de la philos. en Italie au XIXe siècle*, t. II, p. 292, etc.

du progrès et de la civilisation (1) ; ils réagissent contre la pensée moderne et s'efforcent de rétablir la théocratie (2).

Une simple étude des faits nous démontre combien ces assertions sont fausses et ces injures gratuites. Les philosophes scolastiques, les seuls dont il s'agit en ce moment, ne subissent point l'intolérance d'un programme officiel, et ils jouissent de cette vraie et saine liberté dont les rationalistes, malgré l'outrecuidance de leur langage, ne semblent pas soupçonner la nature ; ils croient au progrès de la science, et ils unissent leurs forces pour y travailler avec plus d'efficacité ; mais ils ne pensent pas, et l'expérience leur donne raison, que l'anarchie favorise le développement intellectuel.

I. — Influence de Pie IX et de Léon XIII ; Encyclique Æterni Patris.

Les deux papes qui sont à la tête du mouvement dont M. Ferri méconnaît le mobile et la portée, *Pie IX* et *Léon XIII*, assignent à la philosophie une place d'honneur, immédiatement au-dessous de la théologie, dans la vaste encyclopédie des sciences, et ils attribuent à la raison une noble tâche, même après la décadence qui suit la faute originelle ; ils lui reconnaissent un domaine propre, où elle se meut avec liberté et indépendance, tant qu'elle n'empiète point sur les droits de la révélation ; bien plus, ils la défendent contre les faux philosophes, ses plus redoutables ennemis, et ils réprouvent avec une égale sévérité les criminelles tentatives des matérialistes et les audacieuses prétentions des rationalistes.

---

(1) *Ibidem*, p. 321, etc.
(2) *Ibidem*, p. 316, etc.

Pie IX, en écrivant à l'archevêque de Munich en 1862, définit en ces termes l'excellence et l'utilité de la philosophie : « La vraie et saine philosophie a une très noble place, puisqu'il lui appartient de faire une exacte recherche du vrai, de cultiver la raison humaine avec soin et rectitude; car, bien qu'elle soit obscurcie par la faute du premier homme, la raison n'est pourtant point éteinte; elle demeure capable d'acquérir un grand nombre de vérités, d'en démontrer d'autres que la foi propose aussi à notre croyance, par exemple, l'existence de Dieu, sa nature, ses attributs; de justifier ces vérités, de les défendre et de préparer ainsi la voie à une adhésion plus parfaite aux dogmes contenus dans la foi divine. Elle peut même nous faire pénétrer plus profondément dans certaines vérités plus cachées que la foi nous révèle. Telles sont les fins que doit poursuivre l'austère et noble science de la philosophie. »

Deux ans plus tard, le même Pontife prit la défense de ceux qui s'appuyaient, dans leur enseignement, sur les principes des scolastiques, et il condamna la proposition suivante : « Les principes et la méthode, selon lesquels les anciens docteurs scolastiques ont cultivé la théologie, ne répondent en aucune façon aux nécessités de notre temps et au progrès des sciences (1). » Depuis cette époque, il ne cessa de louer ceux qui, marchant sur les traces du chanoine *Sanseverino*, travaillaient à « la restauration de la vraie philosophie (2), » et il encouragea la fondation des académies, où l'on se proposait d'enseigner la doctrine de saint Thomas, notamment sur « l'union de l'âme intellective avec le corps humain » et sur

(1) Cf. *Syllabus*, prop. xiii. Cette même année, 1864, parut la *Petite Somme* de M. l'abbé Lebrethon.
(2) Lettre du 22 janvier 1870, adressée au neveu de Sanseverino.

« la forme substantielle et la matière première (1). » « Il ne peut être douteux pour personne, dit-il au cardinal Riario *Sforza*, que si l'on remet en honneur cet enseignement dont l'abandon a été la source de tant de maux, l'on n'arrive à extirper le mal jusqu'à sa racine et à guérir le monde. Or ce résultat ne sera atteint par *aucun moyen plus efficace* que par la doctrine de saint Thomas qui a su ramener toutes les sciences à des principes inébranlables, disposer très clairement toutes ces matières, les développer et les présenter de telle sorte qu'il n'y a aucune vérité à laquelle il ne conduise, aucune erreur qu'il n'apprenne à terrasser, en fournissant les armes les meilleures (2). »

Il y a dans toutes ces paroles l'expression d'un désir formel ; mais on n'y trouve pas, comme le supposent les rationalistes, un ordre impérieux qui violente la liberté.

Le même esprit de sagesse et de modération anime les actes de Léon XIII. Ce Pontife, que la divine Providence nous réservait dans ces jours d'anarchie intellectuelle et de défaillance morale, a déployé un grand zèle à Pérouse et à Rome pour propager la doctrine de saint Thomas ; dans ce but, il a fondé des académies savantes, il a multiplié les encouragements et les félicitations, il s'est entouré d'hommes éminents, versés dans l'étude de la Scolastique, il a plusieurs fois adressé de « pressantes *exhortations* » à l'épiscopat de l'univers entier, il a recommandé aux professeurs d'étudier surtout les œuvres de saint Thomas, avec les commentaires de Cajetan et de

---

(1) Bref du 23 juillet 1874, adressé au docteur *Travaglini*, de Bologne, président de l'Académie fondée le 9 mars de la même année, sous l'impulsion du R. P. Cornoldi, Jésuite.

(2) Bref d'encouragement à l'Académie de saint Thomas, fondée à Naples, sous les auspices du cardinal Riario Sforza.

Ferrare; par dessus tout, il a publié l'Encyclique *Æterni Patris*, du 4 août 1879.

Ce document exerce une salutaire influence sur les destinées de la philosophie contemporaine. Il assure la restauration de la Scolastique et en détermine la portée. Le projet, dont le chef de l'Église poursuit la réalisation n'a rien d'étroit, rien d'exclusif. Les rationalistes suppriment le moyen âge; Léon XIII le fait revivre en tenant compte de la science moderne. Il veut le progrès, et non pas la « réaction; » il se propose d'édifier, et non pas de détruire. Et dans cette restauration, le guide et le modèle doit être saint Thomas, le génie profond et sûr par excellence, le prince de tous les philosophes.

L'Encyclique *Æterni Patris* renferme le vrai programme de la philosophie chrétienne; c'est pourquoi nous devons en donner ici une analyse complète (1). Voici les principales pensées que le Souverain Pontife développe dans son beau et noble langage :

« Le Fils unique de Dieu, qui est descendu du ciel en terre, pour apporter le salut au genre humain, a gratifié le monde d'un immense bienfait en fondant une Église infaillible. » Cette Église a reçu un mandat qu'elle remplit : enseigner la vérité, combattre l'erreur. Elle ne peut donc se désintéresser de la philosophie, science de laquelle dépendent en grande partie la défense de la foi et le légitime développement du savoir humain.

Si l'on réfléchit sur les graves difficultés du temps actuel, on trouvera la cause des maux dont nous souffrons dans la diffusion des opinions erronées, qui sont sorties des écoles des philosophes pour se répandre dans

---

(1) Nous empruntons cette analyse à Mgr Bourquard. Cf. *L'Encyclique Æterni Patris*, 1884, p. 12. — *Le R. P. Carbonnelle et l'Encyclique Æterni Patris*, par M. L. Picherit.

toutes les classes de la société. Il faut donc combattre cette cause du mal. Sans doute, la philosophie n'a ni assez de force, ni assez d'autorité pour détruire toutes les erreurs; mais elle a son importance, et ce n'est pas en vain que Dieu a fait luire dans l'esprit humain la lumière de la raison. La foi, en étant surajoutée à cette lumière, loin de la diminuer, l'augmente, l'étend, l'élève à une fin plus sublime. Les Pères de l'Église ont fait usage de la science humaine; ils ont suivi en cela un procédé louable et sage. Ils ont attribué à la raison un rôle considérable, qui est, selon saint Augustin, d'*engendrer*, de *nourrir*, de *défendre* et de *fortifier* la foi.

En effet, la raison prépare et aplanit la route vers la foi, en affirmant un certain nombre de vérités, sanctionnées aussi par l'autorité de la révélation; elle démontre l'existence et les attributs de Dieu; et en faisant reconnaître la souveraine véracité de Dieu, elle impose l'obligation à toute raison humaine d'ajouter foi à la parole révélée; la raison établit la vérité des miracles qui sont le sceau de la divinité du christianisme; elle produit une nouvelle preuve de cette divinité dans la propagation, la conservation et l'action du christianisme dans le monde; en saisissant en particulier les différents aspects de l'Église catholique, sa sainteté éminente, son inépuisable fécondité pour le bien, son universelle unité, son invincible stabilité, la raison construit un grand et *perpétuel argument* qui démontre d'une manière irréfragable que l'Église a une mission divine; la raison donne à la théologie le caractère d'une vraie science; elle fournit au théologien ces analogies admirables qui font que l'esprit pénètre plus avant dans la connaissance des mystères de la foi; enfin, elle prépare au théologien des arguments irrésistibles, pour prouver aux adversaires qu'il n'y a point de contradiction entre la science et la foi. Tels sont les services que la raison rend à la foi, ainsi que toute la tradition le constate.

Mais pour que la philosophie porte ces fruits précieux, il est nécessaire qu'elle demeure dans le sentier où la vénérable antiquité a maintenu et dirigé sa marche, c'est-à-dire, dans la respectueuse soumission aux vérités surnaturelles. Elle doit se tenir honorée d'être admise, comme une servante fidèle, dans l'intimité des sciences sacrées; d'ailleurs, dans les choses qui sont de son domaine, elle a sa *méthode*, ses *principes*, ses *preuves*, sa légitime *indépendance* (1).

Si quelques-uns ont exagéré les facultés de la nature humaine, d'autres, les vrais philosophes, ont uni à l'étude de la philosophie l'obéissance à la foi chrétienne. La foi est en effet une maîtresse infaillible; elle élève et fortifie l'intelligence et en accroît la portée.

L'histoire de la philosophie démontre la vérité de ces assertions. En effet, tandis qu'elle présente l'affligeant tableau des défaillances de la raison sur la nature de Dieu, sur l'origine des choses, sur la Providence, sur la cause et le principe du mal, sur la fin dernière et la vie future, nous voyons les Pères et les Docteurs de l'Église constituer *un vrai système de philosophie chrétienne*. Ils avaient compris que le Christ est le restaurateur de la science humaine. Au premier rang de ces fondateurs de la philosophie chrétienne se placent les apologistes; ensuite viennent les grands théologiens et

---

(1) « In iis autem doctrinarum capitibus, quæ percipere humana intelligentia naturaliter potest, æquum plane est, sua methodo, suisque principiis et argumentis uti philosophiam : non ita tamen, ut auctoritati divinæ sese audacter subtrahere videatur. »

les docteurs de l'Église; puis, au moyen-âge, les docteurs scolastiques.

Mais entre tous les docteurs scolastiques brille d'un éclat exceptionnel leur Prince et leur Maître, saint Thomas d'Aquin. Il a recueilli leurs enseignements en un corps de doctrine, et en a augmenté le riche trésor; aussi est-il justement considéré comme un défenseur incomparable, comme une gloire de l'Église. Ce savant est d'ailleurs un grand saint. Doué d'un esprit docile et pénétrant, d'une mémoire heureuse et fidèle, passionné pour la vérité, orné d'une érudition inépuisable dans les choses divines et humaines, il a été comparé au soleil, car il a réchauffé la terre par la chaleur de ses vertus, et l'a enveloppée dans la splendeur de ses doctrines. Il n'est aucune partie de la philosophie qu'il n'ait traitée avec pénétration et solidité : les lois du raisonnement, Dieu, les substances spirituelles, l'homme, la nature corporelle, les actes humains et leurs principes.

Ce maître ne laisse rien à desirer : ni un répertoire complet des questions, ni une bonne ordonnance des matières, ni la supériorité des procédés méthodiques, ni la solidité des principes, ni la force des arguments, ni la clarté du style, ni la propriété des expressions, ni la facilité de résoudre les problèmes les plus compliqués. En appliquant sa méthode à la réfutation des erreurs, ce grand Docteur a atteint ce double résultat : il a mis à néant les erreurs des temps antérieurs, et a fourni, pour détruire toutes celles qui s'élèveront dans l'avenir, des armes victorieuses. Unissant la raison avec la foi dans les liens d'une amitié réciproque, il a conservé à toutes les deux leurs droits et leur dignité; de sorte que la raison, portée sur les ailes de Thomas jusqu'au sommet de la nature humaine, ne semble pas pouvoir monter plus haut ; tandis que la foi peut à peine compter sur des secours plus nombreux et plus puissants que ceux que Thomas lui fournit. — Voilà pourquoi toute la tradition dépose en faveur de ce grand homme. Des savants les plus avancés en philosophie et en théologie ont suivi ses pas ; les fondateurs des grands ordres religieux, les plus célèbres universités, les pontifes romains, les conciles œcuméniques l'ont honoré. Une dernière palme lui a été décernée par les hérétiques eux-mêmes ; car l'un d'eux a dit : « Supprimez Thomas, et j'anéantirai l'Église. » — Espérance vaine, mais témoignage d'un grand poids.

Les choses étant ainsi, *Nous jugeons que l'on a été téméraire en ne continuant pas*, dans tous les temps et dans tous les lieux, *d'user de cette philosophie scolastique*, qui avait pour elle le suffrage de l'Église. Son abandon a eu pour conséquence, avec les efforts des novateurs du XVIe siècle, l'éclosion de systèmes philosophiques, où sont soutenues des thèses contradictoires sur les objets les plus importants des connaissances humaines. De cette multitude d'opinions divergentes sont nés les hésitations et les doutes ; de sorte qu'à la place de cette science sûre, stable et robuste d'autrefois, on a mis une philosophie mal assise et superficielle, qui peut à peine résister aux attaques des adversaires. Nous n'entendons pas condamner par là les résultats certains, obtenus par les recherches des modernes.

Mais il faut se garder de faire consister la science uniquement et principalement dans les applications utiles ou dans l'investigation des faits. Pour ne parler que de la théologie, il est sans doute opportun qu'elle dispose de sciences auxiliaires variées, mais *il est tout à fait nécessaire qu'on la traite selon la méthode grave des scolas-*

tiques, afin qu'elle demeure le rempart inexpugnable de la vérité.

C'est donc à propos que, dans ces derniers temps, des hommes appliqués aux sciences philosophiques ont entrepris de remettre en vigueur l'admirable doctrine de saint Thomas. Plusieurs évêques sont entrés dans cette pensée : qu'ils reçoivent Nos éloges. Quant aux autres, Nous les informons, tous ensemble et chacun en particulier, que Nous n'avons rien plus à cœur, et que Nous ne désirons rien tant que de les voir fournir à la jeunesse studieuse, largement et copieusement, les eaux très pures qui découlent, sans interruption ni épuisement, de la sagesse du Docteur Angélique.

Car, d'abord, il faut que les jeunes chrétiens, surtout ceux qui sont élevés pour être la part de l'Église, soient nourris d'une robuste doctrine, revêtus d'une armure complète, afin de résister aux manœuvres et aux sophismes de la fausse science contemporaine. — Il faut que ceux qui se tiennent éloignés de la foi, sous prétexte de raisons scientifiques, soient convaincus que *la solide doctrine des scolastiques peut seule,* avec la grâce de Dieu, *opérer leur réconciliation.* — Il faut enfin restaurer, d'après saint Thomas, la science sociale et la politique. Toutes les sciences humaines, même la littérature et les beaux-arts, rentreront par là dans la voie d'un légitime progrès.

On fait injure à la philosophie scolastique, quand on l'accuse de faire obstacle au progrès des sciences de la nature. Selon la doctrine des scolastiques, l'intelligence humaine ne s'élève que par les choses sensibles aux choses immatérielles. Voilà pourquoi saint Thomas, le bienheureux Albert le Grand, et d'autres docteurs scolastiques ont tant étudié les sciences naturelles. D'ailleurs, plusieurs savants de grande valeur, nos contemporains, affirment qu'*entre les conclusions certaines de la physique moderne et les principes de la philosophie de l'École, il n'existe aucune véritable opposition* (1).

« Nous vous *exhortons* donc, de la manière la plus *pressante*, à remettre en vigueur et à propager le plus possible, la précieuse sagesse de saint Thomas. Pour obtenir ce résultat, Nous invoquerons le Dieu des sciences par l'intercession de Marie, Siége de la sagesse, de saint Joseph, son très chaste époux, des bienheureux Apôtres Pierre et Paul, qui ont renouvelé la face de la terre, par la prédication de la vérité. »

(1) « Demum cunctæ humanæ disciplinæ spem incrementi præcipere, plurimumque sibi debent præsidium polliceri ab hac, quæ Nobis est proposita, disciplinarum philosophicarum instauratione. Etenim a philosophia tamquam a moderatrice sapientia, sanam rationem rectumque modum bonæ artes mutuari, ab eaque, tamquam vitæ communi fonte, spiritum haurire consueverunt. Facto et constanti experientia comprobatur, artes liberales tunc maxime floruisse, cum incolumis honor et sapiens judicium philosophiæ stetit; neglectas vero et prope obliteratas jacuisse, inclinata atque erroribus vel ineptiis implicita philosophiæ. — Quapropter etiam physicæ disciplinæ, quæ nunc tanto sunt in pretio, et tot præclare inventis, singularem ubique cient admirationem sui, ex restituta veterum philosophia non modo nihil detrimenti, sed plurimum præsidii sunt habituræ. Illarum enim fructuosæ exercitationi et incremento non sola satis est consideratio factorum, contemplatioque naturæ; sed, cum facta constiterint, altius assurgendum est, et danda solerter opera naturis rerum corporearum agnoscendis, investigandisque legibus, quibus parent, et principiis, unde ordo illarum, et unitas in varietate, et mutua affinitas in diversitate proficiscuntur. Quibus investigationibus mirum quantam philosophia scholastica vim et lucem, et opem est allatura, si sapienti ratione tradatur. »

II. — Caractères de la Scolastique italienne; principaux représentants; Sanseverino; Liberatore; Zigliara.

Le programme de Léon XIII était en partie réalisé, quand parut l'Encyclique *Æterni Patris*, et plusieurs disciples de saint Thomas travaillaient depuis plusieurs années à la restauration de la philosophie chrétienne; mais, depuis 1879, le mouvement s'est généralisé, et l'unité de direction a établi l'accord sur des points importants, par exemple sur la nature des êtres matériels et sur l'unité du principe formel dans le composé humain.

A l'origine, les esprits clairvoyants remarquaient des tendances diverses même au sein des écoles italiennes, et ils en redoutaient les funestes conséquences. Deux Jésuites, professeurs au collège romain, et un chanoine de Naples, *Liberatore, Tongiorgi, Sanseverino*, avaient le périlleux honneur d'inaugurer une ère nouvelle dans l'enseignement de la philosophie, et ils entreprenaient la tâche plus difficile encore d'exposer dans des ouvrages les théories de l'École et de les adapter aux nécessités de leur époque (1). Tongiorgi pensa qu'il était opportun de faire des concessions aux sciences physiques et naturelles, même dans les questions fondamentales. Il sacrifia

---

(1) P. Matthæus Liberatore : *Institutiones philosophicæ; Institutiones Ethicæ et juris naturalis; Della conoscenza intellettuale; Del composto umano; Dell'anima umana; Degli Uuniversali*, etc. En tête de la nouvelle édition des *Institutiones philosophicæ*, publiée en 1883, nous lisons cet avertissement : « Cum primum meas Philosophicas Institutiones in lucem prodidi, abhinc annos jam *quadraginta*, nemo profecto suspicaturus fuisset hanc rerum conversionem, cui, Deo favente, vivi adsumus. Ea enim tempestate philosophia S. Thomæ Aquinatis sic *humi jacebat*, ut non pauci, e bonis etiam, me insanum dicerent, quod eam in pristinum honorem restitui posse arbitrarer. At quod

une partie notable de la cosmologie et de la psychologie des anciens, en substituant l'hypothèse de *l'atomisme chimique* au système de la matière et de la forme et en niant l'unité du principe vital dans le composé humain. Liberatore et Sanseverino reproduisent les doctrines traditionnelles dans toutes les questions d'une importance majeure ; mais ils gardent une juste liberté sur les points de controverse : le premier se rapproche souvent de Suarez, l'autre s'attache presque toujours à saint Thomas.

Quelques-uns, ayant à leur tête le P. Palmieri, professeur au collège romain, ont imité Tongiorgi et l'ont suivi dans la voie des concessions ; mais le Souverain Pontife n'approuvant pas leur plan de réforme, ils ont donné l'exemple de la soumission la plus humble, et l'union un moment compromise a été fortement cimentée par les liens de la charité, de l'obéissance et du respect (1). Chacune des deux autres nuances a ses avantages et ses défauts. L'une conserve plus fidèlement les traditions de l'École ; mais elle paraît un peu trop exclusive, et parfois son *criterium* semble étroit. L'autre est plus dégagée dans sa marche ; mais elle accorde une importance peut-être exagérée à des questions de détail et à des opinions privées. Ces divergences méritent à peine d'être signa-

---

une delirium putabatur, nunc eventu probatum læti conspicimus. » — P. Salvatore Tongiorgi : *Institutiones philosophicæ*. Nous citons la 2ᵉ édition, de 1862. — Cajetanus Sanseverino : *Institutiones seu Elementa philosophiæ christianæ*. Nous citons la dernière édition, publiée en 1885 par N. Signoriello. *Philosophia christiana cum antiqua et nova comparata*, 1862.

(1) Domincus Palmieri, S. J. : *Institutiones philosophicæ*, Rome, 1874. L'ouvrage est dédié à saint Thomas d'Aquin : « Sancto Thomæ Aquinati, Doctori Angelico. » L'imprimatur de la fin porte la signature du P. Galli, Dominicain, auteur des *Institutiones apologetico-polemicæ*.

lées ; il est plus utile de mentionner les ouvrages, dont l'étude peut initier à la connaissance et à l'amour de la saine philosophie (1).

Sanseverino a composé les *Éléments de philosophie chrétienne*, qui renferment la Logique proprement dite, la Dynamilogie ou l'étude de nos facultés, l'Idéologie et la Critériologie, l'Ontologie, la Cosmologie et une partie notable de l'Anthropologie (2). Il travaillait à son ouvrage monumental, la *Philosophie chrétienne comparée avec l'ancienne et la nouvelle*, et il avait composé les six premiers volumes sur la Logique et la Dynamilogie, quand une mort prématurée vint l'enlever à ses chères études. Ses ouvrages, vraiment dignes des vieux scolastiques du moyen âge, attestent une connaissance approfondie de saint Thomas et une très vaste érudition. Sur tous les points d'une certaine importance, la pensée du Docteur Angélique est mise en évidence et comparée avec les opinions des philosophes anciens et modernes. Cette méthode à la fois expositive et critique, doctrinale et historique, permet d'embrasser une question dans son ensemble et sous ses différents aspects; elle présente néanmoins des inconvénients que Sanseverino n'a pas toujours évités : la diffusion, les longueurs, les répétitions. Tels désireraient aussi un criterium plus large et un style plus élégant. Ces ombres disparaissent,

(1) Sur les travaux des philosophes scolastiques, voir : *L'Academia romana di S. Tommaso d'Aquino; la Scienza e la Fede; la Civiltà cattolica*, etc.

(2) Signoriello a terminé la rédaction de l'Anthropologie et l'a publiée en 1868. Deux ans plus tard, il a complété les *Elementa* en y ajoutant la Théologie naturelle; on doit également à ses soins le *Compendium* à l'usage des séminaires; de plus, il a composé un *Lexicon peripateticum* et un traité de *Philosophie morale*. Voir sur les œuvres de Sanseverino, le cardinal Gonzalez, t. III, p. 475, etc.

quand on envisage la sûreté de la doctrine, la grandeur et la beauté du plan, la patience de l'auteur, la richesse des matériaux, l'abondance des idées, l'impulsion donnée aux partisans des sciences philosophiques (1).

Le P. Liberatore a rendu un double service à la Scolastique : il a contribué à la répandre dans les écoles en publiant son manuel ou ses *Institutiones philosophicæ;* il l'a défendue sur des points délicats contre les objections des savants et les attaques des philosophes. Il a toutes les qualités d'un métaphysicien, la profondeur de l'esprit, la maturité du jugement, l'habitude de la réflexion. Il aime la vérité, et volontiers il lui fait le sacrifice d'une opinion personnelle, d'une préférence d'école; ainsi, après mûr examen, « re melius perpensa, » il admet contre Suarez une distinction réelle, dans les créatures, entre l'essence physique et l'existence (2). Parmi les points importants qu'il élucide, on peut signaler la division de l'universel en *direct* et en *réflexe* (3), la notion du bien moral et du droit naturel (4), la théorie de la connaissance intellectuelle (5), l'unité du composé humain (6), le système de la matière et de la forme (7). Tous ces problèmes sont résolus avec précision, d'après la méthode et les principes de saint Thomas.

A côté de l'éminent Jésuite et sur la même ligne, doit figurer l'auteur d'un autre ouvrage élémentaire éga-

(1) Voir le Bref de Pie IX à N. Signoriello.
(2) *Institut. philos.*, Métaphys., t. I, c. III.
(3) *Logica*, p. II, ch. IV, a. 2 : « De duplici universali, directo et reflexo. » — *Degli universali*.
(4) *Institutiones Ethicæ et Juris naturæ*.
(5) *Della conoscenza intellettuale*.
(6) *Dell'anima umana; Del Composto umano*.
(7) *Ibidem*, ch. VIII et IX.

lement estimé, le cardinal *Zigliara*, de l'Ordre des Dominicains. Sa *Somme philosophique*, parvenue en peu d'années à la cinquième édition, est un exposé net, clair, méthodique de la doctrine thomiste (1). Le cadre est large, la critique modérée; les solutions sont mises, autant que possible, en harmonie avec la science moderne; les corollaires sont habilement déduits et les objections victorieusement réfutées. C'est un manuel conforme au programme de l'Encyclique *Æterni Patris*. Le savant Dominicain a publié d'autres ouvrages qui doivent fixer l'attention. Dans un travail remarquable sous le rapport de la critique, il expose la définition du Concile de Vienne sur l'union de l'âme et du corps, et il la confronte avec l'enseignement de saint Thomas sur l'unité de la forme substantielle dans le composé humain (2). Il consacre, dans ses *Œuvres philosophiques*, trois volumes entiers à la réfutation de deux erreurs capitales : le traditionalisme et l'ontologisme (3). Il n'y a plus à revenir sur ces graves et difficiles questions; elles trouvent ici une solution complète au point de vue historique, doctrinal et critique (4).

Aux traités élémentaires de Sanseverino, de Libera-

---

(1) *Summa philosophica in usum scholarum*, auctore S. Thoma Maria Zigliara, Ordinis Prædicatorum, S. R. E. Cardinali, editio quinta, 1884.

(2) *De mente concilii Viennensis in definiendo dogmate unionis animæ humanæ cum corpore deque unitate formæ substantialis in homine juxta doctrinam S. Thomæ.*

(3) *Œuvres philosophiques* : vol. I, 1º *Essai sur les principes du traditionalisme;* 2º *Observations sur quelques interprétations de l'idéologie de S. Thomas d'Aquin par Gérard-Casimir Ubaghs;* t. II et III, *De la lumière intellectuelle et de l'ontologisme*, etc.

(4) Le cardinal Zigliara termine son beau travail, sur la *Lumière intellectuelle*, par un touchant appel à la concorde.

tore et de Zigliara il faut joindre les *Institutiones philosophicæ*, que Mgr *Battaglini* a composées pendant qu'il professait à Bologne. Ce manuel, un des premiers qui ont paru en Italie, ne traduit pas seulement la pensée de saint Thomas; il en reproduit ordinairement le texte lui-même accompagné de simples explications (1).

Plusieurs philosophes de la Péninsule, notamment le P. *Cornoldi*, de la Compagnie de Jésus, Auguste *Conti*, Alphonse *Travaglini*, fondateur de la société « philosophico-médicale, » se placent à un point de vue spécial; ils cherchent dans quelle mesure « la grande philosophie de saint Thomas, » avec ses « antiques spéculations, » peut répondre aux « données modernes des sciences expérimentales (2). » En 1874, Pie IX les encouragea dans ce dessein et adressa des éloges au docteur Travalini; il le félicita surtout de n'admettre parmi les membres de sa société que des savants disposés à défendre les principes de saint Thomas « sur l'union de l'âme intellective avec le corps humain, sur la forme substantielle et la matière première (3). »

L'âme de la société « philosophico-médicale, » le P. Cornoldi, a composé un ouvrage important, où il aborde les grandes questions de la philosophie et les envisage autant que possible dans leurs rapports avec les sciences

---

(1) *Logicæ, Metaphysicæ, Ethicæ Institutiones*, quos in usum tyronum seminarii Bononiensis secundum D. Thomæ Aq. doctrinas tradebat Franciscus Battaglinius, sacerdos, philosophiæ lector, 1868. — « Hæc quæ ex Angelico doctore, incomparabili Christianæ Sapientiæ fonte, in juvenum animos instituendos derivavi, ... prælis asservanda dedi. » Auctor Lectori Benevolo.

(2) Cf. P. Cornoldi, *Lezioni di filosofia scolastica*, édition de 1878, p. 4 et 5.

(3) Rome, 25 juillet 1874.

physiques et naturelles (1). Il ne donne point la solution de toutes les difficultés et il semble parfois exagérer l'opposition qui existe entre les données de l'expérience et les spéculations de la pensée; néanmoins son travail est à consulter et son exemple à suivre.

Un ancien professeur de Naples, aujourd'hui secrétaire de l'Académie de saint Thomas fondée à Rome par Léon XIII, Mgr Salvatore *Talamo* a rendu à la Scolastique un service d'un autre genre : il l'a vengée du reproche de servilisme. Plusieurs, guidés par la haine, ou aveuglés par l'ignorance, accusent les Pères de l'Église et les Docteurs du moyen âge de s'appuyer sur les opinions de leurs devanciers, d'avilir la noblesse de l'esprit humain en le soumettant à une autorité païenne, de renoncer, en un mot, à la liberté de penser et de proclamer Aristote « le dictateur de la Scolastique (2). » Mgr Talamo remonte aux sources, choisit les textes avec soin, les étudie, les confronte et réduit à néant l'objection de ses adversaires. Il fait preuve d'un habile critique, se maintenant toujours sur le terrain de la discussion et évitant de se servir de cette arme vermoulue, qu'on appelle en France le persifflage. *L'Aristotélisme de la scolastique* est encore un excellent livre, qui a sa part d'influence dans la restauration des études philosophiques.

Terminons cette page en indiquant des traités spéciaux où plusieurs questions de philosophie sont exposées,

(1) *Leçons de philosophie scolastique* par le R. P. J. M. Cornoldi, de la Compagnie de Jésus, traduites de l'italien avec l'autorisation de l'auteur, Paris, 1878. Division de l'ouvrage : Introduction, Prolégomènes, Logique, Philosophie première, Physique rationnelle, Physique particulière, Métaphysique. Le P. Cornoldi a publié plusieurs autres ouvrages, par exemple le *Thesaurus philosophorum* du P. Reeb.

(2) *L'Aristotélisme de la scolastique dans l'histoire de la philosophie*, traduction française, 1876, p. 5.

discutées et résolues avec l'éclat du savoir et la vigueur de l'argumentation. Citons, parmi tant d'autres, les *Institutiones apologetico-polemicæ* du P. *Gatti*, de l'Ordre des Dominicains (1); le *De Deo* du P. *Piccirelli*, Jésuite, aujourd'hui professeur à Uclès, dans la Nouvelle-Castille (2); le *De Deo uno* du cardinal *Franzelin* et du P. *Mazzella*, Jésuites (3); le *De Deo in se spectato* du P. *Knol*, de l'Ordre des Frères Mineurs Capucins (4); la partie des *Lieux théologiques* sur l'analogie de la raison et de la foi, par le P. *Perrone*, ancien professeur au collège romain (5); le traité de la *connaissance sensitive* d'un autre Jésuite, le P. Francesco *Salis Seewis* (6); la *Logique* de *Satolli* et les divers travaux du cardinal *Pecci*, de *Fontana*, de *Fabbri*, de *Prisco*, de *Lorenzelli*.

Les philosophes dont les noms précèdent, ne sont pas exclusivement d'origine italienne, et quelques-uns ont professé soit en Allemagne, soit en Espagne, soit en Amérique; mais tous appartiennent à l'école qui a ses foyers principaux à Rome, à Naples et à Bologne. Cette école, nous l'avons vu, a puissamment contribué au progrès de la philosophie. Quand le célèbre Cajétan écrivait ses commentaires, saint Thomas dormait en Italie, « satis dormit; » il était à terre, « humi jacebat, » quand le P. Li-

(1) *Institutiones apologetico-polemicæ de veritate ac divinitate religionis et Ecclesiæ christianæ.*

(2) *De Deo disputationes methaphysicæ*, quas excipit dissertatio de mente sancti Anselmi in Proslogio, auctore Josepho M. Piccirelli, S. J. Paris, 1885.

(3) Voir les importants traités de Théologie du cardinal Franzelin et du P. Mazzella.

(4) *Institutiones theologicæ theoreticæ*, a Fr. Alb. Knol a Bulsano, cap. p. t. Def. gen., Romæ, 17 Febr. 1853. Sur *la Scolastique et les traditions franciscaines*, voir *la Revue des sciences ecclésiastiques*, 1884-1885.

(5) *Prælectiones theologicæ*, édition de 1842, t. I, p. 1258, etc.

(6) *Della conoscenza sensitiva*.

beratore publia les *Institutiones*. Maintenant il est debout, il triomphe dans toute la Péninsule. Il en est de même dans les autres contrées de l'Europe.

II.

La philosophie scolastique en Allemagne; ses nuances; ses principaux représentants; Kleutgen. Historiens de la philosophie : Stœckl; Haffner.

La Scolastique, au XIX° siècle comme au moyen âge, a partout les mêmes traits de ressemblance, les mêmes caractères généraux; toutefois, sans varier dans son essence, elle s'adapte au génie de chaque nation et revêt, avec les lieux et les circonstances, des formes particulières et distinctives. En Italie, elle est avant tout *expositive*; en Allemagne, elle se place de préférence sur le terrain de la *critique*. M. Hauréau dit, en parlant du P. Kleutgen, qu'on a tenté, mais sans succès, d'asservir la philosophie « aux décisions » de saint Thomas (1). Rien n'est plus faux. Les Allemands, et ils sont ici ort nombreux, n'acceptent point les propositions de saint Thomas à titre de « décisions » qui s'imposent; ils en étudient le texte grammatical, la signification logique et ils ne se rendent ordinairement qu'à l'évidence. Ils se laissent encore moins asservir, quand il s'agit de l'histoire; ils suivent la marche des écoles et le développement des systèmes avec une patience que les difficultés ne rebutent jamais, et ils s'astreignent aux règles de la saine critique avec une rigoureuse exactitude.

M. Hauréau est assurément plus esclave des préjugés

---

(1) *Histoire de la philosophie scolastique*, 2° partie, t. I, p. 462, Paris, 1880. M. Secrétan, de son côté, n'approuve point la restauration de la Scolastique. Cf. *Revue philosophique*.

rationalistes que le P. *Kleutgen* ne l'est des « décisions » thomistes.

Ce savant Jésuite publia, de 1860 à 1863, un travail remarquable, digne de figurer à côté des œuvres de Sanseverino. C'est une brillante apologie des doctrines de l'Ecole, intitulée : *La philosophie scolastique exposée et défendue* (1). Cet ouvrage, traduit en italien et en français (2), a exercé une salutaire influence sur la direction de l'esprit humain au xix° siècle. La presse l'a compté au nombre des principaux chefs-d'œuvre que l'Allemagne a produits dans ces derniers temps ; elle a loué l'érudition vaste et profonde, la dialectique ferme et vigoureuse, l'élévation de pensées, le calme, la dignité, le goût de l'auteur (3) : elle l'a salué comme le précurseur d'une ère nouvelle. Ces éloges sont flatteurs ; mais ils ne sont point immérités.

Kleutgen se propose de venger la Scolastique, ou la philosophie du moyen âge, des attaques d'*Hermès* et de *Günther*. On reproche aux anciens docteurs d'enseigner une science superficielle et dépourvue de fondements solides, d'ignorer les lois de la certitude humaine, de soutenir de graves erreurs sur la distinction de l'esprit et de la matière, sur l'origine des êtres contingents, sur l'existence et la nature de Dieu (4). Ces chefs d'accusation sont étudiés, approfondis, discutés et réfutés

(1) *Philosophie der Vorzeit*, publiée en français, de 1868 à 1870, sous ce titre : *La philosophie scolastique exposée et défendue*, par le R. P. Kleutgen, de la Compagnie de Jésus.

(2) La traduction italienne est due à Son Éminence, le cardinal *Reisach*; la traduction française est du P. *Sterp*, de la congrégation des *Sacrés-Cœurs*. C'est la traduction de ce dernier que nous citons.

(3) Cf. *Le catholique* de Mayence, 1860, l'*Indicateur* de Münster, 1864, etc.

(4) *La philosophie scolastique*, t. I, p. 18-27.

dans une série de neuf dissertations qui se divisent en plusieurs chapitres et renferment la solution de tous les grands problèmes philosophiques touchant les *idées* ou « les représentations intellectuelles (1), » les *universaux* ou « le réalisme, le nominalisme et le formalisme (2), » la *certitude*, son motif et ses règles (3), les *principes* envisagés en eux-mêmes et dans leurs rapports avec la science (4), la *méthode* et son double procédé (5), l'*être*, ses propriétés et ses modes (6), la *nature* considérée en elle-même et dans les substances corporelles qui forment l'univers (7), l'*homme* composé d'un principe matériel et d'une âme immortelle (8), *Dieu*, son existence, sa nature et ses opérations (9). Sur toutes ces questions, l'auteur saisit le point culminant, et sans s'arrêter à des détails inutiles, il arrive droit au but et force son adversaire à reconnaître la supériorité de la philosophie traditionnelle; par exemple, dans la division de l'être, il montre comment la plupart des « philosophes grecs » s'embarrassent en mille difficultés, tandis qu'Aristote, par la distinction lumineuse de l'être « *en acte* » et de l'être « *en puissance* (10), » dissipe les ténèbres qui enveloppent plusieurs pages de la métaphysique.

L'argumentation du P. Kleutgen n'affecte pas ordinairement la forme du syllogisme; elle est néanmoins très

---

(1) *La philosophie scolastique*, t. I, p. 29-301.
(2) *Ibidem*, t. I, p. 302-431.
(3) *Ibidem*, t. I, p. 432-555.
(4) *Ibidem*, t. II, p. 7-194.
(5) *Ibidem*, t. II, p. 195-546.
(6) *Ibidem*, t. III, p. 7-230.
(7) *Ibidem*, t. III, p. 231-576.
(8) *Ibidem*, t. IV, p. 1-268.
(9) *Ibidem*, t. IV, p. 269-594.
(10) *Ibidem*, t. III, p. 58.

serrée, et on peut la regarder comme un modèle de saine critique et de polémique sérieuse. Ainsi, Papst demande avec une grande assurance : « Comment la substance de la nature peut-elle être active et n'avoir pas conscience d'elle-même ? — L'activité peut-elle être autre chose que la vie, et la vie autre chose que l'aspiration de la substance à devenir consciente d'elle-même ? » — L'habile thomiste répond : « La vie est plus que la simple activité, et la conscience est plus que la simple vie. Voilà pourquoi il peut y avoir, dans la nature, des substances qui vivent sans avoir conscience d'elles-mêmes, et d'autres qui agissent sans être douées de vie (1). »

Si nous avions une réserve à faire, elle porterait sur la méthode expérimentale. Il nous semble que le P. Kleutgen pourrait en user plus largement. *Trendelenburg, Hermès, Günther, Frohschammer*, dont il réfute les préjugés contre la *Scolastique*, partagent son estime pour Aristote, et ils pensent que la méthode analytico-synthétique doit servir à opérer l'accord entre la science et la révélation, la raison et la foi; en conséquence, ils prêchent le retour à la philosophie péripatéticienne (2). Or, sur le terrain de l'expérience comme dans le domaine de la spéculation, saint Thomas et ses disciples sont les vrais interprètes d'Aristote : ils le commentent, le corrigent et le complètent. L'habile critique n'omet pas ce point de vue; mais, nous le répétons, il n'y attache pas assez d'importance.

L'impulsion donnée à l'Allemagne, il y a vingt-cinq ans, se propage avec une étonnante rapidité. Tandis que les victimes du matérialisme se multiplient de jour en

---

(1) *La philosophie scolastique*, t. III, p. 528-529.
(2) Voir en particulier : Trendelenburg, *Logique;* Hermès, *Introduction*, etc.

jour, une pléiade d'hommes remarquables, théologiens et philosophes, savants et historiens, se rangent sous le drapeau de saint Thomas et consacrent leur talent à la défense de la vérité. Il nous suffira de rappeler ici quelques-uns des noms les plus connus : par exemple, *Hettinger*, professeur à l'Université de Wurtzbourg, dont les écrits renferment une solide réfutation des grandes erreurs philosophiques (1); le P. *Schneemann*, de la Compagnie de Jésus, auteur d'un ouvrage important sur les controverses relatives au concours divin et au libre arbitre (2); *Schneid* et *Morgott* (3), qui se distinguent surtout par la précision de leur enseignement sur l'union substantielle de l'âme et du corps; les historiens de la philosophie, *Haffner*, *Stœckl* et *Huber*; le P. *Pesch* (4) et *Gutberlet*, qui s'appliquent à établir l'harmonie entre la science moderne et les principes de la Scolastique, à l'exemple de Cornoldi, de Fabbri, de Satolli (5), de Talamo, de Lorénzelli et de plusieurs autres philosophes italiens; le P. *Limbourg*, qui étudie la question si vivement agitée dans l'École touchant la distinction de l'essence et de l'existence (6); le P. *Meyer*, dont les *Insti-*

---

(1) *Apologie du christianisme*. Voir surtout la réfutation du matérialisme et du panthéisme, t. I, ch. IV et V.

(2) *Controversiarum de divin. gratiæ et liberi arbitr. concordiæ initia et progressus*.

(3) Le chanoine Morgott, professeur à Eichstaedt, a publié un excellent ouvrage sur la *Mariologie de saint Thomas*. Traduction de M₉ʳ Bourquard, Paris, 1881.

(4) Cf. *Philosophia Lacensis; Institutiones philosophiæ naturalis*.

(5) *Enchiridion philosophiæ seu disciplina humanæ rationis ad scientiam veritatis comparandam*, auctore Fr. Satolli, Acad. Rom. S. Thomæ Aquinatis, 1885.

(6) *De distinctione essentiæ ab existentia theses quatuor*, Ratisbonne, 1883.

tutiones juris naturalis complètent les *Institutiones philosophiæ naturalis* du P. Pesch; le P. *Jungmann*, qui traite dans un style brillant et limpide les hautes questions de l'Esthétique dans leurs rapports avec les beaux-arts et la morale évangélique (1); le P. *Ehrle*, qui édite les œuvres d'Aristote et plusieurs ouvrages très utiles pour le progrès de la philosophie; *Stirner, Hagemann, Reusch, Hurter* (2), *Mattès, Drey, Oischinger, Michelis, Vosen, Ketteler*. A ces noms, il faut joindre ceux des évêques, des prêtres, des religieux et des professeurs, qui, dans leurs sphères, travaillent à réaliser le programme de Léon XIII. Toutes les universités et tous les séminaires de l'Allemagne possèdent une chaire, où l'on enseigne la philosophie de saint Thomas.

L'étude approfondie de la Scolastique allemande nous révèle une tendance à peu près générale, qu'il est utile de remarquer. Parmi les interprètes du Docteur Angélique, Bannez ne jouit d'aucune autorité; Cajetan et Ferrare eux-mêmes n'ont pas les préférences; les guides les plus estimés sont Bellarmin, Molina, Lessius et Suarez. Ainsi, d'après Schneemann, ces derniers ont mieux saisi que Bannez la pensée du saint Docteur touchant la nature et l'efficacité du concours divin, dans le libre exercice des facultés humaines. Plusieurs se rangent à cet avis; par exemple, le P. Mazzella en Italie, le P. de Regnon et M. Lesserteur en France, M. Dupont en Belgique, M. de la Riva en Espagne. Suivant leur opinion, le terme de « *prémotion physique* » employé par

---

(1) *La Beauté et les Beaux-Arts au point de vue de la vie socratique et chrétienne opposés dans leur essence*, 1866.

(2) *Theologiæ dogmaticæ compendium*, edidit H. Hurter, S. J. Cet ouvrage intéresse la philosophie, surtout à cause de la méthode critique dont l'auteur fait usage.

Bannez, Bossuet, Goudin et tant d'autres, est trop dur et il ne traduit pas fidèlement l'expression de saint Thomas, « Deus *applicat facultatem* ad actum. »

Dans l'étude des systèmes, la critique allemande est un peu exclusive. Albert Stœckl, chanoine à Eichstaedt, est très versé dans l'étude des philosophes d'outre-Rhin; de plus, il a contribué pour une large part à vulgariser la Scolastique en Allemagne, et il a mérité une place d'honneur dans la famille des savants, à côté de Kleutgen, de Schneid et de Morgott (1). Mais il a une connaissance un peu superficielle de Bacon et de Descartes (2).

Paul Haffner, professeur et chanoine à Cologne, est plus profond; cependant, il accorde à ses compatriotes une prépondérance trop marquée. Son *Esquisse de l'histoire de la philosophie* embrasse, il est vrai, toutes les écoles du xixe siècle, depuis le criticisme et l'idéalisme jusqu'au traditionalisme et à la Scolastique (3); toutefois, la part d'influence attribuée aux nations voisines est relativement fort restreinte.

---

(1) Stœckl a composé, outre ses travaux historiques, un *Manuel* élémentaire fort répandu, une étude sur le *Temps*, un traité de *Pédagogie* et trois volumes sur les *Grandes questions du temps présent*. — Morgott a combattu les fausses théories sur la sensibilité dans l'ouvrage intitulé : *La doctrine du sentiment d'après S. Thomas*. — Schneid a exposé la *Doctrine scolastique* de la matière et de la forme. Nous tenons à remercier M. le docteur Schneid des articles qu'il a bien voulu nous consacrer dans l'*Indicateur* de Münster.

(2) Le travail de Stœckl, sur *la Philosophie moderne*, a paru à Mayence, en 1883; 2 vol. in-8°.

(3) L'*Esquisse* de Paul Haffner, en 3 vol., a paru à Mayence, de 1881 à 1883.

III.

*La philosophie chrétienne en Espagne : ses deux phases;
Balmès; Gonzalez.*

En Espagne, les représentants de la philosophie chrétienne se divisent en deux catégories. Les uns appartiennent à une époque de transition; les autres se rangent parmi les vrais disciples de saint Thomas d'Aquin. Ceux-là, grâce au privilège dont jouit leur nation, se rattachent par des liens étroits aux docteurs des siècles passés, toutefois ils n'échappent point complètement à la décadence universelle, ou du moins ils ne puisent pas encore assez abondamment aux sources du moyen-âge; ceux-ci reviennent à l'enseignement de l'École et entrent sans réserve dans la voie d'une saine et franche restauration. Les premiers ont pour guides Donoso *Cortès* et Jacques *Balmès*; à la tête des seconds figurent le cardinal *Gonzalez*, *Orti y Lara*, Polo y *Peyrolon*, Miguel *Sanchez* et le portugais Ferreira *Tavarès*.

Donoso *Cortès* (1), que Louis Veuillot appelle un « grand esprit » et un « athlète » de la vérité (2), tient à son pays natal par la fermeté de son caractère et l'ardeur de son patriotisme; mais il doit en partie à la France sa dernière éducation intellectuelle. Il naquit en 1809 et mourut en 1853; à l'âge de 20 ans, il professait la philosophie à Cacérès; en 1837, Cadix le choisit pour député aux Cortès; après avoir partagé l'exil de la reine-mère, il

---

(1) Donoso Cortès, *Œuvres*, précédées d'une introduction par M. Louis Veuillot, Paris 1858-1859; en particulier : *Essai sur le Catholicisme, le Libéralisme et le Socialisme; Esquisses historico-philosophiques*, t. II, p. 431-521; *Lettres*, etc. — Cf. cardinal Gonzalez, *Historia de la Filosofía*, t. III, p. 496; Gavino Tejado.

(2) *Œuvres*, 1858, introduction.

rentra en Espagne avec elle et fut bientôt appelé au Sénat ; nommé ambassadeur en France, il entra dans le mouvement que M. de Maistre et M. de Bonald avaient imprimé au catholicisme, et, à partir de 1849, il se consacra sans réserve à la défense de la vérité et à la pratique de la vertu. Comme l'auteur des *Soirées de Saint-Pétersbourg*, dont il a reproduit les qualités et les défauts (1), il s'est servi d'un langage qui a souvent trahi sa pensée, et, par là, il s'est exposé aux traits d'une critique un peu trop ombrageuse ; mais ses adversaires eux-mêmes ont rendu justice à la droiture de ses intentions et à la sincérité de sa foi. Louis Veuillot a raconté en ces termes la fin de son existence : « Il mourut en priant, recommandant lui-même son âme à son bon ange, à son saint patron, au Dieu clément qu'il avait aimé et servi en se proposant toujours de le servir davantage. Ne prévoyant pas qu'il dût si tôt sortir de la vie, il projetait de sortir du monde ; non plus pour aller méditer dans quelque solitude, mais pour s'engager dans un ordre religieux. Déjà il avait pris ses dispositions, et son choix était fait. Il voulait entrer dans la Compagnie de Jésus (2). »

Donoso Cortès, suivant l'opinion des Espagnols, est supérieur à Joseph de Maistre par la magnificence du style, l'élévation des idées, la profondeur du jugement et les traits lumineux du génie (3) ; les Français, dans leur vanité nationale, ne partagent point cette manière de voir : à leurs yeux, le marquis de Valdegamas est un disciple et non pas un maître, si on le compare à M. de

---

(1) « Donoso Cortés es el Maistre español. » Cardinal Gonzalez, *Hist. de la Filosofía*, t. III, p. 496.
(2) *Œuvres*, Introduction, p. LXIII et LXIV.
(3) Cardinal Gonzalez, *Ibidem*, p. 496.

Maistre. Cette question de tendance nous importe assez peu ; bornons-nous à signaler les points qui touchent à la philosophie.

Donoso Cortès, à l'exemple des traditionalistes, exagère et dénature le rôle de *l'autorité* dans l'ordre des connaissances rationnelles ; il ne se contente pas de placer la théologie au premier rang, il veut que les sciences philosophiques soient sous sa complète dépendance. En d'autres termes, il enseigne que l'autorité est pour la raison elle-même le dernier *motif* de la certitude, et non pas seulement un *criterium* secondaire de la vérité. Il est amené, par une conséquence directe, à chercher en Dieu seul l'origine du *langage* et de la société ; mais, s'éloignant de l'opinion de M. de Bonald, il tire cette origine de l'acte même de la création, au lieu de l'attribuer au fait subséquent d'une révélation positive : « Le langage, dit-il, n'est pas une chose distincte et séparée de la pensée, c'est la pensée même, considérée dans sa forme essentielle et invariable ; et, de même qu'un être considéré dans son existence individuelle et concrète, ne peut jamais se séparer de la forme qui le circonscrit, par la même raison la pensée de l'homme ne peut être considérée comme existant individuellement et d'une manière concrète, si elle n'est limitée et circonscrite par la parole. L'homme occupé à créer le langage est une absurdité pareille à celle de l'homme occupé à inventer la société : le premier est une substance qui cherche sa forme, le dernier une existence qui cherche son espace (1). » Et il ajoute un peu plus bas : « La société et le langage sont non seulement antérieurs à toute invention humaine, mais encore à toute révélation

---

(1) *Œuvres*, t. II, *Esquisses*, p. 492-493.

divine. Le langage et la société ne sont pas objets d'invention ou de révélation, mais de création : attributs essentiels de la nature de l'homme, ils ont été créés en même temps qu'elle. Il est impossible d'imaginer que l'homme soit sorti des mains de Dieu sans être orné de tous ses attributs essentiels (1). »

Dans un grand nombre de questions, le philosophe espagnol subit une influence plus salutaire et puise à des sources plus pures; par exemple, il n'admet pas, avec M. de Bonald, que l'homme soit une intelligence servie par des organes. Cette définition lui paraît équivoque, « parce qu'elle donne à entendre, ce qui est faux, qu'entre le corps et l'âme il n'y a d'autre lien que celui qu'implique l'idée de service, tandis que, selon le dogme catholique, l'homme n'est autre chose que l'âme et le corps unis en un seul. Le dogme de la résurrection repose spécialement sur cette très parfaite unité, qui suppose une responsabilité commune dans les deux éléments constitutifs de l'homme; responsabilité qui ne se peut concevoir ni ne peut exister si l'un est condamné perpétuellement à servir, et si l'autre exerce perpétuellement l'empire. Comment établir une responsabilité commune entre celui qui a pour unique office de servir et celui dont l'office consiste à commander avec un empire absolu? La responsabilité n'exclut pas la subordination hiérarchique, mais elle exclut la servitude (2). »

En résumé, Donoso Cortès élabore une philosophie de transition qui n'est ni le Traditionalisme, ni la Scolastique. Balmès, son contemporain, fait un pas de plus dans la voie du progrès; toutefois il s'écarte de l'enseignement de l'École sur des points importants.

(1) *Ibidem*, p. 496.
(2) *Ibidem*, p. 493.

Jacques *Balmès* (1), né à Vich en 1810, reçut le sacerdoce et débuta dans sa carrière par l'enseignement; mais ses opinions politiques lui méritèrent l'exil, sous la régence d'Espartero. Il alla se fixer à Madrid en 1844, et il y fonda le *Pensiamento de la Nacion*, journal monarchique et religieux. Il mourut en 1848.

Tout homme exempt de préjugé éprouve de la sympathie et de l'admiration en lisant la vie de ce jeune prêtre, qui lutte avec un indomptable courage pour opposer une digue au torrent de l'erreur et est emporté à la fleur de l'âge, au moment où sa vaste intelligence, parvenue à la maturité, entre en pleine possession d'elle-même et se recueille avant de jeter tout son éclat; on ne peut se garantir d'une vive émotion, quand on voit cet éloquent défenseur d'une patrie tendrement aimée, ce valeureux athlète d'une religion saintement vénérée, s'arrêter si tôt dans sa course et terminer une carrière, dont les débuts laissent entrevoir de si riches espérances.

Balmès, élevé sous le beau ciel de la Catalogne, a l'inspiration brillante, l'élan spontané, le langage animé d'un poëte, il abonde en comparaisons gracieuses, empruntées souvent aux riches produits que la nature étale sous ses yeux, il embellit tout ce qu'il touche; mais ces qualités deviennent facilement des défauts, surtout en philosophie. La pensée, du moins si on cherche à la saisir dans une traduction, ne se dégage pas assez lumineuse, parfois même elle semble entachée d'erreur. Voici, pour

---

(1) Jacques Balmès, *Œuvres*, en particulier : *Corso de filosofia elemental; el Criterio; Filosofia fondamental; el Protestantismo comparado con el Catolicismo*. Les trois derniers ouvrages sont publiés en français, avec des introductions par MM. Manec et Blanche-Raffin. — Cf. cardinal Gonzalez, *Hist. de la Filos.*, t. III, p. 492; E. Beaussire, *Revue moderne*, 1869; Haffner, *Esquisse*, t. III, etc.

citer un exemple, comment l'auteur de la *Philosophie fondamentale* s'efforce d'ennoblir la sensibilité, au risque de lui attribuer des prérogatives dont elle ne jouit point : « On parle en général de la faculté de sentir comme d'un phénomène d'un ordre très inférieur ; il en est ainsi, en effet, quand on la compare aux facultés intellectuelles, ce qui ne fait point que cette faculté ne soit, en elle-même, pleine de merveilles et de mystères. Sentir !... Prérogative immense ! Comparez la matière inerte à l'être sensible ; quelle distance dans l'échelle des êtres ! L'être insensible existe, mais il ignore qu'il existe. En lui, il n'y a que lui ; l'être sensible sent son être ; il y a en lui autre chose que lui-même ; tout ce qu'il sent, tout ce qui se manifeste en lui. Entouré de toutes sortes d'existences qui le pressent, l'être insensible reste isolé dans une solitude profonde, absolue. L'être sensible, même alors qu'il est seul, peuple l'univers de ses créations sans nombre (1). »

Dans l'étude de l'histoire, Balmès a également de brillantes qualités qui dégénèrent en défauts. Comme ses deux compatriotes, Donoso Cortès et Orti y Lara, il aime les aperçus généraux, les considérations élevées ; mais il lui arrive de traduire sa pensée en des propositions absolues que ne comportent pas d'ordinaire les faits contingents et les vérités de l'ordre moral. Ainsi, en parlant de la dictature intellectuelle de saint Thomas, il s'écrie avec enthousiasme : « Où aurait abouti la dialectique, la métaphysique, la morale, au milieu du mélange grossier de la philosophie grecque, de la philosophie arabe, des idées chrétiennes ? Nous avons vu ce

---

(1) *Philosophie fondamentale*, l. II, ch. I ; édition 1874, t. I, p. 297-298.

que commençait à produire ce mélange : une ignorance qui ne permettait point de distinguer la vraie nature des choses et un orgueil qui prétendait tout savoir. Cependant le mal n'était encore qu'à ses commencements : à mesure qu'il se serait développé, il aurait offert des symptômes plus alarmants. Du premier effort de son génie, saint Thomas fit avancer la science de deux ou trois siècles. En obtenant une supériorité incontestable, il fit prévaloir de toute part sa méthode et sa science; il devint le centre d'un grand système autour duquel se virent forcés de tourner tous les écrivains scolastiques; il prévint ainsi une multitude d'aberrations qui, sans son intervention, eussent été à peu près inévitables. Les écoles se trouvèrent dans la plus complète anarchie; il y établit la dictature : dictature sublime dont il fut investi à cause de son intelligence d'ange, qu'embellissait et rehaussait une éminente sainteté. C'est ainsi que je comprends la mission de saint Thomas; ainsi la comprendront tous ceux qui auront étudié ses ouvrages et ne se seront pas contentés de la lecture rapide d'un article biographique (1). » Cette page éloquente laisse supposer que l'anarchie intellectuelle était complète au xiii° siècle, et que saint Thomas exerça une dictature absolue dans les écoles du moyen-âge; or, ces deux propositions ne sont pas d'une rigoureuse exactitude.

Ces défauts disparaissent en partie dans la polémique. Balmès n'a pas assez de précision, quand il formule la vérité; mais sa logique est inflexible et droite, quand il démasque l'erreur et la combat. L'heure est solennelle pour l'Espagne. Des ennemis nombreux menacent son

---

(1) *Le Protestantisme comparé au Catholicisme*, ch. LXXI; édition 1857, t. III, p. 361-362.

orthodoxie. Elle doit se prémunir à la fois contre le protestantisme de Guizot, le sensualisme de Locke, le socialisme de Rousseau, le criticisme de Kant, de Hegel et de Krause, le rationalisme de Cousin et de Saisset. On veut y établir un foyer de philosophie, c'est-à-dire d'impiété (1). Le jeune prêtre se lève dans l'ardeur de son patriotisme et dans l'énergie de son zèle, il porte à ses adversaires des coups redoutables et il leur oppose une invincible résistance. Il est intéressant de le voir mettre en jeu tous les ressorts de sa belle et riche intelligence. Tantôt il place M. Guizot en parallèle avec Bossuet, et il montre comment le chef du protestantisme moderne, loin de marcher dans la voie du progrès, enseigne des opinions qui renferment un principe de dissolution et tendent à détruire toute croyance (2); tantôt il exprime avec force le venin caché dans les théories sociales de Hobbes, de Grotius, de Puffendorf, de Rousseau, de Mariana (3); ici son regard pénétrant sonde les profondeurs de la métaphysique allemande, et son esprit à la fois souple et perspicace se promène à l'aise à travers les systèmes de Fichte (4), de Kant (5), de Schelling (6); là son rare bon sens discerne le poison que recèlent les théories de Berkeley, de Hume et de Pascal (7), de Des-

---

(1) « Il y a de nos jours trois grands foyers philosophiques en Europe; j'espère qu'avant la fin du siècle il y en aura un quatrième en Italie et un cinquième peut-être en Espagne. » Saisset, *Le scepticisme.*

(2) *Le Protestantisme comparé au Catholicisme*, t. I, ch. II, IV, etc.

(3) *Ibidem*, t. III, ch. L, LII, LIII, etc.

(4) *Philosophie fondamentale*, liv. I, ch. II; liv. V, ch. XVIII.

(5) *Ibidem*, ch. VII, XX, XXII, XXIX, etc.

(6) *Ibidem*, ch. XIII.

(7) *Ibidem*, liv. I, ch. II.

cartes (1), de Malebranche (2) et de Leibnitz (3), de Vico et de La Mennais (4), de Clarke et de Newton (5). C'est une fête de le suivre dans sa marche triomphale.

Le philosophe catalan est moins sûr et moins précis, quand il expose ses idées. L'enseignement de saint Thomas s'était en partie conservé dans la Péninsule espagnole, et on étudiait toujours dans les écoles les ouvrages de *Roselli*, d'*Alvarada*, de *Zeballos* et d'*Almeida;* là cependant comme partout il y avait un temps d'arrêt et de décadence. Balmès apparut soudain et produisit, selon la pensée du cardinal Gonzalez, une efflorescence spontanée et une expression originale de la philosophie chrétienne, « efflorescencia espontanea y espression genuina del movimiento filosofico-cristiano (6). » Il prit pour base de son système la doctrine de saint Thomas; mais il s'éloigna du Docteur Angélique sur des points importants, et il embrassa les opinions de Descartes, de Leibnitz, de Reid, de Jacobi.

A l'exemple de Descartes et des psychologues modernes, il n'admet pas la théorie de l'abstraction et l'existence de l'intellect actif. Il en parle cependant avec une grande réserve : « C'est, dit-il, une invention poétique si l'on veut, ingénieuse, mais non ridicule. Elle met sur la voie d'un fait idéologique de la plus haute importance, en même temps qu'elle montre comment se doivent expliquer les phénomènes intellectuels dans leurs rapports avec le monde sensible. Ce fait et cette explication, les

---

(1) *Ibidem*, ch. xviii; liv. III, ch. viii.
(2) *Ibidem*, ch. iv.
(3) Liv. III, ch. viii.
(4) *Ibidem*, ch. xxx, xxxiii; liv. II, ch. iii, xvi, xviii.
(5) Liv. III, ch. x; liv. VII.
(6) *Historia de la Filosofia*, t. III, p. 492-493.

voici : différence entre les représentations sensibles et les idées pures, même par rapport aux objets matériels; activité intellectuelle agissant sur les apparences sensibles et les changeant en aliment de l'esprit (1). » Il nie, par suite, la connaissance directe des êtres matériels et la certitude immédiate de l'existence du monde (2).

Il manifeste parfois des préférences pour le dynamisme de Leibnitz, et non content d'attribuer à la forme tous les phénomènes du mouvement, il semble dépouiller l'étendue sinon de toute réalité, du moins de toute intelligibilité : « L'inertie absolue, dit-il, ne tombe point sous nos sens, et partant, elle se dérobe à notre expérience. L'action ou l'activité en exercice, voilà ce qui est du ressort de l'expérience, non l'inaction, ou l'état d'une chose inactive (3). » Il incline aussi à penser que l'âme des bêtes est une substance complète, créée immédiatement de Dieu et douée peut-être d'une certaine immortalité (4). Il n'a pas, non plus, d'opinion arrêtée sur les rapports de la substance et des accidents (5), et il rejette la distinction de l'essence et de l'existence dans les êtres contingents (6).

Avec Reid et ses disciples, il exagère la portée du sens commun, et il place à la base de la philosophie une espèce d'*instinct intellectuel*, dont le moindre défaut est peut-être de ne rien signifier, sinon la rectitude et l'inclination de nos puissances supérieures (7). S'il nous dote de cet instinct, il restreint d'ailleurs le nombre et

---

(1) *Philosophie fondamentale*, édition 1874, p. 227.
(2) *Ibidem*, liv. I, ch. vi; liv. II, ch. iv, etc.
(3) *Ibidem*, l. X, ch. xiv; t. III, p. 313-314.
(4) *Ibidem*, l. II, ch. ii.
(5) *Le Protestantisme et le Catholicisme comparés*, t. III, ch. lxix.
(6) *Philosophie fondamentale*, t. II, l. V, ch. xii.
(7) *Ibidem*, t. I, l. I, ch. xv, etc.

l'étendue des autres critériums : il n'accorde pas au syllogisme la force de découvrir le vrai (1), et il limite nos connaissances aux « vérités de sens intimes, » aux « vérités nécessaires » et aux « vérités de sens communs (2). »

Le sentimentalisme de Balmès se révèle surtout dans l'Éthique (3). Pour l'auteur de *la Philosophie fondamentale*, l'amour est non-seulement le principe et la fin de l'ordre moral, il est aussi la règle de nos actes, la raison du bien et la source du devoir.

En somme, cet essai de restauration a puissamment contribué à préserver l'Espagne de l'invasion des grandes erreurs modernes; mais il ne l'a pas dotée d'un corps de doctrines homogènes, expurgé de toute proposition tendant au « septicisme » des idéalistes ou au « fidéisme » de Jacobi (4) et en parfaite harmonie avec la Scolastique des anciens. Cette noble tâche était réservée au groupe d'écrivains, dont nous avons déjà parlé.

Le cardinal Zeférino *Gonzalez*, dominicain, archevêque de Séville, a été pour l'Espagne ce que Liberatore, Sanseverino, Kleutgen ont été pour l'Italie et l'Allemagne : il s'est placé par ses doctes écrits à la tête des hommes distingués, qui ont entrepris une restauration franche et complète de la philosophie thomiste (5). Il se

---

(1) *L'Art d'arriver au vrai*, ch. XV, 4 et 5.
(2) *Philos. fondament.*, t. I, l. I.
(3) *Ibidem*, t. III, l. X, ch. xviii, xix, xx.
(4) « Para ser justos, debemos advertir que, en nuestra opinion, la doctrina filosofica de Balmes entraña un grave defecto, y es su tendencia al escepticismo objectivo y al fideismo de Jacobi. » Cardinal Gonzalez, t. III, p. 495.
(5) Cf. *Estudios sobre la filosofía de Santo Tomas*, 1864; *Estudios religiosos, filosoficos*, etc., 1875; *Filosofía elemental*; *Historia de la filosofía*, 1878-1879. Cf. Ferreira Tavares, *Guia do verdadeiro philosopho*, p. 1-5.

propose, comme il le dit en tête de ses *Études sur saint Thomas*, le même but que Sanseverino : « Expôr o espirito e as tendencias geraes da philosophia do Santo Doutor; dar a conhecer a verdade e a elevaçao de suas idéas na soluçao de todos os grandes problemas da sciencia; comparar esta soluçao com a soluçao dada pela philosophia racionalista e anti-christa, e sobretudo e com particularidade, fixar e comprovar o verdadeiro sentido de suas doutrinas; tal é o pensamento dominante e o objecto que nos temos proposto ao escrever estes *Estudios* (1). » Tout en restant fidèle aux traditions de l'école dominicaine, il se montre ordinairement plus large dans ses interprétations que le chanoine de Naples : il a un critérium moins étroit. La grande restauration des études philosophiques, dont il se déclare partisan, doit entrer sans hésitation dans la voie d'un légitime progrès : « La restauracion de la filosofia de Santo Tomas que nos occupa, no es una restauracion estrecha, esclusivista, *cerrada*, por decirlo asi, á toda idea de progresso; antes por el contrario, al lodo de los problemas fondamentales siempre antiquos y siempre nuevos de toda filosofia, se la ve plantear, disentir y resolver los problemas nuevos que el movimiento de la historia ha traido al campo de la filosofia (2). »

Le savant dominicain réfute les erreurs des traditionalistes et des rationalistes, de Hegel et de Krause, de Lock, de Condillac et d'Auguste Comte (3); il prouve, omme Mgr Talamo, que saint Thomas n'est point un

---

(1) *Estudios sobre la filosofia de santo Tomas*, introduct., p. xiv. Cf. Ferreira Tavares, *Guia*.

(2) *Historia de la filosofia*, t. III, p. 177.

(3) *Ibidem* et *Estudios religiosos*, etc.

servile imitateur d'Aristote (1) ; en un mot, il est pour l'Espagne le représentant le plus autorisé de la Scolastique et l'historien le plus judicieux de la philosophie.

Juan Manuel *Orti y Lara*, un des chefs de l'Université catholique, a publié une série d'ouvrages qui embrassent tous les grands problèmes de la philosophie chrétienne (2). Son style rappelle l'école de Donoso Cortès, ses procédés ont plus d'un trait de ressemblance avec ceux de Balmès, et sa doctrine est puisée aux sources de saint Thomas : il est « solide pour le fond, original pour la forme, chrétien dans ses aspirations et dans ses conclusions finales (3). » On lui reproche cependant d'énoncer certaines propositions en termes trop absolus et d'user, dans son langage, d'expressions qui ne traduisent pas toujours fidèlement la pensée du Docteur Angélique.

Orti y Lara excelle dans la polémique. Il suit avec avantage la méthode que Léon XIII recommande à tous les défenseurs de la vérité : il choisit des armes dans l'arsenal inépuisable de saint Thomas d'Aquin. Il est intéressant de le voir opposer les principes de l'Ecole aux erreurs de Luther et de Calvin, de Descartes, de Kant et de Krause (4). Il lutte, comme Balmès, pour préserver

---

(1) Alves de Sousa, à l'exemple des rationalistes français et italiens, pense que saint Thomas se propose pour unique but de reproduire la doctrine d'Aristote. *Curso de ph.*, t. II, éd. 4, p. 299.

(2) Cf. *La sofisteria democratica; El racionalismo y la humilidad; Issayo sobre el catolicismo; Lecciones sobre el sistema de filosofía panteistica del aleman Krause; Fundamentos de la Religion; El Credo politico de los catolicos; Logica; Psicologia; La Inquisicion; Ética, ó Filosofía moral; Introduccion al estudio del derecho y principios de derecho natural; La Ciencia y la divina revelacion ó demostracion de que entre las ciencias y los dogmas de la Religion catholica no pueden existir conflictos; Krause y sus discipulos convictos de panteismo*, etc.

(3) Cardinal Gonzalez, *Historia de la filosofía*, t. III, p. 500.

(4) Cf. *El racionalismo; Lecciones*, etc.

sa patrie contre les séductions du mensonge; de là cette vigueur indomptable, ces saillies vives, ces traits acérés qui le rendent si redoutable à l'ennemi.

Le même caractère domine dans les œuvres de Manuel *Polo y Peyrolon* (1), de Miguel *Sanchez* (2), de *Pidal y Mon*, du P. *Alvarez*, de Severo *Catalina* (3), du P. *Cuevas*, de Moreno *Nieto*, d'Alonso *Martinez* et de Ferreira *Tavares* (4). Ce dernier inaugure la Scolastique en Portugal et la défend avec énergie contre la philosophie officielle. Voici le parallèle ingénieux qu'il établit entre Manuel *Orti y Lara* et Joaquim Alves de Sousa, professeur au lycée de Coïmbre : « O snr. Alves de Souza tomou por guias outros mestres. Confrontando uma Logica com outra vê-se que o snr. Orti y Lara cita a S. Thomaz e sens interpretes e discipulos, e o snr. Alves de Souza cita Descartes, que concebeu o projecto insensato de substituir suas idéas philosophicas ás de S. Thomaz. O snr. Orti Alves de Souza elogia Descartes, o snr. Orti y Lara refuta-o. O snr. Alves de Souza aconselha a seus discipulos que sigam « um eclectismo esclarecido » o snr. Orti y Lara bem longe de tal cousa aconsedhar a seus discipulos combate o eclectismo, como combate o ontologismo e outras diabruras acabadas em ismo. Finalmente o snr. Orti y Lara ê um escholastico-thomista, o snr. Alves de Souza ê um eclectico, como sua ecx. mesmo confessa (5). »

(1) Cf. *Elementos de Psicologia; Elementos de logica; Elementos de etica ó Filosofia Moral; Programa*, etc.
(2) *Cursus theologiæ dogmaticæ.*
(3) *La verdad del progresso.*
(4) Cf. *Guia do Verdadeiro philosopho*, pelo P° Chrispim Caetano Ferreira Tavares; Porto, 1882.
(5) Cf. *Guia*, p. 16. Voir plus haut, p. I, ch. II, sur le spiritualisme en Portugal.

Ainsi, la *polémique* est le trait saillant, le caractère distinctif de la philosophie espagnole ; la *critique* historique des Allemands et *l'exposition* doctrinale des Italiens y tiennent une place, mais une place secondaire. Cette terre privilégiée veut avant tout arrêter l'invasion de l'ennemi, ou l'expulser de son sein. Là est sa noble occupation depuis dix siècles.

IV.

La Scolastique en France, en Belgique, en Angleterre, etc.

Dans les pays où la culture des sciences absorbe la plupart des intelligences, les disciples de saint Thomas s'étudient avant tout, comme le P. Pesch et le P. Cornoldi, à établir *l'accord* entre les principes de la raison et les données de l'expérience. La rigueur *scientifique* de la *méthode* constitue la forme spéciale, le caractère distinctif de leur philosophie.

En *France*, le mouvement vers la Scolastique n'est pas nouveau (1) ; mais il est devenu général depuis quelques années seulement. L'épiscopat entier a répondu à l'appel du Souverain Pontife. Partout, dans les Instituts catholiques, dans les chaires de nos grandes villes (2), dans les académies (3) et dans les séminaires, la doctrine de saint Thomas trouve des interprètes. Il y a des retardataires, même au sein du clergé ; mais plusieurs

(1) Voir les *Œuvres* de Mgr Pie. — L'imprimatur de l'évêque de Saint-Dié, qui figure en tête du *Breviarium* de M. Grandclaude, porte la date du 3 août 1863. — Mgr Rosset écrivait en 1866 : « Jam redit melior ætas ; atque multi operam navant, ut philosophia ad pristinum morem restituatur. » *Prima principia*.

(2) Voir les *Conférences* du R. P. Monsabré, à Notre-Dame de Paris.

(3) Cf. *Bulletin* de l'Académie de saint Thomas d'Aquin, fondée à Coutances, le 22 janvier 1880, par Mgr *Germain*.

ont déjà franchi le premier pas. S'ils ne prennent point encore le Docteur Angélique pour « guide, » ils le choisissent comme « modèle. » Ils le louent, ils le prient; bientôt ils l'étudieront et l'enseigneront.

Parmi ceux qui ont le plus contribué à cette restauration dans la patrie de Descartes et de Malebranche, les uns, comme Mgr *Rosset*, M. *Grandclaude*, M. *Vallet* et M. *Dupeyrat* (1), ont composé des *Manuels* à l'usage des séminaires; les autres, en plus grand nombre, se sont appliqués à défendre ou à mettre en évidence les parties les plus importantes et les plus difficiles de la philosophie scolastique. Mgr *Bourquard* a exposé la théorie de la connaissance, qui est la clef de voûte de tout le système (2); Mgr *de La Bouillerie*, Mgr *Sauvé* et M. le docteur *Frédault* ont étudié, à des points de vue divers, les principes constitutifs des êtres matériels et la nature du composé humain (3); on doit au P. *de Regnon*, Jésuite, un ouvrage sur la *Métaphysique des causes*, d'après saint Thomas et Albert le Grand (4); le P. *Meynard*, de l'Ordre des Frères-Prêcheurs, a composé une *Somme de théologie*

(1) M. Rosset, *Prima principia scientiarum*, 1866. — M. Granclaude, *Breviarium philosophiæ scholasticæ*, 1863. — M. Vallet, prêtre de Saint-Sulpice, *Prælectiones philosophiæ*, 1879. M. Vallet a publié une *Histoire* de la Philosophie, un traité du *Beau*, un travail sur la *Tête et le Cœur*. — M. Dupeyrat, prêtre de Saint-Sulpice, *Manuductio ad Scholasticam*, 1882.

(2) *Doctrine de la connaissance d'après saint Thomas d'Aquin*, 1877. On doit aussi à Mgr Bourquard une étude sur Boëce et un travail sur l'Encyclique *Æterni Patris*.

(3) Cf. Mgr de La Bouillerie, *L'homme, sa nature, son âme, ses facultés et sa fin*, 1879. — Le Dr F. Frédault, *Anthropologie; Forme et matière*, etc. — R. P. Regnault, *Cours de Philos.*; R. P. Jaffre; M. Aulard.

(4) Outre le traité sur la *Métaphysique des causes*, le P. de Regnon a écrit un ouvrage intitulé, *Bañes et Molina*. — Cf. M. l'abbé Guers, *Vrais principes de philos. scol.*

ascétique et mystique, selon l'esprit et les principes de l'École (1); M. *Farges* a traité de l'objectivité de la perception des sens externes (2); M. *de Broglie* a réfuté le positivisme (3); le P. *Monsabré* a développé, dans ses conférences de Notre-Dame, les grandes questions de la théologie naturelle; des polémistes et des écrivains comme M. *Couture*, le P. *de Bonniot* et Mgr *Baunard*, des savants, à la suite de *D. Benoît*, de *M. de Lapparent* et de M. *Moigno* (4), des orateurs, à l'exemple du P. *Caussette* (5), ont contribué, dans leur sphère, soit à réfuter les erreurs de la fausse science, soit à stimuler le zèle de ceux qui se dévouent dans l'obscurité à la restauration de la saine philosophie. Chacun a sa part dans cette œuvre commune.

M. Janet avoue qu'il y avait autrefois, dans les écoles du moyen-âge, de la « liberté » et même des « hardiesses métaphysiques (6). » Les philosophes chrétiens dont nous venons de parler, n'ont point abdiqué ce droit de la libre discussion, et ils en usent largement, surtout dans le domaine des sciences naturelles. M. Frédault et tant d'autres font des concessions importantes et pensent que le salut de la Scolastique est à ce prix (7); plusieurs, et de ce nombre sont les auteurs des *Manuels* élémentaires,

---

(1) *Traité de la vie intérieure, Petite somme de théologie ascétique et mystique, d'après l'esprit et les principes de saint Thomas d'Aquin*, par le R. P. Fr. André-Marie Meynard, des Frères-Prêcheurs, 1885.

(2) *L'objectivité de la perception des sens externes et les théories modernes*, par l'abbé Farges, des prêtres de Saint-Sulpice, 1885.

(3) *Le positivisme*, par M. l'abbé de Broglie.

(4) Cf. Dom Benoît, *La Cité Anti-chrétienne*. — M. de Lapparent, *Traité de Géologie*. — M. Moigno, *Les splendeurs de la foi*, 1877.

(5) *Le bon sens de la foi*. — M. Aubin, *les Actualités*.

(6) *Revue des Deux-Mondes*, 1er juin 1882, p. 619.

(7) Cf. M. le Dr F. Frédault, *Forme et matière*, 1876, p. 1, etc.

croient qu'il faut suivre de près le Docteur Angélique et s'attacher aux grandes traditions de l'Ecole. Il y a les thomistes purs. Mais ceux-ci n'abdiquent point le droit légitime de penser, et, dans les questions de détail, ils se rangent tantôt au sentiment de Ferrare, de Cajetan et de Bannez, tantôt à l'opinion de Molina, de Bellarmin et de Suarez.

La *Belgique* présente les mêmes nuances. Les disciples de saint Thomas ont un fidèle interprète dans le P. *Lepidi*, de l'Ordre des Dominicains (1); les fils de saint Ignace ont un digne représentant dans le P. *Van der Aa* (2); la célèbre Université de Louvain compte parmi ses membres MM. *Jacobs*, *Dupont* (3), *Mercier* et *Bossu*. Elle possède une chaire spéciale pour l'explication des œuvres de saint Thomas.

Le P. Lepidi a rendu un double service à la philosophie belge : il a victorieusement réfuté l'ontologisme d'Ubaghs, qui avait toujours de secrètes sympathies et entravait la marche du progrès; il a su mettre la Scolastique à la portée de toutes les intelligences. Le P. Van der Aa partage avec lui cette dernière qualité, qui est malheureusement trop rare chez les auteurs élémentaires. M. Dupont, de son côté, a essayé de vaincre une difficulté devant laquelle plusieurs ont reculé jusqu'à ce jour : il a composé *en français* un traité d'Ontologie.

---

(1) *Elementa philosophiæ christianæ; Examen philosophico-theologicum de Ontologismo*, 1874.

(2) *Prælectionum Philosophiæ Scholasticæ brevis conspectus*, Louvain, 1885.

(3) M. Dupont : *Théodicée, thèses de métaphysique chrétienne*, 1874; *Ontologie, thèses de métaphysique générale*, 1875. M. Charles *Périn*, auteur de plusieurs ouvrages sur l'économie politique, a professé à Louvain. MM. Monge, Leconte, Lefebvre appartiennent aussi à la philosophie belge.

C'était un excellent moyen pour vulgariser l'étude des hautes notions, qui se trouvent à la base de toutes les sciences.

Dans les possessions *anglaises*, on constate aussi un mouvement qui porte les esprits sérieux vers les études de la philosophie. Les œuvres du cardinal *Wiseman*, du P. *Faber*, du cardinal *Manning*, du P. *Dalgairns*, de Mgr *O'Bryen*, de Saint-George *Mivart*, du P. *Murphy*, du P. *Lockhart*, du P. *Harper* (1) renferment une somme assez considérable de vérités rationnelles ; mais aujourd'hui, comme autrefois, la pure doctrine de saint Thomas d'Aquin jette difficilement de profondes racines dans la terre classique du protestantisme et du positivisme. Une préoccupation semble dominer toutes les intelligences, surtout depuis la publication des travaux de Darwin, de Huxley et de Tyndall : on se demande comment concilier la foi et la raison, les spéculations de la pensée et les données de l'expérience.

Plusieurs, dont les hardiesses nous étonnent, ne reculent devant aucune concession, quand les droits de la révélation ne sont pas évidemment lésés. Ainsi, Saint-George Mivart admet l'hypothèse gratuite de l'évolution successive et l'élève presque à la dignité d'un dogme révélé. Il se scandalise de voir que le P. Murphy ne partage point son sentiment. Il l'accuse « d'obstruer » la pensée moderne et de combattre le « libéralisme » d'Aristote, de saint Thomas et de leurs disciples (2). D'au-

---

(1) Cf. P. Dalgairns, de l'Oratoire, *La Sainte Communion*. — Mgr O'Bryen, *Philosophy of St. Thomas.* — Saint-George Mivart, *A philosophical catechism for beginners; Nature and Thought.* — P. Lockhart, supérieur des Rosminiens. — P. Harper, jésuite.

(2) Cf. *Foi et évolution. Irish ecclesiastical record, Tablet, Nineteenth century Review.*

tres manifestent des préférences pour l'idéalisme de Rosmini, ou cherchent à établir une alliance entre des théories souvent fort disparates.

Le P. Dalgairns s'appuie sur le « système » du saint Docteur pour « constituer » l'Eucharistie (1); mais il donne une fausse interprétation de l'enseignement thomiste. D'après l'Ange de l'École, le corps de Notre-Seigneur, dans le Sacrement de l'autel, est affranchi des lois de l'espace; cependant il n'est point privé d'étendue (2). Le P. Dalgairns pense le contraire : « Dieu, dit-il, enlève par sa toute-puissance les fonds qui composent le pain et le vin, leur substitue le corps et le sang de Jésus, en procurant miraculeusement encore la conservation des phénomènes. En même temps, il prive d'*étendue* le corps et le sang de Notre-Seigneur, de sorte qu'aucun obstacle ne s'oppose à ce qu'il soit sur des milliers d'autels à la fois dans la chrétienté (3). »

Le P. Harper interprète plus fidèlement les doctrines de l'École, et sa *Métaphysique scolastique* mérite de figurer parmi les meilleurs ouvrages élémentaires.

Sur les autres continents, par exemple au *Canada*, à *Baltimore*, à *Boston*, les Manuels dont nous avons parlé, servent de base à l'enseignement. C'est dire que, dans ces régions, la philosophie thomiste est d'une parfaite orthodoxie.

---

(1) « Admettez le système de saint Thomas sur la substance et l'étendue, et vous pourrez avec cela constituer la Sainte Eucharistie. » R. P. Dalgairns, *La Sainte Communion*, édit. 2e, p. 55.

(2) « Ex vi quidem sacramenti quantitas dimensiva corporis Christi non est in hoc sacramento... Quia tamen substantia corporis Christi realiter non dividitur a sua quantitate dimensiva et ab aliis accidentalibus, inde est quod ex vi realis *concomitantiæ*, est in hoc sacramento tota quantitas corporis Christi, et omnia accidentia ejus. » *Sum. Theol.*, p. III, q. 76, a. 4.

(3) *La Sainte Communion*, t. I, p. 99-100.

V.

Résultats obtenus. — Accord de la Scolastique et de la science.

La Scolastique, on vient de le voir, est enseignée sur tous les points du globe. C'est là un triomphe que personne n'osait espérer il y a vingt ans. Le progrès, dans l'ordre scientifique, est-il en rapport avec cette merveilleuse propagation? Oui, on peut l'affirmer.

Plusieurs causes ont contribué au développement de la saine philosophie. Les grandes *erreurs* qui se sont déchaînées contre la vérité, le scepticisme, le criticisme et le rationalisme, le matérialisme, l'athéisme et le panthéisme, la morale indépendante et les théories socialistes ont attiré l'attention sur une foule de points dont les écoles du moyen-âge avaient donné la solution sans y attacher une importance particulière. On peut citer comme exemples : la nature, la classification, la valeur des *critériums* de la vérité, leur rapport avec l'évidence ou le dernier *motif* de la certitude (1); la *méthode* analytico-synthétique, son double procédé, ses lois, son mécanisme; la distinction et l'harmonie des sciences; les preuves de la spiritualité de l'*âme* et de l'existence de *Dieu*; le rôle du principe *formel* dans les êtres qui composent l'univers, sa nécessité et son unité, surtout dans les espèces supérieures; la *finalité* envisagée sous ses aspects divers; l'essence du *bien moral*, le fondement de la *loi*, la raison du *droit* et du *devoir*; l'origine du *pouvoir* civil et les *principes* qui président à l'organisation et au fonctionnement des sociétés. Tous ces problèmes sont discutés et

---

(1) Voir notre *Philosophia scholastica*, t. I, Logica, p. III, ch. I.

résolus dans les œuvres de Liberatore, de Sanseverino, de Kleutgen, de Gonzalez, de Cornoldi, de Stœckl, de Zigliara, de Morgott, de Schneid, de Pesch, de Van der Aa, de Meyer et des autres disciples de saint Thomas d'Aquin.

La *culture des sciences expérimentales* fournit, de son côté, de précieuses ressources aux scolastiques modernes. La géologie, l'histoire naturelle, la physique, la chimie, la physiologie confirment les principes de l'École, et plus elles s'avancent dans la voie du progrès, plus elles s'harmonisent avec la philosophie traditionnelle. Les vrais savants eux-mêmes se dépouillent peu à peu des anciens préjugés, et ils se montrent au moins respectueux pour ce qu'on appelait avec dédain la physique d'Aristote, de saint Thomas et de Roger Bacon : « Plusieurs savants de ce temps-ci, dit le Souverain Pontife, et des maîtres très distingués de la science de la nature, témoignent publiquement et ouvertement qu'il n'existe aucune vraie opposition entre les conclusions certaines et bien démontrées de la physique moderne et les principes philosophiques de l'École (1). »

Il y a pourtant des points sur lesquels il semble impossible de s'entendre; citons comme exemples la nature de l'*étendue dimensive* et le rôle du *composant* dans le composé. Toutefois, dans ces graves questions, le désaccord est plus apparent que réel.

Non-seulement l'hypothèse des atomes actuellement divisés, dont M. *Gaudin* se constitue le défenseur (2), est dénuée de tout fondement; mais, dans le système de Büchner, l'atome n'est que *virtuel*, et, suivant l'expres-

---

(1) Encyclique *Æterni Patris*.
(2) *L'architecture du monde des atomes*, par Marc-Antoine Gaudin, calculateur du Bureau des longitudes, lauréat de l'Académie des Sciences, Paris, 1873.

sion usitée dans l'École, il représente la dernière limite de la division dans les corps physiques. Voici comment s'exprime le P. Cornoldi : « L'atome, est une quantité très petite d'une substance déterminée, ou, comme disent les chimistes, la plus petite partie sous laquelle une substance élémentaire, oxygène, carbone, puisse exister. Mais il ne faut pas pour cela se représenter un atome séparé des autres. Dans un corps solide, liquide ou gazeux, il y a une pluralité d'atomes réellement distincts, mais non actuellement séparés, parce qu'ils constituent actuellement un continu. Quand on opère une analyse chimique, les atomes se dissocient, et se combinent avec d'autres atomes d'espèce différente, en nombre, poids et volume déterminés, selon des proportions définies, et selon un mode de groupement susceptible de former la molécule du composé, laquelle a aussi son poids et son volume déterminés. Cette molécule est la plus petite partie sous laquelle puisse exister la substance composée. D'après cela, tout ce qui se rapporte aux formules et aux notations chimiques, aux poids moléculaire et atomique, au nombre présumé des atomes, en un mot, tout ce que l'on peut solidement établir par des expériences, nous l'acceptons volontiers et nous ne pensons pas qu'il faille le mépriser (1). » Les questions plus élevées sur la nature des principes qui composent les êtres matériels, relèvent de la métaphysique, et les sciences expérimentales ne peuvent s'en occuper sans sortir de leur domaine.

Quel est le rôle du composant dans le composé? Saint Thomas revient sur cette question à diverses reprises. Il la résout en ces termes, dans la *Somme contre les Gen-*

---

(1) *Institut. philos.*, 1878, p. 181.

tils : « Miscibilia in mixto non salvantur, si sit vera mixtio (1). » Le Docteur Angélique développe ainsi sa pensée, dans la *Somme de théologie* : « Avicenna posuit formas substantiales elementorum integras remanere in mixto, mixtionem autem fieri secundum quod contrariæ qualitates elementorum reducuntur ad medium.

» Sed hoc est impossibile : quia diversæ formæ elementorum non possunt esse nisi in diversis partibus materiæ, ad quarum diversitatem oportet intelligi dimensiones sine quibus materia divisibilis esse non potest. Materia autem dimensioni subjecta non invenitur nisi in corpore : diversa autem corpora non possunt esse in eodem loco. Unde sequitur quod elementa sint in mixto distincta secundum situm, et ita non erit vera mixtio, quæ est secundum totum, sed mixtio ad sensum, quæ est secundum minima juxta se posita.

» Averroes autem posuit in III *de Cœlo*, comm. 67, quod formæ elementorum propter imperfectionem sunt mediæ inter formas accidentales et substantiales, et ideo recipiunt magis et minus, et ideo remittuntur in mixtione et ad medium reducuntur et conflatur ex eis una forma.

» Sed hoc est etiam magis impossibile, nam esse substantiale cujusbilet rei in indivisibili consistit et omnis additio et substractio variat speciem, sicut in numeris, ut dicitur in VIII *Metaphys.*, text. 10. Unde impossibile est quod forma substantialis quæcumque recipiat magis, et minus. Nec minus est possibile aliquid esse medium inter substantiam et accidens.

» Et ideo dicendum est, secundum philosophum, II *De part anim.*, a princ., quod *formæ elementorum manent in mixto non actu, sed virtute;* manent enim qualitates pro-

---

(1) *Sum. contra Gentiles*, l. IV, c. xxxv.

prix elementorum, licet remissæ, in quibus est virtus formarum elementarium. Et hujusmodi qualitas mixtionis est propria dispositio ad formam substantialem corporis mixti, puta formam lapidis, vel animati cujuscumque (1). » Existe-t-il une opposition radicale entre cette proposition de saint Thomas, la forme des éléments demeure *en puissance* dans le composé, et cette autre proposition des savants contemporains, les éléments demeurent dans le composé *à l'état latent ?* Il est bien difficile de le prouver.

Faut-il conclure de là qu'une harmonie parfaite peut s'établir entre la physique des anciens et la physique des modernes ? Telle n'est point la pensée des hommes sérieux qui travaillent, de concert avec le Chef de l'Église universelle, à la restauration de la Scolastique. La thèse se pose en ces termes :

La science moderne s'accorde avec les principes philosophiques de l'École (2).

Un des membres de l'Académie de Saint-Thomas, Mgr Bourquard, résume ce grave débat avec toute la précision désirable, en terminant son étude sur l'Encyclique *Æterni Patris :* « Dans la préface de son savant ouvrage sur l'*Histoire de la Physique*, dit-il, le professeur Heller a cru pouvoir jeter ce défi à l'ancienne philosophie : « Depuis longtemps ne retentissent plus les coups de hache qui ont frappé le chêne vingt fois séculaire de la physique d'Aristote, et ont couché à terre cet arbre

---

(1) *Sum. theol.*, p. I, q. 76, a. 4, ad 4um.

(2) « Si quid enim est a doctoribus Scholasticis vel nimia subtilitate quæsitum, vel parum considerate traditum, si quid cum exploratis posterioris ævi doctrinis minus cohærens, vel denique quoquo modo non probabile, id nullo pacto in animo est ætati nostræ ad imitandum proponi. » Encyclique *Æterni Patris*.

orgueilleux. Mais sa chute a donné naissance à un rejeton vivace, qui, débarrassé de toute entrave, a poussé plein de sève pour devenir, dans le cours de deux siècles, un arbre puissant. Cet arbre, c'est notre science physique moderne (1). »

Sans nous émouvoir du ton dogmatique de ces affirmations, nous n'hésitons pas à leur opposer, au terme de notre travail, ces paroles de l'Encyclique *Æterni Patris* : « Entre les conclusions certaines et bien démontrées de la physique moderne et les principes philosophiques de l'École, il n'existe aucune véritable opposition. » Ces paroles nient en principe toute incompatibilité essentielle entre la vraie science de la nature et les principes de la métaphysique de l'École; de plus, elles réservent la possibilité d'un accord, et le maintien pour la science physique moderne d'un fondement religieux et théologique.

Ce fondement, qui a été rejeté par Herbert Spencer et par Dubois-Reymond, demeure en effet certain et inébranlable.

Aussi longtemps qu'un atome de matière sera incapable de passer de lui-même de la puissance de se mouvoir à l'acte du mouvement, aussi longtemps il sera nécessaire de recourir au premier moteur d'Aristote et de faire sortir le mouvement du cosmos d'un Dieu immuable et immobile.

Loin d'asservir la physique moderne à la physique d'Aristote, l'Encyclique maintient l'intégrité et la juste indépendance de la science. Elle ne touche ni à son objet, ni à ses principes certains, ni à ses méthodes, ni à ses

---

(1) *Histoire de la Physique*, depuis Aristote jusqu'à nos jours, par A. Heller, Stuttgard, 1882.

résultats incontestables et démontrés; elle invite même les savants à s'engager dans ces voies nouvelles qui s'ouvrent de différents côtés.

Mais aucune conclusion scientifique n'autorise la physique moderne à se déclarer athée ou matérialiste; aucune méthode ne la conduit logiquement, soit au panthéisme, soit au monisme. Au contraire, la science expérimentale elle-même la convie à une alliance avec le spiritualisme.

Sans doute, l'astronomie moderne ramène les mouvements des astres et les phénomènes célestes aux seuls mouvements mécaniques. Mais de ce que l'ordre des cieux semble docile aux calculs des astronomes, s'ensuit-il que cet ordre ne soit pas établi et maintenu par une volonté ? Et si c'est une volonté qui meut et dirige les corps célestes, ne faut-il pas dire avec saint Thomas, que le problème astronomique n'est pas simplement un problème mécanique, mais qu'il faut y introduire aussi des moteurs immatériels et spirituels ? *Necesse est ergo quod virtus cœlorum sit a spiritu* (1).

D'accord avec la chimie moderne, les principes de l'École donnent raison à l'atomisme contre le monadisme. Ils n'érigent point, il est vrai, en une vérité axiomatique la transmutation des forces dans cet univers; cependant ils n'excluent pas absolument la thèse de l'unité des forces physiques. L'École admet, dans une certaine mesure, la conservation de la même énergie dans le cosmos; mais elle se garde d'étendre ce principe à la totalité des phénomènes, car elle tient à sauvegarder les résultats certains de la psychologie, de la morale et de la théologie naturelle. Elle considère donc la conservation de la même

---

(1) *In Psal.* 32. — « Motus corporum cœlestium, et dicitur *naturalis* et dicitur *voluntarius*. Et hæc opinio melior est. » *De Corp. cœl. Mot.*

énergie comme un postulat, dont la démonstration n'a point été donnée.

L'École rejette à bon droit le sentiment de plusieurs physiciens modernes, relativement à une prétendue impossibilité d'une production ou d'une destruction de la substance matérielle. Une pareille thèse renferme la négation d'un créateur tout-puissant. L'École nie ce qu'affirmait Descartes, que l'étendue soit l'essence de la substance corporelle. Ce qui résiste dans le diamant, ce n'est pas l'étendue, c'est une force de résistance inétendue. Or s'il y a dans les corps bruts un principe inétendu et énergique, pourquoi ne point admettre des principes animateurs inétendus et simples dans les corps vivants, et dans l'homme une âme spirituelle?

Quant aux systèmes évolutionnistes, ils ne rendent compte ni de la direction ni du terme des mouvements dans cet univers. Pourquoi a lieu l'évolution? Où tend-elle? — Point de réponse. L'École, au contraire, sans nier le principe de l'évolution, rapporte les mouvements et les changements de la nature matérielle aux fins supérieures de la vie morale, à la destinée de l'homme qui occupe dans le cosmos une position centrale.

C'est sur ces bases que l'accord se fera entre la physique moderne et les principes philosophiques de l'École; c'est sur ce fondement de la sagesse antique que l'Encyclique *Æterni Patris* entend réédifier la science de la nature, selon cette parole prophétique : « Vos œuvres sont grandes et admirables, ô Seigneur tout-puissant! O Roi des siècles, vos voies sont justes et véritables (1). »

« Si, en raison de la difficulté du sujet, il nous était échappé quelques incorrections ou inexactitudes, dans

---

(1) *Apoc.*, 15, 3.

l'interprétation de la doctrine de saint Thomas, nous les désavouons et rétractons de tout notre cœur, par respect pour la pensée du Docteur Angélique. Notre culte pour lui ne diffère pas de notre amour pour la vérité. Or nous croyons fermement que, même en cosmologie, la vérité ne saurait être cherchée en dehors des grandes lignes doctrinales et des premiers principes de son enseignement philosophique (1). »

CONCLUSION.

Notre tâche est accomplie. Nous avons prouvé, l'histoire à la main, la puissante vitalité de la philosophie chrétienne et sa supériorité sur les divers systèmes qui se sont développés en dehors de l'Eglise, ou n'ont pas tenu compte de la révélation.

Le chef du rationalisme contemporain se proposa, il y a un siècle, de réformer les lois de la pensée et les règles des mœurs. Il se flattait de terminer les luttes intellectuelles dont les âges précédents lui offraient le spectacle, et, dans ce but il voulait doter l'humanité d'une métaphysique « épurée par la critique » et réduite, par là même, « à l'immobilité (2). » La nouvelle science qu'il élaborait, devait aussi présenter « l'avantage inappréciable d'en finir pour toujours, à la manière *socratique*, avec les objections contre la morale et la religion (3). » Il poussait même ses espérances jusqu'à rêver pour les

---

(1) Mgr Bourquard, *L'Encyclique Æterni Patris*. — S'il plaît à Dieu, nous publierons plus tard un travail sur *l'Accord de la Scolastique et de la Science*.
(2) Kant, *Critique de la raison pure*, Préface.
(3) Kant, *Ibidem*, traduction de M. Tissot, 1864, p. 22.

nations une paix universelle. Or, l'anarchie et la guerre n'ont jamais exercé plus de ravages que depuis le jour, où Emmanuel Kant parlait avec une entière confiance du succès de sa réforme (1).

La philosophie chrétienne n'a pas été, non plus, à l'abri de toute vicissitude ; mais elle contient un principe de force et un élément de vie qui l'ont soustraite à la décomposition et à la mort ; elle est unie à la révélation, et, sans se confondre avec elle, sans renoncer à ses droits, sans rien perdre de sa noblesse, elle accepte le frein qui tempère son ardeur, elle se soumet au guide qui l'empêche de s'égarer dans le haut domaine de la spéculation. La foi, de son côté, ne dédaigne point les services de la raison humaine, elle a même recours à sa lumière, soit pour asseoir ses fondements, soit pour faire admirer la sublime grandeur et l'harmonieuse beauté de ses dogmes. C'est la pensée du Concile du Vatican : « Non-seulement, dit-il, la foi et la raison ne peuvent jamais être en désaccord, mais elles se prêtent un mutuel secours : la droite raison démontre les fondements de la foi, et, éclairée par sa lumière, elle développe la science des choses divines ; la foi délivre la raison de l'erreur, la prémunit contre elle, et l'enrichit d'amples connaissances (2). »

Cette philosophie, semblable à l'édifice s'élevant au milieu des ruines, progresse à mesure que le rationalisme succombe sous les coups de l'athéisme, ou se divise en autant de nuances qu'il compte de partisans.

---

(1) « L'immutabilité de ce système se consolidera, je l'espère, de plus en plus à l'avenir. Ce qui me donne cette confiance, ce n'est point la présomption, mais l'évidence seule qui se manifeste par l'uniformité du résultat obtenu à l'issue de mon travail. » *Ibid.*, p. 27.

(2) *Constitutio dogmatica*, c. IV, De fide et ratione.

Elle seule, aujourd'hui, affirme la vérité avec une invincible énergie et lutte sans défaillance contre les négations du positivisme et du matérialisme. Son travail, pénible d'abord et en apparence peu fécond, a déjà produit une moisson abondante, et l'Eglise, qui a résolu son triomphe au sein des écoles catholiques, ne s'arrêtera pas dans son œuvre de restauration : « Nos igitur, dum edicimus libenti gratoque animo excipiendum esse quidquid sapienter dictum, quidquid utiliter fuerit a quopiam inventum atque excogitatum; Vos omnes, Venerabiles Fratres, *quam enixe hortamur*, ut ad catholicæ fide tutelam et decus, ad societatis bonum, *ad scientiarum omnium incrementum* auream sancti Thomæ sapientiam restituatis, et *quam latissimè* propagetis (1). »

(1) Léon XIII, Encycl. *Æterni Patris*. Voir l'Encycl. *Quanta cura*, de Pie IX, et le *Syllabus*.

FIN.

I.

TABLE GÉNÉRALE DES MATIÈRES

OU CHAPITRES, ARTICLES, PARAGRAPHES, NOMS DES PHILOSOPHES ET TITRES DES OUVRAGES (1).

	Pages.
AVANT-PROPOS. — Aperçu général sur la philosophie contemporaine. But et division de l'ouvrage..................	1-4

PREMIÈRE PARTIE.
Dernière phase de la révolution philosophique.

Aperçu général. — L'abus de la critique rationaliste donne naissance au criticisme. L'abus de la méthode historique conduit au syncrétisme. L'abus de la méthode expérimentale aboutit au positivisme...................... 5-7

CHAPITRE I.
LE CRITICISME.

Aperçu général. — Emmanuel Kant, chef de la philosophie contemporaine.. 7-8

I. — Emmanuel Kant.. 8-56

    1° Vie de Kant : ses ouvrages : *Critique de la raison pure*; *Critique de la raison pratique*; *Critique du jugement*. — Explication des termes *phénomène*, *noumène*, *matière*, *forme*, *sensibilité*, *sensibilité à priori*.................................. 8-12

    2° Théorie de Kant ; Critique de la raison pure, de la raison pratique, du jugement............. 12-56

(1) Voir les tables du 1ᵉʳ et du 2ᵉ volumes, pp. 379-408 et pp. 453-487.

(a) — *Critique de la raison pure* : La métaphysique est une science *à priori*. — Les jugements synthétiques *à priori* sont-ils possibles? — Théorie de la sensibilité; le temps et l'espace. — Théorie de l'entendement, intuitions pures, synthèses, concepts, jugements; classification des jugements en quatre catégories; application des concepts *à priori* aux phénomènes sensibles. — Théorie de la raison; raisonnements catégoriques, hypothétiques, disjonctifs. Les raisonnements *à priori* sont trois sophismes : le paralogisme, l'antinomie et l'idéal de la raison pure............ 12-42

(b) — *Critique de la raison pratique* : Notion absolue de liberté et d'obligation. Autonomie de la volonté. — Postulats de la morale : liberté, existence de Dieu, immortalité de l'âme. — Législation extérieure; le droit; projet de paix perpétuelle.................................... 42-51

(c) *Critique du jugement.*
— Sensibilité : jugement esthétique et jugement téléologique.
— Théorie du beau et du sublime. — Idée de finalité... 51-54
— Le système de Kant aboutit au conceptualisme. 55-56

II. — Influence de Kant.............................. 57-90

1° Adversaires et partisans de Kant : (a) — Adversaires : Stattler, Eberhard, Tiedemann, Herder, Hamann, Weishaupt, Tittel, Mendelssohn, Féper, Reimarus, Garve, Meiners, Schawb. — Frédéric Jacobi, théorie du sentimentalisme; partisans de Jacobi : Kœppen, Salat. — Gœthe.
— Les scolastiques : Kleutgen, Sanseverino, Liberatore, Zigliara............................ 58-65

(b) — Partisans : Mellin, les historiens Willm et Tennemann, Schiller, Hoffbauer, Jacob, Schmidt, Stæudlin, Buhle, Neeb, Born, Feuerbach. — Charles Léonard Reinhold : *Lettres sur la philosophie de Kant*................................ 65-68

2° Disciples dissidents : Fichte; Schelling; Hegel.. 68-90

— Antidogmatisme de Schulze et de Maimon, Hermès, Bech. — Ecole intermédiaire entre l'idéalisme et le sentimentalisme : Bouterwech, Bardili, Berg, Fries, Cousin...................... 68-71
— Fichte et le subjectivisme transcendantal. Vie de Fichte. — *Essai d'une critique de toute révélation.* — Synthèse de la science : thèses, antithèses, synthèses. — Le « moi » fondement de toutes choses.. 71-76
— Schelling et l'objectivisme transcendantal. — Vie de Schelling. — Panthéisme de Schelling. — L'absolu, ses développements successifs............... 77-81
— Hegel et l'idéalisme transcendantal. — Vie de Hegel. Confusion de l'ordre logique et de l'ordre ontologique. — L'identité des contraires. — Division de la philosophie en *logique*, en science de la *nature* et en science de l'*esprit*. — Influence de Hegel : La critique hegélienne : Strauss, Baur, Eichorn, Ferrari, Renan, Vacherot, Fouillée, etc................... 81-90
3° Tendances diverses. — Herbart; Schleiermacher; Schopenhauer.................................. 90-95
Conclusion. — La critique rationaliste a accumulé ruines sur ruines et n'a réussi à rien édifier de solide et de stable. 95-96

CHAPITRE II.
L'ÉCLECTISME.

Aperçu général. — Caractères généraux de l'éclectisme. — Son histoire peut se diviser en trois parties : les origines, le triomphe, la décadence..................... 97-98
I. — Origine de l'éclectisme....................... 99-112
   1° Éléments de la méthode éclectique. — Laromiguière, Ampère, Maine de Biran............. 100-108
   2° Première forme classique de l'éclectisme : École écossaise; Royer-Collard................... 108-112
II. — Triomphe de l'éclectisme..................... 112-140
   1° Cousin : sa vie et ses œuvres; phases de sa philosophie; son influence. — *Du vrai, du beau, du bien.* — Ses disciples : Damiron, Jouffroy, Garnier, Vacherot, Emile Saisset, Jules Simon, A. Jacques, M. Levêque, M. Lemoine, M. Caro, M. Janet.. 113-127

2° Le scepticisme de Jouffroy, ou les théories négatives de l'Ecole spiritualiste contemporaine. — Charles de Rémusat : *Philosophie religieuse; le Passé et le Présent.* — M. Vacherot : *La métaphysique et la science.* — Jouffroy : sa vie, sa doctrine.. 128-135

3° Tendances pratiques du spiritualisme : Damiron et les moralistes contemporains.

— Vie de Damiron, ses ouvrages : *Cours de philosophie;* sa doctrine..................................... 135-140

III. — Décadence de l'éclectisme........................ 141-174

1° Les doctrines spiritualistes en France, à notre époque : MM. Ravaisson, Janet, Caro.

— M. Félix Ravaisson, sa vie; ses ouvrages : *Essai sur la métaphysique d'Aristote; Rapport sur la philosophie en France au XIX° siècle.* Sa doctrine.

— M. Paul Janet : ses travaux historiques; ses variations, sa double évolution vers le positivisme et vers la scolastique.

— M. Émile Caro : son talent de critique, sa lutte contre le positivisme............................... 141-162

2° Les doctrines spiritualistes et rationalistes en dehors de la France, à notre époque : Allemagne, Suisse, Italie, Hollande, Angleterre, Portugal, Espagne... 162-174

Conclusion. — Impuissance du spiritualisme contre les attaques du positivisme................................ 174-176

CHAPITRE III.

LE POSITIVISME.

Aperçu général. — Caractères généraux du positivisme.... 176-178

I. — Négation des matérialistes.......................... 178-210

1° Précis historique. — Les chefs du matérialisme contemporain; les nuances diverses de leur système.

— Cabanis, Lamarck, Gall, Spurzheim, Broussais. — La *phrénologie.* — L'organicisme. — Büchner, Darwin, Viardot, Huxley, Lyell, Hæckel, Vogt, etc. 180-203

TABLE GÉNÉRALE DES MATIÈRES.

Pages.

2° Critique du matérialisme contemporain. — Les découvertes les plus récentes de la science, comme les données les plus sûres de la raison, condamnent le matérialisme. — Sophismes et contradictions des matérialistes. — Fausses conséquences qu'ils tirent des découvertes de la science moderne. 203-215

CONCLUSION. — Le matérialisme étudie et analyse avec soin les phénomènes du monde sensible, mais sa méthode et son dédain pour la métaphysique le condamnent à l'impuissance sur les grandes questions qui intéressent surtout l'humanité. — Le spiritualisme tombe dans un excès opposé et accorde trop d'importance à la méthode psychologique, ce qui le rend impuissant à réfuter ses adversaires. La vérité se trouve dans un système intermédiaire... 215-216

II. — Utopie des socialistes........................ 217-232

   1° Théories socialistes : métaphysique; morale; politique. — Reynaud; Proudhon.
     — Jean Reynaud : *Ciel et Terre.*
     — Pierre Proudhon : Dieu, « *c'est le mal;* » la propriété « *c'est le vol.* »..................... 218-221
   2° Formes du socialisme: école de Saint-Simon ; école de Charles Fourrier, école de Pierre Leroux.
     — Saint-Simon. Les trois phases de l'humanité : le fétichisme, le polythéisme, le monothéisme. Panthéisme saint-simonien.
     — Charles Fourier : *Théorie des quatre mouvements et destinées générales.*
   Les phalanstères.
     — Pierre Leroux, école humanitaire............ 221-232

III. — Neutralité des positivistes..................... 232-252

   1° Principaux chefs du positivisme : Comte, Stuart Mill, Littré, Herbert Spencer, Taine.
     — Auguste Comte : le grand Milieu, le grand Fétiche, le grand Etre.
     — Stuart Mill : *Système de logique.*
     — Emile Littré : sa vie, ses ouvrages : *Conservation, Révolution, Positivisme; Dictionnaire de médecine, Dictionnaire de la langue française.*

— Herbert Spencer : Etudes sur la sociologie.
— Hippolyte Taine : *De l'intelligence*............ 233-246
2° Le positivisme est un matérialisme déguisé qui ne
résiste pas à la critique..................... 246-252
Conclusion. — Le positivisme est en contradiction avec les
données de la raison et en opposition avec les plus nobles
aspirations de notre âme........................ 252-253

DEUXIÈME PARTIE.

Restauration de la philosophie chrétienne.

Aperçu général. — Les débordements du xviii° siècle ont
amené une réaction, d'abord timide et hésitante, bientôt
puissante et forte............................ 255-257

CHAPITRE I.

ESSAIS DIVERS OU PREMIÈRES TENTATIVES DE RETOUR A LA PHILOSOPHIE CHRÉTIENNE.

Aperçu général. — Division en cinq groupes des philosophes
qui n'appartiennent pas à la scolastique proprement
dite... 257-258
I. — Nuance cartésienne. Le Père Valla, Mgr Bouvier;
M. Lebrec.................................. 258-262
II. — Nuance écossaise et éclectique. M. Blatairou, M. Roques, M. Noget-Lacoudre, M. Rattier, M. Amédée
de Margerie, M. Pasty, M. Charles Jourdain, M. Bénard, M. Gille, M. Dagorne..................... 262-267
Conclusion. — La critique est ordinairement sévère dans l'appréciation de ces tentatives timides de conciliation. Aujourd'hui tout catholique recourt sans hésitation aux œuvres de saint Thomas d'Aquin, où il trouve « la grande
philosophie. »................................ 267-268
III. — Partisans de l'autorité; traditionalistes; fidéistes.... 268-308
1° Joseph de Maistre : *Examen de la philosophie de
Bacon; Soirées de Saint-Pétersbourg.*
— Vie de Joseph de Maistre; ses œuvres, sa doctrine....................................... 270-282

TABLE GÉNÉRALE DES MATIÈRES. 399

Pages.

2° De Bonald : *Recherches philosophiques; Théorie du pouvoir.* « L'homme est une intelligence servie par des organes; » chacun de nous « pense sa parole avant de parler sa pensée. » Nécessité d'une révélation pour expliquer l'origine du langage... 283-288

3° De la Mennais : *Essai sur l'indifférence; Esquisse d'une philosophie.*
— La Mennais, traditionnaliste dans l'*Essai sur l'indifférence*. — La Mennais rationaliste dans l'*Esquisse d'une philosophie*........................... 288-297

4° Bonnetty, Ventura, Bautain. — Traditionalisme mitigé... 297-303

5° Critique. — Les traditionalistes de toute nuance exagèrent la faiblesse de nos facultés......... 303-308

IV. — Partisans du sentimentalisme et du mysticisme : le P. Gratry.. 308-315

V. — Idéalistes et ontologistes : Rosmini, Gioberti...... 315-332

1° Rosmini et les idéalistes. — Vie de Rosmini; sa doctrine; ses disciples. — Sa théorie n'est autre que l'idéalisme................................ 315-322

2° Gioberti et les ontologistes. — Vie de Gioberti; sa doctrine; ses disciples : Mgr d'Acquisto, le P. Romano, Fornari, Garzilli, Bertini, Toscano, di Giovanni. — Critique de l'ontologisme......... 322-332

Conclusion. — L'ontologisme renferme une belle philosophie, toutefois ce système est faux, soit qu'on l'envisage dans sa méthode spéciale, soit qu'on examine ses principes fondamentaux....................................... 332-333

CHAPITRE II.

RESTAURATION DE LA SCOLASTIQUE.

Aperçu général. — L'Eglise, quoi qu'en dise M. Janet, ne se désintéresse point de la philosophie et n'a point peur de la pensée. Pour le prouver, il suffit d'exposer les progrès de la scolastique à notre époque................... 333-335

I. — Restauration de la scolastique en Italie; influence des Souverains Pontifes; Encyclique ÆTERNI PATRIS de Léon XIII................................... 335-354

1º Influence de Pie IX et de Léon XIII; *Encyclique Æterni Patris.*

L'excellence et l'utilité de la philosophie d'après Pie IX; Encyclique *Æterni Patris*, de Léon XIII; importance de ce document; son influence sur les destinées de la philosophie contemporaine; analyse détaillée de cette encyclique........................ 336-345

2º Caractères de la scolastique italienne; principaux représentants; Sanseverino; Liberatore; Zigliara; Tongiorgi; Palmieri.

Sanseverino : *Éléments de philosophie chrétienne; Philosophie chrétienne comparée avec l'ancienne et la nouvelle.* — Le P. Liberatore : *Institutiones philosophicæ.* — Zigliara : *Somme philosophique.*

— M⁽ʳ⁾ Battaglini, Cornoldi, Conti, Travaglini, M⁽ʳ⁾ Salvatore Talamo : *L'aristotélisme de la scolastique;* le P. Gatti, le P. Piccirelli, le cardinal Franzelin : *De Deo uno;* Knol, etc., etc.......................... 346-354

II. — La philosophie scolastique en Allemagne, ses nuances; ses principaux représentants; Kleutgen. Historiens de la philosophie : Stœckl, Haffner. Kleutgen : *La philosophie scolastique exposée et défendue.* — Hettinger, Schneemann, Schneid, Morgott, Pesch, Gutberlet, Limbourg, Meyer, Jungmann, Ehrle, Stirner, Hagemann, Reusch, Hurter, Mattès, Drey, Oischinger, Michelis, Vosen, Ketteler.................................... 354-360

III. — La philosophie scolastique en Espagne : ses deux phases; Balmès; Gonzalès. — Donoso Cortès : sa vie, sa doctrine. — Jacques Balmès : sa vie, sa doctrine. *Philosophie fondamentale.*

Le cardinal Gonzalez : *Études sur saint Thomas; Historia de la filosofia.* — Orti y Lara; Polo y Peyrolon, Miguel Sanchez, Pidal y Mon, le P. Alvarez, Catalina, le P. Cuevas, Nieto, Martinez, Tavares.. 361-375

IV. — La scolastique en France, en Belgique, en Angleterre, etc.

En France : M⁽ʳ⁾ Rosset, M. Grandclaude, M. Vallet, M. Dupeyrat, M⁽ʳ⁾ Bourquard, M⁽ʳ⁾ de la Bouillerie, M𝑔ʳ Sauvé, docteur Frédault, le P. de Regnon, le P. Meynard, M. Farges, M. de Broglie, le P. Monsabré, M. Couture, le P. de Bonniot, M𝑔ʳ Baunard, D. Benoit, M. de Lapparent, M. Moigno, le P. Caussette.

En Belgique : le P. Lepidi, le P. Van der Aa, MM. Jacobs, Dupont, Mercier, Bossu.

En Angleterre : cardinal Wiseman; le P. Faber, le cardinal Manning, le P. Dalgairns, M𝑔ʳ O'Bryen, Saint-George Mivart, le P. Murphy, le P. Lochhart. 375-380

V. — Résultats obtenus. — Accord de la scolastique et de la science. Développement de la saine philosophie depuis le moyen-âge. — Les sciences expérimentales viennent confirmer par leurs découvertes les principes de l'Ecole; Comparaison des théories scientifiques et des principes scolastiques sur l'*étendue dimensive* et le rôle du *composant* dans le composé........................ 381-389

Conclusion. — Puissante vitalité de la philosophie chrétienne; sa supériorité sur tous les systèmes qui n'ont point voulu tenir compte de la révélation........................ 389-391

II.

TABLE ANALYTIQUE,

OU SYSTÈMES PHILOSOPHIQUES ET LEURS PRINCIPAUX DÉFENSEURS,
ÉCOLES ET LEURS REPRÉSENTANTS.

A

Analytique transcendantale, 18.
    Kant, 18.
Animisme, 192, 193.
    Stahl, Ravaisson, Bouillier, Richard de la Prade, Franck, Tissot, Rémusat, Récamier, Chauffard, Ch. Jourdain, Frédault; — les Scolastiques : S. Thomas, Suarez, Sanseverino, Liberatore, Ventura; — Aristote; — les Pères de l'Eglise : S. Grégoire de Nysse, S. Augustin, S. Athanase, S. Ambroise, S. Jean Chrysostome, etc., etc., 193.
Anthropologie, 84.
    Hegel, 81, etc.
Anthropophagie, 226.
Antidogmatisme, 69.
    Schulze, Maimon, Hermès, Bech, 69.
Antinomies, 8, 36, 86.
    Kant, 8, etc.; Hegel,
Aperception de la conscience, 27.
    Kant, 27, etc.
A posteriori (Voyez *Jugements*).
Apparences transcendantales, 34.
    Kant.
A priori (Voyez *Jugements*).
Associationistes, 238.
    Stuart Mill, 238.

Astronomie, 387.
Athéisme, 89, 381.
>Strauss, Michelet, Bruno Bauer, Max Stirner, Arnold Ruge, Feuerbach, 89; Büchner, Viardot, 196.

Atomisme, 382, etc.
Atomisme chimique, 347.
>Tongiorgi, 347.

Autonomie de la volonté, 45, 50.
>Kant, 45, 50.

B

Biologie, 251.

C

Catégories, 23, 30.
>Kant, 24.

Chimie, 382, 387.
Communisme, 230.
>Pierre Leroux, etc., 230.

Conceptualisme, 12, 23, 33, 51, 56.
>Kant, 12, 33.

Cosmologie, 34, 37.
>Kant, 37.

Cosmos, 387, etc.
Cranioscopie (Voyez *Phrénologie*).
Création ex nihilo, 148, 209.
Critique (la), *Criticisme*, 5, 7, etc.; 368, 381.
>Em. Kant, 3, 39, etc.; Hoffbauer, Jacob, Schmidt, Stæudlin, Buhle, Neel, Borne, Feuerbach, Charles Reinhold, Strauss, Vacherot, Franchi, Schérer, Ferrari, 66, 67, 68, 171.

Critique hégélienne, 85.
>Strauss, Bauer, Heyne, Zeller, Wette, Oswald, Eichorn, Ferrari, Franchi, Spaventa, Renan, Vacherot, Michelet de Berlin, Schérer, Renouvier, Stirner, Fouillée, 85.

D

Déontologie, 320.
Déterminisme, 72.
>Spinoza, 72.

Dialectique de la raison pure, 11, 18.
    Kant.
Doctrinaires, 109.
    Royer-Collard, 109.
Dogmatisme, 5, 12.
    Descartes, Spinosa.
Doute méthodique, 259.
    Descartes.
Dualisme, 206.
    Aristote, 206.
Dynamisme, 179, 206, 370.
    Büchner, 182; Leibnitz, 370.

E

Eclectisme, 7, 64, 98, 116, 174.
    Cousin, Gœthe, Jouffroy, Damiron, Franck, Jacques, etc.; 113, etc.; 123, 127; Bonstetten, 165; Galuppi, Tedeschi, Cattara-Lettieri, Longo, Testa, Vincent di Grazia, Poli, Mancino, Bianchetti, 167, 168; Alves de Sousa, 173.
Ecossaise (école), 108, etc.
    Jean Bruce, Dugald Stewart, Mackintosh, Th. Brown, William Hamilton, 109; Royer-Collard, Maine de Biran, Jouffroy, 133.
Ecossaise (méthode), 133.
Egoïsme, 223, 224.
    Bentham, Malthus, 223, 224.
Egoïsme transcendantal, 72.
    Fichte, 72.
Emanatisme, 219.
    Pierre Leroux, 219.
Empirisme, 244, 247.
    Stuart Mill, 237; école positiviste, 180, 253.
Encyclique Æterni Patris, 264, 335, 336, etc.
Esthétique transcendantale, 18, 52.
    Kant, 18, 52.
Euthanasie, 94.
    Schopenhauer, 94.
Evolution (théorie de l'), 379, 388 (Voyez *Transformisme*).
Exemplarisme (théorie de l'), 295.
    La Mennais, 288, etc.

F

Fatalisme, 186.
    Démocrite, 186.
Fétichisme, 228.
Formalisme, 356.
Fourier (système de), 228.
    Fourier, Considérant, Pellerin, Hennequin, Laverdan, 228.

G

Générations spontanées (théorie des), 184, 212.
    Lamarck, Bory de Saint-Vincent, 184, 188.
Géologie, 382.

H

Hegélianisme, 85.
    Hegel, Strauss, Baur, Heyne, Zeller, Wette, Oswald, Eichorn, Ferrari, Franchi, Spaventa, Vacherot, Michelet de Berlin, Stirner, Fouillée, 85, 86, 87; Castelar, Canalejas, Pi y Margall, 173.
Humanitaire (école), 229.
    Pierre Leroux, 229.
Hylozoïsme, 64, 194, 219.
    Gœthe, P. Bert, L. Luys, Vulpian, 194; Charles Fourier, 219.

I

Idéalisme, 4, 63, 81, 112, 143, 215, 380.
    Kant, 8, etc.; Hoffbauer, Jacob, Schmidt, Stæudlin, Buhle, Neel, Born, Feuerbach, Charles Reinhold, Strauss, Renan, Vacherot, Franchi, Schérer, Bech, Hegel, Cousin, Lotze, Rosmini et son école, 67, 69, 81, 112, 121, 165, 168, 315; Véra, Mariana, Spaventa, Florenzi, Camille de Meis, 170; Carlyle, 172, 245.
Idées à priori, 273.
Idées innées, 260, 263, 277.
Idéologie, 182.
    Condillac, 182.

Induction, 164.
    Janet, Lazarus, Drobisch, Lotze, 164.
Intuition, pure, empirique, 19, 24.
    Kant, 19, etc.

J

Jugements : A priori, a posteriori, analytiques, synthétiques, 15, 16, 51, 65.
    Kant, 8, 15, etc.

K

Kantisme, 8, etc., 50, 55, 64.
    Kant, Mellin, Hoffbauer, Jacob, Schmidt, Stæudlin, Buhle, Neel, Born, Feuerbach, Reinhold, 65, 6; Bosch, Kinker, Heumann, Hemert, 171.

L

Libre-pensée, 165.
    A. Jacques, Secrétan, 165.

M

Matérialisme, 93, 97, 147, 180, etc.; 203, 215, 357, 381.
    Lamettrie, d'Holbach, Broussais, Cabanis, Lamarck, Gall, Spurzheim, Magendie, Büchner, Viardot, 180, etc.; Vogt, Moleschott, 193; Leblais, Soury, 198.
Mécanisme, 206.
    Démocrite, 206.
Métaphysique, 11, 93, 121, 150, 152, 159, 248; *Métaphysiciens.*
    Kant, Schopenhauer, Hartmann, Frauenstädt, Taubert, Bahnsen, 93; Ravaisson, 145; Vacherot, 129; Carlyle, Nitsh, Willich, Ferrier, Hodgson, 172.
Méthode :
    Méthode expérimentale, 90.
        Guillaume et Alexandre de Humboldt, 90.
Méthode historique, 5, 124, 126, 127.
    Cousin, Damiron, Jouffroy, Garnier, Vacherot, J. Simon, Saisset, Ch. Lévêque, Wilm, Ravaisson, etc., etc., 124.

Monadisme, 206.
 Leibnitz, 206.
Monisme, 78, 219, 387.
 Spinoza, 78.
Monothéisme, 226.
Morale, 49, 387; *Morale indépendante*, 139, 381.
 Secrétan, 165.
Moralistes, 112.
 Damiron, 112, 135; Caro, Janet, J. Simon, L. Lambert, Wiart, Charaux, 135.
Mysticisme, 308.
 Buchez, P. Gratry, 308, etc.

N

Naturalisme, 63, 228.
 Spinoza, 63.
Néo-Hegélianisme, 88.
 Schérer, Lachelier, Liard, Renouvier, Renan, 88.
Néo-Kantisme, 88.
 Schérer, Lachelier, Liard, Renouvier, 88.
Nominalisme, 356.
Noumène, 11, 13, 32.
 Kant, 8, etc.

O

Objectivisme, 71, 76, 78.
 Schelling, 76; Krause, Sanz del Rio, Giner, Salmeron, Gonzalez Serrano, Éguilas, 173.
Occasionalisme, 259.
 Malebranche.
Ontologisme, 168, 322, etc.; 378.
 Gioberti, Mamiani, 168; Gerdil, le P. Vercellone, Mgr Baudry, Mgr Maret, Ubaghs, le P. Rothenflue, Fabre, 325, 326; Mgr d'Acquisto, le P. Romano, Fornari, Gazilli, Bertini, Toscano, di Giovanni, 329, 378.
Organicisme, 134, 182, 192, etc.
 Bichat, Bordeu, Rostan, Claude Bernard, Fouquet, Bouillaud, Florry, Poggiale, Bérard, Haller; Faculté de médecine de Paris, 193.

P

Palingénésie, 94, 219.
> Saint-Simon, Pierre Leroux, Charles Fourier, Reynaud, 220.

Panthéisme, 4, 74, 217, 227, 294, 328, 384, 387.
> Fichte, Schelling, Hegel, 71, 76, 81; Krause, 92; Feuerbach, Castelar, Canalejas, Pi y Margall, 173; Saint-Simon, Pierre Leroux, Charles Fourier, Reynaud, 220.

Pessimisme, 92.
> Lucrèce, Marc-Aurèle, Léopardi, Gœthe, Viardot, Schopenhauer, Hartmann, Frauenstädt, Taubert, Bahnsen, Mallock, 92, 93.

Phalanstère, 229.
> Fourier et son école, 228, etc.

Phénomène, 11, 13, 32, 205.
> Kant, 8, etc.

Phénoménologie, 84.
> Hegel, 84.

Philosophie chrétienne, 255, 333, 361, 390.
> Essai de restauration de la philosophie chrétienne. — Nuance cartésienne; le P. Valla, Msr Bouvier. — Nuance écossaise et éclectique : le P. Buffier, M. Blatairou, M. Roques, M. Noget-Lacoudre, M. Rattier, M. Amédée de Margerie, M. Pasty, M. Bénard, M. Gille, M. Dagorne, 258, 260, 263, 264, 265, 266, 267. — Traditionalistes : Joseph de Maistre, M. de Bonald, de la Mennais, Bonnetty, Ventura, Bautain, 270, etc., 283, 288, 297, 303, etc. (voyez *Traditionalisme*). — Mystiques : Buchez, le P. Gratry, 308 (voyez *Mysticisme*). — Idéalistes : Rosmini et son école, 315. — Ontologistes : Gioberti, Vercellone, Msr Baudry, Msr Maret, Ubaghs, Rothenflue; Fabre, 322, 325, 326; Msr d'Acquisto, le P. Romano, Fornari, Gazilli, Bertini, Toscano, di Giovanni, 329, 330, 333 (voyez *Ontologisme*). Balmès, Donoso Cortès, 361.

Philosophie éclectique, 97, 176 (voyez *Eclectisme*).

Philosophie kantienne, 7-96 (voyez *Kantisme*).

Philosophie positive, 176-253 (voyez *Positivisme*).

Philosophie scolastique, 333-391 (voyez *Scolastique*).

Philosophie spiritualiste, 97-176 (voyez *Spiritualisme*).

Phrénologie, 179, 189, 190.
> Gall, Spurzheim, Dumoutier, A. Ysabeau, 179, 187.

Physiognomonie, 184.
> Lavater, 184.

Physiologie, 381.
Physiologistes, 179, 191, etc.
    Broussais, Boisseau, Bégin, Roche, Treil, Clerc, Goupil, Sarlandière, Lallemand, Bouillaud, Jourdan, etc.; 179, 191.
Physique, 382, 385, etc.
Polythéisme, 226.
Positivisme, 4, 7, 177, 180, 215, 217, 239, etc.; 242, 246, etc.; 253.
    A. Comte, Villari, Moleschott, Tommasi, 171; Littré, 177. — Matérialistes : Broussais, Büchner, Viardot, Cabanis, Lamarck, Gall, Spurzheim. — Socialistes : Lassalle, Fourier, Proudhon, Leroux, Reynaud, Saint-Simon, 217. — Positivistes proprement dits : Comte, Stuart Mill, Littré, Herbert Spencer, Taine, 233; Robinet, Laffitte, Wyrouboff, Ch. Robin, Miss Martineau, Congrève, Bridges, 235, 236, 239; Georges Lewes, A. Bain, S. Bailey, 242, 246, etc., 253.
Postulats de la morale, 12, 46, 49.
    Kant, 46, 49.
Premier ontologique, 326.
    Gioberti, 322, etc.
Premier psychologique, 326.
    Gioberti, 322, etc.
Prémotion physique, 359.
Protestantisme, 368.
    Guizot, 368.
Psychologie, 34, 84, etc.; 387.
    Hegel, 84.
Psychologique (méthode), 100, 137.
    Laromiguière, Ampère, Maine de Biran, Cousin, Jouffroy, Damiron, Franck, Jacques, Saisset, etc., etc.; 113, 128, 137.

R

Raison impersonnelle (théorie de la), 119, 121.
    Cousin, 119, 121.
Rationalisme, 75, 98, 117, 141, 162, 328, 368, 371, 389.
    Kant, Reinhold, Jacobi, Fichte, Schelling, Hegel, Cousin, Damiron, Jouffroy, Franck, Jacques, Saisset, Lévêque, Jules Simon, Paul Janet, Lachelier, Marion, Huet, Bartholmèss, etc.; 72, 75, 85, 98, 108, 113, 117, 133, etc.; Scholten, 171, Castelar, Canalejas, Sanz del Rio, Giner, etc., 173.

Rationalisme libéral, 110.
>Royer-Collard, 110; E. Caro, 158.

Réalisme, 356.

Religion des positivistes, le Grand Milieu, le Grand Fétiche, le Grand Être, 235.

S

Saint-Simonisme, 225, etc.
>Saint-Simon, Enfantin, Aug. Thierry, Olinde Rodrigue, Bazard, Comte, 226.

Scepticisme, 12, 112, 381.
>Pyrrhon, Kant, 8, etc.; 95; Jouffroy, 128, etc.

Schématisme, 29, 31.
>Kant, 29.

Sciences (classification des), 104, 251, 252, 381.

Scolastique, 141, 142, 333, etc.; 316, etc.; 354, 360, 361-381, 381-391.
>Saint Thomas, Sanseverino, Liberatore, Zigliara, 346, etc.; Tongiorgi, Palmieri, Mgr Battaglini, Cornoldi, Conti, Travaglini, Mgr Salvatore Talamo, le P. Gatti, le P. Piccirelli, le cardinal Franzelin, le P. Mazzella, le P. Knol, le P. Perrone, Satolli, le P. Salis Seevis, le cardinal Pecci, Fontana, Fabbri, Prisco, Lorenzelli, Kleugten, Stœck, Haffner, 354, etc.; Hettinger, Schneemann, Schneid, Morgott, Huber, le P. Pesch, Gutberlet, le P. Limbourg, le P. Meyer, le P. Jungmann, le P. Ehrle, Stirner, Hagemann, Reusch, Hurter, Mattès, Drey, Oishinger, Michelis, Vosen, Ketteler, 354, 360; le cardinal Gonzalez, Orti y Lara, Polo y Peyrolon, Sanchez, Tavares, Pidal y Mon, le P. Alvarez, Catalina, 361-375; le P. Cuevas, Nieto, Martinez, Mgr Rosset, M. Grandclaude, M. Vallet, M. Dupeyrat, Mgr Bourquard, Mgr de la Bouillerie, Mgr Sauvé, M. le docteur Frédault, le P. de Regnon, le P. Meynard, M. Farges, M. de Broglie, le P. Monsabré, M. Couture, le P. de Bonniot, D. Benoît, M. de Lapparent, M. Moigno, le P. Caussette, le P. Lepidi, le P. Van der Aa, MM. Jacobs, Dupont, Mercier, Bossu, le cardinal Wiseman, le P. Faber, le cardinal Manning, le P. Dalgairns, Mgr O'Bryen, de Saint-George Mivart, le P. Murphy, le P. Lockhart, le P. Harper, 375-381.

Sensualisme, 40, 97, 368.
>Locke, Reid, Condillac, Laromiguière, 102; Jovellanos, 173, 368.

Sentimentalisme, 59, etc.; 308, 371.
    Jacobi, Kœppen, Salat, Weiss, Schmid, Calker, Ancillon, Weiller, Clodius, 59, 62; Buchez, le P. Gratry, 308 ; Balmès, 371.

Socialisme, 217, etc.; 224, etc.; 368.
    Rousseau, Lassalle, Vogt, Moleschott, Fourier, Proudhon, Leroux, Reynaud, Saint-Simon, 217, 224; Owen, Cabet, 225 ; Enfantin, Considérant, Pellerin, Hennequin, Laverdan, 228, 368.

Sociologie, 135, 218, 212, 251.
    H. Spencer, Comte, 218; Stuart Mill, Littré, Taine, Robinet, Laffitte, Wyrouboff, Ch. Robin, 233, 235.

Sophistique, 68.
    Hegel, Strauss, Renan, Vacherot, Franchi, Schérer, Renouvier, Max Stirner, Fouillée, etc., 68, 85.

Spiritualisme, 4, 117, 144, 216, 387.
    Royer-Collard, Maine de Biran, Cousin, Jouffroy, Damiron, Franck, Jacques, Saisset, Lévêque, Jules Simon, Caro, Paul Janet, Ravaisson, Lachelier, Marion, Ollé-Laprune, 100, 108, 113, 117, 144, etc.; Toute l'école éclectique, 97-176.

Subjectivisme, 14, 61, 75.
    Kant, 14; Fichte.

Syncrétisme, 5.
    Cousin.

Synthèse à priori, 24, 39.
    Kant, 8, 24, 39, etc.

T

Théologie, 34.

Traditionalisme, 92, 268, 270, etc.
    Fréd. Schlégel, Joseph de Maistre, M. de Bonald, de la Mennais, Bonnetty, Ventura, Bautain, 270, 283, 288, 297, etc.; Mgr de Salinis, Montalembert, Mgr Gerbet, M. Jager, 297.

Transformisme, 40, 140, 179, 201, 202, 212.
    Darwin, 140 ; Lamarck, Hæckel, Huxley, Lyell, Vogt, Pouchet, Broca, Mortillet, Hovelacque, Perrier, Musset, About, Renan, Wallace, Baer, Saporta, Gaudry, Guarin de Vitry, 202, 203.

Transformisme idéaliste, 82.
    Hegel, 82.

U

Universaux (les), 356.
Utilitarisme, 223.
    Stuart Mill, 223.

V

Vitalisme, 134, 192.
    Faculté de médecine de Montpellier; Barthez, Lordat, Maine de Biran, Arhens, Jouffroy, Peisse, Lemoine, Lévêque, Flourens, Bouchut, Garreau, Saisset, Guntherus, Baltzerus, 192.

III.

TABLE HISTORIQUE.

OU NOMS DES PHILOSOPHES ET DES AUTEURS CITÉS DANS CE VOLUME.

A

Aa (Van der), 378, 382.
Abélard, 35, 124.
About, 202.
Acquisto (Mgr d'), 329.
Ænésidème, 125.
Alaux, 113.
Albert le Grand, 72, 125, 314.
Alembert (d'), 183.
Alix, 162, 163.
Allievo, 321.
Almeida, 369.
Alvarada, 369.
Alvarez, 374.
Alves de Sousa, 172, 173, 373.
Ambroise (S^t), 193.
Ampère (A.), 100, 101, 103, 104.
Ampère (J.-J.), 103.

Ancillon, 62.
Anselme (S^t), 124, 324.
Arago (Etienne), 103.
Arago (François), 103.
Ardigo, 251.
Arhens, 173, 192.
Aristote, 2, 11, 12, 25, 43, 59, 72, 126, 146, 147, 151, 157, 193, 206, 208, 209, 249, 261, 266, 273, 352, 356, 357, 359, 373, 379, 382, 385, 386.
Ast, 81.
Athanase (S^t), 193.
Augustin (S^t), 116, 126, 156, 193, 269, 324, 340.
Aulard, 376.

B

Baader, 77.
Bachmann, 80.
Bacon, 5, 10, 99, 124, 125, 176, 181, 272, 274, 276, 279, 360.
Bacon (Roger), 382.
Baer (Van), 202.

Bahnsen, 93, 94.
Bailey, 236, 242.
Baillarger, 192.
Baillon (H.), 199.
Bain, 155, 236, 242, 245
Baldacchini, 168.

Baldinotti, 316, 317.
Balmès, 173, 361, 364, 365, etc., 373.
Baltzerus, 192.
Bannez, 359, 360, 378.
Barante (de), 109.
Barchou de Penhoën, 7, 71, 81.
Bardili, 67, 70, 71.
Barni, 8, 10, 12, 13, 43, 125, 217.
Barret (S. J.), 104.
Barthélemy St-Hilaire, 103, 125, 146, 147, 184, 192.
Barthez, 192.
Bartholmèss, 13, 71, 81, 127.
Bastiat, 217.
Batbie, 217.
Battaglini, 351.
Baudrillart, 109, 217, 218, 270.
Baudry (Msr), 325.
Bauer (Bruno), 89.
Baumgarten, 10, 53, 55.
Baunard (Msr), 122, 130, 377.
Baur, 81.
Bautain, 269, 270, 297, 300, etc., 304, 308, 312.
Bazard, 226.
Beaussire, 365.
Bech, 66, 69.
Bégin, 191.
Bellarmin, 359, 378.
Bembo, 316.
Bénard, 76, 267.
Benoît (D.), 577.
Bensa, 299.
Bentham, 223, 224, 237.
Bérard, 164, 184, 192.
Berg, 70.
Berkeley, 19, 35, 41, 238, 368.
Bernard, 82.
Bernard (Claude), 147, 157, 192, 194, 207, 211, 212, 213.

Bersot, 203, 216.
Bert (Paul), 194, 195, 204, 213.
Bertauld, 217.
Berthelot, 201.
Bertinaria, 166.
Bertini, 329.
Bertrand, 201.
Berzélius, 207.
Bianchetti, 168.
Bichat, 147, 180, 182, 183, 190, 191, 192, 193.
Biran (Félix de), 103, 217.
Biran (Maine de), 98, 100, 101, 104, 105, etc., 113, 133, 134, 139, 164, 165, 192, 283, 317.
Bitard, 145.
Blanc, 129.
Blanche-Raffin, 365.
Blatairou, 263.
Blondin, 193.
Bodin (Jean), 218.
Boëtie (La), 218.
Boismont (Brierre de), 192.
Bois-Reymond (du), 199, 208.
Boisseau, 191.
Bonald (de), 157, 269, 270, 283, etc., 288, 300, 304, 309, 362, 363, 364.
Bonald (Msr de), 283.
Bonaventure (St), 324.
Bonghi, 321.
Bonnet, 165, 167, 178.
Bonnetty, 269, 270, 297, etc., 304.
Bonniot (P. de), 379.
Bonstetten, 164, 165, 179.
Bordas-Demoulin, 100, 127, 309.
Borden, 193.
Born, 66.
Borowski, 8.
Bosch, 174.
Bossu, 378.

Bossuet, 116, 156, 157, 249, 272, 323, 360, 368.
Bouchitté, 270, 271, 283.
Bouchut, 192.
Bouillaud, 191, 192.
Bouillerie (Mgr de la), 376.
Bouillet, 125.
Bouillier, 99, 125, 126, 157, 192, 193, 325.
Bourquard (Mgr), 335, 339, 376, 385, 389.
Bouterweck, 8, 70.
Boutroux, 145, 154.
Bouvier (Mgr), 261.
Boyer, 193, 288.
Boylesve (R. P. de), 267.
Bremser, 201.
Bridges, 236.
Brisson, 183.
Broca, 201, 202, 203.
Broglie (l'abbé de), 178, 233, 377.
Broussais, 179, 182, 190, etc., 221.
Brown, 109.
Bruce, 109.
Bruno (Jordano), 218, 323.
Brus (Richond des), 191.
Bruyère (La), 158.
Buchez, 308, etc.
Büchner, 90, 96, 153, 164, 165, 180, 181, 182, 184, 188, 196, 197, 198, 199, 200, 205, 206, 207, 210.
Buffier, 263.
Buffon, 201.
Buhle, 66.
Burdach, 201.
Busse, 13.

C

Cabanis, 104, 182, etc.; 191, 198.
Cabet, 225.
Cajetan, 338, 353, 359, 378.
Calker, 62.
Calvin, 373.
Campanelle, 323.
Canaléjas, 173.
Carlyle, 172, 245.
Carnot, 221.
Caro (Emile), 4, 63, 64, 92, 93, 98, 123, 129, 130, 135, 142, 144, 145, 157, etc.; 177, 178, 220, 235, 239, 241, 244, 252.
Carus, 201.
Castelar, 173.
Catalina, 374.
Cattara-Lettieri, 167.
Caussette (P.), 214, 377.
Cavaignac, 221.
Cavour (Camille), 168.
Cavour (Gustave), 321.
Centofanti, 168.
Challemel-Lacour, 93.
Chalybœus, 7, 60.
Champagny (de), 252.
Charaux, 135.
Charles-Albert, 323.
Charles (Emile), 136, 232, 290, 311.
Charma, 129.
Chateaubriant (de), 118, 267, 268.
Chauffart, 157, 193.
Chauvet, 125, 126.
Clæssens, 326.
Claparède, 201.
Clarke, 369.
Clavel, 217.
Clerc, 191.
Clodius, 62.
Compayré (Richard), 236.

Comte (Auguste), 5, 129, 181, 218, 226, 233, etc.; 249, 251, 252, 372.
Condillac, 8, 41, 73, 97, 99, 103, 108, 173, 178, 217, 256, 272, 372.
Condorcet, 183, 217, 218.
Considérant, 228.
Conti, 166, 168, 178, 182, 183, 351.
Coquerel, 127.
Corleo, 168.
Cornoldi (R. P.), 338, 351, 352, 358, 375, 382, 383.
Cortès (Donoso), 173, 361, etc.; 366, 373.
Costa e Almeida, 173.
Cournot, 199.
Cousin (Victor) 3, 4, 5, 7, 13, 43, 70, 71, 77, 78, 81, 98, 100, 101, 103, 104, 105, 107, 108, 112, 113, etc.; 128, 129, 130, 133, 136, 137, 139, 146, 155, 162, 163, 164, 166, 167, 176, 191, 262, 266, 300, 368.
Cudworth, 153.
Cuevas (P.), 374.
Cuvier, 184, 201, 214.

D

Dagorne, 267.
Dalgairns (P.), 379, 380.
Damiron, 98, 99, 101, 103, 105, 112, 113, 123, 124, 130, 135, etc.; 165, 262, 270, 288, 300, 309.
Dareste, 187, 190.
Darwin, 110, 180, 182, 183, 184, 185, 196, 197, 201, 202, 203, 207, 212, 379.
Daubrée, 201.
Debrit, 105, 316.
Defourny, 327.
Delalle, 260.
Démocrite, 186, 200, 206.
Demolins (Ed.), 218.
Descartes, 5, 7, 10, 12, 56, 73, 74, 99, 101, 110, 118, 124, 125, 130, 143, 157, 163, 183, 192, 193, 200, 257, 260, 265, 266, 268, 269, 272, 273, 285, 334, 360, 369, 373.
Diderot, 181, 183.
Dieppe (Quémont de), 191.
Dominicis (de), 199.
Drey, 359.
Drobisch, 164.
Droz, 164.
Dubois-Reymond, 386.
Ducamp, 191.
Dugald-Stewart, 109, 124, 165, 179, 262.
Dumas (J.-B.), 162, 212.
Dumont, 93.
Dumoutier, 187, 188.
Dupanloup (Mgr), 240.
Dupeyrat, 370.
Dupont, 359, 378.
Duval, 191.

E

Eberhard, 10, 58.
Edwards, 201.
Eguilaz, 173.
Ehrenberg, 201.

Ehrle, 359.
Eichorn, 85.
Empart (l'abbé), 244.

Enfantin, 221, 225, 226.
Eschenmayer, 81.
Espartero, 365.

F

Fabbri, 353, 358.
Faber (P.), 379.
Fabre, 250, 326, 329.
Faivre, 63, 201, 212.
Farges, 377.
Fauriel, 183, 184.
Favre (Jules), 113.
Fechner, 207.
Fée, 201.
Fénelon, 261, 269, 323, 324.
Ferrare, 339, 359, 378.
Ferrari, 85, 166, 171.
Ferraz, 125, 126.
Ferri, 57, 68, 89, 166, 167, 168, 169, 179, 199, 316, 320, 322, 329, 335, 336.
Ferrier, 172.
Feuerbach, 66, 89, 173, 185, 198.
Fichte, 4, 8, 60, 65, 66, 68, 69, 71, 72, 73, etc., 79, 80, 92, 96, 175, 368.
Ficin, 316.
Fischer, 66.
Fischhaber, 78.
Flatt, 66.

Florenzi, 170.
Flourens, 187, 190, 192, 198, 201, 203, 212.
Flugge, 13.
Fontana, 353.
Fontanès, 127.
Fontenelle, 214.
Fornari, 327.
Fortoul, 158.
Foucher de Careil, 93.
Fouillée, 85, 154, 195, 205, 271.
Fouquet, 192, 193.
Fourier, 217, 218, 220, 224, etc.
Franchi, 68, 85, 171.
Franck, 66, 99, 105, 113, 125, 126, 135, 136, 193, 217, 233, 270, 288, 316, 322.
Franzelin (cardinal), 353.
Frauenstädt, 93.
Frayssinous (Mgr de), 267, 268, 269.
Frédault, 193, 376, 377.
Fries, 70.
Frohschammer, 357.

G

Gachmann, 8.
Gall, 179, 182, 184, 186, etc., 191, 214.
Galuppi, 167, 168, 169, 179, 317.
Gamond (Mme Gatti de), 228.
Garat, 101.
Garelli, 321.
Garzilli, 329.

Garnier (A.), 109, 110, 123, 124, 130, 131, 187, 190, 193.
Garraud, 192.
Garve, 59.
Gatti, 166, 317, 353.
Gaubert, 191.
Gaudin, 212, 382.
Gaudry, 201, 202.

Geoffroy Saint-Hilaire, 63, 309.
Gerando (de), 104.
Gerbet (Mgr), 289, 297.
Gerdil, 325, 329.
Gerlach, 13.
Germain (Mgr), 375.
Gerusez, 262.
Gille, 267.
Giner, 173.
Gioberti, 113, 119, 151, 166, 168, 169, 315, 316, 321, 322, etc.
Gioia, 167, 179, 317.
Giovanni (Vincent di), 329.
Gœrres, 77, 81.
Gœthe, 59, 63, 64, 66, 92.
Gonzalez (Mgr), 7, 12, 81, 92, 101, 113, 130, 136, 173, 270, 283, 288, 311, 316, 322, 335, 361, 362, 365, 369, 371, etc., 382.
Goudin, 360.
Goupil, 191.
Grandclaude, 375, 376.
Grandeau, 113, 163.
Gratacap, 129, 213.

Gratien-Arnault, 217.
Gratiolet, 187, 190, 214.
Gratry (R. P.), 86, 87, 129, 308, 310, etc., 333.
Grave, 201.
Grazia (Vincent di), 167.
Grégoire de Nysse (St), 193.
Grénédan (Du Plessis de), 288.
Grimaud, 147.
Grimblot, 71.
Grimbold, 76.
Grohmann, 8.
Grosse, 203.
Grotius, 218, 368.
Guarin de Vitry, 203.
Guénard, 259.
Guers, 376.
Guieu, 297.
Guizot, 102, 113, 368.
Gunther, 92, 354, 357.
Guntherus, 192.
Gutberlet, 358.
Guthlin (l'abbé A.), 178.

H

Haeckel, 180, 202, 203.
Haffner, 7, 13, 68, 69, 70, 71, 76, 81, 90, etc., 113, 130, 316, 322, 335, 354, 358, 360, 365.
Hagemann, 359.
Halber, 192.
Hamann, 59, 77.
Hamard, 201.
Hamilton, 100.
Harper (P.), 379, 380.
Hartley, 247.
Hartmann, 7, 57, 60, 71, 93, 94.
Harvey, 147.
Hauréau, 125, 126, 141, 147, 235, 354.

Havet, 126, 140.
Hegel, 4, 8, 65, 68, 71, 73, 77, 81, etc., 153, 164, 170, 171, 173, 175, 181, 276, 317, 368, 372.
Heller, 385, 386.
Helvetius, 178, 181.
Hémert, 171.
Hennequin, 228.
Herbart, 65, 88, 90, 96.
Herder, 8, 47, 59, 77.
Hermès, 69, 354, 357.
Hettinger, 358.
Heumann, 171.
Heyne, 85.
Hille (le P.), 335,

Hinrichs, 81.
Hobbes, 176, 217, 218, 238, 247, 368.
Hodgson, 172.
Hoffbauer, 66.
Holbach (d'), 97, 183.
Hovelacque, 202.
Hubert, 358.
Huet, 127.
Hugonin (Mgr), 321, 325.
Hullard, 225.

Humboldt (Alexandre), 90.
Humboldt (Guillaume), 88, 90.
Hume, 8, 12, 15, 18, 19, 20, 22, 33, 35, 41, 50, 60, 97, 172, 176, 180, 181, 234, 247, 251, 368.
Hurter, 359.
Huschke, 200.
Husson, 76.
Hutcheson, 102.
Huxley, 180, 181, 183, 196, 197, 200, 202, 203, 248, 251, 379.

J

Jacob (de), 66.
Jacobi, 58, 59, 60, 62, 63, 64, 68, 71, 96, 308, 369, 371.
Jacobs, 378.
Jacques, 95, 123, 125, 126, 137.
Jaffre (R. P.), 376.
Jager, 297.
Janet (Paul), 65, 81, 99, 123, 130, 135, 137, 143, 144, 145, 149, 152, etc., 164, 178, 192, 193, 201, 203, 208, 217, 224, 225, 237, 242, 334, 377.
Jannet, 217.
Jean Chrysostome (St), 193.

Jean-sans-Fiel, 323, 326, 332.
Jéhan, 203.
Jénisch, 13.
Jouffroy, 98, 109, 112, 123, 124, 126, 128, etc., 136, 137, 164, 192, 224, 241, 262, 300, 311.
Jouin (P.), 335.
Jourdain, 125, 126, 193, 266.
Jourdan, 191.
Jovellanos, 173, 179.
Joyaud (de), 162, 163.
Jungmann (P.), 359.
Juvénal, 135.

K

Kant, 3, 4, 5, 7, 8, 9, 10, 11, etc., 56, 57, 58, 59, 61, etc., 67, 69, 72, 73, 76, 77, 79, 91, 94, 96, 97, 101, 104, 114, 120, 125, 130, 131, 135, 163, 166, 167, 171, 172, 175, 176, 181, 318, 368, 373, 389, 390.
Kayserlingh, 90.
Keratry, 164.
Ketteler, 359.

Kinker, 171.
Kleutgen (R. P.), 65, 322, 329, 351, etc., 360, 371, 382.
Knol (P.), 353.
Kœppen, 62.
Krause, 81, 92, 173, 368, 372, 373.
Krug, 70, 71.
Kuhn, 60.
Kuno Fischer, 7.

L

Labanca, 168.
Lachelier, 145, 154, 237.
Lacordaire, 288, 289.
Laffitte, 235.
Laforêt, 326.
Lallemand, 191.
Lamarck, 180, 182, 184, etc.; 186.
Lambert (L.), 135.
Lamettrie, 97, 181.
Lange, 7, 13, 57, 58, 68, 176, 177, 178, 180, 183, 184, 187, 190, 192, 195, 199, 202, 203.
Laplace, 210.
Lapparent (de), 377.
Laromiguière, 97, 99, 100, 101, etc.; 111, 179.
Lassalle, 217, 225.
Laugel, 201.
Lavater, 63, 184, 188.
Laverdan, 228.
Laverdant (G.-D.), 178.
Lavergne, 217.
Lazarus, 164.
Leblais, 194, 195, 198, 199.
Lebrec, 262.
Lebrethon, 337.
Leconte, 378.
Lefebvre, 378.
Lefranc, 129.
Leibnitz, 5, 12, 58, 59, 91, 108, 120, 125, 157, 165, 206, 218, 219, 320, 369, 370.
Lelut, 187, 190.
Lemoine, 123, 184, 190, 192, 193.
Léo, 13.
Léon XIII, 4, 255, 334, 335, 336, 338, 339, 346, 359, 373, 391.
Léopardi, 92.

Lepidi (P.), 378.
Leroux, 217, 218, 224, etc.
Lesage, 59,
Lesing, 8, 59.
Lesserteur, 359.
Lessius, 359.
Lestrade (Lavaud de), 201, 202.
Letourneau, 196.
Leuret, 192, 198.
Lévêque, 99, 123, 125, 163, 192, 193.
Lewes, 236, 242, 245.
Liard, 68.
Liberatore (R. P.), 17, 65, 107, 190, 193, 329, 346, 347, 349, 350, 353, 371, 382.
Liebig, 212.
Lilla, 316.
Limbourg (P.), 358.
Linné, 201.
Littré, 4, 48, 103, 160, 161, 177, 205, 233, etc.; 249.
Locke, 12, 19, 33, 41, 173, 176, 182, 188, 217, 238, 247, 256, 265, 316, 368, 372.
Lockhart, 379.
Lombroso, 199.
Longet, 187, 190, 192, 198, 212.
Longo, 167.
Lordat, 192.
Lorenzelli, 353, 358.
Lorguet, 36.
Lotze, 154, 164, 170.
Louis XVI, 105.
Lucrèce, 92.
Luther, 93, 373.
Luys, 155, 194, 195, 198.
Lyell (Charles), 202, 207.

M

Machiavel, 218.
Mackintosh, 109.
Madrolle, 288.
Magendie, 191, etc., 198.
Magy, 129, 163.
Maimon, 68, 69.
Maistre (J. de), 269, 270, etc., 283, 288, 300.
Mazzarella, 171.
Mazzella (S. J.), 353, 359.
Malebranche, 107, 259, 261, 269, 272, 273, 323, 324, 369.
Mallet, 101, 127.
Mallock, 94.
Malthus, 224.
Mamiani, 166, 168, 169, 170, 171.
Mancino, 168.
Manec, 365.
Manning (cardinal), 379.
Mantegazza, 201.
Manzoni, 321.
Marc-Aurèle, 92, 135.
Maret (Mgr), 217, 325.
Margerie (de), 90, 113, 122, 124, 125, 126, 130, 145, 178, 203, 266, 268, 269, 311.
Marheineke, 80.
Mariana, 218, 368.
Mariano, 81, 89, 166, 167, 170, 316, 322.
Marion, 145.
Marmier, 63.
Martignac, 113.
Martin (Th.-H.), 113, 163, 192, 220.
Martineau (Miss Harriet), 236.
Martinez, 374.
Martini, 166.
Massias, 164.

Mastier, 217.
Matter, 76, 78.
Mattés, 359.
Maugeri, 168.
Mehruel, 71.
Meier, 10.
Meiners, 59.
Meis (de), 170.
Mellin, 10, 65.
Mendelssohn, 59.
Mennais (de la), 269, 270, 288, etc. 298, 300, 301, 304, 369.
Mercier, 378.
Meric, 217, 222.
Merten (Oscar), 105.
Meyer, 358, 382.
Meynard (P.), 376, 377.
Michaud, 165, 190.
Michelet, 163.
Michelet de Berlin, 7, 8, 9, 81, 85, 86, 87, 89.
Michels, 359.
Mignet, 102, 130, 190, 224.
Mill (James), 237, 247.
Mill (Stuart), 20, 178, 181, 223, 233, etc., 217, 248.
Millet (R.), 237.
Minghetti, 321.
Mirabeau, 183.
Mirbt, 57.
Mivart (Saint-George), 202, 379.
Mœller, 326.
Moigno, 371.
Moleschott, 171, 192, 198, 199, 200, 217.
Molina, 359, 378.
Monge, 378.
Monsabré (R. P.), 375, 377.

Montaigne, 190, 291.
Montalembert (de), 289, 297.
Montègre, 191.
Montégut, 217.
Montet, 125.
Monti, 321.
Moreau, 192.
Morgott, 358, 360, 382.

Mortillet, 202.
Morus (Thomas), 218.
Muller, 187, 190, 214.
Murge, 333.
Murphy (P.), 379.
Musmann, 81.
Musset, 202.

N

Napoléon Ier, 111.
Naville, 103, 105, 106, 107, 165.
Neeb, 63, 66.
Newton, 210, 285, 369.
Nicolaï, 58.
Nicolas (A.), 105, 269.
Nieto, 374.
Nisard, 163.

Nitsch, 172.
Noget Lacoudre, 265.
Noirot, 129.
Nood, 218.
Nourisson, 125, 126.
Novalis, 59, 77.
Nuyter (André), 214.

O

O'Bryen (Mgr), 379.
O'Connel, 299.
Oischinger, 359.
Oken, 80, 81, 185.
Ollé-Laprune, 145.

Orsi, 316.
Orti y Lara, 173, 361, 366, 373.
Oswald, 85.
Ott, 309.
Owen (Robert), 225.

P

Paganini, 321.
Palmieri (P.), 347.
Papst, 357.
Pascal, 63, 125, 218, 368.
Pasteur, 201, 202, 203, 212.
Pasty, 266.
Pecci (le cardinal), 353.
Peisse, 192.
Pellerin, 228.
Penjon, 172.
Périn, 217, 378.
Perrier, 199, 202.

Perrone (S. J.), 353.
Perse, 135.
Pesch, 358, 359, 375, 382.
Pestalozza, 321.
Peyretti, 321.
Peyrolon (Polo y), 361, 374.
Piccirelli (S. J.), 353.
Picherit, 339.
Pidal y Mon, 374.
Pie IX, 4, 168, 209, 316, 336, 337, 349, 351, 391.
Pie (Mgr), 375.

Pinel, 190.
Piorry, 192.
Pi y Margall, 173.
Platon, 34, 116, 118, 126, 146, 153, 163, 183.
Play (Le), 217.
Plotin, 125.
Poggiale, 192.
Poletti, 199.
Poli, 166, 168.
Pommerol, 183.

Pouchet (Georges), 202.
Pougeois, 168.
Prade (R. de la), 193.
Prévost, 60, 81.
Prisco, 353.
Proclus, 124, 163.
Proudhon, 217, 218, etc.; 225.
Puccinotti, 168.
Puffendorf, 368.
Pyrrhon, 95.

Q

Quatrefages (de), 201, 203, 212.
Quatremère de Quincy, 118.

R

Rattier, 266.
Raulica (de), 298.
Ravaisson, 68, 81, 88, 99, 125, 126, 142, 143, 144, 145, etc., 157, 170, 178, 218, 238, 288, 311.
Rayneri, 321.
Récamier, 187, 190, 193.
Regnault (R. P.), 376.
Regnon (P. de), 359, 376.
Reid, 97, 99, 110, 111, 124, 130, 132, 167, 175, 176, 178, 192, 257, 258, 262, 266, 268, 269, 369, 370.
Reimarus, 59.
Rémusat (de), 7, 13, 71, 78, 81, 123, 124, 128, 193, 237.
Reinach, 164.
Reinhold (E.), 66.
Reinhold (C.), 57, 58, 66, 68, 71.
Reisach (cardinal), 355.
Renan, 68, 85, 87, 88, 94, 113, 121, 129, 154, 160, 161, 162, 186, 202, 230, 288, 290.

Renouvier, 68, 85, 87, 126, 154.
Reusch, 359.
Reuss, 58.
Réville, 127.
Reybaud, 217.
Reynaud, 217, 218, etc., 225.
Ribot, 93, 237.
Rink, 8.
Ritter, 7, 13, 68, 71, 76, 81, etc.
Riva (de la), 359.
Rixner, 80, 81.
Robin (Ch.), 4, 205, 233, 235, 239.
Robinet, 233, 235, 288.
Roche, 191.
Rodrigues (Olinde), 225, 226.
Rohrbacher, 270, 271, 283, 288, 289.
Romagnosi, 102, 167, 179, 317.
Roques, 264, 308.
Romano (P.), 329.
Roselli, 369.
Rosenkranz, 57, 81.
Rosmini, 166, 168, 169, 315, etc., 326, 380.

Rosset (Mgr), 375, 376.
Rostan, 192.
Rothenflue; 326.
Roulin, 103.
Rousseau, 9, 19, 41, 47, 59, 217, 218, 227, 230, 294, 368.

Rousselot, 125, 126, 141.
Royer-Collard, 98, 100, 101, 102, 105, 108, 109, etc., 113, 114, 118, 133, 139, 142, 163, 164, 165, 167, 258, 262.
Ruge (Arnold), 89.

S

Saint-Bonnet, 129.
Sainte-Beuve, 103, 105, 113, 197, 270.
Saintes, 8.
Saint-Lambert, 284.
Saint-René Taillandier, 89.
Saint-Simon, 217, 218, 224, etc., 231, 309.
Saisset, 13, 99, 123, 124, 125, 137, 149, 150, 163, 173, 192, 193, 203, 368.
Salat, 62.
Salinis (de), 289, 297.
Salis Seevis (S. J.), 353.
Salmeron, 173.
Sanchez (Miguel), 361, 374.
Sand (George), 230.
Sanseverino, 65, 170, 190, 193, 331, 337, 346, 347, 348, 350, 355, 371, 372, 382.
Sanson, 191.
Sanz del Rio, 173.
Saporta (de), 202.
Sarlandière, 191.
Satolli, 353, 358.
Sauvé (Mgr), 376.
Schad, 71, 80, 81.
Schaffhausen, 199.
Schaller, 91.
Schelling, 4, 8, 59, 65, 68, 70, 71, 72, 73, 76, 78, etc., 119, 140, 163, 173, 175, 185, 368.

Schérer, 68, 81, 85, 87, 126, 140, 154.
Schiller, 66.
Schlegel, 60, 81, 92.
Schleiermacher, 59, 90, 91.
Schmid, 62.
Schmidt, 66.
Schneemann, 358, 359.
Schneid, 358, 360, 382.
Scholten, 171.
Schopenhauer, 13, 88, 90, 92, 93, 94, 317.
Schubert, 80, 81.
Schultz, 66.
Schulze, 67, 68, 69, 70.
Schwab, 59.
Scot (Duns), 101.
Scouttetten, 191.
Secrétan, 127, 165, 354.
Sénèque, 135.
Serrano, 173.
Sforza (cardinal Riario), 338.
Sierp (P.), 355.
Siéyès, 101.
Signoriello, 331, 348, 349.
Simon (Jules), 99, 105, 123, 124, 125, 135, 137, 288, 309.
Slomen, 82.
Soave, 178, 317.
Socher, 57, 58.
Socrate, 117.
Solger, 81.

Soury, 194, 195, 198, 199.
Spaventa, 85, 166, 170.
Spencer, 135, 155, 184, 218, 233, etc., 247, 252, 286.
Spicker, 199.
Spinoza, 59, 71, 72, 77, 125, 218, 235.
Spurzheim, 179, 182, 184, 187, 188.
Staël (Mme de), 118.
Stahl, 192, 193.
Stattler, 58.
Steffens, 80, 81.
Stendhal, 229.
Stiedenroth, 90.
Stirner, 359.
Stirner (Max), 85, 89.
Stæudlin, 13, 66.
Stœckl, 7, 71, 76, 81, 90, 130, 354, 358, 360, 382.
Strauss, 68, 85, 89.
Suarez, 193, 347, 349, 359, 378.
Suchau (de), 93.
Sudre, 217.
Sully (James), 93.

T

Taine, 99, 101, 109, 110, 113, 114, 130, 134, 155, 172, 233, etc.; 247, 248.
Talamo (Mgr Salvatore), 352, 358, 372.
Tarditi, 321.
Tavares, 172, 173, 335, 361, 371, 372, 374.
Taubert, 93.
Tedeschi, 167.
Tejado (Gavino), 361.
Tennemann, 6, 7, 50, 57, 60, 66, 67, 68, 71, 74, 76, 77, 78, 79, etc., etc.; 163, 166.
Térence, 135.
Tessier (J.-P.), 193.
Testa, 167.
Thierry (Augustin), 163, 226.
Thiers, 124, 145, 163.
Thomas d'Aquin (saint), 2, 9, 12, 14, 20, 23, 41, 43, 49, 55, 65, 72, 125, 126, 132, 139, 141, 143, 144, 151, 152, 156, 193, 206, 213, 249, 255, 256, 261, 266, 267, 268, 272, 273, 282, 300, 309, 318, 319, 321, 324, 330, 331, 335, 337, 338, 339, 342, 343, 344, 345, 346, 347, 348, 349, 350, etc., etc.; 382, 383, 385, 387, 389.
Thomas, 183.
Thomassin, 312.
Tiberghien, 173.
Tiédemann, 58, 201.
Tissot, 29, 43, 125, 130, 193, 217, 389.
Tittel, 59.
Tollemer, 262.
Tommaseo, 316, 321.
Tommasi, 171.
Tongiorgi, 346, 347.
Tourneur, 327.
Toscano, 329.
Tracy (Destutt de), 102, 103, 179.
Travaglini, 338, 351.
Treille, 191.
Trendelenburg, 170, 198, 357.
Troarn, 260.
Trullard, 10.
Turgot, 183, 217.
Tyndall, 180, 197, 379.

U

Ubaghs, 324, 326, 329, 330, 378.
Ueberweg, 8, 207.

V

Vacherot, 68, 85, 86, 113, 123, 124, 129, 153, 154, 161, 311.
Valla, 258, 260.
Vallet, 376.
Vapereau, 145, 169, 222.
Vauvenargues, 158.
Ventura, 193, 269, 270, 297, etc.; 304, 305, 308.
Vera, 81, 82, 170.
Vercellone (P.), 325.
Veuillot (Louis), 361, 362.
Viardot, 92, 93, 130, 153, 181, 196, 197, 203, 205, 207, 210, 230.
Vico, 369.
Vicq-d'Azyr, 214.
Villari, 171.
Villemain, 113.
Villers, 13, 57.
Vincent (Bory de St), 184, 188.
Vincent de Beauvais, 72.
Vinet, 127.
Virchow, 194, 198.
Virey, 164.
Vogt, 192, 198, 199, 202, 217.
Voltaire, 182, 183, 269, 279.
Vosen, 359.
Vulpian, 187, 190, 194, 207, 211, 212, 213, 214.

W

Waddington, 125, 126.
Wagner, 81.
Wallace (Alfred), 202.
Wallon, 82.
Wasianski, 8.
Weiller, 60, 62.
Weishaupt, 59.
Weiss, 62.
Wette, 85.
Wiart, 135.
Willich, 172.
Wilm, 7, 12, 18, 20, 22, 25, 26, 33, 41, 42, 47, 49, 55, 57, 58, 60, 63, 66, 71, 74, 76, 77, 78, 79, etc., etc.; 125.
Windishmann, 81.
Wiseman (cardinal), 379.
Woepke, 245.
Wolf, 8, 10, 58, 59, 72.
Wundt, 207.
Wyrouboff, 4, 235, 239.

Y

Ysabeau, 187, 188.

Z

Zeballos, 369.
Zeller (Ed.), 7, 85, 91.
Zénon, 135.
Zigliara (cardinal), 65, 297, 298, 308, 329, 333, 346, 350, 351, 382.

IV.

QUESTIONNAIRE

OU CHOIX DE QUESTIONS A L'USAGE DES ÉTUDIANTS.

PREMIÈRE QUESTION :
NOTIONS GÉNÉRALES.

Aperçu général sur la philosophie contemporaine. — Les diverses écoles philosophiques, leurs principaux représentants, caractères généraux de leurs doctrines, leur influence (4-391). — Criticisme (7-97). — Éclectisme (97-176). — Positivisme (176-253). — Philosophie chrétienne (255-391).

DEUXIÈME QUESTION :
KANT. LE CRITICISME.

Kant : sa vie ; ses œuvres ; sa doctrine ; son influence sur la philosophie contemporaine (8-96).

TROISIÈME QUESTION :
KANT. LE CRITICISME (SUITE).

Exposition de la doctrine de Kant, contenue dans ses ouvrages *Critique de la raison pure*, *Critique de la raison pratique*, *Critique du jugement*. — Appréciation du système de Kant (12-56).

QUATRIÈME QUESTION :
KANT. LE CRITICISME (SUITE).

Influence de Kant : ses adversaires et ses partisans (57-68). — Disciples dissidents : Fichte (71-76) ; Schelling (76-81) ; Hegel (81-90). — Tendances diverses : Herbart ; Schleiermacher ; Schopenhauer (90-96).

CINQUIÈME QUESTION :

L'ÉCLECTISME.

L'éclectisme : son origine (97-108). — École écossaise (108-112) ; — son triomphe. Victor Cousin, sa vie et ses œuvres, phases de sa philosophie, son influence (113-140).

SIXIÈME QUESTION :

L'ÉCLECTISME (SUITE).

Décadence de l'éclectisme : Le spiritualisme en France à notre époque, MM. Ravaisson, Janet, Caro (141-162). — Les doctrines spiritualistes et rationalistes en dehors de la France à notre époque : Allemagne, Suisse, Italie, Hollande, Angleterre, Portugal, Espagne (162-176).

SEPTIÈME QUESTION :

LE POSITIVISME.

Caractères généraux du positivisme. — Différentes écoles de philosophie positive (176-178). — L'école matérialiste (178-217).

HUITIÈME QUESTION :

LE POSITIVISME (SUITE).

L'école socialiste : ses principaux représentants : Reynaud, Proudhon, Saint-Simon, Charles Fourier, Pierre Leroux ; doctrine et influence de chacun d'eux (217-232).

NEUVIÈME QUESTION :

LE POSITIVISME (SUITE).

L'école positiviste proprement dite : ses principaux représentants (232-240). — Critique de la doctrine positiviste (240-253).

DIXIÈME QUESTION :

LA PHILOSOPHIE CHRÉTIENNE.

Aperçu général sur la philosophie chrétienne. — Diverses tentatives de restauration de la philosophie chrétienne : Cartésiens ; partisans de la méthode écossaise (255-268). — Traditionalistes et fidéistes (269-308). — Partisans du sentimentalisme et du mysticisme (308-315). — Idéalistes et ontologistes (315-333).

ONZIÈME QUESTION :

LA PHILOSOPHIE CHRÉTIENNE (SUITE).

Restauration de la scolastique. — L'Église et la philosophie, Pie IX, Léon XIII et l'Encyclique *Æterni Patris;* importance et influence de ce document (333-346).

DOUZIÈME QUESTION :

LA PHILOSOPHIE CHRÉTIENNE (SUITE).

La scolastique et ses principaux représentants : en Italie (345-351); en Allemagne (351-360); en Espagne (361-375); en France, en Belgique, en Angleterre (375-380). — Progrès de la philosophie scolastique; son accord avec les sciences expérimentales (381-391).

FIN.

Documents manquants (pages, cahiers...)
NF Z 43-120-13

www.ingramcontent.com/pod-product-compliance
Lightning Source LLC
Chambersburg PA
CBHW071101230426
43666CB00009B/1780